Kniefall vor dem Zeitgeist?

Jürgen Werbick

Kniefall vor dem Zeitgeist?

Wie das Christentum sich verändert

Matthias Grünewald Verlag

VERLAGSGRUPPE PATMOS

PATMOS
ESCHBACH
GRÜNEWALD
THORBECKE
SCHWABEN
VER SACRUM

Die Verlagsgruppe
mit Sinn für das Leben

Die Verlagsgruppe Patmos ist sich ihrer Verantwortung gegenüber unserer Umwelt bewusst. Wir folgen dem Prinzip der Nachhaltigkeit und streben den Einklang von wirtschaftlicher Entwicklung, sozialer Sicherheit und Erhaltung unserer natürlichen Lebensgrundlagen an. Näheres zur Nachhaltigkeitsstrategie der Verlagsgruppe Patmos auf unserer Website www.verlagsgruppe-patmos.de/nachhaltig-gut-leben Übereinstimmend mit der EU-Verordnung zur allgemeinen Produktsicherheit (GPSR) stellen wir sicher, dass unsere Produkte die Sicherheitsstandards erfüllen. Näheres dazu auf unserer Website www.verlagsgruppe-patmos.de/produktsicherheit. Bei Fragen zur Produktsicherheit wenden Sie sich bitte an produktsicherheit@verlagsgruppe-patmos.de

Bibliografische Information der Deutschen Nationalbibliothek
Die Deutsche Nationalbibliothek verzeichnet diese Publikation in der Deutschen Nationalbibliografie; detaillierte bibliografische Daten sind im Internet über http://dnb.d-nb.de abrufbar.

Umschlaggestaltung: Finken & Bumiller, Stuttgart
Gestaltung, Satz und Repro: Schwabenverlag AG, Ostfildern
Druck: GGP Media GmbH, Pößneck
Hergestellt in Deutschland
ISBN 978-3-7867-3396-6

Inhalt

1. Glaubens-Wandel?

1.1 Mit der Zeit gehen?

Es ist mehr als ein diffuses Gefühl: Auch der christliche Glaube blieb und bleibt nicht, was er in seinen Anfängen gewesen ist. Wir glauben anders als unsere Glaubens-Vorfahren. Manches scheint weggebrochen. Anderes ist uns zugewachsen: durch neue Erfahrungen, wissenschaftliche Einsichten, in den darin erschlossenen Horizonten. Macht uns diese Wahrnehmung ein schlechtes Glaubens-Gewissen? Sollte es nicht so sein, dass immer und überall, wo Christen, Katholiken, sich zur Kirche zusammenfinden, das Gleiche in gleichem Sinn und Verständnis geglaubt wird?[1] Oder halten wir es für eine Errungenschaft, wenn uns, etwa an den Einsichten der Evolutionslehre, aufgeht, wie sich der überlieferte Glaube von nicht mehr nachvollziehbaren weltanschaulichen Voraussetzungen lösen kann, ohne seine inspirierende Kraft einzubüßen? Sind wir beunruhigt von der Frage, wie weit der Glaubens-Wandel gehen kann, ohne dass uns das authentisch Christliche abhandenkommt? *Wer mit der Zeit geht, geht mit der Zeit:* So kennt man den Spruch in Traditionalisten-Kreisen. Ursprünglich – in diesem Wortlaut Friedrich Schiller zugeschrieben – hat man ihn so zitiert: Wer *nicht* mit der Zeit geht, geht mit der Zeit.[2]

Mit solchen Plattitüden wird man bei der Analyse von Glaubens-Transformationen nicht weit kommen. Und doch artikulieren sie ein Glaubens-Unsicherheits-Gefühl, das eindeutige Positionierungen kaum zulässt: Einerseits die Einschätzung, dass das Glaubensbewusstsein sich mit elementaren Gewissheiten gegenwärtiger Selbst- und Welt-Verständigung abgleichen und so aus der selbst gewählten Defensive herauskommen muss. Andererseits die Warnung, in ein Zeitgeist-Christentum abzugleiten, das sich an Common-sense-Überzeugungen ausliefert. Papst Benedikt XVI. hat in dem nach seinem Tod veröffentlichten geistlichen Testament alle gemahnt, die ihm

---

[1] So hat Vinzenz von Lerin im kirchlichen Altertum den Katholischen Glauben definiert (Commonitorium 2). Seine Lehre wird im beginnenden 20. Jahrhundert neu eingeschärft. Im Dekret *Lamentabili* vom 3. Juli 1907 wird der folgende Satz als modernistisch verurteilt: „Die hauptsächlichen Artikel des Apostolischen Bekenntnisses hatten für die Christen der ersten Zeiten nicht dieselbe Bedeutung, die sie für die Christen unserer Zeit haben" (DH 3462).

[2] Die Schiller-Zuschreibung ist wohl nicht verifizierbar. In dieser Version hat sich der Firmengründer Carl Josef Neckermann den Spruch zu eigen gemacht. Er hat seine Triftigkeit nolens volens im eigenen Geschäft erfahren.

in seinem Dienst für die Kirche anvertraut waren: „Steht fest im Glauben! Lasst euch nicht verwirren!" Er habe erlebt, wie Gewissheiten etwa der Naturwissenschaften, die mit dem Christsein unvereinbar schienen, „gegen den Glauben dahinschmolzen". In der Theologie habe er mitverfolgt, wie „mit den wechselnden Generationen unerschütterlich scheinende Thesen zusammenbrechen" und „aus dem Gewirr der Hypothesen wieder neu die Vernunft des Glaubens hervorgetreten ist und hervortritt." Sich vom Wandel der Theorien nicht verwirren zu lassen, das war Ratzingers seelsorgliche Mahnung.[3] So sah sich die zeitgenössische Theologie auch von diesem Theologen-Papst immer wieder mit dem Verdacht konfrontiert, sie kollaboriere mit einem Zeitgeist, der das Christliche im Innersten auflöse.

Dass der Glaube in dieser oder jener Hinsicht neu gesagt werden muss, wird in Kirche und Theologie an sich durchaus in Betracht gezogen. Die Verkündigung soll sich dem jeweiligen Verstehens-Horizont anpassen und darf das in den Grenzen des von der kirchlichen Autorität Zugestandenen. Im 19. Jahrhundert nahm man deutlicher zur Kenntnis, dass sich die Kirche Herausforderungen ausgesetzt sah, auf die man nicht einfach durch Rückgriff auf schon Gelehrtes oder aus der Bibel und kirchlichen Überlieferungen Abgeleitetes antworten konnte. Der Glaube war zu entfalten, *organisch* weiterzuentwickeln[4]; aber nicht so, dass er zu einem *anderen* Glauben wurde. Eine gewisse Dogmenentwicklung war zugestanden – Dogma hier verstanden als Inbegriff des zu Glaubenden. Das gab der kirchlichen Autorität auch die Möglichkeit, über viele Jahrhunderte nicht ausdrücklich als Glaubenswahrheit Gelehrtes glaubens-verbindlich zu machen, so die Lehre von Primat und Unfehlbarkeit des Bischofs von Rom und die Marien-Dogmen des 19. und 20. Jahrhunderts.[5]

---

[3] Einer historisch orientierten Theologie, die auf dem „Friedhof von einander widersprechenden Hypothesen" herumirre (Joseph Ratzinger/Papst Benedikt XVI., Jesus von Nazareth. Erster Teil: Von der Taufe im Jordan bis zur Verklärung, Freiburg i. Br. [2]2007, 372), misstraute Benedikt XVI. zutiefst. Sie bringe keine verlässlichen Ergebnisse hervor und führe die einfachen Gläubigen notorisch in die Irre.

[4] Dieses Modell besaß in der Theologie in der ersten Hälfte des 20. Jahrhunderts eine gewisse Attraktivität. Zu seiner Ambivalenz vgl. Magnus Lerch, Kontinuität und Ambivalenz. Die Frage nach dem „Wesen des Christentums" im Kontext der Diskurse über Historismus und Moderne, Regensburg 2023, 537–539.

[5] Michael Seewald zeichnet die seither konzipierten Theorien der Dogmenentwicklung in ihren Voraussetzungen und im Vergleich miteinander nach (vgl. ders., Dogma im Wandel. Wie Glaubenslehren sich entwickeln, Freiburg i. Br. 2018). Die Quasi-Dog-

Bis ins 20. Jahrhundert hinein mochte es so scheinen, als sei das kirchliche Lehramt souveränes Subjekt dieses Prozesses. Es sah sich als höchste Wahrheits-Instanz, der die Gläubigen zutrauen dürfen, die Selbigkeit des apostolischen Glaubens in den Umbrüchen menschlicher Welt- und Selbstverständigung zu gewährleisten.[6] Es verstand sich als letzte, gegen die Wandlungsprozesse der Moderne Halt gebende *anti-moderne* Instanz[7], als Hort einer Wandlungs-resistenten Stabilität und unbeirrbaren Wahrheits-Teilhabe. Diese Selbstwahrnehmung ist durch die bekannten Fehlgriffe[8] in eine tiefe Krise geraten. Beim genaueren Blick auf die geschichtlichen Abläufe wird man es als Selbst-Missverständnis ansehen, von „außen" – ohne selbst in diese Umwälzungen hineingezogen zu sein – über die Reinheit des Glaubens wachen zu können.[9] Kirche, Theolo-

---

matisierung von definitiv als gültig anzusehenden „Wahrheiten über Glauben und Sitten [...] die wenn auch nicht von Gott geoffenbart, jedoch eng und zuinnerst mit der Offenbarung verbunden sind", wird im CIC can 833 angesprochen; kirchliche Amtsträger und Theologie Lehrende werden in der *Professio fidei et Iusiurandum fidelitatis* auf die „feste" Annahme dieser Wahrheiten verpflichtet; vgl. die Instruktion über die kirchliche Berufung des Theologen der Kongregation für die Glaubenslehre vom 24. Mai 1990, Nr. 16 und 23.

[6] Bischof Rudolf Voderholzer stellt ohne jede Differenzierung fest: „Das depositum fidei ist in erster Linie den Bischöfen als Nachfolgern der Apostel zur Reinerhaltung, vertieften Aneignung und aktualisierenden Bezeugung anvertraut" (ders., „Die apostolische Überlieferung kennt in der Kirche unter dem Beistand des Heiligen Geistes einen Fortschritt" (DV 8). Zur Frage der Lehrentwicklung in der katholischen Kirche auf der Basis des II. Vatikanums, in dem für unser Thema unergiebigen Band: Chr. Ohly – J. Zöhrer (Hg.), „...was ich euch überliefert habe". Verbindliche Wahrheit und Weiterentwicklung der Lehre der Kirche, Regensburg 2023, 20–40, 23).

[7] Die Moderne wird als fortschreitende Labilisierung aller Unveränderlichkeit wahrgenommen. Das scheint ihr Definiens auszumachen; vgl. Franz-Xaver Kaufmann, Religion und Modernität. Sozialwissenschaftliche Perspektiven, Tübingen 1989, 46: „Modern sind soziale Verhältnisse insoweit, als ihre Änderbarkeit und damit ihre Vergänglichkeit in ihrer Definition mitgedacht wird." Dem durch Sakralisierung der Kirchenstrukturen und Glaubenslehren entgegenzutreten erschien der römischen Kirche im 19. Jahrhundert als verheißungsvolle Strategie.

[8] Erinnert sei an Auslassungen der Enzyklika *Mirari vos* vom 15. August 1832 über Menschenrechte („Wahnsinn"), Gewissensfreiheit („pestartiger Irrtum") und Meinungsfreiheit im Feld des Religiösen („allerhöchste Unverschämtheit") und an die Verurteilung der historisch-kritische Bibelauslegung zu Beginn des 20. Jahrhunderts.

[9] Ratlos nehme ich die hoffnungslos unterkomplexe Einlassung von Helmut Hoping in der DEUTSCHEN TAGESPOST vom 05.10.2023 zur Kenntnis: „Bei der authentischen Glaubensüberlieferung [...] gilt die Regel, dass die Wahrheit des kirchlichen Dogmas nicht von der Relativität seiner kulturellen Prägung abhängt." Natürlich hängt sie nicht von der „kulturellen Prägung" ab. Aber sie ist eben nur *in ihr* gegeben – und deshalb in einem fortwährenden hermeneutischen Prozess verantwortlich zu übersetzen, in dem die „Wahrheit des kirchlichen Dogmas" jeweils neu ermittelt und artikuliert werden muss.

gie und Glaubensbewusstsein teilen vielfach weltanschauliche Selbstverständlichkeiten. Sie erleben und gestalten Inkulturationen und Dekulturations-Prozesse, häufig ohne sich dessen bewusst zu werden. Bestimmte Inkulturationen wurden als Glaubens-konstitutiv angesehen, etwa die „Hellenisierung"[10] oder die mittelalterliche „Feudalisierung", schließlich die Selbstverabsolutierung der Heils-Institution Kirche im Kontext einer antirevolutionär-antidemokratischen Gegen-Moderne. Die Fixierung auf bestimmte Inkulturations-Formen hat den zentralen Institutionen der römischen Kirche im 19. und 20. Jahrhundert die Aura einer dem Kulturzerfall der Moderne widerstehenden *Ungleichzeitigkeit* eingetragen, an der zu partizipieren Modernisierungs-Verlierern verheißungsvoll erschien. Sie wollten bei dem bleiben, was die Kirche über die Jahrhunderte als Glaubens-Fundament verkündete und unfehlbare Lehrsätze klarstellten. Aber das Lehramt erwies sich als unfähig, selbstkritisch zu fragen, welche zwiespältigen Interessen sich in seine Entscheidungen einmischten und was die mit sich brachten: an gewundenen Selbstrechtfertigungen und Problemverdrängungen, an Machtmissbrauch und Missachtung ernsthaft sich vorantastender Glaubens-Zeitgenossen. Und es versagte so vielfach vor der Herausforderung, die reine Lehre mit den Erfahrungen der Gläubigen und Suchenden in Kontakt zu bringen.

Die Ausbreitung des historischen Bewusstseins bis in die Theologie hinein führte dazu, dass man die Modellierung eines über Geschichte und Kultur erhabenen Lehramts selbst historisch zu relativieren begann: als auf feudale Strukturen setzende Defensiv-Strategie angesichts eines sozio-kulturellen Veränderungsdrucks, dem man sich nicht gewachsen sah. Historisches Bewusstsein ist Veränderungs-Bewusstsein. Veränderungs-Bewusstsein ist die Voraussetzung für Innovations-Bereitschaft: für die Elaborierung bisher nicht gesehener Entwicklungs-Möglichkeiten, so auch für die Überwindung erschöpfter Glaubens-Gestalten.

Wenn man die biblischen Zeugnisse nicht länger als sukzessive Entfaltung eines dogmatischen Gotteswissens ansah, sie vielmehr als eine Zeugnis-Geschichte nachvollziehen lernte, in der sich immer wieder neue Erfahrungen mit dem Gott Israels und Jesu Christi zu

---

[10] Joseph Ratzinger sprach von der „in Jesus Christus vermittelte[n] Synthese zwischen dem Glauben Israels und dem griechischen Geist", auf der Europa beruhe (ders., Europa – verpflichtendes Erbe für die Christen, in: F. König – K. Rahner [Hg.], Europa – Horizonte der Hoffnung, Graz – Wien – Köln 1983, 61–74, hier 68).

Wort meldeten, aneinander abarbeiteten, so dass es zu Fortschrei-
bungen, Revisionen, unterschiedlichen, mitunter gegensätzlichen
Deutungen des Erfahrenen, zu innovativen Einsichten und span-
nungsreichen Bezugnahmen auf frühere Zeugnisse gekommen ist,
wieviel Plausibilität konnte da ein Verständnis der kirchlichen
Überlieferung haben, das auf Kontinuität und Gleichklang festgelegt
war? Und ein Verständnis des hierarchischen Lehramts, das die
Glaubens-Überlieferung in ihrer überzeitlich-unveränderlichen
Wahrheit verbindlich artikuliere?

Historisches Bewusstsein relativiert, sieht Überzeugungen als
mehr oder weniger Zukunfts-eröffnende Antworten auf geschichtliche Herausforderungen; es sieht Scheitern und Alternativen. Zuviel
der Relativierung im Glauben? Pauschale Abgrenzungen gegen eine
postmoderne „Diktatur des Relativismus" sollten Grenzen ziehen.
Aber die Klagen des hierarchischen Lehramts über den Verlust der
Wahrheitsfähigkeit in Moderne und Postmoderne[11] helfen denen
wenig, die sich der Herausforderung ausgesetzt sehen, jetzt eine in
der Glaubensüberlieferung gut begründete Antwort auf die Glau-
bens-Irritationen durch den „Zeitgeist" finden zu müssen. Sie können
nichts dazu beitragen, die Transformationsprozesse zu begreifen, in
die der gelebte Glaube hineingezogen ist. Hilflos beharrt man auf der
Abgrenzung gegen den postmodernen Zeitgeist und öffnet man sich
selbst dem Zeitgeist eines reaktionären „Dagegen-Seins".[12] Damit ist
für eine adäquate Einschätzung des Glaubens-Wandels, der so lange
schon unterwegs ist und heute vor immer größere Herausforderungen an die Bearbeitung der unübersehbar gewordenen kognitiven
und emotionalen Dissonanzen stellt, nicht das Geringste gewonnen.

Es mag schwierig sein, sich von Transformationen einen Begriff zu
machen, in die man involviert ist. Da fehlt die Distanz für eine „objektive" Sicht auf das, was gerade vorgeht und worauf es hinauslaufen mag. Man ergreift Partei für diese oder jene Sicht der Prozesse,
für Konzepte und Wege, die man favorisieren würde, um mit ihnen
zurechtzukommen. Wenn man realisiert, dass man sich in solchen
Transformationsprozessen vorfindet, wird man jedoch nicht umhin-

---

[11] Joseph Ratzinger hat auf diese Defensiv-Strategie zurückgegriffen und die Denun-
ziations-Vokabel „Diktatur des Relativismus" in den kirchlichen Sprachgebrauch
eingeführt; vgl. Daniel Bugiel, Diktatur des Relativismus? Fundamentaltheologische
Auseinandersetzung mit einem kulturpessimistischen Deutungsschema, Berlin 2021.
[12] Vgl. die aufschlussreichen Beobachtungen von Elisabeth Birnbaum zum österrei-
chischen Nationalrats-Wahlkampf: Christentum als Dagegen-Religion im Wahl-
kampf, *feinschwarz* am 27.090.2024.

kommen, sich in ihnen zu verorten. Was da vor sich geht, liegt nicht offen zutage. Man muss ihm durch historische Rekonstruktionen und die Sondierung der *Zeichen der Zeit* – der Zeit-Tendenzen, die für unsere Gegenwarts-Erfahrung als repräsentativ gelten dürfen – auf die Spur kommen. Vieles wird subjektiv abgetönte Einschätzung sein. Es wird – bestenfalls – auf eine „Zeitansage" hinauslaufen, die auf die Glaubens-Herausforderung abzielt, an der man in unserer Lebenswelt mit ihren Welt- und Selbstverständigungs-Entwürfen nicht vorbeikommt.[13]

Der Blick auf die Glaubens-Transformationsprozesse und das Bewusstsein, in sie eingebunden zu sein, drängt sich nicht allen Glaubenden in gleicher Weise auf. Was die Einen als dramatischen Glaubens-Wandel empfinden und verstehen wollen, wird von anderen als marginale oder aber ins Abseits führende Entwicklung angesehen: als Glaubens-Abweichung bei Menschen, die schon zum Unglauben unterwegs sind – für den Glauben deshalb als irrelevant. Spricht man von einem *Glaubens-Wandel*, der den Glauben selbst Transformations-Prozessen ausgesetzt sieht, geht man davon aus, dass der Glaube sich wandeln kann, ohne sich als Glaube zu verlieren. Und man versucht, Rechenschaft darüber zu geben, wohin man in seinem Glauben geraten ist, wie man zu beurteilen hätte, was einem da geschehen ist.[14] Man lässt sich auf einen offenen Prozess ein und will wichtigen Prozess-Determinanten auf die Spur kommt. Mehr als ein biographisch-betroffenes, entsprechend perspektivisches Deutungs-Angebot, mit dem man sich Entwicklungen verständlich

---

[13] Das Anliegen einer Glaubenszeit-Ansage verbindet dieses Buch mit Tomáš Haliks Buch: Der Nachmittag des Christentums. Eine Zeitansage, Freiburg i. Br. 2022.

[14] Die Tiefen-Wandlungen des (katholischen) Glaubens im 20. Jahrhundert von einer stabil in Lebens-Strukturen gelebten und an Lebens-Orten geteilten Religiosität zu einem Unterwegssein im Glauben habe ich selbst nur in ihren Auswirkungen erlebt. Ich bin in die Unterwegs-Situation und so auch in ein Reflexions-Verhältnis zum Glauben hineingewachsen. Mein Blick auf den Glaubens-Wandel wird einer sein, der die Wandlung in den Inhalten und Vollzügen des Glaubens reflexiv nachzuvollziehen und in die allgemein-kulturellen Wandlungen einzuordnen versucht. Reflexion setzt ein, wenn etwas schief geht und Alternativen bedacht werden müssen, damit umzugehen. Wer nicht wahrnimmt, dass etwas schief geht, wird auf Kontinuität setzen. Es ist insofern ein typischer Intellektuellen-Blick, der hier auf Wandlungen geworfen wird, die von den „damals" um ihre Glaubens-Heimat Gebrachten nicht mit einer Veränderungs-Bedürftigkeit des Glaubens selbst, sondern mit verhängnisvollen Entwicklungen der Umwelt in Zusammenhang gebracht und betrauert wurden. Florian Baab führt den (Ur-)Großeltern-Glaube einfühlsam vor Augen – und damit auch die ungeheure Veränderungs-Dynamik, in die wir Enkel und Ur-Enkel uns einbezogen erfahren; vgl. sein Buch: Wie die Dampfmaschine das Fegefeuer löschte. Eine Reise in die katholische Welt von gestern, Freiburg i. Br. 2024.

macht und ein Zurechtkommen mit ihnen zu erreichen sucht, wird man nicht präsentieren können. Viele werden es mit mehr oder weniger guten Gründen anders sehen. Dem Streit um die Adäquatheit der Deutungen und ihre Glaubens-Fruchtbarkeit muss man nicht aus dem Weg gehen.

Für die Deutung von Glaubens-Transformationsprozessen haben sich Narrative herausgebildet, die den Glaubens-Wandel in gesellschaftliche Entwicklungen und Wissens-produktive Dynamiken einordnen. So die Erzählung davon, dass und warum wir etwas definitiv hinter uns haben. Sie bringt Plausibilitäten ein, die den Entwicklungen einen Richtungspfeil geben und entsprechende Orts-Anweisungen anbieten: Hier stehen wir; hier gilt es Stellung zu nehmen!

1.2 Nach der Zeitenwende?

Post- ist das markante Attribut für solche Selbst-Lokalisierungen und Orts-Anweisungen. Wer mit der Zeit geht, weiß sich nach einer Zeitenwende. Nach ihr scheint vieles anders, manche sagen: nichts mehr wie zuvor. Das soll politisch-gesellschaftlich und auch für elementare Selbstverständlichkeiten gelten, die unsere Mentalitäten und Einstellungen tragen. Mit der *Postmoderne* mag es angefangen haben; eher eine Intellektuellen-Floskel. Der Post-Strukturalismus geisterte sowieso nur durch elitäre Diskurs-Zirkel. Der Post-Kolonialismus erhebt seit Jahrzehnten seine Forderungen an die Profiteure des Kolonialismus und entwirft ein globales Verantwortungsbewusstsein. Mit den Tendenzen zur Post-Demokratie, zur Post-Wohlstands-Gesellschaft und den Forderungen nach einer Post-Verschwendungs-Gesellschaft wird es wirklich ernst; noch ernster mit der Nötigung zu einem desillusionierten Post-Pazifismus.

Das *Post-*Bewusstsein mag selbstbewusst oder eher bedenklich daherkommen: als Aufbruchs-Bewusstsein oder als Verlust-Wahrnehmung. Die selbstbewusste Variante: Endlich lassen wir hinter uns, was uns im falschen Bewusstsein oder in einer illusionären Komfortzone zuhause sein ließ. Wir – die mit dem *Post-*Bewusstsein – haben es überwunden. Die skeptische Variante: Manches von dem, was wir jetzt verlieren, wird uns fehlen. Warum retten wir nicht, was noch zu retten und zu sichern ist! Warum lassen wir es uns von Relativisten zerreden?

Die Wendezeit-Wahrnehmung übertreibt den Bruch. *Business as usual* wird zur Illusion. Oder wird das Weitermachen, Weiterwursteln doch wieder die Oberhand gewinnen, auch da, wo man großspurig von der Zeitenwende redet? Nichts ist mehr wie zuvor – nach der Missbrauchs-Katastrophe? Oder geht es mit der Kirche nur weiter bergab? Bewegen wir uns, ob wir das billigen oder ablehnen, schon in einer säkularen, jedenfalls postchristlichen Lebenswelt? Oder mehren sich die Anzeichen für ein postsäkulares Bewusstsein?

Der biblisch inspirierte religiöse Glaube hat in der von uns im Westen und Norden Europas bewohnten Landschaft der Lebens-Orientierungen, Plausibilitäten, Alternativen und Selbstverständigungs-Muster seine Selbstverständlichkeit verloren. In Deutschland ist das Christentum in die Minderheit geraten. Es gelingt immer weniger, die Selbst-Wahrnehmung als kognitive Minderheit durch das Überlegenheits-Gefühl „Ihr habt ja keine Ahnung!" zu kompensieren. Die Sicht der anderen ist in uns eingewandert und irgendwie auch zu unserer Möglichkeit geworden, zu der wir uns verhalten müssen.

Man wird sich – analytisch-rekonstruierend, auch existentiell-betroffen – an der Frage abarbeiten: „Wie ist es gekommen, dass wir von einem Zustand, in dem die Menschen der christlichen Welt naiv im Rahmen einer theistischen Deutung lebten, zu einem Zustand übergegangen sind, in dem wir uns alle zwischen zwei Haltungen hin- und herbewegen und in dem die Deutungen eines jeden als Deutung in Erscheinung tritt, in dem die Irreligiosität überdies für viele zur wichtigsten vorgegebenen Option geworden ist?"[15] Glaubende deuten ihr Dasein religiös, mit Blick auf eine größere, die Unendlichkeiten des Kosmos in sich bergende, uns zugewandte göttliche Wirklichkeit – und wissen nun, dass ihre Deutung in einer *Option* gründet. Das heißt nach der Wort-Herkunft von „Option" auch: dass sich darin ihr tiefste Sehnsucht nach einer solchen Resonanz-gewährenden, „letzten" Wirklichkeit regt. Sie lassen sich in ihrer Weltbeziehung von dieser Option leiten, sehen sich von ihr zu einem Umgang mit der Wirklichkeit angeleitet, der ihnen angemessen und befriedigend vorkommt.[16] Es erscheint ihnen vernünftig, diese Option zu teilen. Aber sie müssen bei Kenntnisnahme anderer Optionen einräumen, dass auch für sie beachtliche Argumente sprechen und es unredlich wäre, sie bei der Suche nach verlässlicher Lebens- und

---

[15] Charles Taylor, Ein säkulares Zeitalter, dt. Frankfurt a. M. 2009, 34.
[16] Vgl. Hartmut Rosa, Resonanz. Eine Soziologie der Weltbeziehung, Berlin 2016.

Welt-Wahrnehmung zum Schweigen bringen zu wollen. Man weiß sich, wenn man diese Situation bewusst wahrnimmt, in einem säkularen Umfeld.

Ist es zuletzt vernünftiger, den Argumenten Glaubender zu folgen, statt den religionsskeptischen Optionen, die die Orientierung an einer alles umfassenden, uns zugewandten Wirklichkeit für illusionär halten und einer nüchternen Wahrnehmung der endlichen, ebenso gefährdeten wie verheißungsvollen Welt den Vorzug geben? Aber darf man sich überhaupt auf diese „Optionalisierung" des Glaubens im Horizont des heute vernünftig Nachvollziehbaren einlassen? Hätte man sich da nicht zentraler Glaubenssätze zu entledigen, die der menschlichen Vernunft unverdaulich bleiben und an denen seit Jahrhunderten heruminterpretiert wird? Müsste man das Christliche etwa auf seinen ethischen Kern zurückführen und so auf seine Fähigkeit, aus den „Sündern" bessere Menschen zu machen? Dann sähe man es, wenn man konkret wird, mit einem Moral- und Werte-Wandel konfrontiert, der die religiös gestützten, traditionellen Familienwerte immer deutlicher durch religiös eher beargwöhnte Selbstentfaltungs-Werten ersetzt und hier die Säkularisierung geradezu weltweit voranbringt, so aber die Frage aufwirft, ob es überhaupt noch einer religiösen Perspektivierung der praktischen Vernunft bedarf.[17]

Das Plausibel-Werden säkularer Selbst- und Weltbeziehungen macht Fragen dringlich, die lange schon hin- und hergewendet werden. Nicht erst heute stellt sich die Ahnung ein, es seien Fragen, zu denen menschliche Vernunft nicht eindeutig wird Stellung nehmen können, weil man es hier mit irgendwie vernünftigen, jedenfalls begründbaren Lebens-Alternativen zu tun hat, bei denen Argumente kaum soweit tragen können, exklusiv nur *eine* Begründung oder diese *eine* Option als vernünftig auszuzeichnen. Es spricht viel dafür, der tiefsten Sehnsucht des Menschseins zu trauen, das mit Selbstbewusstsein begabte menschliche Dasein könne nicht zur absoluten Bedeutungslosigkeit verurteilt sein. Und wenn die Herausforderung des Menschseins heute doch darin läge, sich die unendliche Verlorenheit im All einzugestehen und sie zu ertragen? Wenn Jacques Monod Recht hätte: der Menschen als Zigeuner am Rande eines Universums, „das für seine Musik taub ist und gleichgültig gegen

---

[17] Vgl. die Ergebnisse der siebten Ausgabe der Weltwertestudie und die Kommentierung von Hilde Naurath, Weltwertestudie: Werden Religionen obsolet?, in: Herder Korrespondenz 77 (4/2023), 11–12.

seine Hoffnungen, Leiden oder Verbrechen"?[18] Darf man sich vom vielfältig empfundenen Trost- und Resonanz-Bedarf des Menschen dazu hinreißen lassen anzunehmen, dass die Wahrheit seines Daseins tröstlich ist, daraus sogar ein Argument für tröstliche Selbst- und Weltdeutungen machen wollen? Hat Nietzsche nicht tiefer gesehen, da er das Niveau des Menschseins daran bemessen wollte, wie illusionslos ein Mensch sich dem Schrecken des Umsonst[19] auszusetzen wagt? Wie vernünftig ist das religiöse An-Glauben gegen das große Umsonst – und gegen Nietzsches Übermenschen-Vision, die sich dem Umsonst gewachsen erweisen soll? Geht es da überhaupt um Vernunft? Um welche? Gibt es überhaupt eine andere als die evolutionäre Rationalität eines sich ins Unendliche hinein entfaltenden und schließlich in sich zusammenstürzenden Kosmos; eine andere Menschen-Vernunft als die, die unverdrossen lernt, diesen Prozess nachzuvollziehen und die Menschen anfordert, sich – wie auch immer – zu fügen, in ihn eingefügt zu sehen?

Die Optionalisierung des Glaubens mutet ihm zu, sich dieser Frage zu stellen und sich als Antwort auf sie zu verstehen. Will er sich als *vernünftige* Option begreifen, ist er genötigt, sich nicht nur an einem überzeitlichen Begriff des Vernünftigen zu messen, sondern durch ein vernünftiges Umgehen mit der Situation seiner In-Frage-Stellung auszuweisen. Aber ist der Glaube eine Sache der freien Entscheidung, die sich als Konsequenz einer vernünftigen Abwägung zu ihm bekennt?

1.3 Vernünftig glauben, menschlich glauben

Dass es vernünftig ist, zu glauben, vielleicht das einzig Vernünftige, diese Einschätzung konnte die Glaubens-Option lange stützen, gar nicht als gewagte Option ansehen lassen. Die katholische Fundamentaltheologie hat die Vorstellung gepflegt, die Vernunft könne den Menschen bis an die Schwelle zum Glauben führen; von der vernünftigen Begründung des Geglaubten zum wirklichen Glauben sei

---

[18] Jacques Monod, Zufall und Notwendigkeit, dt. München ²1971, 211.
[19] Nietzsche spricht von der „Qual des ‚Umsonst'". Ihr sieht sich der Nihilist ausgesetzt, der bei dem, was er erreichen will, fortwährend scheitert (vgl. Friedrich Nietzsche, Sämtliche Werke. Kritische Studienausgabe [KSA], hg. von G. Colli und M. Montinari, München – Berlin 1980, Nachgelassene Fragmente November 1887–März 1888, KSA 13, 46 f.). Es zeichnet den Übermenschen aus, durch diese Qual hindurchzugehen und über sie hinauszuleben.

es dann nur ein kleiner Schritt über die Schwelle. Der könne gegangen werden, weil die Kirche sich dafür verbürgt, dass er nicht in die Irre führt. Die vernünftige Rechtfertigung des zu Glaubenden, ein klein wenig verlängert durch den vernünftigen Gehorsam gegenüber der zuständigen Autorität: So komme man auf verlässlichem Weg zum Glauben. Dass der Kredit der Kirche, der Vernunft zum Glauben helfen zu können, aufgezehrt ist, wird Glaubenden heute als das geringere Problem erscheinen. Das Dramatischere: Wenn man zum Glauben kommen will, muss man sich aus der Deckung durch die Vernunft wagen, findet man sich dann aber in einer Situation vor, in der man sich der „wahren Gründe" seiner Glaubens-Zustimmung oder Glaubens-Verweigerung nicht mehr sicher sein kann.

Die Glaubens-Überlieferung hat dem Rechnung getragen, indem sie festhielt, dass das Glauben Gnade ist, letztlich unverfügbar und doch vernünftig zu verantworten. Glauben-Können ist mir geschenkt. Ich kann mich nicht in es hineinargumentieren, es nicht willentlich herbeiführen, auch nicht durch die demütige Unterwerfung unter den kirchlichen Gehorsams-Anspruch. Aber mit dem Geschenk ist mir die Verantwortung dafür zugewiesen, mit diesem Geschenk vernünftig umzugehen. Dass ich auch dafür auf die Gnade angewiesen bin, machen evangelische und katholische Theologie mit unterschiedlicher Nachdrücklichkeit geltend.

Was bedeutet diese letzte, zugleich ursprüngliche Selbst-Unverfügbarkeit des Glauben-Könnens und Glauben-Wollens in concreto für den überlieferten Glauben? Dass er eines vernünftig sich selbst bestimmenden Menschseins unwürdig ist? Ich glaube nur, was mir einleuchtet!? Aber bringe ich das mir Einleuchtende selbst zum Einleuchten? Ist es nicht zuletzt das Einleuchtende, das sich mir zum Einleuchten bringt?[20] *Was macht es,* dass mir etwas einleuchtet? Was macht es, wenn ich eine „große" Hoffnung hegen kann und nicht immer schon mit dem Scheitern meiner Hoffnungen und Initiativen rechne? Was macht es, wenn mich ein „Urvertrauen" trägt[21] und ich mich nicht im Letzten der Bodenlosigkeit meines Daseins gegenübersehe? Glauben, Hoffen- und Vertrauen-Können: Wir erleben sie heute in einem engen Erlebens- und existentiellen Bedingungs-Zu-

---

[20] Es war John Lockes epochale Einsicht, dass die „Erleuchtung [that light]" zum Glauben letztlich keine Willens-Sache ist und es deshalb widersinnig wäre, einen bestimmten Glauben durch Zwang auferlegen zu wollen; vgl. John Locke, Ein Brief über Toleranz, englisch-deutsch, hg. von J. Ebbinghaus, Hamburg [2]1966, 14–17.

[21] Zum Thema „Urvertrauen" vgl. das Terminologie-prägende Konzept von Erik H. Erikson (ders., Identität und Lebenszyklus. Drei Aufsätze, dt. Frankfurt a.M. 1966).

sammenhang. Vielleicht ist das die wesentliche Neuformatierung des Glaubens in der Moderne.[22] Zugleich verschob sich auch der Grund der Fraglichkeit, an dem sich das Glaubens-Vertrauen – die *Fiducia* – immer wieder neu abarbeitet. Es geht kaum noch um die Frage, ob ich an einen *gnädigen* Gott glauben kann und vor seinem Zorn bewahrt sein werde, sondern um die Frage, ob der Gott ist, an dem mein Herz hängt und auf den ich meine tiefste Hoffnung setze – dann auch um die Frage, wie ich mich ihm und seinem guten Willen für seine Geschöpfe Lebens-folgenreich verbunden wissen kann.

Was bewegt mich letztlich unverfügbar zur Fiducia? Es liegt nahe, die Selbst-Unverfügbarkeit im Glauben, Hoffen und Vertrauen empirisch aufzuklären und Entwicklungen ausfindig machen, die dazu disponieren, eher dieser oder eher jener Option zuzuneigen, eher diese „große" Hoffnung zu hegen oder ihr zu misstrauen. Suchend-glaubende Menschen werden von diesem Misstrauen oft genug in Mitleidenschaft gezogen sein. Misstrauens-Affine werden ihnen da keine argumentative Nachhilfe anbieten müssen. Und doch werden viele Glaubende und Suchende wenigstens von Zeit zu Zeit der Gnade teilhaftig sein, Ja zu sagen zu ihrer großen Hoffnung und dazu, dass der ihnen anvertrauenswürdig gewordene Gott sie darin anrührt, in die Fülle ihres Lebens aufzubrechen. Was *ist* es, was man da als Gnade versteht und was ermutigt, das Ja zu dem zu wagen, der für diese Hoffnung einstehen wird?

Bin ich es zuletzt doch selbst, der sich dazu bestimmt, diese Entscheidung zu treffen? Darf es neuzeitlich denn anders sein, als dass ich mich frei entscheide, so, anders oder gar nicht zu glauben, diese oder jene Glaubens- oder Unglaubens-Identität auszubilden und zu „kultivieren"? *Glaubens-Autonomie* ist das Stichwort. Unter diesem Niveau kann der Glaube nicht mehr verantwortet werden. Man kann sich kaum der Einschätzung entziehen, dass wir in einer *Post-Gehor-sams-Epoche* leben.

Man kann es mit guten Gründen auch anders sehen: Das Post-Gehorsams-Bewusstsein würde dann nur eine tiefere Transformation der Gehorsams-Beziehungen verdecken.[23] Der Gehorsam wäre un- oder vorbewusster geworden; die, denen er entgegengebracht wird,

---

[22] So wird auch die zentrale Bedeutung des Fiduzial-Glaubens für Martin Luther neu gesehen; vgl. I. U. Dalferth – S. Peng-Keller (Hg.), Gottvertrauen. Die ökumenische Diskussion um die fiducia, Freiburg i. Br. 2012.

[23] An der Universitäts- und Landesbibliothek in Münster ist seit Jahren ein großer, beleuchtbarer Schriftzug angebracht: *Gehorche keinem.* Ob die Doppelbödigkeit gewollt ist: Gehorsam einzufordern fürs Nicht-Gehorchen?

sind anonymer. Sie erschleichen sich ihn mit raffinierten Meinungs-Produktions-Methoden. Wenn man das so sieht, wird man unbefangener auf die elementare Unverfügbarkeit des Glauben-Könnens und Glaubens-Wollens zurückkommen wollen. Glauben als Gehorsam mit Gehorsams-Kritik, als Gehorsams-Widerständigkeit: Was gibt einem Menschen den Mut, angesichts all dessen, was an Glaubens-Alternativen angeboten wird, angesichts dessen, was gegen den Glauben spricht und einem mehr oder weniger deutlich vor Augen steht, sich in die Hoffnungs-Perspektive des christlichen Glaubens hineinzuwagen und es darauf ankommen zu lassen, in ihr die Fülle des Lebens zu finden? Die guten Argumente für den Glauben werden ihre Rolle spielen. Sie könnten dem angesichts der Glaubensgeschichte keineswegs unbegründeten Verdacht Paroli bieten, eine Glaubens-Existenz verderbe die besten Lebensmöglichkeiten des Menschen. Aber sie werden nicht aus sich heraus dem Verdacht standhalten können, das Leben selbst sei eine „unnütze (oder zwecklose) Leidenschaft"[24], zum Scheitern und zu einem Tod verurteilt, der es zuletzt bedeutungslos machen wird. Kann man diesen Mut aus den eigenen mentalen Ressourcen mobilisieren? Oder braucht es Quellen des Mutes zum Glauben? Wie fände man Zugang zu ihnen – angesichts der Gefahr, aus trüben Quellen zu schöpfen?

Mit solchen Fragen umkreist man die post- oder spätmoderne Condition humaine des Glaubens.[25] Mit ihnen wird auch klar, dass sich die elementare Glaubens-Herausforderung, die hier empfunden wird, nicht so sehr in den Zumutungen einer korrekt nachzuvollziehenden Glaubenslehre – der *Fides quae* –, sondern in der letzten, zugleich prinzipiellen Ungesichertheit des Glaubens-Vollzugs – der *Fides qua* – liegt. Die Glaubenslehre gerät in den Schlagschatten des Glaubensvollzugs.[26] Es geht es nicht mehr zuerst um das entfaltete

---

[24] Une „passion inutile"; vgl. Jean Paul Sartre, L' Etre et le nèant, Paris 1943, 709. Søren Kierkegaard hatte vom Glauben als der glücklichen Leidenschaft gesprochen, in der der Verstand auf das unausdenkbar Größere stößt und sich ihm hingibt; vgl. ders., Philosophische Brocken, Gesammelte Werke, hg. von E. Hirsch und H. Gerdes, 10. Abteilung, Gütersloh ³1991, 1–107, hier 56.

[25] Vgl. Paul Tillich, Der Mut zum Sein, dt. Gesammelte Werke, Bd. XI, Stuttgart 1969,13–139.

[26] Das heißt gerade nicht, dass man die Zumutungen der überlieferten kirchlichen Glaubenslehre theologisch und spirituell vernachlässigen dürfte. Die Glaubenden sehen ihr Glauben mehr oder weniger unabdingbar mit elementaren Überzeugungen verbunden, deren Nachvollziehbarkeit ihr Glauben-Können mitträgt – oder eben zu sabotieren droht. Mein Buch widmet sich solchen Glaubens-Überzeugungen, insbesondere denen, die in eine kognitive Dissonanz zum Mainstream westlicher Selbst- und Weltverständigungs-Diskurse geraten zu sein scheinen. Das unterscheidet es

Was, um einzelne, verpflichtend anzunehmende Behauptungen des Glaubens, sondern entscheidend um das *Wie* eines Glaubensvollzugs, in dem die Glaubenden sich *diesem* Gott anvertrauen, seinem Heilswirken übereignen. Es geht um einen existentiell bedeutsamen Glauben[27], eher nicht mehr um eine weitgreifende, metaphysisch fundierte Welt-Anschauung, die Glaubende teilen müssten.

1.4 Post-metaphysisch?

Ein post-metaphysischer Glaube? Metaphysik gilt bis in den alltäglichen Sprachgebrauch hinein als Mystifizierung eines empirisch auszumessenden und zu sichernden In-der-Welt-Seins, eines durch und durch endlichen Lebens. Evidenzbasierte Empirie ist hier die Gegeninstanz; als unvoreingenommen rational will man sich verstehen. Wie schnell aber gerät man mit dem Anspruch oder der Hoffnung auf eine all-erklärende Theorie selbst ins Metaphysische – und unter Verdacht, man leite aus den Ergebnissen evidenzbasierter Forschung Behauptungen her, die von diesen Ergebnissen weder gestützt noch überhaupt in ihrer Tragweite überblickt werden. Wie schnell kommt man in einer reduktiven Metaphysik zur Bestreitung der menschlichen Willensfreiheit. In einer Theorie von allem, die auch erklären können soll, dass sie *alles* erklären kann, alles Relevante, weil Erklärungsbedürftige, feiert die Metaphysik ihre Wiederkehr.[28] Bleiben nicht alle Behauptungen über „alles" *Behauptungen?* Scheitern die als evidenzbasiert sich verstehenden Theorien von allem nicht schon daran, dass sie den Zusammenhang zwischen empirisch erklärbaren Verläufen und subjektiv erfahrenen Bedeutungen nicht begreifen, diesen Zusammenhang nicht einmal als Problem fokussieren können, dass sie deshalb genötigt sind, diese Dimension von „allem" schlicht als bedeutungsloses Epiphänomen zu „entwirklichen"? Braucht es dann nicht eine kritische Metaphysik, um die Begrenztheit der An-

---

von Tomáš Halíks „Der Nachmittag des Christentums", in dem es vorrangig (wenn auch nicht ausschließlich) um Wandlungen des Glaubensvollzugs – der fides qua – geht (vgl. ebd., 15).

[27] Diese existentielle Bedeutung wird freilich auch nicht mehr herkömmlich-rechtfertigungstheologisch in der Bewältigung eines ansonsten ausweglosen Sündenbewusstseins gesucht.

[28] Anders Saskia Wendel; vgl. dies. – Martin Breul, Vernünftig glauben – begründet hoffen. Praktische Metaphysik als Denkform rationaler Theologie, Freiburg i. Br. 2020, 17–155.

sprüche sichtbar zu machen, die mit empirisch begründeten Theorien verbunden werden. Auch Theologie und Glaubensbewusstsein müssten sich der metaphysischen Verpflichtungen bewusst bleiben – sie soweit möglich einzulösen –, die mit ihrer Sicht der Wirklichkeit verbunden sind. Sie werden nicht auf die Diskursbedingungen festgelegt sein, welche die antike Metaphysik und Ontologie den Bekenntnis-Aussagen vorgegeben haben und dazu nötigten, eine elaborierte Zwei-Naturen-Christologie, die von ihr getragene Soteriologie und die großkirchliche Trinitätslehre auszuformulieren. Die mag man ob ihrer Subtilität bewundern. Im gelebten Glauben der Christen werden sie kaum noch mitvollzogen. Auch die Theologie unserer Zeit sieht sie skeptisch; ihre Aporien sind kaum zu übersehen. Darf man weniger „metaphysisch", dafür erfahrungs- und Metaphern-gesättigter reden und die alten Formeln so „verheutigen"?

Christologie und Soteriologie wurden zum Experimentierfeld solcher Metaphysik-distanzierter Verheutigungen. Eine entsprechend angelegte Common-sense-Christologie lässt sich als Hintergrund vieler aktueller Entwürfe greifen: Jesus Christus, der gültige Repräsentant[29] oder Gottes treuer Zeuge (vgl. Offb 1,5), in dem der göttliche Vater sein „Innerstes" bezeugt und ausgesprochen hat (Joh 1,1–4), in dem er mit seiner ganzen Fülle wohnen wollte (vgl. Kol 2,9), hat Gott in seiner Menschenfreundlichkeit gelebt, ihn zu den Menschen gebracht, damit sie sich für seine Herrschaft der Liebe gewinnen lassen. Die Menschen wehrten und wehren sich dagegen, umzukehren und sich dieser Güte anzuvertrauen. Sie stoßen den Christus in den Todes-Abgrund, weil sie sich nicht im Abgrund ihrer Selbst- und Menschen-Hasses antreffen und retten lassen wollen. Noch im Todes-Abgrund hält der Vater seinem Sohn und dessen Menschengeschwistern die Treue. Er lässt sich nicht von ihrem Hass besiegen und nicht davon abbringen, sie auszulösen aus ihrer Gefangenschaft im falschen Leben. Er sendet ihnen den Heiligen Geist, der sie zu einem Leben der Gottes-Gemeinschaft in der Liebe auferwecken will.

Dieses Narrativ setzt nicht mehr so viele metaphysisch elaborierte Begriffe voraus, ist deshalb vielleicht „heutiger". Es mag dahingestellt bleiben, ob man sich so den Zugang zum Zentral-Geheimnis des christlichen Glaubens tatsächlich erleichtert. Theologisch wird zu

---

[29] Vgl. den imponierenden Entwurf von Reinhold Bernhardt, Jesus Christus – Repräsentant Gottes. Christologie im Kontext der Religionstheologie, Zürich 2021

klären sein, ob man den metaphysisch-anthropologischen Verpflichtungen, die auch mit diesem Narrativ verbunden sind, hinreichend Aufmerksamkeit widmet. Aber man wird einräumen, dass die existentielle Bedeutung des Geglaubten hier eher in den Vordergrund tritt als in der bis in metaphysische Spitzfindigkeiten hinein ausdifferenzierten Glaubenslehre der Kirchen.

1.5 Glaubens-Konzentration, Glaubens-Aneignung

Das Streben, metaphysischen Ballast loszuwerden, verbindet sich mit dem Verlangen nach Glaubens-Konzentration. Der Glaube schließt nicht mehr selbstverständlich alles ein, was die Kirchen und das hierarchische Lehramt als Glaubens-Pensum einfordern. Seit Jahrzehnten ist es zu einem selbstbewussten Auswahlchristentum[30] gekommen, das sich nicht auf eine Vollständigkeit der Glaubens-Zustimmung verpflichten lässt. Kirchlich festgehaltene Glaubens-Inhalte, selbst Bekenntnisartikel, haben bei vielen ihre Glaubens-Relevanz verloren, werden als nicht nachvollziehbar zurückgewiesen oder als Randgrößen des Glaubens angesehen. Was den Glauben ausmacht, soll von seiner Mitte her bestimmt und geglaubt werden, nicht an den „Rändern", an denen Kirchenmenschen das unplausibel Gewordene zu verteidigen suchen.

Das Verlangen nach Glaubens-Konzentration ist schon lange virulent. Kritische Anfragen der Aufklärung an die kirchliche Überlieferung haben eine Literaturgattung hervorgerufen, die einen aufs „Wesentliche" konzentrierten christlichen Glauben formulieren und so auch über die konfessionelle Zersplitterung hinauskommen wollte. Auf Johann Joachim Spalding (1714–1804) geht wohl die Terminologie „das Wesentliche des Christentums" zurück. Seine Schrift „Religion, eine Angelegenheit des Menschen" nimmt sich vor, „der eigentlichen *Religion des Christentums* in ihrem Wesentlichen [auf die Spur zu kommen], so wie sie ursprünglich von Jesus für die Allgemeinheit der Menschen zu deren Anweisung und Beruhigung gelehret ist". Befreie man das Christentum von „Einkleidungen und Umhüllungen", auch „von den unseligen Beimischungen", so träte dies als „Hauptsache" und als das „reine Christentum" hervor:

---

[30] Vgl. Paul M. Zulehner., Religion nach Wahl. Grundlegung einer Auswahlchristenpastoral, Wien 1974.

„die höchste Menschenwürde und reinste Gottesliebe im Guteswollen und Rechttun; der Schöpfer und Herr der Welt als allgemein guter Vater der Menschen; der Trost seiner alles umfassenden Vorsehung; die auch den Verirrten versicherte Zurückbringung und Wiederaufnahme zur Tugend und Glückseligkeit; die Erwartung einer fortdauernden Zukunft unter der unverbrüchlichen Bedingung der Rechtschaffenheit".[31]

Vom „Wesen der Religion"[32], von einem „Centraldogma" des christlichen Glaubens[33] ist gleichzeitig oder im weiteren Verlauf des 19. Jahrhunderts mehrfach gesprochen worden. Eine repräsentative Spätfrucht dieses Modus loquendi war ein Jahrhundert nach Spalding und Schleiermacher Adolf von Harnacks Schrift „Das Wesen des Christentums", in der die christliche Religion als „etwas Hohes, Einfaches und auf *einen* Punkt Bezogenes" dargestellt werden sollte: „Ewiges Leben in der Zeit, in der Kraft und vor den Augen Gottes."[34] Spürbar wird das Bemühen, den dogmatischen Ballast und – so meinte von Harnack es sehen zu müssen – hellenisierende oder kirchlich interessegeleitete Übermalungen des Hohen und Einfachen abzutragen und das Original von Neuem zum Leuchten zu bringen.[35] Man wird dieses Bemühen heute als eher naiv beurteilen. Sind nicht alle Versuche, herauszustellen, was für das Christliche we-

[31] Die Zitate sind entnommen aus: Johann Joachim Spalding, Religion, eine Angelegenheit des Menschen, hg. von W. E. Müller, Neudruck der 3. Auflage, Berlin 1799, Darmstadt 1997, 36–38.

[32] Prominent in den Reden *Über die Religion* von Friedrich Schleiermacher von 1799, wo programmatisch gesagt wird: „Ihr [der Religion] Wesen ist weder Denken noch Handeln, sondern Anschauung und Gefühl" (Zweite Rede, Stuttgart 1969, 35); sie sei „Sinn und Geschmack fürs Unendliche" (ebd., 36.)

[33] Zu nennen ist Alois Emanuel Biedermann (1819–1885), der das allgemeine Wesen der Religion – die Vermittlung zwischen dem unendlichen und dem endlichen Geist – in Jesus Christus verwirklicht und im christlichen Zentraldogma ausgesprochen sieht (vgl. ders., Die freie Theologie oder Philosophie und Christentum in Streit und Frieden, Tübingen 1844, etwa 79; vgl. Reinhold Bernhardt, Jesus Christus – Repräsentant Gottes, 2021, 305–315).

[34] Adolf von Harnack, Das Wesen des Christentums, Geleitwort von Wolfgang Trillhaas, Gütersloh 1977, 16.

[35] Mit kritischer Radikalität versuchte ja schon Ludwig Feuerbach gegen Hegel und Schleiermacher das Wesen des Christentums – das, was es eigentlich ist und hervorgebracht hat – gegen seine dogmatisch-kirchliche Erscheinung herauszustellen; vgl. sein Werk: Das Wesen des Christentums, nach der 2. Auflage 1841 neu hg. von E. Thies, Theorie Werkausgabe, Frankfurt a. M. 1976.

sentlich ist, selbst zeitbedingt[36], getragen von den *jetzt* als tragfähig mitvollzogenen Plausibilitäten und, wenn sie das Anliegen Jesu zur Geltung bringen wollen, von den gerade zugänglichen Ergebnissen der historischen Erforschung Jesu in seinem religiösen Umfeld? Und doch scheint kein Weg daran vorbeizuführen, sich des *entscheidend* Christlichen zu vergewissern[37], wenn man den Glauben erstpersönlich vollziehen will. Die pauschale Übernahme der kirchlichen Glaubenslehre erscheint vielen Christ(inn)en nicht mehr vereinbar mit diesem persönlich vollzogenen Glauben; und dies auch dann, wenn sie kirchlichen Instanzen eine Mitsprache bei der Wahrung des christlich Unaufgebbaren zuerkennen.

Beides scheint die Glaubenssituation heute zu kennzeichnen: das Bewusstsein für die historische Kontingenz aller Versuche, einen überzeitlich gültigen Begriff des christlich Zentralen und Wesentlichen zu formulieren, so vielleicht auch für die Zuständigkeit kirchlich-lehramtlicher Instanzen, gegen das Aufgeben unaufgebbaren Glaubens-Gutes zu intervenieren; aber auch ein Bewusstsein dafür, dass der religiöse Glaube von seiner Mitte her gelebt werden will und diese Mitte immer wieder neu zugänglich werden muss, soll er zur lebensbestimmenden, Leben-verändernden Fundamental-Option werden können. Wenn er meinem Leben nicht nur aufgepfropft sein soll, wenn er *mein* Glauben in einer Gemeinschaft mündig Glaubender sein soll, müsste er von einer Einsicht in die Beweggründe des Glaubens getragen sein, die wir den biblischen Zeugnissen verdanken und für die Gestaltung unseres (Miteinander-)Lebens im Hier und Jetzt als in höchstem Maße bedeutsam ansehen können. Wir fühlen uns in diesem Sinn zum mündigen Mitvollzug dessen herausgefordert, was *den* Glauben und *das* Glauben im Innersten ausmacht. Und wir lassen uns diese Verantwortung nicht von einem

---

[36] Magnus Lerch hat die an Harnack sich anschließende Diskussion um das Wesen des Christentums sehr einleuchtend in die Problem-Situation des Historismus und in den Kontext der Versuche eingeordnet, mit seinen Überhang-Problemen theologisch umzugehen. Er hat auf Ernst Troeltschs Versuch hingewiesen, der „doppelten Kontingenz" gerecht zu werden, die mit allen Versuchen verbunden ist, ein Wesen des Christentums zu profilieren: der Kontingenz in den geschichtlichen Transformationen des Christentums, die überhaupt erst die Wesensfrage akut machen, und der Kontingenz, von der alle „Konstruktionen" eines solchen Wesensbegriffs heimgesucht bleiben; vgl. Magnus Lerch, Kontingenz und Kontinuität.

[37] In einem interreligiösen Umfeld wird die Erfahrung gemacht, dass das entscheidend Christliche nicht mit dem unterscheidend Christlichen zusammenfallen muss – und zusammenfallen wird. Diese Erfahrung lag meinem Buch: Vom entscheidend und unterscheidend Christlichen (Düsseldorf 1992, vor allem 77–113) zugrunde.

Lehramt abnehmen, das den Eindruck erwecken will, für die Richtigkeit des Glaubens sei durch seine Wachsamkeit gegenüber Häresien bestens gesorgt. *Wir?* Das meint nicht die theologisch informierten Elite-Christen. *Wir* steht etwa für einen kirchlichen Selbstvergewisserungsprozess, wie er in Deutschland auf dem *Synodalen Weg* versucht wurde. Es steht für einen Aufbruch, den in der Katholische Kirche das Zweite Vatikanum initiierte. Es steht für ein Verständnis des Glaubens, hinter das Christinnen und Christen in Europa und anderen Weltregionen wohl nicht mehr zurückkönnen zu einem Gehorsams-Glauben an das kirchlich Eingeforderte. *Wir* spricht auch die kirchliche Verantwortung für eine Glaubensüberlieferung an, die nicht nach subjektiven Vorlieben oder Ressentiments beschnitten werden darf. Anspruch und Sehnsucht, den kirchlichen Glauben aus seiner geistlichen Mitte heraus glauben zu dürfen, mobilisieren das Verlangen, zum selbst verantworteten Verstehen des Glaubens und zum Neu-Verstehen des Unverstandenen voranzukommen.

Personaler Glaube will sich die vorgegebenen Glaubens-Gegenstände und Glaubens-Tatsachen *aneignen*, sie in ihrer Glaubens-Bedeutung *für mich/für uns* vollziehen und *deshalb* glauben. Es soll deutlich werden, wie der Glaube das Leben heilsam verändert, wie es ihm eine Hoffnungs- und Erfüllungs-Perspektive öffnet. Bringt das nicht die Gefahr mit sich, dass man das Glaubensgut anthropologisch funktionalisiert und entsprechend beschneidet? Dass man Nicht-Verstandenes als irrelevant und als nicht mehr nachvollziehbar marginalisiert?

Oder hat man es hier mit einer Spannung zu tun, die immer wieder neu austariert werden will: der Spannung zwischen dem In-Anspruch-genommen-Werden von einer unverfügbaren Glaubens-Überlieferung und dem Anspruch, die Zeugnisse der Glaubens-Überlieferung als Quellen eigenen Glaubens und Hoffens im Hier und Jetzt nützen zu können? Dieser Anspruch bringt sich im Christsein unserer Zeit nachdrücklich zur Geltung. Und er ruft den Einspruch kirchlicher Instanzen hervor, die Wahrheit des Glaubens dürfe nicht den subjektiven Glaubens-Bedürfnissen der Menschen und unserer Kultur unterworfen werden. Diese Spannung dürfte nicht nach einer Seite hin aufgelöst, müsste vielmehr ausgetragen werden. Die Lebendigkeit heutigen Glaubens wird davon abhängen, dass das einigermaßen nachvollziehbar gelingt.

Das ist zu einer theologischen Binsenweisheit geworden; und doch tun sich viele schwer mit ihr. Zu groß ist oft die Unwilligkeit, nicht Verstandenes mit sich herumzuschleppen; auf der anderen Seite die Angst davor, dass alles Objektive in den Strudel einer selbstherrlichen Glaubens-Subjektivität gerät und man sich den Glauben nach Belieben zurechtinterpretiert. Dass eine selbstbewusst gelebte Glaubens-Subjektivität geneigt macht, die Glaubens-Objektivität, wie sie von den Kirchen geltend gemacht wird, so nicht stehen zu lassen, liegt auf der Hand. Die Abkehr vom flächigen Für-wahr-halte-Glauben und seiner Fixierung auf festzuhaltende Heilstatsachen befeuert eine dramatische Transformations-Dynamik, in der die Glaubenden sich nicht zur bloßen Übernahme, sondern zur verantwortlichen *Gestaltung* ihres Glaubens herausgefordert sehen. Der Glaubens-Wandel hat hier mit der Erfahrung zu tun, dass das zu Glaubende nicht fertig vorliegt, sondern erst in der Glaubens-Aneignung jene Prägnanz und Kraft gewinnt, mein Leben zu durchformen und herauszufordern. Man ist nie fertig mit seinem Glauben, wenn man es darauf ankommen lässt, sich den Glaubenszeugnissen der Bibel und der kirchlichen Überlieferung zu stellen und von ihnen führen zu lassen.

Wie man den Glaubens-Wandel einschätzt, hängt davon ab, ob man ihn als Verlustgeschäft ansieht oder als Gewinn wahrnimmt. Lehramtliche Instanzen warnen vor dem Verlust an Glaubensgut und Glaubens-Intensität. Man hat ja nach über zweitausend Jahren alles beieinander, was zum richtigen Glauben gehört. Da müsste man doch nichts mehr daran ändern. Wer sich darauf verlegt, riskiere, das Gute zum weniger Guten oder Schlechten hin zu verändern. Hier greift man nach dem spätmodernen Verlust-Narrativ, das die Gewissheiten der Vergangenheit von der modernen Aufklärungs- und Demokratisierungs-Dynamik bedroht sieht und zur entschlossenen Verteidigung des im gesellschaftlichen Wandel Zersetzten aufruft.

Wer aber die Lebensbedeutung des Glaubens für sich neu wahrnimmt, sich neue Zugänge zu den normativen Glaubenszeugnissen bahnen und alte Überlieferungsbestände neu verstehen und aneignen kann, wird die Lebens- und die Erneuerungs-Kraft des Glaubens spüren und den Glauben hochschätzen, weil er immer wieder neu Lebens-Bedeutung gewinnt, in diesem Sinne unverbraucht bleibt. Er wird sich der „Wörtlichkeitsfalle"[38] entziehen, in der man mit den Inhalten des Glaubens meint fertig zu sein. Er kann die Erfahrung machen, dass der Glaube als Horizont oder als Tiefe oder als zentrierende Mitte unseres Daseins durch Geschichten und Biographien

---

[38] Vgl. Dieter Wellershoff, Der Himmel ist kein Ort. Roman, Köln ⁵2010, 203.

mitgeht, nicht zur Vergangenheit wird, sondern sich erneuert, auch wenn er der „alte" bleibt. Die Spannung zwischen Er-selbst-Bleiben und Neu-Werden ist vielleicht sein auffälligstes „Markenzeichen", so sehr die Glaubenswächter den Vorzug des Katholischen in seiner Unveränderlichkeit sehen und deshalb schließen wollen: Was sich „in der Substanz" nie verändert hat, wird sich auch fortan „in der Substanz" nie verändern.

Der Verdacht bleibt: Ob das Neuwerden des Glaubens nicht doch zu einem inhaltlich ausgedünnten Zeitgeist-Glauben führt? Und ob der neu verstandene Glaube nicht trotzdem hoffnungslos hinter den gesellschaftlichen Wandlungsprozessen zurückbleibt, bei denen er in den Abgründen der Transzendenz-Vergessenheit unterzugehen oder im Sich-Einlassen auf die „kleinen Transzendenzen" der Diesseits-Frömmigkeit untergepflügt zu werden scheint? Sind nicht schon weit radikalere Transformationen der Religion und des Christlichen unterwegs – und erforderlich, um es aus der Zwiespältigkeit seiner uralten biblischen Geschichten herauszuholen und ihm ein neues Selbstverständnis zu erschließen?

1.6 Entwicklung, Neuerfindung, Funktionswandel?

Drei idealtypische Narrative legen sich nahe, wenn man den Glaubens-Wandel nicht von vornherein als Glaubenszersetzungs-Prozess interpretieren will. Das nächstliegende: *Glaubens-Evolution*. Die christliche Glaubens-Überlieferung ist danach in die Evolution gesellschaftlicher Wissensbestände und der in ihnen hervorgebrachten Selbstverständlichkeiten hineingezogen. So ist sie genötigt, archaische oder vormoderne Vorstellungsmuster und mit ihnen verbundene Plausibilitäten hinter sich zu lassen. Sie ist aber auch in die Lage versetzt, an neuen Methoden der Wissens-Produktion teilzunehmen. Mit ihrer Hilfe kann sie die eigenen Quellen neu würdigen, Überlieferungsprozesse kritischer nachvollziehen und dem darin ebenso Überlieferten wie Verfälschten neu auf die Spur kommen. So darf man die Zuversicht hegen, dass ein wissenschaftlich begleitetes „Re-Ensourcement" Potentiale für eine Glaubens-Evolution freilegt, die das Christliche zukunftsfähig macht. Glaube kann sich fortentwickeln, gerade weil er sich seiner Ursprünge und der Kontingenz seiner Überlieferungs-Gestalten neu bewusstwird und nicht an eine überholte Glaubens-Formation gebunden erfährt.

Die Zwiespältigkeit dieser Modellierung liegt darin, dass man sich von ihr unversehens zu dem Vorurteil verführen lässt, das „Alte" (Archaische, Antike) sei zu überwinden, damit das Neue und Zukunftsfähige zugänglich wird. Da interpretiert man als evolutionäre Höherentwicklung und Wissenszuwachs, was sich auch als religiöse Verlustgeschichte beschreiben lässt: als Verlust an religiösem Gehalt und Glaubens-Performanz. Man ist etwa geneigt, schon im Anfang und bis in die Christentums-Gegenwart hinein eine Weiterentwicklung des Gottesgedankens vom drohend-gerechten Gott des Alten Testaments zum liebenden Gott des Neuen Testaments und des Christentums anzunehmen und zentrale religiöse Praktiken wie den Opferkult oder ein dialogisch verstandenes Gebet als von der religiösen Entwicklung überholt anzusehen. Das subkutane Glaubens-Selbstbewusstsein ließe sich hier auf die Formel bringen: Wir wissen es heute besser, sind religiös kompetenter. Nicht auszuschließen wäre, dass dieses historisch informierte Glaubens-Selbstbewusstsein auch vor den normativen Quellen der eigenen Überlieferung nicht Halt macht und zu dem Schluss kommt: Wir verstehen sie besser, als sie sich selbst verstanden haben, da wir sie vernünftig verstehen.

Die Zwiespältigkeit des Modells Glaubens-Evolution mag einem ins Auge fallen, wenn man auf ein theologisches (?) Plädoyer für die *Neuerfindung des Christentums* trifft.[39] Da geht es eigentlich schon nicht mehr um Evolution, sondern um einen vom kritischen Blick auf die Situation des kirchlich verfassten Christentums provozierten, revolutionären *Rückgriff* auf die Verkündigung Jesu, dessen eigene Eingebundenheit in antik-religiöse und weltanschauliche Sichtweisen jedoch entschlossen zu eliminieren wären. Mitunter sieht man sich im Bund mit den mystischen Traditionen der großen Religionen und macht man sich anheischig, das Christentum auf seinen mystischen Wesens- und Wissenskern zurückzuführen, es so anschlussfähig zu machen für moderne Visionen eines allumfassend Wirklichkeits-Durchwaltenden, wie auch avancierte evolutionäre Theorien sie nahelegen. Man sollte sich dafür von den lehramtlichen Ideologien zu Opfer-Soteriologie, sakralem Opfer-Priestertum und Jenseits-Glauben frei machen und im Blick auf den christlich allein maßgebenden Jesus von Nazaret beherzigen: „Den Kern des Christentums bestimmen nicht länger die Glaubensdogmen der Kirche, sondern die sozialen und humanen Zielwerte der Menschlichkeit: Nächstenhilfe

---

[39] So bei Hubertus Halbfas, Glaubensverlust. Warum sich das Christentum neu erfinden muss, Ostfildern ³2011.

und Solidarität. Wer meint, das sei zu wenig, sollte umdenken: Es ist mehr als alles!"[40] Gehört Gott nicht zu diesem „Kern" des Christlichen, das Christinnen und Christen dem Ankündiger der *Gottesherrschaft* verdanken? Von Gott soll die Rede sein, nicht von einer „Welterklärung aus göttlicher Perspektive". Das Wort Gott dient hier „nicht dem Erfassen der Wirklichkeit, sondern der Interpretation der menschlichen Existenz im Angesicht der Wirklichkeit."[41]

Findet man bei dieser Neuerfindung im Christentum nicht gerade das wieder, was man als wissenschaftlich und „mystisch" beglaubigte Weltsicht selbst favorisiert? Glaubens-Wandel wäre da nicht die richtige Vokabel. Nicht um Glauben geht es Hubertus Halbfas, sondern um das radikal egalitäre Reich-Gottes-Ethos des Jesus von Nazaret. So wäre von einem jesuanisch beglaubigten *Funktions-Wandel* christlicher Religiosität zu sprechen: weg von der gehorsamen Annahme theologisch-metaphysischer Behauptungen über das gottmenschliche Dasein Christi und den Sinn seines Kreuzestodes, hin zur Übernahme des Ethos, für das er gelebt hat und gestorben ist. Damit soll auch die Verlagerung der Glaubens-Intention seit der europäischen Aufklärung nachvollzogen werden: Der Glaube verliert seine Welterklärungs-Dimension. Seine Antworten dazu, wie die Welt ins Dasein getreten ist und warum sie so ist, wie sie ist – zu erleben, zu ertragen ist –, verlieren dramatisch an Kredit. Mit den empirischen Wissenschaften kann das Glaubens-Wissen über die Welt nicht mehr konkurrieren.

Darf man wenigstens bei dem, was in der Welt auch anders kommen könnte und von den davon Betroffenen herkömmlicherweise als Schicksal angesehen wird, Gott im Spiel sehen? Aber wie könnte er sich angesichts des Übermaßes an Leid in dieser Welt dann noch als gutwillig rechtfertigen? Wie könnte man einen Glauben rechtfertigen, der es *rechtfertigen* will, dass die Dinge so kamen, wie sie kommen? Wenn Gott jedoch keinen Einfluss auf das Schicksal nähme: Könnte er dann in der Not angerufen und um einen guten Ausgang gebeten werden?

Der Druck der Theodizee-Problematik legt die Abkehr von einem Glauben nahe, der sich eine Welt-Erklärungs-Kompetenz anmaßt und Gott eine (Mit-)Wirkung am Welt-Geschehen zuschreibt. Mehr oder weniger konsequent ist diese Abkehr in nicht-kognitivistischen

---

[40] Hubertus Halbfas, Kurskorrektur. Wie das Christentum sich ändern muss, damit es bleibt. Eine Streitschrift, Ostfildern 2018, 10.
[41] Hubertus Halbfas, Glaubensverlust, 72.

oder nicht-realistischen Religions-Konzepten vollzogen worden, wie sie bei R. B. Braithwaite und Don Cupitt begegnen. Für Braithwaite sind religiöse Aussagen moralische Aussagen, „Deklarationen der Verpflichtung zu einer bestimmten Lebensweise". Sie drücken die Selbstverpflichtung auf eine „agapeistische Lebensweise" aus[42] und beziehen sich mit ihrem Sprechen von Gott auf „dasjenige, was die religiöse Forderung für uns bedeutet, wenn wir auf sie reagieren".[43] Die „nicht-realistische Religion" scheint zu bieten, „was an der Religion unzweifelhaft wertvoll ist – die Suche nach innerem Frieden und Reinheit des Herzens, die Entwicklung von Liebe und Mitleid, die Überwindung des natürlichen Ichs mit seiner obsessiven Gier und seinen nagenden Ängsten –, aber ohne die Belastung eines Systems übernatürlicher Glaubensvorstellungen, die für viele heute ihre Plausibilität verloren haben."[44] Religion als Inbegriff wertvoller Einstellungen und ethischer Bereitschaften, mit denen keine exklusiv richtigen Annahme über eine Wirklichkeit verbunden sein müssen, in Beziehung zu der man diese Einstellungen ausbildet bzw. ausbilden kann? In intellektuell anspruchsvollen Diskursen begegnet man dem Bekenntnis zu dieser Art von Religion im Sinne einer von mir selbst geleisteten, höheren Art von Menschlichkeit, der man sich verpflichtet weiß: Ich erwerbe mir diese Einstellungen, bin religiös ohne Bindung an eine Kirche oder eine bestimmte religiöse Überlieferung. Aber bildet man diese Einstellungen aus, um sie zu *besitzen*, oder stellen sie sich als Merkmale oder „Begleitphänomene" einer Lebensauffassung ein, in der man sich in bestimmter Weise auf eine Wirklichkeit bezogen weiß, die es rechtfertigt, diese Einstellung als wertvoll anzusehen und zu leben?

Die Reduktion von Glauben auf als wertvoll angesehene „religiöse Einstellungen" begegnet auch da, wo man die gesellschaftliche Bedeutung der ethischen Ressourcen von Religion hervorhebt. Die Kirchen ließen sich bereitwillig darauf ein, als moralische Anstalten zu gelten.[45] Das Problematische dieser Selbst-Moralisierung lag nicht nur darin, dass man sich als moralische Anstalt blamierte, sondern tiefer darin, dass der Glaube hier auch von denen, die ihn teilen, als

---

[42] Richard Bevin Braithwaite, An Empiricist's View of the Nature of Religious Belief, Cambridge 1955, 15 und 18. Übersetzung nach: John Hick, Religion. Die menschlichen Antworten auf die Frage nach Leben und Tod, dt. München 1996, 213.

[43] Don Cupitt, Taking Leave of God, London 1980, 88 und 107; Übersetzung nach: John Hick, Religion, 220.

[44] John Hick, Religion, 225

[45] Vgl. Analyse und Kritik in: Hans Joas, Kirche als Moralagentur?, München 2016.

Mittel zum zweifellos guten Zweck angesehen wird. Er soll dazu führen, dass die Menschen „bessere Menschen" werden. Dazu soll die Gottesbeziehung helfen. Denen helfen, denen damit geholfen ist? Für die verzichtbar, die ohne sie auskommen?

Der Funktionswandel des Glaubens zur Motivations-Ressource für Menschen- und Schöpfungs-freundlichere Einstellungen scheint von der ureigenen Intention des Glaubens wie der Selbstwahrnehmung der Glaubenden wegzuführen. Der Glaube wird desengagiert beobachtet und erklärend nachvollzogen – in Theorien, welche die Perspektive der an religiösen Überzeugungen *Teilnehmenden* eher nicht einnehmen, sie nicht einmal verstehen, sondern erklären wollen, was sie „leisten", womöglich auch nicht mehr leisten können. Die authentisch an religiösen Überzeugungen Teilnehmenden werden ihre Teilnahme nicht primär auf die dabei womöglich ausgebildeten Einstellungen, sondern auf die Gestaltung einer „adäquaten" Beziehung zum Göttlichen fokussiert sehen. Dass die gläubige Wahrnehmung und Pflege dieser Beziehung Wandlungen ausgesetzt sind, steht außer Frage. Auch diese Wandlungen wird man sich aus dem Gesamtzusammenhang gesellschaftlicher Transformationen wie aus neuen Konstellationen menschlicher Selbst- und Weltverständigung erklären können. Nur: Was hat man dann erklärt? Hat man in den Blick bekommen, was der Glaube und seine Veränderung den Glaubenden selbst bedeuten, was ihnen da erschlossen und aufgegeben ist?

Dass der christliche Glaube neuzeitlich einen Funktionswandel erfahren hat, der auch von den Glaubenden mehr oder weniger bewusst mitvollzogen und weithin bejaht wird, kann an der Konjunktur der *Sinn-Kategorie* in religiös-christlicher Selbstverständigung deutlich werden. Religion soll nicht das Andere der Vernunft sein, sondern ihre unabdingbare Voraussetzung, das, worauf man sich beziehen muss, wenn man die Grenzprobleme eines vernünftigen Selbst-, Welt- und Absolutheits-Verständnisses nicht ungeklärt lassen will: Gott wird zum Grenzproblem der Selbst- und Weltverständigung, auf das man stößt, wenn die *ersten* Voraussetzungen oder der *letzte* Horizont des menschlich-vernünftigen Selbst-Entwurfs fraglich werden und man in Grenzsituationen hineingerät, in denen der Sinn des Menschseins zweifelhaft wird. Muss man sich solchen Grenzbestimmungen und Grenzerfahrungen aussetzen? Lässt sich menschliches Selbst- und Weltverständnis nicht ohne dieses Über-die-Grenze-Hinausfragen stabilisieren? Friedrich Nietzsche ist entschieden dieser Auffassung. Ohne Gott würde alles bodenlos, würden der

Mensch, seine Selbst-Schätzung, sein unabdingbarer „Werth" bodenlos, würde alles in den Nihilismus hineingezogen? Man muss – so Nietzsche – nicht mehr zum Gottesglauben greifen, um dem Nihilismus der Menschen-Entwertung zu entgehen. „Eine solche ungeheure *Potenzirung* vom *Werth* des Menschen, vom Werth des Übels usw. ist jetzt nicht so nöthig, wir ertragen eine bedeutende *Ermäßigung* dieses Werthes, wir dürfen viel Unsinn und Zufall einräumen [...],Gott' ist eine viel zu extreme Hypothese."[46] Man braucht ihn und die von ihm getragene Ordnung nicht. Das Leben rechtfertigt sich selbst, ist um seiner selbst willen bejahenswert. Die Glaubenden widersprechen Nietzsche, attestieren ihm Nihilismus[47]; sie nehmen ihren Glauben als unersetzlichen Lebenssinn-Garanten in Anspruch.

1.7 Lebenssinn-Glaube

Hier deutet sich ein Funktionswandel des Glaubens an, der noch nicht annähernd begriffen ist und auch einen tiefreichenden Bedeutungswandel herkömmlicher Glaubens-Vorstellungen nach sich zieht. Glauben bedeutet von alters her: aus ganzem Herzen und trotz allem Ja und Amen zu sagen[48] zu Gott, dem Herrn meines Daseins, zu seinem heiligen Willen und ewig-gerechten Handeln; sein Gott-Sein im Kult zu feiern, sich ihm zuzuwenden und dem womöglich in der Theologie nachzudenken. Hier steht der Glaube für die Gott-Zentrierung des menschlichen Daseins, Denkens und Fühlens. Er spricht sich in Bekenntnissen aus, die Gottes Wirklichkeit und sein Versöhnungswerk in der Geschichte hymnisch zur Sprache bringen. Daran wird sich im Glaubens-Wandel unserer Zeit nichts Wesentliches verändern. Es wird weiterhin darum gehen, mit dem Göttlichen ins rechte Verhältnis zu kommen. Zugleich suchen die Menschen nun die Versöhnung mit sich, mit einem dramatisch zwiespältigen, vielfach

---

[46] Friedrich Nietzsche, Nachgelassene Fragmente Sommer 1886 – Herbst 1887, KSA. 12, 212; vgl. ders., Menschliches, Allzumenschliches II. Der Wanderer und sein Schatten, Aphorismus 16, KSA 2, 550 f.: „Wir haben diese Sicherheiten um die alleräußersten Horizonte gar nicht *nöthig*, um ein volles und tüchtiges Menschenthum zu leben [...] Wir müssen wieder *gute Nachbarn der nächsten Dinge* werden [...]."
[47] Nietzsche will freilich über den Nihilismus hinaus auf den Übermenschen zudenken, der sich als Schöpfer des Sinnes weiß; vgl. Bernhard H. F. Taureck, Nietzsches Alternativen zum Nihilismus, Hamburg 1991.
[48] Das „trotzdem" ist gerade im 20. Jahrhundert zu einer dramatischen Herausforderung geworden. Vgl. Viktor E. Frankl, ...trotzdem Ja zum Leben sagen. Ein Psychologe erlebt das Konzentrationslager, München 2010.

enttäuschenden Leben, dem Sterben-Müssen und dem Schatten der Vergeblichkeit, aus dem sie nicht heraustreten können. Sie suchen Quellen der Bejahung, die Beglaubigung „einer letztendlichen Güte der Welt"[49], in die sie sich einbegriffen glauben könnten. Der Theozentrik des Glaubens tritt die Anthropozentrik zur Seite. Und es mag mitunter so scheinen, als verdränge die Anthropozentrik die Theozentrik aus ihrer zentralen Glaubens-Position.

Wieder ist es Nietzsche gewesen, der dieses Geheimnis neuzeitlicher Religiosität offen ausgesprochen hat – um seiner christlichen Auflösung zu widersprechen. Die „Sendlinge Gottes" wissen sich berufen, „den Glauben an das Leben [zu] fördern", indem sie ihm einen letzten Zweck zuschreiben. Die Menschen-Gattung, „muss von Zeit zu Zeit glauben, zu wissen, warum [sie] existiert"; sie „kann nicht gedeihen ohne ein periodisches Zutrauen zu dem Leben. Ohne Glauben an die Vernunft im Leben!"[50] „Es ist werth zu leben", für ein bestimmtes Ziel zu leben, so künden es die „Lehrer vom Zweck des Daseins", der nach ihnen nur in einem höheren, überirdischen Dasein liegen kann.[51] Dass das „Vertrauen zum Leben" erschüttert ist, heißt für Nietzsche aber nicht, dass das menschliche Leben nicht wertgeschätzt werden könnte: „[D]ie Liebe zum Leben ist noch möglich, – nur liebt man anders"[52], diesseitig. Man liebt es postchristlich; nicht mehr, weil es zu etwas gut ist, sondern weil es in sich gut ist: „Sich aber als Menschheit (und nicht nur als Individuum) ebenso *vergeudet* zu fühlen, wie wir die einzelne Blüthe von der Natur vergeudet sehen, ist ein Gefühl über alle Gefühle. – Wer ist aber dessen fähig?"[53] Den, der dessen fähig ist, wird Nietzsche den Übermenschen nennen, den Herrn des Sinnes, des Wertens und Hochschätzens, der sich der ihm auferlegten Zwecke des Daseins entledigt und den Wert seines Daseins selbst schafft.[54]

Damit ist der Streit nicht eröffnet, aber auf den Begriff gebracht, in dem sich der überlieferte Glaube immer noch vorfindet und behaupten will – und vermutlich einen tiefreichenden Bedeutungs-Wandel erfährt: der Streit um den *Sinn* des Lebens und den Herrn bzw. die Herren des Sinnes. Das 20. Jahrhundert erlitt die über My-

---

[49] John Hick, Religion, 228.
[50] Die fröhliche Wissenschaft I, Aphorismus 1, KSA 3,369–372, hier 371 f.
[51] Vgl. ebd., 371.
[52] Die fröhliche Wissenschaft. Vorrede zur zweiten Ausgabe 3, KSA 3, 350.
[53] Menschliches, Allzumenschliches I, Aphorismus 33, KSA 2, 53.
[54] Vgl. Zarathustra's Vorrede 3, KSA 4, 14: „Der Übermensch ist der Sinn der Erde. Euer Wille sage: der Übermensch *sei* der Sinn der Erde!"

riaden von Leichen gehenden Herren über das Leben als absolutistische Herren des Sinnes. Ihre Berufung auf Nietzsche war pure Camouflage. Sie säkularisierten den heiligen „Zweck" des Daseins, machten ihn unantastbarer, Menschen-vernichtender, als alle Religionen der Menschheitsgeschichte. Nun aber ist die Übermenschen-Intuition Nietzsches „demokratisiert". Jede(r) soll Herr(in) des Sinnes sein, des Sinnes seines (ihres) Lebens. In existentieller Ausformung des marxistischen Erbes konnte Milan Machovec den radikal selbstbestimmten Sinn proklamieren: „Das menschliche Leben hat [...] dann einen Sinn, wenn der Mensch in der Lage ist, ihm einen solchen zu geben. Mehr wollen wäre Fiktion, Idealismus und Selbsttäuschung." Das ist nun der Adel des Menschseins: sich den Sinn des eigenen Lebens zu wählen und zu schaffen, „ihm eine tiefere Aufgabe im Rahmen überindividueller Beziehungen, Erfahrungen und Perspektiven zuschreiben zu können."[55]

Bleibt es zuletzt dabei, den Sinn des eigenen Lebens hervorbringen und leisten zu können, zu müssen? Kann ich mein Leben als bejahenswert ansehen, weil ich den Grund dafür erkannt habe und anerkenne, das Ja zu ihm zu sprechen, oder weil ich ihm diesen Grund selbst gebe? Weil ich den Sinn, der mir mein Leben bejahenswert macht, selbst bestimme – *nicht diesen, sondern jenen?* Der Sinnbegriff ist vieldeutig. Er verdeckt, wie man dazu kommt, dem Leben einen Sinn zu *geben*. Indem man nachvollzieht, dass es unabweisbar gut ist, sich von dieser – in sich schlechthin guten – Lebensaufgabe oder Bestimmung in Anspruch nehmen zu lassen? Oder indem man sich in unbedingt-schöpferischer Freiheit das Lebenssinnstiftende Wozu des Daseins vor-gibt? Nietzsche wusste, dass die radikale Sinn-Autonomie des Übermenschen zur Bedingung hat, jeden Augenblick meines Daseins als *selbstzwecklich* zu bejahen und zu feiern, also nicht nur deshalb, weil er dazu dient, einem höheren, womöglich jenseitigen Zweck näherzukommen. Wer diese „übermenschliche" Konsequenz nicht zieht, muss sich der Frage nach dem *Wozu* stellen. Sie ist ihm von der Freude über die „ohne Warum"[56] blühende, fruchtbringende, schließlich verdorrende Blume des Augenblicks nicht abgenommen.

---

[55] Milan Machovec, Vom Sinn des menschlichen Lebens, dt. Freiburg i. Br. 1971, 25.
[56] Ob Nietzsche sein Bild für die Selbstverschwendung des Übermenschen bei der Lektüre des Cherubinischen Wandersmann des Angelus Silesius begegnet ist? „Die Ros' ist ohn warumb / sie blühet weil sie blühet" (Erstes Buch, 289). Für den Menschen gilt das nach Angelus Silesius so nicht: „Gott ist mein letztes End: Wenn ich sein Anfang bin / So weset er auß mir / und ich vergeh in Ihn" (ebd., 276).

An dieser Frage sieht sich der Glaube neuzeitlich zur Selbstverständigung und Neuartikulation herausgefordert. Er weiß sich nun zuständig für den Sinn des menschlichen Daseins. Die überlieferten Lehrbestände mögen weithin unangetastet bleiben. Ihre *Bedeutung* gewinnen sie im Horizont der Sinnfrage – als Antwort auf die Frage, wie man zum eigenen Leben, zu deinem und ihrem Leben Ja sagen können soll, *Ja trotz allem*, wie man sich mit dem Leben, so wie es nun einmal geschieht, versöhnen können soll. Die Gottesfrage gewinnt als Theodizee-Frage eine lange untergründig gebliebene, nun aber entschieden markierte zentrale Position der religiösen Selbstvergewisserung. Mit ihr die fundamental-theologische Notwendigkeit, Gottes Wirken in einer Welt zu verstehen, die man nicht mehr als solche – wie sie alltäglich die Menschen bedrängt – als Realisierung des Willens Gottes glauben kann, soll man nicht an ihrem Geschehen als Manifestation der Sinnlosigkeit verzweifeln.

Dieser Wandel in der Bedeutung des Glaubens am Beginn der Neuzeit ist lange unterwegs gewesen und vielleicht erst im 20. Jahrhundert in seiner Tragweite einigermaßen absehbar geworden. Luthers Reformation wollte die paulinische Glaubens-Einsicht erneuern: dass *Gottes Ja* zum Sünder so völlig unverdient und unverdienbar ist, dass man über das eigene Sündersein nur erschrecken und die „grundlose" Barmherzigkeit Gottes nur dankbar bestaunen konnte. Nur Gottes Ja in Jesus Christus vernehmend konnte man das Amen des Glaubens wagen – und als von Gottes Geist verbürgt glauben (vgl. 2 Kor 1,19–21). Das Ja Gottes zu dem von sich aus ganz und gar nicht bejahbaren Sünder: Das war es, was um Jesu Christi willen geglaubt werden durfte. Mit dem Einsetzen der neuzeitlichen Glaubens-Problematisierungen dreht sich die Perspektive: Nun ist es der Mensch, dessen Ja fraglich wird. Die Bedrängnisse seines Daseins erscheinen ihm nicht mehr – jedenfalls nicht pauschal – als Gottes-Heimsuchungen, die er, der Sünder von Anfang an, als verdient hinzunehmen hat. Nun sucht er mit dem Ijob-Selbstbewusstsein des ungerecht Leidenden nach der Bejahbarkeit seines Lebens. Und Gott gerät in Verdacht. Hat er nicht „die Schwierigkeit ja zu sagen"[57], höchstpersönlich zu verantworten? Gott wird zum Angefragten und in Frage Gestellten. Der Mensch verweigert sich der ihm zugescho-

---

[57] Die Formulierung erinnert an Klaus Heinrich, Versuch über die Schwierigkeit nein zu sagen, Frankfurt a.M. 1964. Vgl. meine theologische Anknüpfung: Gebet als Gottsuche oder: Ein Versuch über die Schwierigkeit Ja zu sagen, in: Jürgen Werbick, Gebetsglaube und Gotteszweifel, erweiterte 2. Auflage, Münster 2005, 61–80.

benen Total-Verantwortung für die Übel in der Welt. Die Themen *Sünde* und *Erlösung* müssen neu bedacht werden; für viele Glaubens-Zeitgenossen stehen sie auf der Kippe. Wie wandlungsfähig ist da der christliche Glaube? Hat er ein Angebot auf die Existenz-Frage: Wie kann ich mich mit meinem so zwiespältigen, endlichen Leben mit seiner radikalen Kontingenz in dieser so zufälligen und zwiespältigen Welt versöhnen, ohne die Augen vor dieser abgründigen Ambivalenz zu verschließen? Die Hoffnung, mit Gott versöhnt zu sein und seine Strafe nicht fürchten zu müssen, hat sich in die Sehnsucht zurückgezogen, sich mit dem eigenen Leben versöhnen, mit ihm einverstanden sein zu können. Bietet der überlieferte Glaube ihr einen Horizont, in dem Gott mit seiner eschatologisch-versöhnenden Güte für diese Versöhnung einsteht und das angefochtene Urvertrauen ins Leben – in *mein* Leben – rechtfertigt? Wird er dieses Leben als den Weg in seine göttliche Wirklichkeit hinein rechtfertigen?

Wo der überlieferte Glaube von diesen Fragen bewegt wird, verliert er nach der Erfahrung vieler neuzeitlich Glaubender nicht seine Mitte und seinen in der Bibel bezeugten Gottesbezug. Aber er gewinnt neue Relevanzen. Sie werden traditionelle Relevanz-Bestimmungen überblenden, mitunter bedeutungslos erscheinen lassen. Das „Neue" verträgt sich nicht immer mit dem Alten. Und es soll doch – so jedenfalls der kirchliche Anspruch – mit ihm in einer vielleicht nicht spannungsfreien Kontinuität stehen. Wie ist das konkret auszutragen, dass das Licht, das nun auf das Überlieferte fällt, es heute anders zugänglich macht, Altgewohntes in den Schatten stellt? Wird man Kriterien finden, in den auftretenden Diskontinuitäten unabdingbare Kontinuitäten und darin die Identität des christlichen Glaubens aufzufinden und zu schützen?

1.8 Um die Identität des Christlichen

An vielen Glaubensthemen lässt sich nachvollziehen, wie der biblisch-christliche Glaube in neue Bedeutungszusammenhänge hineinwächst und zuvor nicht gesehene Relevanzen gewinnt, indem er andere Erfahrungen in Anspruch nimmt. Man kann auch sehen, wie überlieferte Relevanzen kaum noch nachvollzogen, geradezu bedeutungslos werden. So stellt sich die Frage, ob bzw. inwieweit der jeweilige Bedeutungsverlust hingenommen werden kann. Wird er durch Bedeutungszuwächse ausgeglichen, die theologisch auszuleuchten wären, oder ist ihm theologisch-kirchlich entgegenzuarbeiten? Wie lässt sich beurteilen, welchen Relevanzen sich das Glaubensbewusstsein öffnen darf und welchen es die Glaubens-Legitimität absprechen müsste? Überhaupt wäre zu fragen, ob sich hier stringent handhabbare Kriterien formulieren lassen oder ob man von Fall zu Fall im Nachhinein zu begründen hat, was man als legitim ansieht und wo die Grenze zur Traditionsverfälschung verläuft.

Überzeitlich gültige Kriterien würden voraussetzen, dass man „die Substanz" des Glaubens von bloßen Einkleidungen unterscheiden und dann entscheiden könnte, welche „Kleider" zum Glauben passen und welche nicht. Diese Sicht der Dinge war – etwa in der biomorphen Unterscheidung von Kern und Schale – lange üblich. Man hat der Theologie oder dem kirchlichen Lehramt oder auch einer über den Glauben aufgeklärten Philosophie zugetraut, das Glaubens-Wesentliche gegenüber dem auszuzeichnen, was ihm in bestimmten Zeiten akzidentell zukommt und auch anders artikuliert werden kann. Dem traditionell-kirchlichen Überlieferungs-Verständnis galt der Glaube als etwas Fertiges, das davor zu schützen ist, dass etwas Glaubens-Substantielles verlorengeht, bestritten oder missverständlich ausgedrückt wird. Dass man etwas „neu sagen" kann, war eher theologische Kür, die von den Glaubenswächtern in ihrer Zulässigkeit zu bewerten war. Dass der Glaube nicht fertig vorliegt, sondern in seiner Relevanz immer wieder neu zu erarbeiten ist, da er sich beim Lebens-aufschließenden Ankommen im Glaubensvollzug der Menschen offenbarend ereignet, sehen viele bis in die Gegenwart hinein als abzulehnenden *Glaubens-Subjektivismus*.

Dabei liegt ja auf der Hand, dass sich der überlieferte Glaube immer schon von in den konkret gelebten Glauben einer jeden Zeit und Glaubens-Situation hinein inkulturiert und so Bedeutung gewinnt. Die Identität biblisch-christlichen Glaubens lässt sich nicht im Absehen von solchen Übersetzungen bestimmen, sondern nur an ihnen und in ihnen. Das kann man sich mit Paul Ricœurs Unterscheidung von *Idem-* und *Ipse-Identität* deutlich machen. Er hat sie im Blick auf die Identität von Personen eingeführt.[58] Personen identifizieren sich als über die Zeit hinweg Beständige, indem sie auf ein im Wesentlichen unverändertes *Was* oder ihr unter kontingenten Bedingungen immer wieder neu vollzogenes, darin sich treu bleibendes *Wer* rekurrieren. Sie bestimmen ihr Diese- bzw. Dieser-Sein im Sinne einer Idem- oder einer Ipse-Identität und dies in der Regel so, dass

---

[58] Vgl. Paul Ricœur, Das Selbst als ein Anderer, dt. München 1996, 151–155.

beide Identitäts-Dimensionen zum Tragen kommen, „in der Dialektik von Selbstheit und Selbigkeit."[59] Idem-betonende Selbstwahrnehmungen beziehen sich eher auf „inhaltlich" gleichbleibende Charaktereigenschaften und Identifikationen oder Introjekte. Ipse-betonende Selbstwahrnehmungen sehen den Vollzugscharakter im Vordergrund; sie verstehen die Beständigkeit im Wechsel als Auf-sich-Zurückkommen und Sich-Aneignen.

Ich möchte Ricœurs Unterscheidung auf das kirchliche Glaubens-Identitäts-Bewusstsein beziehen: Wer die *Idem-Identität des Glaubens* herausstellt, setzt auf die Unveränderlichkeit des Glaubensbewusstseins im Wesentlichen. Geschichtliche Veränderungen gelten als marginal oder als gefährlich für die Glaubens-Überlieferung. Es kommt dann alles darauf an, *was* über die Jahrhunderte hinweg als von allen, überall und im gleichen Sinn geglaubt wird: auf das Was des Glaubens, zu dem nichts Wesentliches dazukommen kann, an dem nichts Wesentliches verlorengehen darf. Das *Modell der Ipse-Identität* kann sichtbar machen, wie Identität als Selbst-Treue geschieht, indem man auf das aus der Vergangenheit Empfangene schöpferisch zurückkommt, um den überlieferten Glauben in kontingent veränderten Situationen zu leben, so wie er je heute Menschen erreichen und zum Zeugnis ermutigen kann. Ipse: Wir sind darauf angesprochen, in dem, was uns die Geschichte zuspielt und zumutet, zu finden, was der überlieferte Glauben uns bedeuten kann, wohin die Wege führen, zu denen er uns herausfordert. Wir dürfen entdecken, *wie* uns die Glaubensüberlieferung zur Quelle eines Welt- und Selbstverständnisses wird, in dem uns das Leben mit dem Gott und Vater Jesu Christi als Weg zu einem erfüllten Menschsein zugänglich wird.

Idem und Ipse sind nach Ricœur dialektisch aufeinander bezogen. Wer sich nur dem Idem verpflichtet weiß, missachtet die schöpferische Kraft der Überlieferung, aus der das Überlieferte in je neuen Situationen des Glaubens dem Leben mit Gott neue Erfahrungen erschließt und neue Lebens-Perspektiven öffnet. Wer nur auf das Ipse schaut, wird dazu neigen, die Überlieferung als bloße Ressource des Auf-sich-selbst-Zurückkommens und Über-sich-Hinauskommens nutzen zu wollen: als „Material" für Identitäts-Konstruktionen oder Identitäts-Narrative. Auf sich selbst Zurückkommen bedeutet im Glauben immer, auf Gott und seine Geschichte mit den von ihm zur

---

[59] Ebd., 173. Vgl. die übersichtliche Darstellung in Veronika Hoffmann, Glaubensverunsicherungen. Beobachtungen zum religiösen Zweifel, Ostfildern 2024, 418–428.

Gottesherrschaft erwählten Menschen zurückkommen und so nach-vollziehen, dass dieser Gott sich selbst treu bleibt und doch – gerade deshalb – neue Wege mit uns gehen will. Die im biblischen Zeugnis zur Sprache gebrachten Erfahrungen mit dem Gott Israels und Jesu Christi sind in diesem Sinne die Herausforderung, auf die Treue Gottes zu seinem Volk in schöpferischer Treue zu dem uns mit auf den Weg Gegebenen zu antworten: nicht von dem abzuweichen, was Gott uns durch seinen guten Geist mit auf den Glaubensweg gegeben hat. Schöpferische Glaubens-Treue antwortet auf unvorhersehbar-kontingente Herausforderungen und Wandlungsprozesse, sucht in ihnen das „Mitgenommene" wie das nun Weiterführende in seiner Bedeutung zu erkennen und will beidem gerecht werden. Sie ist Wandlungs-tolerant, ohne zu verraten, was mich (und dich) auf den gemeinsamen Weg gebracht hat.

Die Spannung zwischen Idem und Ipse im Glaubensbewusstsein ist individuell und gemeinschaftlich zu gestalten. Eine bloße Belie-bigkeit jeweils Ich-Identitäts-relevanter Anknüpfungen würde die Treue zur Glaubens-Überlieferung so wenig ernst nehmen wie das bloße Festhalten eines Bekenntnis-Standes. Die Idem-Kontinuität des Glaubens und das Sich-Einbringen der Glaubenden dürfen nicht zueinander in Gegensatz geraten. Faktisch wird es ja meist so sein, dass die Sorge um das Eine mit der Sorge um das Andere interagiert: dass das Im-Glauben-auf-das-Überlieferte-Zurückkommen das Überlieferte transformierend aneignet und sich ihm *so* verpflichtet weiß. Transformierende Aneignung lebt davon, dass sich ihm eine Inhaltlichkeit erschließt, die mich als Aneignungs-würdig heraus-fordert. Wo nicht beides zusammengehalten wird, kann von einem Wandel des Glaubens nicht mehr die Rede sein. Wo man beides im Blick hat, wird man unablässig danach fragen, welchen und wieviel Wandel der Glaube verträgt, ermöglicht und freisetzt – und wo er aufhört, der Glaube zu sein, der sich hier wandelt. Da wird man auch darauf schauen, welche Entwicklungen, Konstellationen und Erfah-rungen dem Glaubens-Wandel die Richtung vorgeben und wo sie zu kritischer Wahrnehmung nötigen.

Theologisch und kirchlich scheint es darauf anzukommen, un-tergründige Plausibilitäts-Verschiebungen und Mentalitäts-Verän-derungen wahrzunehmen, die dazu nötigen, Kern-Bestimmungen des Glaubens *anders* zu verstehen, damit sie in einem veränderten Erfahrungs-Kontext Glaubens-Bedeutung gewinnen können. Je ge-nauer man dieser Transformationen in der Tiefe des Glaubens- oder Unglaubens-Bewusstseins ansichtig wird, desto tragfähiger wäre die

Grundlage für das Urteil darüber, wie die Identität des Christlichen in den Veränderungen des menschlich Selbstverständlich-Allzu-Selbstverständlichen gewahrt werden kann und wo man das Überlieferte in bloße Anknüpfungen auflöst und der Verrat beginnt. Erst wenn man genauer sieht, was warum auf dem Spiel steht, wird man ermessen können, was das Christliche ausmacht. Zuletzt wird es darauf ankommen, an dem, was da im Spiel ist, mit Gelassenheit und Genauigkeit wahrzunehmen, wann und gegebenenfalls warum der Glaubens-Wandel nicht (nur) auf Verlust, sondern auf Glaubensgewinn hinausläuft, hinauslaufen kann.

Das Urteil darüber wird sich auf Argumente stützen, die am Glaubens-Wandel des Christlichen über die Jahrhunderte hinweg geschärft wurden. Aber auch die Geschichte des Glaubens-Wandels wird keine sicheren Kriterien für die Legitimität oder die Abwegigkeit Glaubens-geschichtlicher Entwicklungen an die Hand geben. Man wird bereit sein müssen, die eigene Einschätzung zur Diskussion zu stellen. Fehleinschätzungen bleiben nicht aus, in der Theologie, in der Glaubensverkündigung, beim hierarchischen Lehramt. Sie sind häufig vorgekommen und mehr oder weniger bereitwillig revidiert worden. So geht es zu in Lernprozessen, zumal in diesem kirchlichen, gesellschaftlich und interreligiös dimensionierten Glaubens-Lernprozess, der sich heute so verheißungsvoll anfühlt. Ob man sich mit ihm nur dem „Zeitgeist" anpasst? Es gibt gute Gründe, diesen Lernprozess als authentische Glaubens-Vertiefung anzusehen.

Bei alldem bleibt eine heute mehr denn je empfundene Glaubens-Irritation: Was bewahrt die mehr oder weniger als solche gewussten Lernprozesse bei der je neuen Übersetzung des Glaubens in wechselnde soziokulturelle Plausibiltäten hinein davor, von diesen Plausibilitäten in die falsche Richtung gedrängt zu werden und den Glauben um sein „Wesen" zu bringen? Die Frage nach dem „Wesen des Christentums" lässt sich nicht als historische zu den Akten legen.[60] Sie kann aber auch nicht einfach den kirchlichen Autoritäten überlassen bleiben, die sich mit ihrer Definitions- und Abgrenzungs-Freudigkeit nicht gerade darin hervorgetan haben, den Gläubigen dabei zu helfen, den Glauben *von seiner Mitte her* zu leben.

Ich werbe dafür, die Terminologie „Wesen des Christentums" durch die Formel „Mitte des christlichen Glaubens" zu erläutern. Mit dieser Formel wird der Glaube als existentiell-korrelativer Identitäts-Vollzug angesprochen. Die Mitte des Glaubens soll in Korrelation zur

---

[60] Vgl. Magnus Lerch, Kontinuität und Kontingenz, vgl. 542–550.

Mitte des menschlichen Selbstvollzugs und Selbstverständnisses ausgesagt werden: Sie trifft und berührt Menschen da, wo es um ihr Menschsein-Können geht; sie kann so als heilsame Herausforderung wahrgenommen werden, das Menschsein-Können als Gottes gute Gabe und Berufung zu ergreifen. Das darf nicht heißen, dass auf den Glauben nur als Identitäts-Ressource zugegriffen würde. Die Korrelation steht unter der Bedingung, dass die Frage nach dem Menschsein-Können in die das Glaubens-Bewusstsein zentrierende Mitte des Glaubens hineinführt, von hier aus in rechter Weise gestellt, womöglich beantwortet werden kann. Der Glaube führt – so ist es hier vorausgesetzt und vielfach erfahren worden – von seiner Mitte her ins kritische Zentrum menschlichen Sich-Verstehens und -Vollziehens.

Ist der Glaube damit nicht doch subjektiviert und geschichtlich relativiert? Die Gefahr ist nicht von der Hand zu weisen. Sie ist in den kirchlich moderierten Zeugnis-Diskursen und Klärungsprozessen einzuhegen. Die Frage nach der Mitte und dem Wesen des Glaubens wird ja nicht im luftleeren Raum gestellt, sondern im Kontext einer kirchlich gelebten Glaubens-Überlieferung, deren Identität kritisch ist. Sie kann verspielt werden und ist immer wieder neu so geltend zu machen, dass das in allen Übersetzungen Übersetzte erkennbar bleibt. Sie relativiert die Übersetzungen, die sich ja ihrerseits als kontingent begreifen. Wenn sie geltend machen, worum es im alt-überlieferten Glauben *entscheidend* geht, sollte im Blick bleiben, dass sie an einem bestimmten historisch-kulturellen Ort eine Korrelation versuchen, die gerade heute so gefunden werden und auch nur unter konkreten Bedingungen gerechtfertigt werden kann: sofern sie jetzt den Glauben in seiner inneren Mitte herausstellt und die Menschen unserer Zeit auf die entscheidenden Herausforderungen ihres Menschseins anspricht.

Ich will zu zeigen versuchen, wie das Glaubensbewusstsein sich in solchen historisch-kontingenten Korrelationen vollzieht und verändert, womöglich vertieft, vielleicht auch zersetzt. Das Konstruierte dieser „Versuchsanordnung" ist mir bewusst; aber auch dies, dass es einen Versuch wert ist, auf diesem Weg der inneren, soziokulturell mit-bedingten Transformation des Glaubensbewusstsein nachzuspüren, ohne es damit einer totalen geschichtlichen Relativierung ausgesetzt zu sehen. Kontinuität und Kontingenz des christlichen Glaubensbewusstseins stehen in Spannung zueinander und sind in einem offenen Prozess miteinander zu vermitteln. Kontinuität ist nicht als solche gegeben, sondern wird immer wieder gewonnen oder verfehlt. Das Glaubensbewusstsein bleibt herausgefordert, in kon-

tingenten Selbstverständigungs-Situationen die innere Mitte des
Glaubens als das zum Glauben Motivierende und Inspirierende
wahrzunehmen. Sich dieser Herausforderung zu stellen ist Bedingung der Möglichkeit dafür, dass die Glaubensüberlieferung „kreativ
und orientierend wirksam sein kann."[61] Das wäre gewissermaßen die optimistische Sicht auf den spätmodernen Lauf der Dinge. Man wird sich in den Alltags-Erfahrungen
der Orientierungs-Defizite und Nicht-Greifbarkeiten kaum verheh-
len können, mit wieviel Arbeit es verbunden ist, sich in diesem Lauf
der Dinge zu orientieren und in ihn einzubringen. Zygmunt Bauman
hat von der „liquiden" oder fluiden Spät-Moderne gesprochen, in der
das Greifbare sich aufzulösen scheint und die Institutionen, die es
repräsentieren, eine nachhaltige Schwächung erfahren. Ist das ein
Anlass zum kulturkritischen Pessimismus? Oder darf man es so sehen: „Die soliden Formen halten ein für allemal. Flüssiges in Form zu
halten fordert Aufmerksamkeit, Vorsicht und Anstrengung – und
selbst dann ist der Erfolg alles andere als sicher."[62] Das mag einem wie
das „Gehen im Treibsand" vorkommen. Das Stehenbleiben im
Treibsand beim Träumen von den verlorengegangenen soliden Formen wäre die deutlich schlechtere Alternative.

1.9 Vorblick

Nun geht es darum, Herausforderungen des Glaubens-Wandels im
Einzelnen zu benennen. Ich möchte sie als *Zeichen unserer Glaubens-
Zeit* auslegen.[63] An ihnen zeigt sich m. E. exemplarisch, wie sich das

---

[61] Ebd., 541.

[62] Zygmunt Bauman, Flüchtige Moderne (im Original: Liquid Modernity), dt. Berlin
2000, 15.

[63] Die Rede von den Zeichen der Zeit ist vom Zweiten Vatikanum theologisch geadelt
worden (vgl. *Gaudium et spes* 4 und 11, *Unitatis redintegratio* 4). Der Begriff soll sich auf
bedeutsame Entwicklungen und Tendenzen beziehen, an denen deutlich wird, was
unsere Zeit signifikant von anderen Epochen unterscheidet. Die Zeichen der Zeit sind
Wirklichkeits-sensibel wahrzunehmen und theologisch zu deuten. Das Volk Gottes
soll sich bemühen, „in den Ereignissen, Bedürfnissen und Wünschen, die es zusammen mit den übrigen Menschen unserer Zeit teilt, zu unterscheiden, was darin
wahre Zeichen der Gegenwart oder der Absicht Gottes sind" (*Gaudium et spes* 11).
Wenn ich von Zeichen der Glaubens-Zeit spreche, bleibt die Absicht theologisch
bescheidener. Es wird zunächst nur darum gehen, Orte der Glaubens-Wandlung im
Bewusstsein der Christen unserer Welt-Gegend zu identifizieren und „Chancen" ins
Auge zu fassen, die mit solchen Wandlungen für den Glauben verbunden sein
können.

christliche Glaubens-Bewusstsein in unseren Breiten auf spezifische Denk- und Lebens-Herausforderungen einstellt, sich mit ihnen mehr oder weniger abgleicht oder neu zu Wort meldet. Als erstes nenne ich die Theodizee-Frage (*Kapitel 2*). Sie hat das Thema *Vorsehung* und mit ihm generell die Problematik überlieferter Vorstellungen zum Handeln Gottes in der Welt krisenhaft werden lassen. Die vertragen sich prima vista nicht gut mit dem modernen Verständnis menschlicher Autonomie und – gewissermaßen komplementär dazu – mit den empirisch-wissenschaftlichen Annahmen zur immanent-kausalen Bestimmtheit der Welt-Abläufe. Wie kann man da überhaupt noch an Gottes „Darin-Sein" im Welt-Geschehen und in geschichtlichen Ereignissen glauben? Lässt es sich nachvollziehbar theologisch denken?

Wenn aber die „interventionistische" Vorstellung eines Eingreifens Gottes in Welt-Zusammenhänge problematisch geworden ist, so sind es auch die herkömmlichen Glaubens-Praktiken des (Bitt-)Gebets, dem es ja um das Eingreifen Gottes zugunsten der Bittenden zu gehen scheint, und des Opfers, das im Christentum zugleich an sein Ende gekommen sein soll und doch soteriologisch rezipiert wurde. Auch hier stößt man auf signifikante, wenn auch komplexe Entwicklungen des christlichen Glaubensbewusstseins (*Kapitel 3*). So zeigt sich etwa, dass die Problematisierungs- wie die Re-Interpretations-Geschichte des Opfers schon die ganze biblische Überlieferung durchzieht und seine abgründige religiöse Missverständlichkeit in der Geschichte des Judentums wie des Christentums, schließlich auch des Islams immer wieder neue Bearbeitungen gefunden hat. Man wird deshalb eher fragen, in welcher Gestaltung Opfer-Überlieferungen noch als aufschlussreich für das religiöse Selbstverständnis und die Glaubenspraxis von Christ(inn)en angesehen werden und ob sich diese Gestaltung in die Religions-Geschichte der Opfer-Reinterpretationen einordnen, womöglich auch biblisch legitimieren lässt. Das ist für das christliche Glaubensbewusstsein alles andere als eine Randfrage, die man Exegeten oder Historikern zur Bearbeitung überlassen dürfte. Mit der soteriologischen Interpretation des Opfers Jesu Christi am Kreuz ist ja die soteriologische Grund-Relation Sünde – Erlösung aufgerufen; damit die religiös elementare Frage, ob diese soteriologische Relation noch als ein kommunikativ-heilsames Geschehen zwischen Gott und den Menschen erfahren und ausgelegt werden kann. Sollte diese kommunikativ-religiöse Rahmenvorstellung hier ebenso in die Krise geraten sein wie bei der Praxis des (Bitt-)Gebets?

Damit steht das *Gottes-Verständnis* der Bibel selbst auf dem Spiel (*Kapitel 4*). Wer ist Gott – für die Menschen: Schöpfer des Alls, personales Gegenüber oder das Umgreifende, die Menschen in sich Einbeziehende, in ihnen sich Verwirklichende? Darf man ihn noch als Beziehungs-Wirklichkeit verstehen, als den unendlich Menschen-Beziehungs-Willigen und Menschen-Beziehungs-Fähigen? Die klassische Trinitätslehre hat in den letzten zwei Jahrhunderten einen von Kommunikations-Kategorien strukturierten Reflexionsraum bereitgestellt, in dem diese Fragen bearbeitet und die Spannungen stabilisiert werden konnten, die das christliche Gottesverständnis von Anfang an heimsuchten. Ist dieser Funktionswandel der Trinitätslehre eine Glaubens-legitime Vertiefung des in der Frühgeschichte des Christentums Gedachten? Oder ist er Symptom ihres Zerfalls? Öffnet er sogar Dimensionen eines Gottes-Verständnisses, das sich den Herausforderungen der Evolutionslehre stellt, da er die Spannung zwischen dem Unendlich-Umgreifenden und dem kommunikativ Begegnenden zu artikulieren erlaubt?

Gottes kommunikative Präsenz in der Welt: Welche Vorstellungen von Präsenz sind da ins Spiel gebracht – im kulturellen Selbstbewusstsein einer selbstbewussten Diesseitigkeit? Haben sich die Gewichte zwischen Diesseits- und Jenseits-Fokussierung nicht verschoben (*Kapitel 5*)? Diese Fragen stellen sich mit besonderer Schärfe im Zusammenhang der spezifisch christlichen Hoffnung auf die Auferweckung der Toten. Hier hat man es mit einem signifikanten Zeichen unserer Glaubens-Zeit zu tun. Der Glaube an die „letzten Dinge" hat aber schon in der Bibel selbst dramatische Umgestaltungen erfahren. Über lange Jahrhunderte der Christentums-Geschichte was das Thema religiös zentral. In den letzten drei Jahrhunderten ist es in eine Grauzone des religiösen Bewusstseins geraten, sodass man kaum noch zu sagen weiß, ob man als Christ(in) dazu etwas zu sagen hat. Der Glaubens-Wandel scheint hier zu einem Glaubens-Rückzug geworden zu sein, der für viele Glaubende eine Lücke hinterlässt, in die andere, althergebrachte, neu angeeignete, auch technologisch konzipierte Vorstellungen eines mehr oder weniger ewigen Lebens einströmen. Er wirft die Frage auf, ob so etwas wie Welt- und Endlichkeits-Transzendenz noch vorstellbar ist.

Dass der „Jenseits"-Glaube Vorstellungs-ärmer geworden ist, da man die Bilder des Jenseits als Bilder zu lesen gelernt hat, liegt auf der Hand. Ist nicht das Glaubens-Bewusstsein insgesamt Vorstellungs-ärmer, so auch Gefühls-ärmer geworden? Ziehen wir uns auf eine „negative Theologie" zurück, die alle Glaubens-Bestimmtheit hinter sich lässt, von Intuitionen redet und allenfalls die Herausforderung artikuliert, dem unendlich größeren Gott die unvorstellbare Erfüllung unseres Daseins zuzutrauen? Wäre das als Glaubens-Substanz-Verlust zu beklagen? Ist es nicht der Gottes-Zukunfts-Horizont, in dem sich das Glaubens-Bewusstsein gegenwärtig in ein Hoffens-Bewusstsein transformiert (*Kapitel 6*)? Schließlich – hier zuletzt genannt, für viele Glaubende das in die Augen springende Zeichen unserer Glaubens-Zeit – der dramatische Wandel in der Kirchen-Erfahrung (*Kapitel 7*): Als Glaubens-Behörde und Moral-Predigerin hat sie sich diskreditiert. Darf man ihr eine Evangeliums-gemäße Glaubens-Bedeutung zuschreiben und abverlangen: die Menschen an die Quellen des Glaubens zu erinnern, sie zum Vertrauen auf Gottes erlösendes Dasein in Jesus Christus durch seinen Heiligen Geist zu ermutigen und seine segnende Gegenwart zu feiern? *Rückblick und Ausblick* werden sich der Ambivalenz-Erfahrung zuzuwenden haben, die den Christen nicht nur von ihrer kirchlichen Existenz zugemutet wird. Sie ist die Signatur der Spätmoderne und nun in voller Schärfe im Glaubensbewusstsein angekommen. Es wird darauf ankommen, wie Glaubende einander beistehen können, sie zu ertragen.[64]

---

[64] Für die Fokussierung des Blicks auf Entwicklungen, deren Ambivalenz sich viele Glaubende heute ausgesetzt sehen, waren mir kritische Stellungnahmen und Hinweise von Gesprächspartner(innen) wichtig, die ich in verschiedenen Arbeitsphasen zu Rate gezogen habe. Einige darf ich hier nennen: Veronika Hoffmann, Paul Deselaers, Ulrich Willers und Jörg Hofmann. Volker Sühs, der Lektor des Grünewald Verlags, hat mir bei Konzeption und Fertigstellung des Projekts mit Rat und Tat zur Seite gestanden. Ihnen allen gilt mein herzlicher Dank.

2. Gottesbeziehung im Weltverhältnis

2.1 Erfahrungs-Wandel

Wir leben, denken, erfahren anders als die Menschen des Mittelalters oder der Antike. So glauben wir auch anders. Der Glaube ist in den Wandel der Lebensbedingungen, des Denkens und Erfahrens *hineingezogen*. Und es lässt sich erst a posteriori, keineswegs immer zuverlässig, ermitteln, was das mit ihm macht. Die Bibel scheint unbefangen davon zu sprechen, dass Gott manchen Menschen in der Welt begegnet, mit ihnen spricht, an ihnen handelt. Prophet(inn)en, Gottes-Stellvertreter und -Gesandte nehmen das für sich in Anspruch bzw. es wird ihnen von den Verfassern der biblischen Zeugnisse zugeschrieben. Für sie und ihre Adressaten ist es offenbar kein grundlegendes „weltanschauliches" Problem, Gott in diesem Sinne als Akteur in geschichtlichen und sozialen Zusammenhängen anzusehen und ein Eingreifen in Weltzusammenhänge zuzutrauen.

Diese Selbstverständlichkeit ist einer gewissen Ratlosigkeit gewichen. Viele Zeitgenossen können sich keinen rechten Reim darauf machen, wie das aussehen würde, wenn Gott redete oder handelte. Und doch werden die Menschen in biblischer Zeit keine andere Welt erlebt haben als die Menschen der Neuzeit und der Moderne. Die werden aber geneigt sein, biblische Erzählungen von Gottes Eingreifen als Zeugnisse aus einer „anderen Welt" zu verstehen und sich fragen, ob Gott „damals" anders gehandelt und sich verlautbart habe. Kann man sagen, dass die biblischen Zeugen zwar *keine andere Welt*, aber die Welt *anders* erfahren haben? Würde das heißen, dass es unterschiedliche Weisen der Welterfahrung gibt, die je in ihrer Weise zutreffend sind oder es waren? Oder müssen wir davon ausgehen, dass man heute die Weltzusammenhänge tiefer versteht als die Menschen der Antike? Wir müssten dann das von ihnen Bezeugte, wenn es für uns bedeutsam sein soll, anders verstehen, besser, weil heute nachvollziehbarer, als sie es verstanden haben. Wir müssten es mit dem in Übereinstimmung bringen, was wir selbst für möglich oder für wahrscheinlich halten.

Das ist die Pointe des Entmythologisierungs-Programms gewesen, mit dem Rudolf Bultmann Mitte des 20. Jahrhunderts erhebliche theologische Unruhe ausgelöst hat. Bultmann sprach unumwunden aus, dass das Neue Testament das Heilsgeschehen, von dem es Zeugnis gibt, im Kontext eines mythischen Weltbilds erzählt, dem es geläufig ist, dass „die Geschichte nicht ihren stetigen, gesetzmäßigen Gang" läuft, sondern „ihre Bewegung und Richtung durch die übernatürlichen Mächte" erhält. Dem gegenüber unterstelle das „durch die Naturwissenschaft geformte Weltbild", dass Welt und Selbst als „geschlossene innere Einheit" zu verstehen sind, „die dem Zugriff supranaturaler Mächte nicht offen" stehen.[65] Was vom Neuen Testament als ein solcher Zugriff erzählt oder bezeugt wird, wäre einem zeitgenössischen menschlichen Selbstverständnis nur noch zugänglich, wenn es nicht als Schilderung eines außer-ordentlichen Welt-Geschehens, sondern als das verstanden wird, was das Geschehene für den glaubenden Menschen bedeutet. Auch die Auferweckung Jesu wird man – so Bultmann – nicht als schlechterdings übernatürlich-wunderbares Vorkommnis in der Geschichte ansehen, sondern als das Zum-Durchbruch-Kommen der Heilsbedeutung seines Kreuzes im Kerygma der Urgemeinde, in dem kommuniziert wird, „was Gott mir durch sie [die Geschichte Jesu Christi] sagen will."[66]

Bultmann Konzept beruht auf einer Gegenüberstellung von antik-mythologischem und modernem, naturwissenschaftlich geprägtem Weltbild. Die hat sich als unterkomplex erwiesen und kann die heute bedrängenden hermeneutischen Herausforderungen kaum adäquat erfassen. Es kann sicher nicht (nur) darum gehen, den biblisch dargestellten Geschehensablauf auf das zurückzuführen, was unser Naturwissenschafts-geprägtes Verständnis von Welt-Erfahrung als „wirklich passiert" anerkennen kann und alles Übrige als mythologische Kodierung seiner Heilsbedeutung zu dechiffrieren, die den Menschen heute in „existentialer Interpretation" als Angebot einer neuen Seinsweise zu erschließen wäre. Es ginge grundsätzlicher darum, genauer zu verstehen, wie Erfahrungsweisen sich verändern – und mit ihnen die epochalen Weltbeziehungen oder Weltzugänge. Wir verstehen die Wirklichkeit anders: Wie anders und warum so anders? Und was bedeutet das für unser Glauben?

Zunächst ist schon für die Bibel festzuhalten: Ihre Zeugen reden meist nicht mythologisch in dem Sinne, dass sie Gott oder göttliche Mächte als innerweltliche Akteure verstehen, die anstelle menschlicher Akteure das geschichtliche Geschehen hervorrufen oder, was

---

[65] Rudolf Bultmann, Neues Testament und Mythologie. Das Problem der Entmythologisierung der neutestamentlichen Verkündigung, in: H.-W. Bartsch, Kerygma und Mythos. Ein theologisches Gespräch, Hamburg–Volksdorf 1954, 15–48, 15 und 19.
[66] Ebd., 41.

menschliche Akteure so nicht könnten, ungewöhnliche Wirkungen in der Natur bewirken. Sie wollen solche Wirkungen oder Verläufe nicht beschreiben, sondern ein Darin-Sein Gottes zum Ausdruck bringen, das den davon Betroffenen Lebensmöglichkeiten eröffnet, auch verschließt. Erzählte oder bezeugte Verläufe wurden *als* Gottes gnädige Zuwendung – mitunter auch als strafende Abwendung – ausgelegt: als eine Geschichte der Beziehung zwischen Gott und seinem Volk. Die Zeugnisse der Bibel sind Verstehens-Anleitungen, hermeneutisch-prophetische Initiativen, den „darin-seienden" Gott als solchen wahrzunehmen und auf ihn einzugehen: auf ihn als den sich Zuwendenden, Leben-Eröffnenden, Widersprechenden, Sich-Entziehenden. Die im biblischen Kanon zusammengebundenen Texte sind ein Zeugnis-Diskurs, in dem herausgebracht werden soll, wie Gott in den jeweils erzählten und bezeugten Vorgängen der Welt „drin ist" und die Menschen *angeht*; in dem genau darüber auch gestritten wird. Die unterschiedlichen Deutungen der Zerstörung Jerusalems sind dafür ein Musterbeispiel.

Es ist also – jedenfalls in der Regel – nicht so, dass Ereignisse in der Beobachterperspektive auf den Akteur JWHW zurückgeführt werden, eher so, dass er in der Teilnehmerperspektive als Teilnehmer, als Anteilnehmender an der Suche und der Geschichte Israels und der Jesus-Gemeinschaft ins Spiel gebracht wird: mit eschatologischer Entschiedenheit im Auferstehungskerygma als der das neue Leben (der Gottesherrschaft) *Ermöglichende und Herbeiführende*. Gott wird hinzu-erzählt, auch hinzu-behauptet als der die Menschen in menschlicher Wirklichkeit Angehende und Herausfordernde; mitunter in Geschehnissen, die als über alles Menschenvermögen hinausgehend und heilsam geschildert werden: in von Gottes machtvollem Geist gewirkten, Menschen ergreifenden Machttaten.

Wer die biblischen Zeugnisse heute so *nachzuvollziehen* versucht, tut es in neuzeitlich-moderner Wahrnehmung und Sprache. Daran erinnert schon die Bezugnahme auf Paul Tillichs Rede vom Glauben als dem „Ergriffensein von dem, was uns unbedingt angeht."[67] Nachvollziehen heißt nicht Sich-nach-Belieben-Zurechtlegen; heißt auch, dass man die Schriftzeugnisse in ihrem hermeneutischen Selbstverständnis nicht unterschätzt. Das unterscheidet sie von dem, was Bultmann Mythologie nennt: Sie wissen um die Gottes-Zuschreibung, die sie vollziehen. Ein Vorgang wird *als* hier und jetzt wirksames Dabei- und Darin-Sein Gottes ausgelegt. Diese Auslegung

---

[67] Paul Tillich, Wesen und Wandel des Glaubens, dt. Berlin 1961, 9.

kann strittig werden – bis dahin, dass zweifelhaft wird, ob Jesu Machttaten aus dem bösen Geist des Satans oder aus dem guten Geist Gottes gewirkt sind (vgl. Mk 3,22–26par). Der hermeneutische Blick auf diese Zusammenhänge mag in Moderne und Postmoderne schärfer geworden sein. So mag hervortreten, wie riskant und strittig solche Zuschreibungen sind – und mit ihnen die Inanspruchnahme einer Interpretations-Perspektive, in der Gott als uns darin Angehender namhaft gemacht wird, dies freilich von Menschen, die ihr Leben vom Mitwirken und Angehen Gottes schon bestimmt und auf seine Fülle hin geöffnet erfuhren.

Gott ist für die Menschen damals wie heute keine selbstverständliche Gegebenheit. Sein Dabei-Sein und Darin-Sein lässt sich nicht unbeteiligt konstatieren. Es ist nur in der Teilnehmer-, das heißt hier: in der Glaubens-Perspektive, sinnvoll behauptbar. In diesem Sinne *ist Glauben* ein *Interpretieren* und Gott-Erfahren, das *Erfahren menschlicher Wirklichkeiten als* ermöglicht, initiiert und auf den Weg der Vollendung geführt durch den Gott, dem Glaubende das Initiieren und Vollenden menschlicher Wirklichkeiten zutrauen dürfen.[68] Nichts daran ist selbstverständlich. Es kann menschlich verständlich, womöglich auch zustimmungsfähig werden, wenn man sich von den Zeugnissen anleiten lässt, diesen Gott kennenzulernen und mit ihm zu leben.

Erfahrungs-Wandel? Die Neuzeit hat einen empirischen Erfahrungsbegriff ausgebildet, der auf das Zur-Kenntnis-Nehmen eines Sachverhalts in der Beobachterperspektive ausgerichtet ist. Das scheint die einzig verlässliche Weltbeziehung zu sein. Die Sorgfalt, mit der Täuschungen ausgeschlossen werden, soll die „Wirklichkeits-Haltigkeit" der Erfahrung gewährleisten. Erfahrungen, die sich dieser Objektivitäts-Idealisierung nicht fügen, gelten als bloße Vermutungen, subjektive Hervorbringungen ohne sicheren Anhalt an objektiv Gegebenem.

Valide empirische Erfahrung gibt im Rückgriff auf naturgesetzliche Zusammenhänge eine nachprüfbare Auskunft darüber, warum die Dinge so sind, wie sie sind. Sie soll und kann immer wieder zu Antworten auf die Warum-Frage führen: wenn die Daten das hergeben und die *Warum-Frage* sinnvoll gestellt wird, sich also auf Vor-

---

[68] Vgl. meinen Beitrag: Etwas als etwas erfahren. Theologisch-hermeneutische Reflexionen zur Formel „Erfahrung mit der Erfahrung", in: M. Lerch – Chr. Stoll (Hg.), Religiöse Erfahrung. Bestandsaufnahme und Perspektiven zu einer strittigen Kategorie, Freiburg i. Br. 2023, 161–185.

gänge bezieht, die empirisch aufklärbar sind. Lebens-Erfahrungen, in denen es eher um das *Wie* eines menschlichen Leben-, Vertrauen-, Hoffen- und Lieben-Könnens geht, fügen sich dem Schema der Warum-Aufklärung nicht. Sie geraten im Empirie-bestimmten Kontext in die Umgebung subjektiver Einschätzungen und Optionen. So kommt es neuzeitlich zum Gegeneinander von Konstatieren (Erklären) und Interpretieren, dann auch zur Abwertung eines „bloßen" Interpretations-Glaubens, der seinen Anhalt an objektiven Erfahrungs-Daten – an den Glaubens-Tatsachen – verloren habe und sich vor den Anfragen der Zeitgenossen nicht mehr verantworten könne. Muss nicht wieder objektiver, Tatsachen-bezogener vom Glauben gesprochen werden, damit er nicht in den Graubereich bloßer Anmutungen verschwindet? Muss von Gottes Wirken in der Welt nicht klarer, im Blick auf feststellbare oder zumindest mögliche Tatsachen gesprochen werden, damit es nicht zu einer Sache bloßen Interpretierens und Vermutens wird?

2.2 Abschied vom Wunder-Glauben?

Auch der Glaube sollte sich auf objektiv Konstatierbares gründen: Das war die Überzeugung, die die neuzeitliche Apologetik einem Empirie-gestützten, Glaubens-kritischen Weltbild entgegensetzte. Die Einwirkung übernatürlicher Mächte sollte der Empirie zugänglich sein und angenommen werden, wo man feststellbare Wirkungen nicht auf natürliche Ursachen zurückführen konnte. Auf die Frage, *warum* etwas *so* gekommen ist, sollte es vernünftigerweise nur diese Antwort geben: Weil Gott seinen Erwählten die Möglichkeit zum Bewirken des nur durch übernatürliche Kausalität Möglichen mitgeteilt hat. So versuchte man den biblischen Wunderglauben bzw. das, was man dafür hielt, in eine empirische Weltsicht zu übersetzen und so auch eine Glaubensbegründung zu leisten, die sich auf einen empirisch-geschichtlichen Gottesbeweis gründen konnte: Ohne Gott und seine allmächtigen Handlungsmöglichkeiten wäre das in der Bibel Berichtete und von Gottes-Menschen vielfach Bewirkte, durch die Fürsprache der Heiligen Geschehene *nicht erklärbar*. Die Vernunft sollte einsehen, dass sie hier genötigt war, übernatürlich Verursachtes anzuerkennen und die Existenz dessen einzuräumen, auf den es zurückgeführt werden musste. Wenn sie vorurteilsfrei urteilt, müsste sie einräumen, dass Propheten und der Messias Jesus durch von ihnen gewirkten Wunder wie durch zutreffende Prophetien als Gottes Gesandte ausgewiesen werden. So bekräftigte das Erste Vatikanum: „Wer sagt, es könnten keine Wunder geschehen und daher seien alle Erzählungen darüber – auch die in der Heiligen Schrift enthaltenen – unter die Fabeln oder Mythen zu verweisen; oder Wunder könnten niemals sicher erkannt werden und durch sie werde der göttliche Ursprung der christlichen Religion nicht zurecht bewiesen: der sei mit dem Anathema belegt."[69] Gottes Taten, Wunder oder im Geschichtsverlauf bestätigte Weissagungen, seien, „da sie Gottes Allmacht und unendliches Wissen klar und deutlich zeigen, ganz sichere und dem Erkenntnisvermögen aller angepasste Zeichen der göttlichen Offenbarung".[70] Das nach Naturgesetzen nicht Erklärbare bezeuge *zweifelsfrei* eine übernatürliche Ursache. In ihr wirke Gott oder der von ihm Bevollmächtigte, um die Menschen zu einem vernünftigen Gehorsam gegenüber der durch Wunder und Weissagungen ausgezeichneten Offenbarung in Pflicht zu nehmen.

Die Behauptung, Gott mache sein Handeln in der Geschichte durch die Unerklärbarkeit des mit ihm Bewirkten *sicher* erkennbar, gilt nur unter einer doppelten Voraussetzung: dass das von Gott angeblich Bewirkte verlässlich als solches *bezeugt* wurde und dass das rebus sic stantibus Unerklärbare nicht doch noch auf rational Erklärbares zurückgeführt werden kann. Schon seit David Hume war diese vom Ersten Vatikanum in Anspruch genommene doppelte Voraussetzung untergraben[71]. Hume fragte: Ist es wahrscheinlicher, dass ein Wunder geschieht, das die Naturgesetze aufhebt, als dass die Erzählung von diesem Ereignis – mit welchen Interessen auch immer – verfälscht wurde? Und wer kann ausschließen, dass das berichtete Unerklärliche irgendwann doch in seiner Möglichkeit begriffen und ins naturwissenschaftliche Denken eingeordnet werden kann? Man mag heute auf den Siegeszug der Psychosomatik verweisen: Es ist kaum absehbar, welche somatisch nachweisbaren, für die herkömmliche Schulmedizin unbegreiflichen Heilwirkungen sich unter dem Einfluss tief erschütternder Erfahrungen mit charismati-

---

[69] DH 3034.

[70] DH 3009.

[71] Hume rät abzuwägen, „ob es wahrscheinlicher ist, dass der Erzähler [einer spektakulären Wundergeschichte] trügt oder betrogen ist oder dass das mitgeteilte Ereignis sich wirklich zugetragen hat." Für die größere Wahrscheinlichkeit (der unzuverlässigen Überlieferung) und das kleinere Wunder (dass der von der Tradition so hochgeschätzte Erzähler nicht die Wahrheit sagt), sollte man sich entscheiden (vgl. David Hume, Untersuchung über den menschlichen Verstand, dt. Hamburg 1964, 135 f.).

schen Persönlichkeiten oder außerordentlichen Ereignissen einstellen können.

Noch tiefer trifft eine unvoreingenommen historisch-kritische Lektüre der biblischen Wundererzählungen. Sie sollen einen Menschen als Gott-Erwählten auszeichnen, dessen Gott-Verbundenheit ihn oder sie mit Gotteskräften erfüllte, welche „normalen" Menschen nicht zur Verfügung stehen und davon zeugen, dass dieser Mensch aus Gott handelt und spricht, schlechthin Erstaunliches tut und so auch für sein Gottes-Wort Gehör verdient. Wundererzählungen wollen nicht von schlechterdings einzigartigen Einwirkungen des Übernatürlichen auf Natur-Zusammenhänge berichten; die Unterscheidung eines geschlossenen Naturzusammenhangs von übernatürlichen Kausalitäten ist in der Antike so nicht getroffen worden. Das ergibt sich schon daraus, dass die Antike von vielen erstaunlichen Macht-Taten durch berühmte Menschen berichtet und diese prinzipiell für möglich hält. Die Welt wird als ein Macht-Geschehen begriffen, bei dem Kräfte und Mächte in die „normalen" Alltags-Wirkungs-Zusammenhänge einwirken können, die schlechthin Aufsehen-Erregendes, aber nicht völlig Unmögliches hervorzubringen vermögen. In einem solchen Kontext hätten sich Jesu Machttaten kaum dazu geeignet, den Beweis dafür bereitzustellen, dass er als zweite Person der Trinität an der Allmacht Gottes Anteil hatte. Darf man sie dann für dieses Beweisziel in Anspruch nehmen?

Was Jesus von Nazaret tut, soll die heilend-befreiende Zukunftsmacht der Gottesherrschaft bezeugen und in Anspruch nehmen. Das gilt unabhängig davon, welche Macht-Taten man ihm mit einiger historischer Zuverlässigkeit zuschreiben darf und welche nicht. Man dürfte diesem Verständnis der Macht-Taten Jesu in heutiger Sprache nahekommen, wenn man sagt: In diesen Macht-Taten geschieht den Menschen konkret Gottes heilend-befreiende Wirklichkeit durch diesen Gottes-Menschen. Die Erzählungen von solchen Macht-Taten haben Evangeliums-Charakter, sollen ein wirksames Zeichen der Hoffnung darauf setzen, dass am hier Berichteten der Anbruch der Gottes-Wirklichkeit handgreiflich wird und sich nicht rückgängig machen lässt. So kann das Johannesevangelium als Jesu Abschiedsbotschaft überliefern: „Wer an mich glaubt [johanneisch: mir in Liebe und im Gottes-Geist verbunden ist], wird die Werke, die ich vollbringe, auch vollbringen, und er wird noch größere als diese vollbringen" (Joh 14,12). Der Evangelist spielt den Glaubenden aller Generationen die Frage zu, wie sie in ihrer Glaubens-Verbundenheit mit Jesus Christus seine Werke und Größeres zu tun berufen sind, um anderen Kulturen und Zeiten den Anbruch der Gottesherrschaft zu bezeugen.

In den von der europäisch-angelsächsischen Aufklärung geprägten Kulturen scheint der Wunder-Glaube auf dem Rückzug zu sein. Marienerscheinungen und entsprechende Wunderberichte finden in eher traditionalistischen Gruppierungen noch Aufmerksamkeit, wecken aber auch Skepsis oder werden mit Shakespeares Hamlet-Weisheit relativiert: „Es gibt Dinge zwischen Himmel und Erde, von denen sich eure Schulweisheit nichts träumen lässt." Eher skurril erscheint es auch überzeugten Christ(inn)en, wenn in römischen Selig- oder Heiligsprechungs-Prozessen weiterhin Wunder eine Rolle spielen sollen, die nachweislich auf das Gebet zu den „Kandidat(inn)en" zurückzuführen wären und ihre besondere Gottes-Nähe bezeugten. Der Glaube sollte doch nicht von spektakulären, fast unvermeidlich Skepsis auf sich ziehenden „Wundern" hervorgerufen oder gestützt werden, sondern eher von seiner inneren, Leben-erschließenden Überzeugungs- und Hoffnungskraft, die mich wahrnehmen lässt, wofür mein Leben da ist und wozu es unterwegs sein darf. Wer zum Glauben Wunder braucht, ist offenbar nicht in der Lage, diese inspirative Kraft zu erfahren und aus ihr zu leben. So wird man die Wunder-skeptische Überzeugung auf den Punkt bringen dürfen, die sich in Theologie und Gemeinden weithin verbreitet hat.[72] Man hat sich von einem interventionistischen Gottesglauben und „interventionistischen Praktiken" verabschiedet, die der Religionssoziologe Martin Riesebrodt immer noch als „Kernbestand jeglicher Religion" ansieht.[73]

---

[72] Gegen diese, im 19. Jahrhundert zunächst theologisch ins Spiel gebrachte Sicht der Dinge hat sich das Erste Vatikanum mit großer Entschiedenheit ausgesprochen. Es verurteilt die Meinung, „die göttliche Offenbarung könne nicht durch äußere Zeichen glaubhaft gemacht werden, und deshalb müssten die Menschen allein durch die innere Erfahrung eines jeden oder durch persönliche Eingebung zum Glauben bewegt werden" (DH 3033).

[73] Martin Riesebrodt, Die Rückkehr der Religionen. Fundamentalismus und der „Kampf der Kulturen", München 2000, 41. Zu den religiösen „Kernannahmen" rechnet Riesebrodt die Vorstellung, es existierten „übermenschliche (im Sinne von außerordentliche, ungewöhnliche) persönliche Mächte", die „Dimensionen des menschlich-sozialen Leben [kontrollieren und] der direkten eigenmächtigen Kontrolle normaler sozialer Akteure entzogen sind." Hinzu komme die Überzeugung, soziale Akteure könnten „einen Zugang zu diesen Mächten gewinnen, der je nach Art der religiösen Imagination unterschiedlich verläuft. Man kann entweder diese Mächte manipulieren, beeinflussen oder gar mit ihnen kommunizieren. Man kann mit ihnen in Austauschverhältnisse treten […] Oder man kann sich selbst über das normale menschliche Maß hinaus ermächtigen durch die Internalisierung, interne

Ein erfahrungsorientierter Glaube wird sich – so die hier geteilte Überzeugung – nicht an übernatürlichen Vorgängen festmachen, die empirisch feststellbar in natürliche oder geschichtliche Prozesse intervenieren.[74] Er wird eher darin seine Beglaubigung suchen, dass man mit ihm eine das menschliche Dasein erhellende, Lebens-erschließende Erfahrung macht, die dazu inspiriert, gut und hoffnungsvoll mit sich, den Mitmenschen und dem Leben im Ganzen umzugehen. Der Glaube soll selbsttragende Erfahrungen ermöglichen, bei denen Gott oder das Göttliche für eine Perspektive steht, in der das Leben angenommen und gut gelebt werden kann. So soll der Glaube von autoritativ vorgegebenen Glaubens-Wahrheiten unabhängig werden und sich darin als tragend, ja als wahr bewähren, dass man selbst nachvollziehen und hervorbringen kann, was ihn ausmacht. Das neuzeitliche Erfahrungs-Pathos verbindet sich religiös mitunter auch mit mystischen Traditionen: Der Erfahrungs-Glaube setzt dann darauf, dass mir die den Glauben gründende Erfahrung nicht nur bezeugt werden muss, dass ich sie vielmehr im Prinzip selbst reproduzieren und ihre Bedeutung so authentisch erfassen kann.

Vielleicht gilt das ja nur für eine Erfahrungs-Elite, die gelernt hat, Tiefen-Erfahrungen zu machen und eine entsprechende Erfahrenen-Autorität erworben hat. Gelegentlich hört man – mit Berufung auf eine Interview-Äußerung C. G. Jungs: „Ich muss nicht glauben. Ich weiß (aus eigener Erfahrung)." Die eigene Erfahrung soll unabhängig machen von Wahrheiten, die einem von Autoritäten verbindlich gemacht werden. Das wäre freilich eine Erfahrung, die nicht auf der Oberfläche der zur Kenntnis genommenen Fakten geschieht, die

---

Aktivierung oder Fusion mit solch außerordentlichen Mächten, in der Regel durch asketische, kontemplative oder orgiastische Praktiken" (ebd., 40 f.). Ich will dahingestellt sein lassen, ob Riesebrodts Aufzählung selbst nicht über ein interventionistisches Religions-Verständnis hinausweist. Offensichtlich aber ist, dass viele Christen sich gegenwärtig genau daran abarbeiten, ob und wie ihr Glaube darüber hinauskommen kann.

[74] Das Stichwort „Interventionismus" ist nicht so eindeutig, wie es beim ersten Hinhören klingt. Als nicht-interventionistisch verstehen sich etwa auch Modelle, die Gottes Handeln (Eingreifen?) mit den nichtprognostizierbaren Kontingenz-Phänomenen in der Natur in Verbindung bringen. Ein groß angelegtes „Non-Interventionist Objektive Divine Action"-Projekt (NIODA) hat im angelsächsischen Bereich 1988–2003 an diesem Modell gearbeitet. Zur Kritik an solchen Konzepten vgl. Reinhold Bernhardt, Was heißt „Handeln Gottes". Eine Rekonstruktion der Lehre von der Vorsehung, Gütersloh 1999, 271–311; Daekyung Jung, God's Action in the World. A Critical Examination an Evaluation of Arthur Peacocke's Divine Action Model, in: Theology and Science 19 (2021), 261–272.

vielmehr nur durch lange Übung auf speziellen Übungswegen wahrgenommen wird und tief genug dringt, um in mir Zugang zu finden zum Ewigen im Menschen.

Die hier geltend gemachte Alternative von Glauben und eigener Erfahrung mag angesichts autoritärer Formen und Begründungen des Glaubens in Geschichte und Gegenwart verständlich sein. Naheliegend ist sie deshalb noch lange nicht. Lebt das Sich-selbst- und die-Welt-Verstehen nicht von Quellen, die nicht einfach in mir sprudeln, auch nicht in meiner Verfügung sind, die vielmehr immer wieder neu aufzusuchen sind, mir zugänglich werden müssen und mir zutragen, was ich nicht einfach aus mir habe? Und ist der Glaube – bei all seinen autoritären Perversionen – nicht zu beschreiben als Quellen-Kundigkeit, die das von solchen Quellen Zugetragene kritisch prüft und verantwortlich aus ihnen schöpft, wenn man die Erfahrung machen darf, dass sie entscheidend zu einem guten Leben beitragen? Wird man deshalb sagen müssen, dass der Glauben nicht auf voraussetzungslos generiertes Wissen zurückführbar ist, da er einem Glaubens- und Hoffnungsgrund Vertrauen schenkt, der nicht *nur* durch Reflexion und Selbsterfahrung vergewissert oder durch empirische Forschung gesichert werden kann, sondern den Glaubenden bezeugt wird und im Lebensvollzug gewagt werden muss?

Das moderne Erfahrungs-Ideal und Erfahrungs-Pathos fordert Reproduzierbarkeit: *Ich* muss es so erfahren und nachvollziehen können, so von allem bloß Übernommenem unabhängig werden. Nur auf diesem Weg erlange ich verlässliches Wissen! Offenbarungsreligionen wissen von einer Lebens-erschließenden *Erinnerung,* von der die Glaubenden nicht unabhängig werden wollen, weil sie ihnen zuträgt, was sie selbst nicht willentlich hervorbringen können: Zutrauen zur Güte des Lebens und in eine Zukunft, die es nicht bedeutungslos machen wird. Das Christentum weiß im Glauben davon, dass Gott sich den Menschen zuliebe in Welt und Geschichte eingebracht und ihnen ein großes Zeichen der Hoffnung gegeben hat: Der Gottesmensch Jesus Christus lebte Gottesherrschaft; und der Vater beglaubigte sein Leben als den Weg zur Vollendung des Menschseins in Gott hinein. Er machte den Christus zum Zeichen der Hoffnung darauf, dass der Gottesname JHWH sich noch im Äußersten als verlässlich erweisen wird: Ich bin unverlierbar da für euch (Ex 3,14). Menschen, die diese Hoffnung in der Nachfolge Christi oder auf anderen religiösen Wegen als tragfähig erleben und sie durch ein glaubwürdig menschliches Leben bezeugen, werden selbst zu personalen Zeichen der Hoffnung. In ihnen bezeugt sich Gottes Geist mit seiner kreativen Kraft, ein Leben mit Gott in seine Herrschaft hinein hervorzubringen. Mit diesen Zeugen darf man sich als Kirche verbunden glauben; sie sind authentisch Mitglaubende, denen man das eigene Glauben- und Hoffen-Können mit verdankt. Die Erinnerung an sie trägt uns zu, worauf wir nicht souverän zugreifen können: dass wir den Mut finden, ein Leben mit Gott und in der Hoffnung auf ihn zu leben.

Die Kirchen sind berufen, die *Erinnerung* an Gottes Lebens- und Hoffnungszeichen Jesus Christus zu schützen und den Zeugnissen Resonanz zu geben, die Gottes heiliger Geist im Leben vieler gläubiger Menschen Gestalt gewinnen ließ. Dass sie darin nicht immer ihre Aufgabe gesehen haben und auch der Versuchung erlegen sind, sich zu einem geschlossenen autoritären System aufzubauen, dass sie so die Hoffnung, die Suche und den Glauben der Menschen missbraucht haben, ist – Gott sei es geklagt – wahr. Aber dass das als Argument ausreicht, den Glauben selbst, der von den Kirchen geschützt werden sollte, als erledigt anzusehen, wird man kaum nachvollziehbar begründen können.

Der Glaubens-Wandel in der Moderne hat – so lassen sich diese Überlegungen fokussieren – mit einem elementaren Erfahrungs-Wandel zu tun. Mit dem Siegeszug der empirischen Wissenschaften und der Ausbildung ihres objektivierend-konstatierenden, Beobachter-perspektivischen Erfahrungsbegriffs stellte sich immer deutlicher heraus, dass der Grundvollzug des christlichen Glaubens *nicht im Konstatieren* – „So ist es! Deshalb halte ich es für wahr!" –, *sondern im Interpretieren* liegt: Ich verstehe ein Leben oder ein geschichtliches Ereignis als Zeugnis; ich kann in diesem Zeugnis das Wirken des Gottesgeistes erkennen, der Menschen zur Fülle des Lebens führt, an ihnen sichtbar macht, was es bedeutet und welche Hoffnung sich darauf gründet, ein Leben mit Gott und in Gott hinein zu führen. Die Zeugnis-Bezogenheit des Glaubens unterscheidet ihn von Formen der Selbst-Erfahrung, mit denen der Anspruch verbunden wäre, durch methodische Vertiefung in die Tiefe des eigenen leibseelischen Daseins die Gründung des Lebens im Umgreifend-Absoluten als solche erfahren und darum wissen zu können. Glauben als Interpretieren: Ich bin involviert in die Bewährung der Zeugnisse, erfahre sie als hervorgegangen aus Gottes Leben-schaffendem Geist. Sie werden für mich verlässlich wahr, da ich sie als Herausforderung annehme, mich diesem Geist anzuvertrauen und selbst zu wagen, was sie mir zu glauben und zu hoffen geben.

Dieses Wagnis erweist sich je nach Lebens- und Glaubenssituation als Verantwortungs-bedürftig. Im diskursiven Miteinander unterschiedlicher Optionen und Lebensentwürfe ist zu verantworten, was dafür spricht, dass ich die Zeugnisse so verstehen und als überzeugende Lebens-Herausforderung annehmen darf. Der Glaube wird damit nicht zum Ergebnis eines rationalen Kalküls. Er bleibt ein *Lebens-Wagnis:* Was ich als Selbstbezeugung des Geistes in den Zeugnissen verstanden und als vernünftige Herausforderung für meinen Lebenseinsatz wahrgenommen habe, werde ich als Leben-erschließend verstehen, wenn ich zu leben versuche, was ich meine, verstanden zu haben. *Glauben heißt interpretieren:* die Zeugnisse als Gottes Selbst-Mitteilung auslegen, die den Horizont öffnet, das Leben als Gottes gute Gabe anzunehmen und mit anderen Menschen zu teilen. Dem Glauben wird seit dem 19. Jahrhundert der *Supranaturalismus* ausgetrieben. Gottes Offenbarungs- und Gnadenhandeln geschehen *in* dem, was man auch ohne Bezugnahme auf die Glaubensdimension beschreiben könnte. Sie werden zu Interpretations-Kategorien, mit denen zum Ausdruck gebracht wird, dass sich *hier* der Horizont eines Lebens mit Gott öffnet, in den hinein Menschen den Sinn ihres Daseins finden können.

2.3 Unverfügbarkeits-Erfahrungen

Dass Gott nicht beobachtbar eingreift und natürliche Prozesse einen anderen Verlauf nehmen lässt; dass er gleichwohl in ihnen wirken, Menschen angehen, ergreifen, zu Hoffnung und Liebe inspirieren kann, das scheint eine Glaubens-Gestalt zu sein, die neuzeitlich und unter den Bedingungen eines von der Empirie bestimmten Weltverhältnisse vollziehbar ist. Reagiert sie nicht nur auf die „Austreibung Gottes" aus dem Reich der empirisch nachvollziehbaren Welt-Kausalitäten, indem sie sich auf psychische Kausalitäten zurückzieht?

Wenn es so wäre, hätte diese Strategie keine großen Erfolgsaussichten. Auch innerpsychische Kausalitäten lassen sich empirisch aufklären. Man kann sich vornehmen zu erklären, *warum* Menschen in dieser und nicht in jener Weise reagieren, diese Option anderen Optionen vorziehen, dieses Selbst- und Weltverständnis eher teilen als ein anderes, Motivationen ausbilden oder verlieren. Die empirische Aufklärung des Psychischen hilft in therapeutischen Prozessen, auch bei Manipulations-Projekten, die umso erfolgreicher sind, je umfassender man die Faktoren auf dem Schirm hat, die auf Motivationen Einfluss nehmen und sie mobilisieren. Die empirische Auf-klärung des Innerpsychischen wäre am Ziel, wenn sie diese Prozesse mechanisch rekonstruieren und gezielt auslösen oder prägen könnte. Dann wäre Gott auch hier aus dem Spiel. Von menschlicher Freiheit zu reden, wäre eine romantische Illusion. Aber bleibt nicht doch eine „Lücke", in der Menschen sich vom Unverfügbaren betroffen und zu einem sinnvollen Umgang mit ihm herausgefordert erfahren?

Von Lücke zu sprechen ist nicht besonders glücklich. Wenn man vom Unverfügbaren und der letztlich unverfügbaren Möglichkeit spricht, zu einem schöpferischen Umgehen mit ihm zu finden, wählt man einen anderen Beschreibungsmodus als den empirischen. Dieser Beschreibungsmodus ist nicht als gegenstandslos zu erweisen, so-lange es empirischer Forschung nicht gelingt, der Selbsterfahrung menschlicher Subjekte durch kausale Rekonstruktion gerecht zu werden. Man kann behaupten, Selbsterfahrung sei nichts als Selbst-täuschung. Aber damit hätte man in einer *petitio principii* vorausge-setzt, was zu beweisen wäre. Angesichts dieser Konstellation ist davon auszugehen, dass der andere Beschreibungsmodus möglich bleibt und gegebenenfalls auch als erfahrungsnäher angesehen wer-den darf, weil die kausale Rekonstruktion prinzipiell nicht dahin kommen kann, die „innere" Wirklichkeit des Menschen vollständig abzubilden. Sie sieht nicht, was sie nach den Prinzipien ihres Vorge-hens nicht beschreiben kann, dürfte ontologisch nicht unterstellen, dass es nicht gibt, was sie nicht sieht.

So wird man theologisch sagen: Es gibt existentiell relevante Er-fahrungen der Unverfügbarkeit, die sich in ihrem Zustandekommen wie in ihrer emotionalen Einfärbung empirisch zwar einigermaßen aufklären lassen, in ihrer Bedeutung für diejenigen, die ihnen aus-gesetzt sind, so aber nicht gewürdigt werden. Sie fordern Menschen heraus, ein Verhältnis zu dem zu suchen, was sie mit den Grenzen des Verfügbar-Machens und darin mit der eigenen Endlichkeit und Re-lativität konfrontiert. Hier wissen sie sich gefordert, Stellung zu nehmen: sich Rechenschaft zu geben, als was sie das Konfrontierende verstehen und wie sie sich zu ihm in Beziehung setzen *wollen* (oder *können*). Es steht ihnen prinzipiell offen, die Widerfahrnis des Un-verfügbaren im Letzten als die Konfrontation mit einer absoluten Gleichgültigkeit oder als Begegnung mit einem ihr zugewandten Göttlich-Absoluten auszulegen. Sie werden aber auch die Erfahrung machen, dass sie die eine wie die andere Möglichkeit nicht beliebig ergreifen können. Ihre Selbst-Bestimmung als endlich-relatives Da-sein in der Verhältnis-Bestimmung zum Absoluten ist auf kaum noch aufklärbare Weise auch eine Frage des Könnens. Der Glaube, nicht zuletzt einer wie auch immer erlebten Gleichgültigkeit der Welt ausgesetzt, sondern in eine dem Dasein eine unverlierbare Bedeutung gewährende Beziehung einbezogen zu sein, verdankt sich – theologisch gesprochen – bereits der gnadenhaften Erfahrung dieses Einbezogen-Seins.

Unverfügbarkeit ist, so mag es einem vorkommen, das „Reich" religiösen Glaubens; und das Feld, auf dem neuzeitliche Empirie und Glaube miteinander um eine angemessene Weltbeziehung ringen. Wo es darum geht, das Bestimmt-Werden von Welt und Natur zugunsten einer Ausweitung der Zugriffsmöglichkeiten zu reduzieren, wird man Weltzusammenhänge als Verkettung von Relativitäten ansehen, derer man sich bemächtigen will. Man will sich dem Bestimmt-Werden von Welt-Gegebenheiten entziehen, objektiviert sie, um sie eigenen Vorhaben dienstbar zu machen. Es werden keine „‚berührenden' Wechselwirkungen" gesucht, sondern verdinglichende Weltbeziehungen aufgerichtet, die die Welt zum „Verstummen" bringen und nach Strategien verlangen, ihrer Herr zu werden.[75]

Für das neuzeitlich-empirische Weltverhältnis ist, was in der Welt vorgeht, *nichts anderes als* ein Ursachengeflecht, das der Mensch nachvollziehen kann, um in Kenntnis der „wahren Ursache" der Dinge seine eigenen Ziele zu verfolgen und die Kontingenzen beherrschbar zu machen, die das Leben so mit sich bringt. In ihnen wirkt nicht etwa ein göttlicher Wille, der in der Welt einen Plan verfolgen und ihn mit den Menschen verfolgen würde. Für den, der die wahren Ursachen kennt, ist die Natur Gott-leer – oder selbst das Göttlich-Absolute, nach Spinozas Formel *Deus sive natura*.[76] Die in ihr wirksamen Ursachen haben nichts zu tun mit einem von Gott darin verfolgten Willen, demonstrieren nach Spinoza aber gerade die Erhabenheit des göttlich-notwendigen Naturzusammenhangs. Albert Einstein implementiert Spinozas Formel mit seiner naturwissenschaftlichen Einsicht. Er glaube, so eine Briefäußerung, „an Spinozas Gott, der sich in der gesetzlichen Harmonie des Seienden offenbart, nicht an einen Gott, der sich mit dem Schicksal und den Handlungen der Menschen abgibt."[77]

---

[75] Vgl. Hartmut Rosa, Resonanz, 207 f. und 269. Vgl. ders., Unverfügbarkeit, Wien – Salzburg 2018.

[76] Vgl. Die Ethik mit geometrischer Methode begründet, in: Opera – Werke lateinisch und deutsch, hg. von K. Blumenstock, Bd. 2, Darmstadt 1967, 84–557, 383.

[77] A. Calaprice (Hg.), Einstein sagt: Zitate, Einfälle, Gedanken, München 2005, 177.

In diesem Klima der ontologisch-metaphysischen Marginalisierung oder Naturalisierung Gottes gerät für die Gläubigen der Wirklichkeits-Bezug Gottes in eine dramatische Krise. Zeugt die erfahrbare Wirklichkeit der Welt und des Selbst überhaupt nicht mehr von einer Präsenz und einem Wirken Gottes, das für das Weltverständnis und die Selbstverständigung der Menschen von Bedeutung wäre? Oder muss die Glaubens-Überzeugung von einer Gottes-Präsenz in der Erfahrungs-Welt neu formatiert werden? Sollte man, wie Karl Rahner vorgeschlagen hat, von einer in modernen Kausal-Vorstellungen nicht zu fassenden *Mit-Erfahrung Gottes* in existentiellen Tiefen-Erfahrungen des Menschseins sprechen dürfen?

Nach Rahner geschieht Gotteserfahrung in der „letzte[n] Tiefe und Radikalität *jeder* geistig-personalen Erfahrung (der Liebe, Treue Hoffnung und so fort)"; sie umfasst sie als „die ursprünglich eine Ganzheit der Erfahrung, in der die geistige Person sich selbst hat und sich selbst überantwortet ist."[78] Sie hat sich in unendlicher Selbstüberschreitung in das Geheimnis ihres Daseins hinein und lebt ihre Selbstüberschreitung als getragen vom geheimnisvoll in ihr schon präsenten Woraufhin ihrer Selbsttranszendenz. In seinen geistig-personalen Akten *erfährt* sich der Mensch, wo er sich dem Geheimnis ihrer Selbsttranszendenz öffnet, unterwegs zu dem und mit dem, der seine Selbsttranszendenz bei sich ankommen lässt, zu dem, was sich ihm in Grundakten seines Personseins als ihr Ziel und ihre Vollendung ankündigt: wenn man „die Erfahrung personaler *Liebe* und Begegnung macht, plötzlich selig erschreckt merkt, wie man in Liebe absolut, bedingungslos angenommen ist, obwohl man für sich allein in seiner Endlichkeit und Brüchigkeit dieser Bedingungslosigkeit der Liebe von der anderen Seite gar keinen Grund und keine zureichende Begründung geben kann, wie man selbst ebenso liebt, in unbegreiflicher Kühnheit die gewusste Fragwürdigkeit des anderen überspringend, wie die Liebe in ihrer Absolutheit einem Grund vertraut, der ihr selbst nicht mehr untertan ist, ihr in seiner Unbegreiflichkeit zuinnerst und von ihr unterschieden zugleich ist." Es sind freilich auch Erfahrungen der „ausweglosen Schuld, der plötzlich dennoch unbegreiflich vergeben ist"; in all dem die Erfahrung, „in das unverfügbare Geheimnis hineinleben" zu dürfen, „in Treue, Verant-

---

[78] Karl Rahner, Gotteserfahrung heute, in: ders., Schriften zur Theologie, Bd. IX, Einsiedeln – Zürich – Köln 1970, 161–176, hier 166.

wortung, Liebe, Hoffnung über alles partikular Rechtfertigende solcher Haltungen hinaus"[79].

Man wird kritisch anfragen, ob der Gedanke der Mit-Erfahrung Gottes nicht die Vertreibung Gottes aus der allgemein nachvollziehbaren und geteilten Lebenswelt der Menschen theologisch ratifiziert? Gefunden würde er in einer allein den Glaubenden zugänglichen Sonder-Erfahrung der Tiefe, eines kaum noch greifbaren Hoffnungs- und Vollendungs-Horizonts menschlich-geistiger Grundvollzüge. Die Welt, wie sie konkret geschieht, was sie den Menschen abverlangt und zufügt, bliebe das alles außerhalb göttlicher „Zuständigkeit"? Gott-Beziehung und Welt-Beziehung sind hier nicht mehr wie im Glaubensverständnis der Tradition unmittelbar miteinander und ineinander gegeben. Sie stehen in einem fragilen Vermittlungszusammenhang zueinander. Die Krise des Weltlos-Werdens Gottes scheint eher vertieft als überwunden. Gott scheint für das Weltverhältnis der Menschen keine unmittelbare Bedeutung mehr zu haben und auch als der „entpflichtet", von dem man sich in den Unverfügbarkeits-Krisen des Lebens konkrete Hilfe erwarten dürfte. Dass der christliche Vorsehungsglaube als spezifisch religiöse Welt- und Selbstbeziehung von dieser Entweltlichung Gottes elementar in Mitleidenschaft gezogen wurden, liegt auf der Hand und ist nun näher zu betrachten.

2.4 Schicksal? Fatum?

Der Vorsehungsglaube bringt Gott im Blick auf das *Schicksal* als das in der Welt Unverfügbare, von ihm Verfügte ins Spiel. Es überfällt mich, ich bin sein *Opfer*, auch wenn ich versuche, „das Beste daraus zu machen." Andere Menschen haben womöglich daran mitgewirkt; ich selbst habe daran mitgewirkt, dass die Dinge nun schicksalhaft so kommen. Sie können, ich selbst kann mir zum Schicksal werden. Menschen werden sich kollektiv zum Schicksal, da sie dem nicht widerstanden haben, was man kommen sah; da sie die Klimakatastrophe nicht abwendeten, der Kriegstreiberei ihrer Herrscher zu wenig entgegensetzten. Wenn sich das Schicksal erst einmal erbarmungslos „erfüllt", sind sie ihm ausgeliefert, sei es, dass sie „etwas dafür können", sei es, dass sie keinerlei Verantwortung dafür tragen;

---

[79] Vgl. ebd., 169–172.

sei es auch, dass es das Schicksal ist, das mit ihrer Sterblichkeit unauflösbar verbunden ist.[80]

Das Schicksal wird neuzeitlich anders thematisiert als in der Antike. Man sucht herauszufinden, warum es gekommen ist, wie es gekommen ist; man versucht, rechtzeitig etwas dagegen zu tun, will die Weichen dafür stellen, dass es nicht so fatal ausfällt, wie es sich abzeichnet. Das Schicksal ereignet sich *nicht mehr zufällig*; es hat Gründe, dass es so kommt. Man kann dem „rollenden Rad" mitunter in die Speichen greifen. Umso schlimmer, wenn man versäumt, das Nötige rechtzeitig zu tun. Das Unerklärliche, geradezu Willkürliche am Schicksal wird marginalisiert. Leiden, Sterben, soziale und politische Verwerfungen, psychische Zusammenbrüche, deviant-schädigendes Verhalten, Verkehrs-Unfälle, das Klima, selbst Erdbeben und Vulkanausbrüche: Man weiß annäherungsweise, welche Ursache daran mitwirkten, was man dagegen hätte machen sollen, wenigstens wie man sich einigermaßen sinnvoll darauf einstellen, irgendwie damit leben kann. Dass das Schicksal sich als Willkürmacht den von ihm Betroffenen zufügt, erscheint heute eher als Mythologie. Wo das Unerklärliche doch passiert, dreinschlägt, spricht man von der Verkettung unglücklicher Umstände und fataler Zufälle, von der noch nicht steuerbaren Dysfunktionalität komplexer Wechselwirkungszusammenhänge unter unvorhersehbaren Bedingungen: Wenn schon zufällig, dann völlig regellos, ganz am Rande des nach Regeln und natürlichen Gesetzmäßigkeiten Nachvollziehbaren. Es mag *fatal* ausgegangen sein; von einem *Fatum*[81] – einer göttlichen Zufügung – spricht man kaum noch.

Das scheint aber die religiös zentrale und für den Wandel religiöser Einstellungen bezeichnende Frage zu sein: Wirkt Gott, der Allmächtige, im Schicksal – als helfend-fürsorgliche Macht oder als Strafinstanz, die mit einem üblen Schicksal böses Tun vergilt? Oder ist das Schicksal auch religiös entgöttlicht, zu einer Restgröße in einem auf Verfügbarkeit abzielenden Weltverhältnis geworden, ein Restbestand fataler Zwangsläufigkeit, derer man noch nicht Herr geworden ist und der man sich am besten fatalistisch unterwirft?

---

[80] Nach Peter Sloterdijk müsse man sich „mit dem Schicksal arrangieren, als ein Tropfen im Ozean wahrgenommen zu werden" (Rezension des Bandes: Peter Sloterdijk, Zeiten und Tage III. Notizen 2013–2016, Berlin 2023 von Peter Laudenbach, Entsicherte Herrenwitze, SÜDDEUTSCHE ZEITUNG 232 vom 9. Oktober 2023, S. 11).

[81] Das lateinische Wort fatum ist ja von fas, dem alten lateinischen Namen für das Göttliche, abgeleitet.

Der geistes- und religionsgeschichtliche Befund ist komplex[82] und hier nicht im Einzelnen zu referieren. In der griechischen Antike bleibt undeutlich, wer als die schicksalsbestimmende Macht anzusehen ist. Sind es die Götter, der Hauptgott Zeus? Sind es die drei Moiren, die ohne Rücksicht auf Menschen und Götter den Schicksalsteppich weben? Oder sind die Moiren so „verwandtschaftlich" in die Götterwelt einbezogen, dass sie dem Willen der (Haupt-)Götter irgendwie Rechnung tragen? Im Vordergrund steht eine fast autonom zu nennende Zwangsläufigkeit der Webmuster, dem sich auch die Götter nicht ganz entziehen können. Ist diese Zwangsläufigkeit eher von Zufälligkeit bestimmt, der launischen Tyche-Fortuna? Oder folgt sie einem ewigen Logos-Gesetz, der Heimarmene, die – so der Stoiker Chrysippos – den „Zusammenhang aller Dinge [ordnet], in dem seit Ewigkeit die einen auf die anderen folgen und voneinander abgelöst werden, nach einer unveränderlichen Verbindung"[83]? Für den weisen Menschen könnte es nur darum gehen, sich dem geordneten Weltlauf einzufügen und entsprechend zu handeln; einem ewigen Fatum in Liebe sich verbindend, das im Sternenumlauf sein Abbild oder gar seinen Grund findet. *Amor fati* ist hier schon die Perspektive[84]; amor nicht fatalistisch verstanden, sondern als das von Einsicht geleitete Hinauskommen über ein sinnloses Widerstreben gegen das, was zu je *meinem* Leben gehört.

Heimarmene, Geschick: was nicht nach meinem Wollen eintrifft, sondern in ewiger Unzugänglichkeit bestimmt wird und geschieht – und doch mein Wollen herausfordert, auf es *einzugehen*. Das ist im biblischen Monotheismus kaum nachzuvollziehen. JHWH, der Alleingott, kann nicht unter einer ihm fremden Notwendigkeit stehen. Ist er nicht selbst Herr des Schicksals; wenn man das unbiblische Wort vermeiden will: Herr über das menschliche Ergehen, jedoch nicht unzugänglich, sondern erreichbar für die Menschen, denen Schlimmes droht? Ganz so einheitlich ist das Bild nicht. Autonome, nicht durch Gottes Wollen beeinflussbare Natur-Abläufe oder Schöpfungs-Zusammenhänge kommen etwa in den JHWH-Reden am Ende des Ijob-Buches in den Blick, mit denen Gott sich vor Ijobs Anklage rechtfertigt (Ijob 38–39).

---

[82] Vgl. Stefan Peitzmann, ...damit es nicht nur Schicksal ist. Hermeneutiken des Unverfügbaren im Spiegel theologischen Denkens, Münster 2012.

[83] Vgl. Hans von Arnim (Hg.), Stoicorum Veterum Fragmenta, Bd. 2, Neuausgabe: Eugene, Oregon 2016, Nr. 1000.

[84] Vgl. Seneca, Epistulae morales ad Lucilium 107,10.

Das Buch Ijob erzählt und problematisiert in seinen verschiedenen Bearbeitungs-Stufen die Dramatik eines Alleingott-Glaubens, der keine Instanz mehr anerkennen kann, die neben Gott für das Ergehen der Menschen zuständig sein könnte. So legt sich die Konsequenz nahe: Gott handelt in dem, was ihnen widerfährt. Er teilt es Menschen und Völkern zu, wie sie es verdienen; er erweist seine Gerechtigkeit, indem er den Zusammenhang zwischen Tun und Ergehen herstellt.[85] Ijob protestiert gegen die Glaubens-Zumutung, an seinem Unglück schuld zu sein und ist so der erste Theodizee-Kläger. Seine Anklage verstummt. Sie wird nicht abgewiesen.

Der Tun-Ergehen-Zusammenhang ist nicht die theologische Lösung. Wenn er es sein soll, taucht die Frage auf, ob das Weltgeschehen tatsächlich das Wirken eines gerechten Gottes bezeugt oder ob es – so zynisch, wie es Unglücklichen mitspielt – Gottes Gerechtigkeit nicht diskreditiert. Die Übermacht des Üblen, die den Gerechten zum Leiden verurteilt, kann doch nicht nach Gottes Willen sein. In der spätalttestamentlichen und auch im Neuen Testament begegnenden Apokalyptik ersteht dem in die Freiheit führenden guten Willen JHWHs eine Gegen-Wirklichkeit auf Zeit, die die Gerechten mit ihrer Unheils-Macht auf die Probe stellt, in der Endzeit aber entmächtigt und mit denen, die ihr untertan waren, dem Gericht überantwortet wird. Jesus verkündigt und handelt die Gottesherrschaft, die erlöste Endzeit *jetzt*: Da sind die Unheils-Mächte entmächtigt; der Satan ist vom Thron gestürzt (vgl. Lk 10,18). Was jetzt noch – bis zum Kreuz Jesu und in der Verfolgung seiner Getreuen – geschieht, kann Gottes gute Herrschaft nicht vereiteln. Warum die Unheils-Mächte zur Herrschaft gekommen sind und die Getreuen verfolgen, den Messias ans Kreuz bringen? Dieses „theologische Problem" wird zunächst allenfalls in Ansätzen gedanklich bearbeitet; es wird eher narrativ ausgetragen: Was den Menschensohn angeht, „musste" es so kommen (vgl. Lk 9,22; 17,25), wie die Propheten es angekündigt haben. Die Jünger können es nicht verstehen, bis der Auferstandene es ihnen aufschließt (vgl. Lk 18,31–34; 24,7).

---

[85] So werden auch Gesundheit, Krankheit und Heilung „im Gesamtrahmen einer religiösen Daseinsbewältigung" gesehen: als mehr oder weniger „verdiente" oder beklagte Zu- und Abwendung Gottes (vgl. Bernd Janowski, Anthropologie des Alten Testaments. Grundfragen – Kontexte – Themenfelder, Tübingen 2019, 177–182). Mit der Ausbildung medizinisch-therapeutischer Praktiken löst sich dieser Rahmen auf bzw. stellt sich die je individuell zu bearbeitende Frage, ob die Krankheit „darüber hinaus" im Gottesverhältnis eine Bedeutung hat.

Die Parusie-Verzögerung – das Ende der Leidens-Zeiten will einfach nicht kommen – zwingt dazu, das theologische Problem wieder aufzunehmen. Der Messias „musste" leiden, um die Menschheits-Schuld zu sühnen. Die wegen ihres Glaubens Verfolgten „müssen" leiden; sie dürfen – für sich und andere – an dieser Sühne mitwirken. So geschieht es durch Gottes Anordnung, nach der „denen, die Gott lieben, alles zum Guten gereicht [mitwirkt]" und nichts geschieht, was sie „scheiden [könnte] von der Liebe Gottes, die in Christus Jesus ist, unserem Herrn" (Röm 8,28.39). Gottes Liebes-Macht hat in Jesus Christus die Mächte des Bösen überwunden, entmächtigt sie auch im Leben und Leiden der zum Glauben Gekommenen. Sie sind befreit von der Knechtschaft übelwollender Schicksalsmächte, denen sie in ihrem Leben freilich immer wieder zu widerstehen haben (vgl. Gal 4,3.8–10). Wenn sie leiden müssen, wird auch das zu ihrem Besten sein. Was jetzt geschieht, soll die Überzeugung nicht erschüttern, die Prophetie und Weisheit im Glauben Israels verankerte: dass alles zuletzt nach Gottes Ratschluss und Fürsorge für sein Volk geschieht (vgl. Spr 19,21; Dan 4,14.21).

Daran hielt Israels prophetische Überlieferung unbeirrt fest: JHWHs treues Für-euch-Dasein (Ex 3,14) setzt voraus, dass er den Weltinstanzen überlegen ist, die Israel in Bedrängnis bringen. Auch wo Israel sich den Katastrophen der Zerstörung stellen muss, suchten die Propheten noch die Spuren eines machtvoll-guten Willens Gottes – bei Jeremia bis hart an die Grenze der selbst verschuldeten Verwerfung. Dass es zur Vernichtung, freilich auch zum Neubeginn kommt, spricht nicht gegen, sondern bezeugt Gottes Königsherrschaft über Welt und Weltläufe. Er regiert die Völker (vgl. Ps 47,8a); sie sind seinem Willen dienstbar. In der spätalttestamentlichen Weisheit überschneidet sich dann die Glaubensüberzeugung von Gottes Gerechtigkeits-verbürgendem Geschichts-Handeln mit dem Thema der Vorsorge (pronoia) und *Fürsorge* Gottes für sein Volk (vgl. Weish 14,2f.; 17,2; vgl. 6,7). Gott ordnet die Geschichte im Großen und im Kleinen so, dass alles seine gute Ordnung hat. Keine andere Macht wird vereiteln, was er dem Geschehen jeweils als das ihm zukommende Ziel anordnet. Diese Weisheits-Motive verbinden sich mit hellenistisch-stoischen Vorstellungen eines wohlgeordneten Kosmos, in dem Gott seinen organisch ordnenden Willen und Geist verwirklicht. Origenes beschreibt das universale „Wirken der göttlichen Vorsehung zwischen Anfang und Ende" in einer alles umfassenden Einheitsschau. Gott lenkt alles

„zum gemeinsamen Fortschritt des Gesamten; und so bringt er auch die Geschöpfe, die von sich aus durch ihren geistigen Unterschied so weit voneinander entfernt waren, zu einer gewissen Einheit des Wirkens und Strebens: zwar bleiben die geistigen Bewegungen verschieden, aber sie machen zusammen die Fülle und Vollkommenheit der *einen* Welt aus, und gerade die geistige Verschiedenheit führt zu dem *einen* Ziel der Vollkommenheit [...] deshalb meinen wir, dass Gott, der Vater des Alls, zum Heil all seiner Geschöpfe nach dem unaussprechlichen Plan seines Wortes und seiner Weisheit das Einzelne so angeordnet hat, dass einerseits all die einzelnen Vernunftwesen [...] nicht gegen ihren freien Willen mit Gewalt zu etwas anderem gezwungen werden als wozu ihre geistige Bewegung hindrängt [...] und dass andererseits die verschiedenen Bewegungen ihres Wollens sich zur Harmonie einer einzige Welt in angemessener und nutzbringender Weise zusammenfügen"[86].

Der Vorsehungsgedanke weitet sich von der Perspektive der Fürsorge Gottes für die Seinen zu einem auf die Schöpfung im Ganzen bezogenen Harmoniegedanken, begründet in Gottes weiser Voraussicht wie in seiner Macht, alles nach seiner Weisheit und seinem guten Willen heilsam zu ordnen. Origenes greift zur Metapher eines wohlorganisierten leib-seelischen Organismus und erwägt, man dürfe „auch das Weltganze gleichsam als ein ungeheuer großes Lebewesen ansehen, das wie von *einer* Seele von Gottes Kraft und Planung beherrscht wird."[87]

Noch Thomas von Aquin wird sich an diesem Konzept orientieren und es mit einem christlich „gereinigten" Begriff des Schicksals zu verbinden wissen. Er definiert Vorsehung schöpfungstheologisch im Blick auf das Gute, das allen Geschöpfen dadurch mitgeteilt ist, dass sie auf ihre Vollendung in ihrem letzten Ziel ausgerichtet sind. Ihrer Ausrichtung auf dieses sie vollendende Ziel liegt ein Plan (ratio) zugrunde, den Gott in seiner Weisheit ewig konzipierte, „nach dem die Dinge auf ihr Ziel hingeordnet werden." Ihn nennt Thomas „im eigentlichen Sinne die Vorsehung." Gottes weise Vorsorge (cura) für seine Schöpfung umfasst nun diesen „Plan der Hinordnung (ratio ordinis), den man Vorsehung und Anordnung (providentia et dispositio) nennt, und die Ausführung der Hinordnung, die man Re-

---

[86] Origenes, Vier Bücher von den Prinzipien, hg. von H. Görgemanns und H. Karpp, Darmstadt ³1992, 287–289 (II 1,2).
[87] Ebd., 289 (II 1,3).

gierung (gubernatio) nennt. Das erste ist ewig, das zweite zeitlich."[88] Das aber, was nach diesem Plan durch Gottes gubernatio in der Zeit konkret geschieht und die Menschen betrifft, kann als Schicksal bezeichnet werden, wenn man dieses Wort von antiken Missverständnissen – etwa der Vorherbestimmung des Schicksals durch Gestirn-Konstellationen – freihält.[89]

Wie aber wirkt Gottes gubernatio in den zeitlichen Bedingungs-Zusammenhängen? Sie geschieht durch die Eigen-Wirklichkeit der Zweitursachen, denen die göttliche Erstursache das Wirken-Können und das Ziel mitteilt, auf das hin sie das Ihre in geordneter Weise vollbringen[90]; es so wirken können, wie es ihrer eigenen, von Gott in sie gelegten Vollkommenheit entspricht. So ist die göttliche gubernatio auch im menschlichen Wirken in der Weise wirksam, wie es der Vollkommenheit menschlichen Handeln-Könnens entspricht: indem sie das freie Handeln-Können der Menschen in Anspruch nimmt, es nicht ausschaltet.[91] Noch Leibniz erkennt hier das Spezifikum des „Fatum christianum". Es verlange nicht – wie das „Fatum mahumentanum", so nennt er es nach dem Informationsstand seiner Zeit – die Selbstpreisgabe an ein „blindwaltendes Verhängnis", wolle auch nicht nur zur Einsicht in das „Fatum stoicum" führen, die den Menschen immerhin die Sorge um eine unverfügbare Zukunft abnehme, sondern fordere heraus, „an dem Guten mitzuwirken, das wir kennen, wo immer wir dazu beitragen können", dann aber Gott bereitwillig „die Sorge für den Erfolg [zu] überlassen".[92]

Das Vertrauen in die gute Ordnung des Weltgeschehens – da „Gott nun in allem tätig ist"[93] und in ihm die Hinordnung auf das umfassend Gute mitteilt – war schon biblisch und dann in der Christentums-Geschichte selten unangefochten. Das führt das Buch Ijob exemplarisch vor Augen. Es bedurfte eines erheblichen denkerischen Aufwands, das so überwältigend erfahrene Böse in dieses

---

[88] Summa theologica I q.22 a.1 corpus und ad 1.

[89] Vgl. Summa theologica I q.116 a.1 corpus.

[90] Vgl. Thomas von Aquin, Summe gegen die Heiden III 1 cap. 27: „Gott ordnet alle Einzeldinge durch sich selbst […] Also sind die Zweitursache Ausführende der göttlichen Vorsehung."

[91] Vgl. ebd., III 1, cap 73. Thomas beruft sich hier auf Gregor von Nyssa und seinen Lehrsatz, die göttliche Vorsehung sei „der Wille Gottes, durch den alles, was ist, eine angemessene Führung empfängt".

[92] Gottfried Wilhelm Leibniz, Die Theodizee. Von der Güte Gottes, der Freiheit des Menschen und dem Ursprung des Übels, Bd. 1, Philosophische Schriften, hg. von H. Herring, Darmstadt 1985, 17–19 und 293.

[93] Thomas von Aquin, Summe gegen die Heiden III 1 cap. 76.

Konzept „einzuordnen". Selbst wenn man es im Sinne der Apokalyptik auf böse Mächte und den Satan zurückführte, musste man sich fragen, wieso Gott ihnen und damit dem manifest schädigenden Üblen Raum gibt, es *zulässt* – bzw. warum er zulässt, dass die Menschen von ihrer Freiheit einen so katastrophal falschen Gebrauch machen.

Augustinus versucht es. Wenn das Böse, so setzt er an, „in die Gesamtheit hineingefügt und an seinen Platz gestellt ist, [hebt es] im Weltall das Gute nur noch mehr hervor, so dass es im Vergleich mit dem Bösen gefälliger und lobenswerter erscheint. Es würde ja auch der allmächtige Gott [...], da er im vollkommenen Sinne gut ist, nicht zulassen, dass irgendetwas Schlechtes in seinen Werken ist, wenn er nicht so allmächtig und gut wäre, um aus dem Bösen Gutes schaffen zu können." So dürfe man theologisch schließen: „[..] für besser erachtete er (Gott) es, aus dem Bösen Gutes zu schaffen, als Böses überhaupt nicht zuzulassen."[94] Damit ist der schöpfungstheologische Rahmen auf den soteriologischen Horizont hin geöffnet: Gott vermag in seiner grenzenlosen Liebe und Gerechtigkeit aus dem Bösen Gutes, ja das schlechthin Gute, zu „schaffen", sogar noch aus dem Kreuz seines Messias das Heil der Menschen.

Dass das Böse in die Welt kommt und sie zu beherrschen scheint, dafür trägt nach Augustinus der Mensch die Verantwortung. Entweder ist es – soweit sich das *malum morale* ausbreitet – direkte Auswirkung sündigen menschlichen Tuns. Oder es geht zurück auf Gottes gerechte Strafverfügung: Die *mala physica* wie Erdbeben und Krankheiten sind die Straf-Mittel, durch die wiederhergestellt werden muss, was die Sünde in Unordnung gebracht hat.[95] Mit ihrer Sünde nötigen die Menschen Gott gleichsam, die Schuld, die sie auf sich geladen haben, auf den Wegen der Gerechtigkeit so richtigzustellen, dass zuletzt alles wieder in die gute Ordnung hereingeholt ist, die der Mensch selbstherrlich sabotierte.

Das wäre also die Logik göttlichen Handelns, die in (Heils-)Geschichte und Welt als bestimmend erkannt werden kann: Es schützt die dem Geschaffenen mitgegebene gute Ordnung, die sich im endzeitlichen Gottesreich vollenden soll. Der Weigerung der Menschen, dieser Ordnung zu gehorchen, begegnet Gott durch seine Heilsin-

---

[94] Das Handbüchlein De Fide, Spe et Charitate, Paderborn ²1962, 17 und 31 (Ziffern 11 und 27).
[95] Vgl. Contra Adamantium 26, Patrologia Latina 42,169. Strafwürdig sind für Augustinus alle Menschen, selbst die unmündigen, da alle „in Adam" gesündigt haben; vgl. De diversis quaestionibus ad Simplicianum I,20,20.

itiative. In Jesus Christus und vor allem in seinem Sühneleiden wird die Gerechtigkeit erfüllt, die – als das Gesetz der guten Ordnung – der Schöpfung zugrunde liegt und das richtige Verhältnis zwischen Schöpfer und Geschöpfen vorgibt. Auch die Natur-Übel dienen der Gott- und Menschen-gerechten Ordnung. Mit ihnen wird zurechtgerückt, was die Sünde aus dem Lot gebracht hat.

Martin Luther hat diese Logik, obwohl er ja selbst im Augustinismus verwurzelt war, an einer entscheidenden Stelle durchkreuzt. Zunächst radikalisiert er den Allmachts-Gedanken. Das Schriftwort, nach dem Gott „alles in allem wirkt" (1 Kor 12,6), versteht er so, dass nichts geschieht, auch nicht das Böse, worin nicht Gottes Macht und Willen das Wirken des Bewirkten, nicht freilich seine Ausrichtung bestimmt.[96] Auch da, wo den Menschen das Böse und Üble mit sich fortreißt, erfährt er Gottes Wirken als das Bedrängend-Anfechtende. Weil „Gott alles in allem wirkt und schafft, wirkt und schafft er notwendig auch im Satan und im Gottlosen. Er wirkt aber in ihnen so, wie sie sind und wie er sie findet, das heißt, da sie verkehrt und böse sind und von jener Wirksamkeit der göttlichen Allmacht fortgerissen werden, so tun sie nur Verkehrtes und Böses"[97] – und können sich daraus nicht selbst befreien. Die Erfahrung des Wirkens Gottes ist hier die Erfahrung eines Verhängnisses und der Unfreiheit dem gegenüber, der in diesem Verhängnis „wirkt" und allein daraus befreien kann. Es ist die Erfahrung des verborgenen Gottes, der in allem wirkt, aber nicht in allem das Heil wirkt. Was man von Gottes Wirken sehen kann, ist dieses unentrinnbare Mit-sich-Fortreißen eines alles bestimmenden Wollens und Wirkens, das die Menschen demütigt: an ihren Möglichkeiten verzweifeln lässt.

Dass Gott es ist, der darin wirkt und die Menschen durch diese Demütigung bereit machen will, an das Heil zu glauben, das er ihnen im Kreuz Jesu Christi erwirkt hat, kann man nicht sehen, nur glauben. Gott lässt es auf diesen Glauben ankommen, der es seinem Wesen nach mit Unsichtbarem zu tun hat (vgl. Hebr 11,1). „Damit also dem Glauben Raum gegeben werde, ist es" – so Luther weiter – „notwendig, dass alles was geglaubt wird, sich unsichtbar mache. Er [Gott] kann sich aber nicht gründlicher unsichtbar machen als unter dem Gegensatz zur Empfindung und Erfahrung, wie er hier vorliegt. So zum Beispiel: wenn Gott lebendig macht, tut er das, indem er tötet,

---

[96] Martin Luther, Vom unfreien Willen, in: Luther deutsch, hg. von K. Aland, Bd. 3, Stuttgart – Göttingen 1961, 151–334, hier 169 (Weimarer Ausgabe 18, 614).

[97] Ebd., 277 (WA 18, 709).

wenn er gerecht macht, tut er das, indem er schuldig macht, wenn er in den Himmel bringt, tut er das, indem er zur Hölle führt [...] So verbirgt er seine ewige Güte und Barmherzigkeit unter ewigem Zorn, Gerechtigkeit unter Ungerechtigkeit [...] Wenn ich also auf irgendeine Weise verstehen könnte, wie dieser Gott barmherzig und gerecht sein kann, der so viel Zorn und Ungerechtigkeit an den Tag legt, wäre der Glaube nicht nötig."[98]

Luthers Lehre vom verborgenen Gott mag in der Nachgeschichte der Reformation eher wenig rezipiert worden sein; seine Lehre von der Vorherbestimmung allen Geschehens umso mehr. In Melanchthons Fassung besagt sie, „dass sich alles nicht nach menschlichen Beschlüssen und Anstrengungen, sondern nach dem Willen Gottes ereignet."[99] Wenn sich das auch auf das Heilsschicksal der Menschen bezieht, wie man in der reformierten Tradition annahm, kommt man zur Lehre von der doppelten Prädestination, die man so verstehen konnte, dass auch die Verantwortung dafür zuletzt auf Gott zurückfiel. Die forcierte These von der Alleinbestimmung durch Gottes erwählenden Willen bedeutete das Ende der schöpfungstheologischen Vorsehungslehre. Luthers Lehre vom Wirken des verborgenen Gottes in allem entzieht ihr den theologischen Boden: Die Fürsorge Gottes konnte nur contra experientiam – gegen die Anfechtung – geglaubt werden, in der das Sichtbare, durch Sinne und Vernunft Feststellbare nichts anderes als ein Anlass zur Verzweiflung und Hoffnungslosigkeit war.[100]

Diese Glaubens-Sicht mag einer Welt-Erfahrung entsprochen haben, die zum Verzweifeln war. Sie brachte die Gefahr mit sich, in Gott eine tiefe Ambivalenz hineinzutragen. Wenn er die Menschen zur Verzweiflung trieb, damit sie der frohen Botschaft von der unverdienten Gnade glaubten, war dann nicht die Gefahr heraufbeschworen, dass sie an Gott verzweifelten – an einem Gott, der sie um des unverfälschten Vertrauens-Glaubens willen zur Verzweiflung treiben „musste"? Es fehlte nicht viel, dass man der Theodizee-Anklage Recht gab: Ein Gott, den man so eindeutig mit der Katastrophen-Realität in Welt und Geschichte zu identifizieren hatte, konnte

---

[98] Ebd., 194 (WA 18, 633).
[99] Loci Communes 1521. Lateinisch–Deutsch, übersetzt von H. G. Pöhlmann, Gütersloh 1993, 32 f. (I 35).
[100] Vgl. meine Überlegungen: Glaubensgewissheit: von der Anfechtung heimgesucht. Oder doch vom Zweifel?, in: V. Hoffmann (Hg.), Nachdenken über den Zweifel. Theologische Perspektiven, Ostfildern 2017, 109–126.

kein eindeutig gutwilliger Gott sein! Ist er nicht menschlich unmöglich geworden?

2.5 Die Krise des Vorsehungs-Glaubens

Leibniz unternimmt es noch einmal, den Vorsehungsglauben vor der Theodizee-Anfrage als rational nachvollziehbar zu rechtfertigen bzw. wenigstens die Möglichkeit zu retten, an ihm rational verantwortlich festzuhalten. Das gelingt ihm nur, indem er die Gott zugeschriebene Allmacht – Gottes *Alles-Vermögen* – beschneidet. Er hat die beste aller *möglichen* Welten geschaffen. Seine Vorsehung reicht so weit, dass sie die Welt ausgewählt hat, die unter den möglichen Welten noch die am wenigstens leidvolle und mit Übeln belastete sein würde.[101] Der Akzent liegt bei Leibniz – das haben seine Kritiker, von Voltaire angefangen, notorisch übersehen – auf der realen, *realisierbaren* Möglichkeit erschaffbarer Welten. Realisierbar sind nur Welten, in denen der Gesamt-Zusammenhang des mit ihnen ins Dasein gesetzten Wirklichen miteinander kompatibel ist: nach den jeweiligen immanenten Sachgesetzlichkeiten real miteinander vorkommen kann. *Compossibilitas* ist das Stichwort[102]: das Miteinander-Möglichsein. Der Schöpfergott kann nicht alles Mögliche und Wünschbare miteinander kombinieren, sondern nur das Compossible. Seine Verantwortlichkeit endet gewissermaßen an den Sachgesetzlichkeiten, die er nicht beliebig setzen oder verändern kann. Die Menschen können aber nicht im Entferntesten beurteilen, worin diese Sachgesetzlichkeiten bestehen und wie sich die Vereinbarkeiten oder Unvereinbarkeiten im Bereich des Compossiblen bestimmen lassen.[103]

Leibniz' Argument hat, was die Natur-Übel angeht, mit neuen Erkenntnissen der Naturwissenschaften an Plausibilität gewonnen.[104]

---

[101] Vgl. Die Theodizee, Bd. 2, 260–263 (§ 414).

[102] Vgl. Die Theodizee, Bd. 1, 124 f. (§ 34).

[103] Vgl. Die Theodizee, Bd. 1, 219–223 (§§ 8–10). Wer das Argument aus seinem Kontext reißt, wird hier wie Voltaire Naivität, schlimmer noch Zynismus am Werk sehen oder emphatisch widersprechen und wie Gottfried Benn im Blick auf die Katastrophen des 20. Jahrhunderts von der „qualerfüllteste[n] aller denkbaren Welten" sprechen (vgl. ders. In einem Brief an E. Wasmuth vom 27. März 1951, in: Ausgewählte Briefe, Wiesbaden 1957, 208.)

[104] So haben die Kenntnisse der Tektonik die These begründet, dass sich die Erde, so wie sie „gebaut" ist und den Menschen den ihnen mit extrem hoher Zufälligkeit zur Verfügung stehenden Lebensraum einräumt, ohne Erdbeben nicht real möglich wäre. Erdbeben gelten aber seit der Antike und dann im Blick auf das Erdbeben in

Aber es bleibt defensiv. Die Menschen können aufgrund ihrer begrenzten Beurteilungsmöglichkeiten nicht einschätzen, ob Gott eine bessere Welt hätte schaffen können. Sein Freispruch im Theodizee-Prozess – genauer der Freispruch des christlich-monotheistischen Gottes- und Vorsehungsglaubens – bleibt ein Freispruch zweiter Klasse: aus Mangel an (Gegen-)Beweisen. Er hielt der Gottes-Beschuldigung in den Jahrhunderten danach kaum stand. Die Anfragen an Gottes Verantwortlichkeit im Blick auf den offenkundig scheinenden Zynismus des Weltlaufs wollten nicht verstummen. Einen Gott, der seinem guten Willen in der Welt Geltung verschaffen wollte, konnte man im Lauf der Dinge nicht mehr erkennen und im modernen, kausal bestimmten Weltbild nicht unterbringen. Er konnte das so unheilvoll Geschehene auch nicht in seiner „Weisheit" zugelassen oder das von ihm beabsichtigte Gute bestmöglich mit den selbstwirksamen Welt-Kausalitäten koordiniert haben.[105] So sahen sich viele zum Ausschluss Gottes aus dem Weltgeschehen und zum „Schluss von der Güte Gottes auf seine Nichtexistenz" geradezu gezwungen. Unter „dem Druck der radikalen Erfahrung des Schlimmen der Welt [schien] die Theodizee nur noch durch einen Atheismus ad maiorem Dei gloriam möglich", dadurch, dass man ihn mit dem wirklich Bösen nicht in Verbindung sah und deshalb als nichtexistent ansah. Wenn aber Gott nicht mehr für das Übel zuständig war, mussten die Menschen die Verantwortung tragen. Die Unzuständigkeits-Erklärung an die Adresse Gottes schloss die Alleinzuständigkeits-Erklärung für das Menschen-Geschlecht ein. Wenn Gott es nicht gewesen ist, müssen es Menschen gewesen sein, immer noch und auch in Zukunft sein; „die anderen, die das menschlich gewollte Gute verhindernden Menschen: also die Gegner, die Feinde".[106] Wenn Gott wegen Nichtexistenz aus der Verantwortung entlassen ist, müssen die übelwollenden Akteure unter den Menschen zur Verantwortung gezogen werden. Gottes Unzuständigkeit löste eine „Übertribunalisierung" (Odo Marquard) in den über ihre Alleinzuständigkeit aufgeklärten Menschen-Gesellschaften aus. *Menschen*

Lissabon 1755 als das exemplarische Vorkommnis, das die Frage nach Gottes Verantwortlichkeit und Vorsehung aufwirft.

[105] Vgl. Friedrich Nietzsches harsches Urteil: „Die ‚göttliche Vorsehung', wie sie heute noch ungefähr jeder dritte Mensch im ‚gebildeten Deutschland' glaubt, wäre ein Einwand gegen Gott, wie er stärker gar nicht gedacht werden könnte" (Der Antichrist, Aphorismus 52, KSA 6, 234).

[106] So Odo Marquard, Schwierigkeiten mit der Geschichtsphilosophie. Aufsätze, Frankfurt a. M. 1973, 69, 71, 78 f.

sind die Schuldigen; wir nicht, also die anderen, und wir kennen sie: „Man entkommt dem Tribunal, indem man es wird" und mit „große[m] moralische[m] Empörungsaufwand" Verantwortliche dingfest macht.[107] Die Menschen sind nun unter sich, die Schuldigen auszumachen. Sie tun es in populistischen Zeiten mit ansteigender Wut. Übertribunalisierung: Menschen machen sich gegenseitig verantwortlich, um es nicht selbst gewesen sein zu müssen. Mit der Konsolidierung der westlichen Demokratien setzt sich das Prinzip durch: Verantwortlichkeit und Zur-Verantwortung-gezogen-werden-Können ist die Kehrseite der Zuständigkeit. Es scheint heute so, als könnte dieses Prinzip zur Zersetzung der Demokratie beitragen: wenn das Zur-Verantwortung-Ziehen zum Sich-Abreagieren an Sündenböcken umkippt.

Darauf scheint es hinauszulaufen: *Nur* Gottes Ausscheiden aus der Verantwortlichkeit als weiser und den Menschen wohlgesonnener Akteur im Welt- und Natur-Geschehen entschuldigt ihn.[108] Aber wenn er keine Rolle mehr spielt, muss man sich an die wahren Verantwortlichen halten und ernst nehmen, dass die Menschen sich ihr Schicksal weitgehend selbst bereiten[109] oder wechselseitig zufügen. Wenn es nicht direkt auf Gottes Nichtexistenz hinausläuft, so doch vielfach auf einen deistischen Randfiguren-Gott, der gewissermaßen vom Rand des Spielfelds aus zuschaut und zur Mäßigung mahnt; auf den die Mitspieler(innen) vielleicht hie und da noch hinschauen, um in der Hektik zur Besinnung zu kommen und sich der unabdingbaren Spielregeln zu vergewissern. Es ist unverkennbar, dass der traditionelle Gottes-Interventionismus sich vielfach zu einem solchen Randfiguren-Deismus zersetzt und dann auch die von Marquard beobachtete, von der Digitalisierung der Medienlandschaft zusätz-

---

[107] Odo Marquard, Der angeklagte und der entlastete Mensch in der Philosophie des 18. Jahrhunderts, in: ders., Abschied vom Prinzipiellen. Philosophische Studien, Stuttgart 1987, 39–66, hier 57.

[108] Damit kommt die Destruktion des Gottes der Vorsehung, des „moralischen Gottes" der herkömmlichen Metaphysik, der die Welt „nach dem Gesetz der Vergeltung ausrichtet" und die Menschen – je nachdem – anklagt und zur Rechenschaft zieht oder in letzter Instanz mit der Aussicht auf den guten Ausgang tröstet, an ihr Ende; vgl. Paul Ricœur, Hermeneutik und Psychoanalyse. Der Konflikt der Interpretationen II, dt. München 1974, 300 f.

[109] Dass man sich die schlimmsten Krankheiten durch einen falschen Lebenswandel selbst zuzieht, scheint heute ausgemacht. Dann steht man vor dem Schicksal des absolut fitten Nichtraucher-Lungenkrebs-Patienten, der alles getan hat, keinen Lungenkrebs zu kriegen. Für die Gesunden mag es hilfreich sein, zu „wissen", wie man Krankwerden vermeidet. Für die tödlich krank Gewordenen wäre es zum Verzweifeln.

lich befeuerte Übertribunalisierung der Lebenswelt mit sich bringt. Wenn Gott als derjenige, der die Menschen zur Rechenschaft zieht, in den Hintergrund rückt, ziehen diese sich gegenseitig in eigenem Interesse zur Rechenschaft; da übernehmen sie eine Gottes-Zuständigkeit mit mehr oder weniger Rückbindung an den vielleicht noch hintergründig Zuständigen.

Wo Gott als Akteur geschwächt oder marginalisiert erscheint, kommt es in dieser oder jener Weise zur Selbstermächtigung der Menschen.[110] Das beeinflusst die Glaubens-Atmosphäre tiefreichend und verändert den überlieferten Glauben mit kaum abschätzbaren Konsequenzen. Vor schnellen Gewinn- und Verlustrechnungen sollte man sich hüten. Auf der Gewinnseite dürfte man verbuchen: Wo die Menschen ihre Zuständigkeit und ihre Verantwortlichkeiten erweitert sehen, können sie sie auch ernst nehmen, sich gegenseitig zur Verantwortung, auch zur Rechenschaft ziehen, wenn die Zuständigen ihrer Verantwortung nicht gerecht geworden sind. Das ist der ethisch-politische Kern der Demokratie, dem sich auch Glaubende unbedingt verpflichtet sehen müssten. Zuständigkeit bringt Verantwortlichkeit mit sich. Die Demokratie stellt Verfahren zur Verfügung, mit denen Zuständige wirksam zur Verantwortung gezogen werden können. Ist das nicht auch religiös ein Gewinn?

Dass die Verantwortlichen zur Verantwortung gezogen werden können, macht dem feudalen Gottesgnadentum den Garaus. Man kann sich nicht mehr darauf berufen, von Gott zum Instrument seiner Vorsehung eingesetzt zu sein und in seinem Auftrag zu handeln, von der Rechenschafts-Forderung der „Untertanen" also nicht belangt werden zu können. Das Amt der Fürsten ist entmythologisiert; die Amtsführung unterliegt allgemein zugänglichen Beurteilungs-Kriterien und ruft den politisch zu disziplinierenden Streit darüber hervor, wie sie im konkreten Fall zu beurteilen ist. Die politisch Gestaltenden werden für das, was sie tun, selbst verantwortlich. „Das Volk" ist zuletzt zuständig dafür, ihr Tun zu beurteilen und die Akteure zur Verantwortung zu ziehen. Das geschieht in vielfältiger Weise: durch Wahlen, durch massenmediale Meinungsbildung und

---

[110] So nimmt man es fast schon als lebensweltliche Selbstverständlichkeit, die einem alltäglich auf der Theaterbühne und in den Feuilletons vor Augen geführt wird. In einer Besprechung der Uraufführung des Stückes „Land" an den Münchener Kammerspielen (Christiane Lutz, Wenn der Traktor nicht mehr nachkommt, in: Süddeutsche Zeitung Nr 38 vom 15. Februar 2024, S. 13) heißt es im Text: „Gott ist in dieser Welt [der modernen Landwirtschaft] verzichtbar geworden, 2024 muss der Mensch sein Schicksal selbst in die Hand nehmen."

Kontrolle, auch durch die „im Namen des Volkes" gesprochenen Urteile juristischer Instanzen bei justiziablem Fehlverhalten politischer Akteure. Dieses Zuständig-Werden des Volkes für das Zur-Rechenschaft-Ziehen der Regierenden darf als harter Kern der Vorstellung angesehen werden, alle Macht gehe in der Demokratie vom Volk aus.[111]

Auch der Glaube daran, dass Gott in die Kirche hineinwirkt und sich die Hierarchen zu seinen privilegierten Beauftragten erwählt, scheint heute – nicht nur wegen der Verfehlungen auch höchster kirchlicher Instanzen – deutlich geschwächt. Die gesellschaftliche wie auch die innerkirchliche Plausibilität einer durch die Hierarchie gewährleisteten besonderen Führung der Kirche durch ihren Herr Jesus Christus ist dramatisch geschwunden. Das „Kirchen-Volk" verlangt Rechenschaft von den Verantwortlichen. Deren Affekt gegen jede Demokratisierung in der Kirche erweist sich zunehmend als Selbstschutz-Ideologie, in der man die Legitimation „von oben" gegen Rechenschaftsforderungen „von unten" ins Feld führt. Aber das Menschlich-Allzumenschliche eines fortwährenden Leitungsversagens wird kaum noch von den sakralen Gewändern der göttlichen Beauftragung überkleidet.

So scheinen die Glaubensüberzeugungen von einem supranaturalen Gotteswirken in welthaft-geschichtlichen Zusammenhängen bis in die Regionen hinein zu schwinden, in denen sie bisher massiv geschützt und eingefordert wurden: in der als besondere Führung durch Gott bzw. Christus angesehenen Geschichte der Kirche und in den Kernbereichen kirchlichen Handelns. Damit steht eine Grundüberzeugung des Christlichen in katholischer Überlieferung auf dem Spiel. Und es wird viel davon abhängen, ob man hier zu Differenzierungen und Erläuterungen kommt, mit denen diese Überzeugung neu formatiert werden kann.[112]

Es fehlt nicht an Versuchen, dieses theologische Pensum in Angriff zu nehmen und zu einer Moderne-verträglichen Relecture traditioneller Denkmodelle zu kommen. So versucht man sich an einer

---

[111] Der Vorsehungs-Gedanke scheint hier ganz fremd und ortlos geworden. Und doch hat er sich säkularisiert behauptet: in der nach Adam Smith von allem demokratischen Willensbildungen unabhängigen und so auch nicht mehr legitimationsbedürftigen Ökonomie, in deren Geschehen eine „unsichtbare Hand" die Dinge zum Besten zu lenken versteht, wenn alle ihrem wohlverstandenen Eigeninteresse folgen.

[112] Für eine Neuformatierung der Vorsehungslehre vgl. den hilfreichen Überblick von Christoph J. Amor, Vorsehung – eine kleine Orientierungshilfe, in: Freiburger Zeitschrift für Philosophie und Theologie 70 (2023), 515–532.

pneumatologischen Reformulierung der mittelalterlichen Lehre von der *Causa prima* und den *Causae secundae:* Gott wirkt durch seinen Geist als der *Ermöglicher* des Guten. Er ruft ins Dasein, was seinem guten Willen entspricht, und nimmt die Natur-Gegebenheiten dafür in Anspruch, es hervorzubringen. Er nimmt Menschen dafür in Anspruch, dem Wirklich-Werden des Guten zu dienen und zu seiner Wirklichkeit zu werden; christlich-menschlich gesprochen: dem Wirklich-Werden der Liebe in der Nachfolge Christi zu dienen und daran teilzuhaben. Gottes Welt-Präsenz und Handeln wären dann immer menschlich vermittelt; sie würde durch Menschen, die sich Gottes Ermöglicher-Geist öffnen, in der Welt wirklich.

Dieses Konzept ist der Tradition also keineswegs fremd. Es ist ihr mit der Christologie exemplarisch eingeschrieben. Aber wenn man es so zugespitzt formuliert, hört es sich doch befremdlich an. Es bedeutet hier den Abschied von jedem Supranaturalismus, der die Wirklichkeit des Übernatürlichen durch den Ausschluss „natürlicher" Erklärungen erreichen will. Es würde ernst damit gemacht, dass die natürliche und die übernatürliche Wirklichkeit nicht nebeneinander angeordnet werden dürfen, dass das Übernatürliche – wenn man es noch so nennen will – im Natürlichen geschieht.[113] Die Theologie muss sich dieser Konsequenz nicht verschließen. Das kirchliche Glaubensbewusstsein tut sich mit ihr schwer. Vermutlich ist mit ihr eine Modernisierungs-Schwelle markiert, die zu überschreiten die Identität des Christlichen einer erheblichen Spannung aussetzt. Die Frage, wie unter den Bedingungen gegenwärtigen Denkens und Glaubens von Gottes Handeln gesprochen werden kann, ist für die in diesem Kapitel angesprochenen und weitere Glaubens-Zusammenhänge von ausschlaggebender Bedeutung.

---

[113] Während der zweiten Hälfte des 19. Jahrhunderts wird in der evangelischen Theologie der Gegensatz zwischen Naturalismus und Supranaturalismus zur Frontlinie des Konflikts zwischen Traditionalismus und „moderner" Theologie. Man wird das damals forcierte Gegeneinander heute wohl nicht mehr als aufschlussreich ansehen. Hilfreich war freilich auch der Versuch der Neuscholastik nicht, ein Zwei-Stock-Modell als Glaubens-verbindlich auszugeben, nach dem auf ein in sich mehr oder weniger geschlossenes erstes Natur-Stockwerk von Gott durch Offenbarung und Gnade ein Übernatur-Stockwerk aufgesetzt worden sei. Heute zeigt sich, dass die Logik des Nebeneinanders bzw. Übereinanders vom Bedenken des Ineinanders abgelöst werden muss.

2.6 Abkehr vom Supranaturalismus

Man kann das Feld der hier anzusprechenden Vorstellungen und Fragen vorläufig so überblicken: Näher am Gottes-Interventionismus liegen Vorstellungen von einem Handeln Gottes im Sinne eines konkreten Eingreifens, mit dem in der Welt Ereignisfolgen in Gang gesetzt werden, die auf „natürliche Weise" nicht hätten in Gang kommen können. Solche Vorstellungen werden mit dem neuzeitlichen Verständnis des Wunders verbunden, das – etwa als Naturwunder – unmittelbar von Gott in der Welt durch sein *Eingreifen* in Naturzusammenhänge bewirkt oder von Menschen gewirkt wird, die an Gottes übernatürlichen Handlungsmöglichkeiten teilzuhaben berufen sind. Konzepte im Umfeld des Vorsehungsglaubens orientieren sich eher am Modell eines von Gott gesetzten und ermöglichten Ziels, auf das hin Weltzusammenhänge von Gott *geordnet* und zugeführt werden. Man spricht hier eher nicht vom Handeln, sondern von einem Wirken Gottes, mit dem in den Geschehnissen dieser Welt Gottes guter, vorsorgender Wille zur Wirkung kommt. In der Mitte zwischen beiden Modellen stehen Vorstellungen, in denen von Gottes *Lenkung* gesprochen wird: Gott lenkt die Geschichte seines Volkes, des „neuen Gottesvolks" seiner Kirche so, dass sie sich ihres Gedeihens erfreuen dürfen, wenn bzw. da sie ihn vor den Völkern gültig bezeugen. Alles umfassend und einbegreifend spricht die Schöpfungstheologie von einem Hervorbringen des Geschaffenen zur Eigen-Wirksamkeit (creatio ex nihilo) und zugleich von einem – wie auch immer zu bestimmenden – Mitwirken Gottes im Sich-Hervorbringen der Schöpfung (creatio continua).

Als Moderne-unverträglich gelten Wunder-Behauptungen, in denen Gottes Handeln als genau bestimmbare Verursachung eines einzelnen Ereignisses verstanden wird. An die Stelle des natürlicherweise erwartbaren Ablaufs soll hier ein nicht zu erwartendes, unerklärliches Ereignis treten, das geschehen ist, weil Gott oder von ihm bevollmächtigte Wundertäter es so wollten und es – jenseits aller natürlich erklärbaren, kausal determinierten Prozesse – initiieren konnten. Die Metapher des Eingreifens assoziiert eine von Gott bzw. seinen Bevollmächtigten bewirkte Initiative, die den erwartbaren kausalen Prozessen eine neue Richtung gibt, sie ein Resultat hervorbringen lässt, zu dem sie nicht von sich aus gelangen könnten.

Die Metapher der Lenkung ist eher mit Vorstellungen verbunden, nach denen der Lenkende geschichtlichen Prozessen eine Richtung gibt, die sie prinzipiell auch von sich aus hätten nehmen können, von Gott aber *so* gesteuert und aufeinander abgestimmt werden, weil er damit ein bestimmtes Ziel intendiert: sein Volk in die Freiheit zu führen oder zu bestrafen, das Evangelium Jesu Christi der ganzen Welt kundzugeben usf. Wunderbare Machttaten können dabei eine mehr oder weniger wichtige Rolle spielen. Sie stehen hier nicht für sich, sondern haben eine bestimmte Funktion im Geschehens-Zusammenhang der *Gubernatio*, in dem Gott seine Absichten verfolgt, sich dafür geschichtlicher Prozesse bedient, die auch anders beschrieben werden könnten als in den biblischen Erzählungen, nach denen er dem Geschehen die ihm von seinem guten oder auch strafenden Willen bestimmte Richtung gibt. Sie *so* zu erzählen, setzt eine Interpretations-Entscheidung voraus. Sie wurde in der Perspektive der Teilnehmer am jeweils erzählten Geschehen bzw. an der Geschichte getroffen, die sich daran anschloss. Das Narrativ der Teilnehmer(innen) will dafür werben, die Zusammenhänge so zu sehen, wie sie hier erzählt werden. Aber es ist nicht – jedenfalls nicht notwendigerweise – mit dem Anspruch verbunden, das Erzählte objektiv in der Beobachter-Perspektive zu beschreiben, wie das von der Metapher des Eingriffs assoziiert wird. Wo dieser Anspruch doch angemeldet wird, diagnostiziert das moderne geschichtliche Bewusstsein einen illegitimen Übergriff, der von einer fundamentalistischen religiösen Einstellung zeugt.

Die Metapher des (Hin-)Ordnens ist noch deutlicher als die der Lenkung auf ein teleologisches Mitwirken Gottes in kausal bestimmten Schöpfungs-Zusammenhängen bzw. auf Prozesse und Zusammenhänge bezogen, die Gottes Vorsehung seinem Willen unterwirft, einem von ihr bestimmten Ziel zu dienen. Gott lässt diese Prozesse so aufeinander wirken, dass das von ihm Gewollte eintrifft und dass sich das von ihm – im größeren Ganzen, aber auch im Leben Einzelner – *Vorgesehene* in der Realität der Welt- und Geschichts-Zusammenhänge ergibt. Von gläubig involvierten Teilnehmern an diesem Geschehen mag es als staunenswerte, auch Erschrecken auslösende Fügung wahrgenommen werden. In der Beobachter-Perspektive wird es allenfalls als erstaunlicher Zufall oder höchst seltene Koinzidenz gebucht: Dass die Dinge so kommen, dass sich Kausalketten so verknüpfen, ist unwahrscheinlich; unmöglich ist es nicht. Gläubige werden etwa annehmen, dass das Zusammentreffen der höchst unwahrscheinlichen Konstellationen, die es zum Leben und schließlich zu menschlichem Leben haben kommen lassen, kein Zufall sein kann, sondern Gottes Schöpfungs-Absicht und Vorsehung

zuzuschreiben ist. Positivistische Empiriker werden auf die Unendlichkeit der Trial-and-error-Versuche hinweisen, die es irgendwann
zufällig auch zum irrwitzig Unwahrscheinlichen kommen lassen.
Teleologische Narrative, die dem Zustandekommen des höchst Unwahrscheinlichen eine Handlungs-Absicht unterlegen, werden sie als
bedeutungslos ansehen.

Über die Legitimität solcher Narrative ist damit nicht entschieden.
Als beweiskräftige Rekonstruktionen der in ihnen nachvollzogenen
Prozesse werden sie kaum allgemeine, auch naturwissenschaftliche
Anerkennung finden.[114] Als bloß phantasievolle Erzählungen aber
wird man sie als Glaubende(r) heute kaum verstehen wollen. An
ihnen bildeten und bilden sich Lebenssinn-relevante Überzeugungen, von denen aus der Erfahrung glaubender Menschen gesagt
werden darf, dass sie den Horizont eines guten Lebens öffnen und
Motivationen inspirieren, in diesen Horizont hineinzuleben. Gottes
Handeln oder Wirken wird hier darauf bezogen, dass es den Menschen diesen Horizont öffnet und sie in ein erfülltes Leben mit Gott
und in Gott hinein mitnimmt, wie es sich den Glaubenden in den
entsprechenden religiösen Erzählungen und Zeugnissen erschlossen
und vorstellbar gemacht hat.

Der Glaubens-Wandel im Bereich des Christlichen, der seit der
europäischen Aufklärung unterwegs ist, scheint mit der Abkehr vom
Supranaturalismus verbunden zu sein. So muss er die Frage auf-
werfen, ob sich Zeugnisse der Bibel und der Glaubensgeschichte von
einem Handeln oder Wirken Gottes in welthaften Zusammenhängen
mit neuen Konzepten neu Glaubens-verständlich machen lassen und
dem Mythologie-Verdacht standhalten können.

---

[114] Das hat schon Søren Kierkegaard so gesehen: „Unmittelbar existieren die Taten
überhaupt nicht, aus denen ich sein [Gottes] Dasein beweisen will." Der natürliche
Lauf der Dinge beweist da schon gar nichts. „Begegnen hier nicht die entsetzlichsten
Anfechtungen, und ist es nicht unmöglich, mit allen diesen Anfechtungen fertig zu
werden?" (ders., Philosophische Brocken, 39). Auch *Intelligent Design*-Konzepte
werden sich hüten müssen, einen Schöpfungs- bzw. Schöpfer-Beweis führen zu
wollen. Sie dürfen aber davon ausgehen, dass es im Blick auf die erklärungsbe-
dürftigen Phänomene einen aufweisbaren Sinn hat und so auch naturwissenschaftlich nicht von vornherein als sinnlos abgewiesen werden kann, von einem
Schöpfer-Gott zu sprechen; vgl. Hans-Dieter Mutschler, Intelligent Design. Spricht
die Evolution von Gott?, in: Herder Korrespondenz 69 (10/2005), 497–500.

2.7 Handelt Gott in der Welt?

Das Konzept *Handeln* rekurriert auf Handlungs-Subjekte, die über eine mehr oder weniger große Handlungs-*Freiheit* verfügen und selbst-bestimmte Handlungs-*Intentionen* verwirklichen – dies freilich in einer Welt, die das vom Handlungs-Subjekt Gewollte in dieser oder jener Hinsicht begünstigen, in anderer Hinsicht behindern oder vereiteln wird. Zu einem vernünftigen Handeln gehört es, die Realisierungs-Chancen des Handlungs-Projekts in der gegebenen gemeinsamen Welt abzuschätzen und von Projekten Abstand zu nehmen, die mit hoher Gewissheit zum Scheitern verurteilt wären. Das Handlungs-Subjekt verfügt im Blick auf sein Handlungs-Projekt also über begrenzte Handlungs-Möglichkeiten und Verwirklichungs-Chancen; und dies auch deshalb, weil es meist auf die Mitwirkung anderer Handlungs-Subjekte oder Institutionen angewiesen ist. Nicht weniger abhängig ist es von ihm zugewachsenen Sinn-Perspektiven, die ihm bestimmte Handlungs-Projekte „ans Herz legen" werden und den Raum bieten, sich mit anderen Handlungs-Subjekten oder Handlungs-Trägern zu koordinieren.

Handeln bedeutet in diesem elementaren Sinne etwas anfangen und zugleich im eigenen Anfangen verantwortlich fortzusetzen, was meinem Anfangen vorausliegt. Es bedeutet, mein Anfangen eingebunden zu sehen in Prozesse und Entwicklungen, denen ich mein Anfangen verdanke, an denen und durch die ich es verwirklichen will und für die ich durch mein Handeln Verantwortung übernehme. Hannah Arendt hat hierfür die Metapher des *Sich-Einfädelns* in das Gewebe der (sozialen) Wirklichkeit gefunden.[115] Menschliches Handeln ist keine *Creatio ex nihilo*, kein schlechthinniges Initiieren, sondern kreatives Intervenieren, ein Dazwischenkommen-Können, das meinen Intentionen entspricht und sie verfolgt. Es ist eine in der Problemgeschichte der Praktischen Philosophie folgenreich gehegte Illusion, mein freies Handeln als das ganz aus mir Kommende, allein durch mich Beginnende zu verstehen, in dem ich mich autonom selbst verwirkliche. Wenn ich – in Anlehnung an wie in Abgrenzung

---

[115] Vgl. Hannah Arendt, Vita activa oder Vom tätigen Leben, dt. Neuausgabe München 2020, 268. Als repräsentativ für dieses Sich-Einfädeln kann die Sprache gelten. Mit dem Sprechen fädelt man sich in das Gewebe der Sprache ein, um die eigene Aussage-Intention reproduktiv und kreativ in ihm und durch es herauszubringen; Wilhelm von Humboldt hat die Sprache in diesem Sinne als Gewebe verstanden; vgl. von ihm: Einleitung zum Kawi-Werk, in ders., Schriften zur Sprache, hg. von M. Böhler, Stuttgart 1995, 30–207, hier 65.

von Robert Brandom[116] – davon spreche, der Sinn des (freien) Handelns liege darin, für sein Handeln und die darin verfolgten Intentionen die Verantwortung zu übernehmen, soll damit nicht gesagt sein, dass ich mich in meinem Handeln als das von allen Vorgaben und allem Mitgegebenen unabhängige, nur durch meine eigene Entscheidung bestimmte Subjekt verstehen und setzen müsste. Verantwortung *übernehmen* heißt vielmehr: mich zu dem mir Mitgegebenen, mich Bestimmenden, mir Möglichen und Ermöglichten, aber auch zu dem für mich Unverfügbaren in ein kritisch verantwortetes Verhältnis setzen, sodass mein Urteilen und Handeln zur Geltung bringen kann, was ich mit den besten erreichbaren Vernunftgründen bejahe.

Sieht man es so, kommt das, was mein Handeln-Können und meine Handlungsmöglichkeiten ermöglicht, nicht nur als Randbedingung, sondern als das ihm schlechthin Vorgegebene in den Blick. Ich weiß mich herausgefordert, diese Vorgabe anzuerkennen und auf sie verantwortlich einzugehen oder sie zurückzuweisen und dann den Anspruch zurückzuweisen, hier sei mir eine unabweisbare Bedingung und ein normativer Horizont meines Handelns gegeben, auf die ich selbstverantwortlich eingehen müsste. Im Eingehen auf das Handlungs-Ermöglichende und meinen Handlungshorizont Eröffnende wie in der Zurückweisung des an mich ergehenden Anspruchs, als Handlungs-ermöglichend bzw. als Handlungs-Horizont Anerkennung zu finden, wird *Selbst-Wirksamkeit* erfahren und Selbst-Verantwortung herausgefordert. Dann dürfte auch von einem Handeln Gottes in dem Sinne die Rede sein, dass dieses Handeln mir mein Handeln-Können ermöglicht, da es mir einen Hoffnungs-Horizont eröffnet, in den hinein ich selbstverantwortlich handeln will: in Anerkennung von Handlungsmotiven und Handlungszielen, die ich mit den besten mir erreichbaren Gründen bejahen kann. Theologisch konkreter: Gott beruft mich in Jesus Christus für sein Vorhaben Gottesherrschaft; er macht mir durch ihn sein Vorhaben vorstellbar und will mir durch das Wirken seines Geistes die Hoffnung stärken, dass es für den Menschen schlechthin gut und eschatologisch zielführend ist, als dazu berufener Mensch in dieses göttliche Vorhaben hineinzuhandeln, über sich selbst hinaus und doch auch für sich selbst. Gott beruft dazu, sich verantwortlich zur Berufung in die

---

[116] Vgl. Robert Brandom, Vollendung der Aufklärung, Vorwort zu: Richard Rorty, Pragmatismus als Antiautoritarismus, hg. von E. Mendieta, dt. Berlin 2023, 7–41, hierzu 7–13.

Gottesherrschaft zu verhalten und für sie Verantwortung zu übernehmen. Damit ermöglicht er das Ergreifen dieser Berufung, aber auch eine verantwortliche Verweigerung, die in ihr nicht das schlechthin Gute erkennen kann, das der Mensch selbstverantwortlich bejahen dürfte.

Solches Ermöglichungs-Handeln ist keineswegs nur in Gottes Berufung gegeben. Es wird lebensweltlich vielfach erfahren, angenommen oder zurückgewiesen. Menschen handeln, damit bzw. sodass ich selbstverantwortlich und selbstwirksam handeln kann. Sie handeln freilich auch so, dass es dazu nicht kommt, ich mir entfremdet werde, zum Mithandeln genötigt bin. Sie handeln mich, bringen mich und mein Handeln hervor – oder zerstören meine Selbstverantwortlichkeit, unterwandern sie manipulativ. Im Spannungsfeld dieser dramatischen Alternative finde ich mich vor: In mir und zwischen uns geschieht das Ermöglichende wie das Sabotierende. Ermöglicher(innen) und Saboteure handeln in mir und mit mir, sodass ich das selbstverantwortlich Bejahenswerte meines Lebens ergreifen kann – oder seiner nicht ansichtig werde. Ihr Handeln setzt sich in meinem Handeln fort; womöglich kann mein Handeln auch auf es zurückwirken, das mir aufgespannte Handlungsfeld in Anspruch nehmen, es verändern, sich ihm verweigern.[117] Andere Menschen handeln mit und in mir. Ich sollte dahin kommen, mich zu ihrem In-mich-Hineinhandeln oder zu ihrem Mithandeln mit mir verantwortlich zu verhalten, damit es mir nicht nur geschieht, sondern zu *Meinem* wird – oder mein Leben, Denken und Handeln es hinter sich lassen kann.

Kann man sagen, dass Gott in vergleichbaren Sinn ermöglichend und auch mit verwirklichend in und mit Menschen handelt? Man müsste voraussetzen, dass er nach Art von Menschen handelt, die in anderen und so auch mit ihnen handelten; oder dass sein Handeln in bestimmter Hinsicht das Handeln dieser Menschen ist, etwa das Handeln von ihm ergriffener Zeugen, die seinen guten Willen han-

---

[117] Die psychoanalytisch-systemische Familientherapie beschreibt diese Konstellation konkret; vgl. Helm Stierlin, Das Tun des Einen ist das Tun des Anderen. Eine Dynamik menschlicher Beziehungen, Frankfurt a. M. 1971. In der phänomenologischen Beschreibung hat sich die erfahrungsnahe Rede vom *antwortenden Handeln* nahegelegt. Vgl. Reinhard Feiter, Antwortendes Handeln. Praktische Theologie als kontextuelle Theologie – ein Vorschlag zu ihrer Bestimmung in Anknüpfung an Bernhard Waldenfels' Theorie der Responsivität, Münster 2002. Zur phänomenologischen Diskussion vgl. Bernhard Waldenfels, Antwortregister, Frankfurt a.M. 1994 sowie K. Busch – I. Därmann – A. Kapust (Hg.), Phänomenologie der Responsivität, München 2007.

delten und ihn so wirklich werden ließen; nicht einfachhin aus sich und ihren eigenen Möglichkeiten, sondern aus Ihm, durch seinen guten Geist „bewegt", das Wirklich-Werden des guten Gotteswillens bezeugen zu dürfen.[118] So dürfte man sagen, Gott handelt, wo sein guter Wille durch seine Zeugen Wirklichkeit setzt, nicht an ihrer Autonomie vorbei, sondern durch und in ihrem verantwortlichen Handeln; genauer noch: Gott handelt, wo Menschen die von ihm begründete Möglichkeit ergreifen, seinen guten Willen zu tun.[119] *Er handelt in ihnen – sie handeln in ihm*, von seinem guten Geist in Gott und das Geschehen seines guten Willens hineingenommen.[120]

---

[118] Ich kann hier nicht im Einzelnen begründen, warum sich so die Aporien vermeiden lassen, die mit Theorien der „doppelten Täterschaft (double agency) verbunden sein können. Die doppelte Urheberschaft bedeutet bei dem von mir skizzierten Modell ja nicht, dass die beiden Urheber einander am Urheber-Sein etwas wegnehmen, sondern ganz im Gegenteil dies: dass Gott als Urheber dem Menschen sein Urhebersein-Können zuspielt und ermöglicht. So gilt hier das Rahner-Axiom, dass Gottes ermöglichendes Wirken nicht auf Kosten der menschlichen Freiheit geht, sondern sich direkt proportional zu ihr realisiert und steigert (vgl. Aaron Langenfeld, Frei im Geist. Studien zum Begriff direkter Proportionalität in pneumatologischer Absicht, Innsbruck – Wien 2021). Zur angelsächsischen Diskussion vgl. Reinhold Bernhardt, Was heißt „Handeln Gottes", 331–370 und Klaus von Stosch, Gott – Macht – Handeln. Versuch einer theodizeesensiblen Rede vom Handeln Gottes, Freiburg i. Br. 2006, 29–38.

[119] Einzugehen wäre auf das Verständnis des Handelns Gottes in seinem Wort, wie es von Rudolf Bultmann und von der an ihn sich kritisch anschließenden hermeneutischen Theologie ausgearbeitet wurde: Gott handelt an mir, da er meine Existenz durch sein Wort anspricht („bestimmt"), sie so ermächtigt, eine neue Weise des Sich-selbst-aus-Gott-und-seiner-Zukunft-verstehen-Könnens ergreifen zu können (vgl. Rudolf Bultmann, Zum Problem der Entmythologisierung, in: H.-W. Bartsch [Hg.], Kerygma und Mythos II, Hamburg-Volksdorf 1952, 179–208, hierzu vor allem 198 f.). Wenn man – was m. E. keine grundsätzlichen theologischen Probleme aufwirft, aber genau bedacht werden will – Bultmanns Kerygma-Begriff durch den des Zeugnisses erläutert, kann man dahin kommen, verschiedene Formen des Zeugnisses als Ereignisse des Wortes Gottes und des darin geschehenden guten Willens Gottes auszulegen: Gottes Wort geschieht, wo Menschen dieses Wort authentisch verkündigen und leben, es *bezeugen*. Ihr Zeugnis lässt Gottes den Menschen rettendes, ihm das Leben vor Gott in dieser Welt neu erschließendes Wort geschehen und darin Gottes guten Willen geschehen.

[120] Dass das Reden vom Handeln Gottes auch mit dieser ins Begriffliche reichenden Weiterbestimmung von einer semantisch bedeutungsvoll-unterbestimmten Hintergrundmetapher Gebrauch macht, bleibt hier vorausgesetzt. Zum metaphorischen Charakter des Redens von Gottes Handeln vgl. Philipp Stoellger, ‚Handeln Gottes' als Metapher und Folgerungen für die Lebensweltnähe der Theologie, in: M. Beintker – A. Philipps (Hg.), Das Handeln Gottes in der Erfahrung des Glaubens. Ein Votum des Theologischen Ausschusses der Union Evangelischer Kirchen in der EKD (UEK) und Vorträge aus dem Theologischen Ausschuss zur Frage nach dem Handeln Gottes, Göttingen 2021, 205–223. Dieser verdienstvolle Band dokumentiert freilich auch, wie das alte Motto „Catholica non leguntur" mancherorts neue Gel-

Hier wird Handlungssinn-analog – mithilfe eher personaler Vorstellungen – von einer Welt-immanent-geschichtlich wirksamen Präsenz Gottes gesprochen: von einem Handeln Gottes, das zwar nicht als solches – neben menschlichen Handlungen – zu einer welthaften Gegebenheit wird, aber als Wirklich-Werden des guten Willens Gottes im Welt-Geschehen menschlichen Handelns glaubbar wird. Mit Bultmann dürfte man sagen: Gottes Handeln ist nicht eines, „das sich *zwischen* weltlichem Handeln oder weltlichen Ereignissen abspielt", sondern eines, das sich in ihnen ereignet [...] *In* ihnen [...] findet Gottes verborgenes Handeln statt."[121] Es findet statt, wenn sich Menschen aus Gott und durch seinen Geist die Möglichkeit eines neuen Selbstverständnisses und Handelns in der Welt erschließt, wenn ihnen das Wunder des Glaubens geschieht und sie zu Zeugen macht. Dieses Wunder wäre dann das eigentliche Wunder, das Wunder eines wunderbaren Handelns Gottes an mir[122], das mich in sein wunderbares Handeln hineinnimmt und zum „Instrument" seines guten Willens macht.

Aber kann dieses *In* noch im Vorstellungshorizont des Personalen zur Sprache gebracht werden, oder verlangt es nach transpersonalen Vorstellungsmustern? Dann wäre von Gottes inspirierendem Geist-Wirken als der kreativ-evolutionären Dynamik der Wirklichkeit im Ganzen zu sprechen, das ihr Sich-Überschreiten, Das-Höhere-hervorbringen-, im Menschen die-Freiheit- und die-Liebe-Hervorbringen ermöglicht; von Gottes Ermutiger-Geist, der in den Zeugen und heilbringend in Jesus Christus das Vertrauen in Gott und seinen guten Willen stiftet; von Gottes Geist-Wirken im Hervorlocken der höchsten

---

tung erlangt. Die weitgespannte katholische Diskussion zum Thema kommt gerade mal mit einer als nicht hilfreich abgebuchten Interview-Äußerung Karl Rahners zu Wort (vgl. Philipp Stoellger, Gottes Handeln zwischen rastloser Operativität und leidenschaftlicher Passivität. Systematische Bemerkungen zum Handeln Gottes im Horizont seines Pathos, a.a.O., 235–265, 262). Diese Diskussion wird dargestellt und kritisch kommentiert von Martin Breul, Gottes Geschichte. Eine theologische Hermeneutik der Rede vom Handeln Gottes, Regensburg 2022. Dass katholische Theolog(inn)en mit den Diskussionen in der evangelischen Theologie, etwa der hermeneutischen Theologie auch nicht viel anzufangen wussten, sei gleichzeitig eingestanden. Dass ich mich selbst dazu nur in der vorherigen Anmerkung äußere, entspricht nicht dem Gewicht des dort Erarbeiteten.

[121] Rudolf Bultmann, Jesus Christus und die Mythologie. Das Problem der Entmythologisierung der neutestamentlichen Verkündigung (1941), München ³1988, 173.

[122] Christlicher Glaube ist – so Bultmann – darin Wunderglaube, dass er „Glaube an das wunderbare Handeln Gottes" ist und an die „wunderbare Kraft" glaubt, „die Jesus [und mit ihm Gott] über ein Menschenleben gewinnen kann" (Rudolf Bultmann, Marburger Predigten, Tübingen 1968, 140 f.).

Möglichkeiten des Menschseins[123], seiner Bereitschaft, mit Gottes weltimmanentem Wirken mitzuwirken und es so mit ihm der dem Geschaffenen von Gott zugedachten Erfüllung entgegenzuführen.

Karl Rahner hat Gottes ermöglichendes Wirken in diesem Sinn begreifen können: Gott ruft in seiner Schöpfung, schließlich im Menschen die Dynamik einer aktiven Selbsttranszendenz hervor und richtet sie auf das ihr von ihm mitgegebene Ziel aus. Im Gottesmenschen Jesus Christus ist es im Vorhinein verwirklicht, damit die Glaubenden sich an ihn anschließen, von ihm mitgenommen wissen können, dahin, wo sie ihr Mitwirken mit Gott aktiv ergreifen und verantworten sollen.[124]

Es versteht sich heute von selbst, dass das Ermöglichungs-Wirken Gottes in der Dynamik einer als Evolution verstehbar gewordenen Wirklichkeit nicht als empirisch aufweisbare, kreative Kraft identifiziert werden kann, ohne die eine evolutionäre Selbst-Überbietung unerklärlich bliebe. Evolutionstheoretisch ist ja auch gar nicht ausgemacht, dass von einer zielgerichteten Höherentwicklung überhaupt gesprochen werden darf, dass also der Richtungspfeil „zunehmende Differenzierung" für ein Höher, gar für eine teleologische Ausrichtung der Evolution in Anspruch genommen werden darf. Evolutionstheoretischen Bezugnahmen hat die Theologie ausschließlich selbst zu verantworten. Sie deutet die evolutionären Prozesse im Sinne einer von Gott initiierten, von Gottes Geist getragenen und „inspirierten" Teleologie, als ein von Gott so gewolltes, in den Naturprozessen evolutionär voranschreitendes, die Menschen zum Sich-Einbringen herausforderndes Projekt, das in Gott seine Vollendung finden und die Menschen, die sich in es einbringen, womöglich an dieser Erfüllung teilhaben lassen wird.[125]

---

[123] In diesem Sinne sprechen Vertreter der Prozessphilosophie und der Prozesstheologie von Gottes Wirken; vgl. etwa Julia Enxing, Gott im Werden. Die Prozesstheologie Charles Hartshornes, Regensburg 2013.

[124] Vgl. Karl Rahner, Christologie innerhalb einer evolutiven Weltanschauung, in: ders., Schriften zur Theologie, Bd. 5, Einsiedeln – Zürich – Köln ²1964, 183–221.

[125] Bei Karl Rahner war eine durchaus kritische Anknüpfung an das visionäre Konzept seines Ordensbruders Pierre Teilhard de Chardin mit ausschlaggebend für das eigene christologische, pneumatologische und gnadentheologische Denken. Teilhard selbst hat sich mit großer Energie und Kreativität der Aufgabe gewidmet, die ihm zugänglichen paläoanthropologischen und evolutionsbiologischen Forschungsergebnisse so einzuordnen, dass sie den Richtungspfeil zu einer kosmischen Mystik und Christologie erkennen lassen; vgl. von ihm: Der Mensch im Kosmos, dt. München 1959; Der göttliche Bereich. Ein Entwurf des inneren Lebens, dt. Olten – Freiburg i. Br. 1962.

Diese theologische Inanspruchnahme erklärt nichts am Fortgang evolutionärer Prozesse. Sie formuliert – wenn man es so sagen will – eine Hypothese zu den allerdings unabweisbaren Fragen, warum überhaupt etwas und nicht vielmehr nichts sei[126] und was eigentlich der Sinn der ganzen „Veranstaltung" sein, worauf sie zuletzt hinführen solle. Man kann als Empiriker diese Fragen, so auch die theologische Hypothese, als sinnlos ansehen und sich – wenn die Fragen schon gestellt würden – mit dem *großen Umsonst* aus der Affäre ziehen. Diese Auskunft scheint aber keineswegs mehr empirisches Gewicht zu haben als die theologische Option, die auf eine teleologische Hypothese setzt. Die theologische Dimensionierung der universalen Seins-Evolution bleibt eine Option. Es scheint indes so, als würden sich Menschen, die an der Wissensproduktion der Moderne teilhaben oder Zugang zu ihr haben, von dieser Option angesprochen und zu Revisionen traditioneller Glaubens-Inhalte inspiriert erfahren, so auch forciert personalistischer Deutungen des Verhältnisses von Gott zu den Menschen im 20. Jahrhundert. Der Beifall religiöser Intellektueller darf aber nicht eine Mehrdeutigkeit zudecken, die sich klären lässt, wenn man sie genau in den Blick nimmt. Je Evolutions-immanenter man das Wirken Gottes konzipiert – mitunter spricht man von ihm als dem „Geist der Evolution" –, desto unklarer bleibt, ob Gott oder die Evolution als die alles umfassende Absolutheits-Perspektive verstanden wird. Eine Verabsolutierung der Evolution bliebe selbstwidersprüchlich. Man kann ja nicht darüber hinwegkommen, dass die Evolution selbst sich nur als radikal *kontingent* denken lässt. Nimmt man die Evolution als den äußersten Horizont des Wirklichen an, müsste man konsequenterweise die Kontingenz als absolut ansetzen.

Man kann es mit guten Gründen so sehen, dass genau diese Verabsolutierung der Kontingenz die Grundlage einer jeden (post-)modernen Option nach Nietzsche ausmacht: Das Kontingente, grundlos Zufällige, ist nicht mehr auf ein Nicht-Kontingentes zurückzuführen. Es kann nicht mehr über die Kontingenz „hinausgeglaubt" werden. Sie ist als solche anzunehmen und menschlich zu bestehen. Die Menschlichkeit des Menschseins würde sich dann daran zu erweisen haben, dass man sich ihr aussetzt, ohne seine Zuflucht bei zerstörerischen Absolutheiten zu suchen, auf die das menschlich-kontingente

---

[126] Für Leibniz die Frage aller Fragen; vgl. ders., Prinzipien der Natur und der Gnade, n. 7, in: ders., Die philosophischen Schriften, hg. von C. I. Gerhardt, 7 Bde., Nachdruck Hildesheim 1978, Bd. VI, 602: „Pourquoi il y a plutôt quelque chose que rien".

Dasein bezogen, von denen es gerechtfertigt, für die es zuletzt *geopfert* werden müsste.

Ein spätmodern religiöser Glaube sähe sich der Herausforderung ausgesetzt, menschlich vom Absoluten zu sprechen und sich heilsam auf es bezogen zu wissen. Es hätte „sein" Absolutes – das, woran Glaubende ihr Herz „hängen"[127] und wovon sie sich das Äußerste erhoffen – als das Rettend-Vollendende auszulegen und so entschieden wie überhaupt nur denkbar gegen „Absolutheiten" abzugrenzen, denen die Menschen sich zum Opfer bringen müssten.

Die Menschheits-Katastrophen des 20. und des beginnenden 21. Jahrhunderts haben Begriffe und Vorstellungen des Absoluten jedoch samt und sonders zwiespältig und die Frage unabweisbar gemacht, ob nicht auch der biblische Glaube sich einer zerstörerischen Absolutheit auslieferte. Der pan(en)theistische Glaube an das radikal Welt- oder Evolutions-immanente „Göttliche" war ja auch von den erschütternden Erfahrungen mit einem Gott provoziert, dem man sich in diesen Katastrophen als einem – zumindest potentiell, gar wahrscheinlich – grausamen *Gegenüber* ausgesetzt sah. Die personale Metaphorik des Gegenübers sollte entgiftet werden durch die sanftere Metaphorik des Eingeborgen- und Eingelassen-Seins ins Allumgreifende. Und die Frage, wohinein man zuletzt einbezogen oder eingelassen sei, ob da von Ein*geborgen*-Sein überhaupt noch die Rede sein kann, sollte ihre provokante Schärfe verlieren.

Aber sie lässt sich nicht pantheistisch-„mystisch" stilllegen. Auch das apersonale oder überpersonale (Durch-)Wirken verweist ja biblisch-christlich auf den Wirkenden, zuletzt auf den, der darin – menschlich-allzumenschlich gesprochen – seinen göttlichen Willen verwirklichen will. Die Rede von Gottes Wirken empfiehlt sich zuletzt wohl doch nicht als die weniger anstößige, postmoderne Light-Version des traditionellen Redens vom Handeln Gottes. Gott handelt in der Geschichte, wo sein guter Wille menschliche Wirklichkeit wird. *Wirken* und *Handeln* sind zwei elementare Dimensionen und Verwirklichungen der heilsamen Selbst-Vergegenwärtigung Gottes in Welt und Geschichte: Gott *handelt* durch Menschen, die das von ihm den Menschen zugute Gewollte und Initiierte Wirklichkeit werden lassen, durch Zeuginnen und Zeugen; in besonderer, offenbarender Weise im treuen Zeugen Christus Jesus (vgl. Offb 1,5), dem Reprä-

---

[127] Vgl. Martin Luthers Formulierung aus den Erläuterungen zum ersten Gebot in seinem Großen Katechismus, Luthers Werke in Auswahl, hg. von O. Clemen, Bd. 4, Berlin 61967, 1–99, hier 5 f.

sentanten und „Anfänger" der Gottesherrschaft. Gott *wirkt* durch seinen Heiligen Geist die Selbstüberschreitung des Lebens, die menschliche Selbsttranszendenz in die Fülle des Lebens hinein, die sich in der Liebe ankündigt und in Gott, dem wahrhaft und in Güte Absoluten, zur Vollendung kommt. Unbestritten bleibt der metaphorische Charakter beider Redeweisen. Der mag bei der Übertragung des Handlungsbegriffs auf Gottes wirksame Welt-Präsenz deutlicher hervortreten als bei der Inanspruchnahme der Kategorie des Wirkens. Das Reden von einem Handeln Gottes ist Anthropomorphismus-anfälliger als das von Gottes Wirken. Letzteres bringt aber auch weniger deutlich zum Ausdruck, wie authentische Zeugen aus Gott handeln und ihr personales Handeln Gottes *Wirk*lichkeit in sozialen Beziehungen personal repräsentieren kann.[128]

Dass hier die kirchliche Trinitätslehre als Rahmentheorie der Weltpräsenz Gottes in den Blick kommt, wird nicht überraschen. Es kann vielmehr darauf aufmerksam machen, dass die Trinitätslehre ursprünglich und theologisch wesentlich die Funktion hatte und diese Funktion immer noch haben kann, Gottes rettend-vollendende Präsenz in Welt und Geschichte zum Ausdruck zu bringen und den wechselseitigen Bezug dieser Präsenzweisen herauszustellen: Gottes Heiliger Geist wirkt in den Zeuginnen und Zeugen die herausfordernde Gottesnähe, die diese mit ihrem Leben leibhaftig darstellen und so ihren Mitmenschen mitmenschlich nahebringen dürfen. Der treue Zeuge Christus Jesus aber ist jenes Geist-Ereignis der Gottesnähe und Gottesgegenwart, das noch im tiefsten Leidens- und Todesabgrund zur rettenden Wirklichkeit wird. An ihn dürfen sich seine Menschengeschwister halten; mit ihm sind sie zur Vollendung dessen berufen, was sich ihnen im Wirken des Gottesgeistes ankündigt und öffnet.[129]

Womöglich zeichnet sich so ein neuer Zugang zu einem kirchlichen Lehrbestand ab, der den Glaubenden über die Jahrhunderte hinweg hochspekulativ und abgehoben vorkam, ihrem gelebten Glauben deshalb immer mehr abhandengekommen ist. Oder ist es

---

[128] Mit meinen Überlegungen sehe ich mich im weitgehenden Konsens mit Reinhold Bernhardt, der die Skepsis gegenüber der Kategorie des Handelns Gottes allerdings deutlicher zum Ausdruck bringt und dem Reden von Gottes Wirken theologisch mehr Erschließungskraft zutraut (vgl. ders., Was heißt „Handeln Gottes"?, 372–379).

[129] Dieser trinitarischen Perspektive ist auch das Votum des Theologischen Ausschusses der EKU verpflichtet; vgl. a.a.O., 54–66. Vgl. Reinhold Bernhardt, Monotheismus und Trinität. Gotteslehre im Kontext der Religionstheologie, Zürich 2023, 260). Die theologisch differenzierteste trinitarische Perspektivierung der Rede vom Handeln Gottes bietet Klaus von Stosch, Gott – Macht – Geschichte, 337–399.

doch eher so, dass hier die einigermaßen Moderne-verträgliche, verharmlosende Überschreibung eines Gottesverständnisses versucht wird, das vernünftige Menschen als intellektuelles Ärgernis ablehnen und gegen das sie sich auch deshalb wehren, weil sie es – tief zwiespältig und angstbesetzt, wie sie es erlebt oder auch nur von ihm gehört haben – endlich hinter sich haben wollen? Will sich die Auslegung der Glaubensüberlieferung hier mit dem Aufgeben des Unzeitgemäß-Anstößigen dem spätmodernen Zeitgeist anpassen? Oder sieht sie ihre Aufgabe, wie Paul Ricœur es Bultmann und seiner Entmythologisierungs-Hermeneutik zugesteht, doch darin, Oberflächen-Irritationen abzuräumen, um „den wahren Skandal, die Torheit Gottes in Jesus Christus – ein[en] Skandal, der für alle Menschen und für alle Zeiten ein Skandal bleibt –, zum Vorschein zu bringen"[130]?

---

[130] Paul Ricœur, Vorwort zur französischen Ausgabe von Rudolf Bultmanns „Jesus" (1926) und „Jesus Christus und die Mythologie" (1951), in: ders., Hermeneutik und Strukturalismus. Der Konflikt der Interpretationen I, dt. München 1973, 185.

3. Ein angstfreier und von der Angst befreiender Umgang mit Gott?

3.1 Gottes-Zähmung

Endlich vom Ärgernis einer Gottes-Beziehungs-Geschichte freikommen, die die Menschen in den höchst ambivalenten Versuch verstrickte, mit einem Angst-einflößenden Göttlichen zurechtzukommen: Die Religionsgeschichte der Moderne scheint ganz von diesem Bedürfnis bestimmt. Der archaische Gottes-Schrecken und die quälende Ungewissheit, wie man mit einem potentiell gefährlichen Gott dran ist, sollten endlich überwunden sein.[131] Aber würde man den Glauben damit nicht vom Tiefengrund religiösen Erlebens ablösen? War es nicht ehrlicher gedacht und gelebt, Religion als generell angstförmig anzusehen und sich von ihr zu lösen, als mit einer Religion einigermaßen zurechtzukommen, die das Archaische vergessen hat und den Gottesglauben zur emotionalen Abfederung eines nach wie vor tödlichen Lebens verharmlost?

Am Anfang stand der Schrecken. Das ist Christoph Türckes religionsgenetische These. Sie zieht die zweite nach sich: Religion ist der unablässige, das Bewusstsein des Menschen hervorbringende Versuch, den Schrecken durch die Wiederholung des Schrecklichen im Ritus zu überwinden. Die animalische Fluchtreaktion weg vom Grauenhaften und Angst-Erregenden wird umgekehrt durch rituelle Re-Inszenierung: durch die im Opfer selbst vollzogene, eher symbolische Angleichung ans Schrecklich-Bedrohliche – durch Identifi-

---

[131] Immanuel Kant hat dem Christentum den Schritt zur moralischen Vernunft-Religion abverlangt: Es sollte nicht länger von unmoralischen Praktiken bestimmt sein, die nur dazu da seien, sich durch gottesdienstliche Anstrengungen – an der moralischen Besserung vorbei – Gottes Wohlwollen zu erwerben. Es kennzeichne einen „Lohn- und Frohnglauben", eine „servile" Religion und den ihr eigenen „gehorchende[n] Glauben", die Gottes-Angst zu beruhigen, wo es doch vernünftigerweise nur darum gehen kann, Gott durch moralische Besserung wohlgefällig zu werden. Der bloße Gehorsams-Glaube „wähnt durch Handlungen (des cultus), welche (obzwar mühsam) doch für sich keinen moralischen Wert haben, mithin nur durch Furcht oder Hoffnung abgenöthigte Handlungen sind, die auch ein böser Mensch ausüben kann, Gott wohlgefällig zu werden" und hat nicht im Blick, dass Gott „dazu eine moralisch gute Gesinnung als nothwendig voraussetzt" (ders., Die Religion innerhalb der Grenzen der bloßen Vernunft, Kants Werke. Akademie Textausgabe, Berlin 1968, Bd. VI, 1–202, hier 115 f. bzw. 164).

kation mit dem Aggressor, der einem damit bedroht und die Opfernden deshalb verschonen möge.[132]

Das Heilige ist – so Türcke – an seiner Wurzel das Schreckliche, *Mysterium tremendum*.[133] Die menschliche Spezies ließ sich nicht mehr vom Fluchtimpuls beherrschen, trat vielmehr „die Flucht nach vorn an[...]",versuchte es mit dem scheinbar Widersinnigen: „beim Schrecklichen Zuflucht vor dem Schrecken zu suchen. Doch erst mit diesem Widersinn ist Sinn in die Welt gekommen. Erst dadurch ist der Schrecken doppelbödig geworden: nicht mehr bloß furchtbare Naturgewalt, sondern zugleich die Macht, die davon erretten soll." Im Schrecklichen, das man rituell wiederholt, um es abzuwenden, wird der Schrecken zum Heils-Mysterium. Es heiligt ihn, hegt ihn ein, sodass man mit ihm religiös umgehen kann: „Durch absichtliche Wiederholung konnte der Schrecken in den Alltag integriert werden, nach und nach seine Unvergleichlichkeit und Unerträglichkeit verlieren, aus etwas schlechterdings Fremdem in etwas Vertrautes übergehen."[134] Im Opfer zähmt man das Schreckliche, da man es in kleinerem Maßstab rituell begeht und so dem alles erschütternden Schrecken zuvorzukommen sucht.

Man mag diese Theorie der religiösen Anfänge für spekulativ halten und bemängeln, dass hier eine religionsgeschichtlich so vielfältige Praxis aus *einer* Grund-Konstellation hergeleitet wird.[135] Aber man wird ihr eine Basis-Plausibilität zugestehen. Opfer-Praktiken dienen vielfach der Angst-Verarbeitung, genauer gesagt: der Einbindung des Ängstigenden in die soziale und individuelle Lebens-Bewältigung durch eine rituelle Praxis des Unschädlich-Machens. Die Angst vor einer mit Schädigungs-Macht ausgestatteten Instanz drängt dazu, zu ihr ein auskömmliches Verhältnis zu finden. Zur Festigung dieses Verhältnisses helfen religiöse Vergemeinschaftungs-Riten, die es darauf abgesehen haben, eine „freundliche", Lebensfördernde Zuwendung des Übermächtig-Göttlichen zu erreichen

---

[132] Vgl. Christoph Türcke, Jesu Traum. Psychoanalyse des Neuen Testaments, Springe 2009, 153.

[133] So spitzt Türcke Rudolf Ottos These zu, das Heilige werde als Mysterium tremendum und darin als Mysterium faszinosum erfahren; vgl. Rudolf Otto, Das Heilige, München 1963 (Erstausgabe 1917).

[134] Christoph Türcke, Jesu Traum, 19 f.

[135] Umfassende Opfertheorien neigen zu Konzepten, die der Rekonstruktion einer archaischen Urszene die umfassende Erklärung der religiösen Praxis zutrauen. Das gilt für Sigmund Freud wie für die gegenwärtig besonders angesehene Theorie von René Girard. Von ihm vgl. Le sacrifice, Paris 2003 bzw. Der Sündenbock, dt. Zürich 1988.

und die Lebens-gefährdende Heimsuchung durch seinen „Zorn" abzuwenden. Wird man deshalb sagen müssen, Religion – verdichtet im Opfer – sei nichts anderes als die imaginative Umkehrung des Schreckens in die Hinwendung zum hoffentlich Bergenden und Rettenden und so der unablässige, ja nie zur Sicherheit führende Versuch, den Schrecklichen zum Rettenden umzustimmen?

Das Feuerbachsche *Nichts-als* klingt plausibel, wenn man die religiöse Imagination als illusionäre Selbst-Tröstung ansieht, die der desillusionierenden Wahrheit des Ausgeliefertseins ans Zerstörende standhalten hilft – nach Türcke: die „kleine" Zerstörung am eigenen Dasein vorwegnimmt, damit man die große Zerstörung durch das Schreckliche abwende. Lohnt es sich im Blick auf die vielfältigen Phänomene der Religionsgeschichte nicht doch, die Imagination des Rettenden vorurteilsloser zu würdigen? Es gibt genügend Indizien dafür, die Entwicklung der Opferpraxis seit den Anfängen *auch* so zu sehen: Erfahrungen des Schrecklichen und des Rettenden überlagern sich, schieben sich ineinander. Und dieses prekär-ambivalente Miteinander wird in (Opfer-)Riten im Vorgriff auf das Rettende – zugunsten der Hoffnung auf das Rettende – stabilisiert. Monotheistisch wird dem Göttlich-Absoluten der gute Wille zu retten „zugeglaubt". Schließlich weiß man sich durch Offenbarung legitimiert, die Ambivalenz des Absoluten als des Schädigenden und Rettenden zum Liebes-Willens Gottes hin aufzulösen.

Diese Interpretation will die im Ritus aufgerufenen und inszenierten Erfahrungen der Rettung als authentisch ansehen und den Ritus als eine Praxis deuten, das Übergewicht des Rettenden über das Vernichtende *jetzt* in Anspruch zu nehmen und zu feiern: es im rituellen Vollzug immer wieder neu gegen die Gefahren des Lebens, auch des Lebens mit Gott[136], aufzubieten, es herbeizubitten und ihm Raum zu geben, damit es schon beginne, Wirklichkeit zu werden.

Aber verdienen Opfer-Riten noch einen respektablen Kredit, da sie so offensichtlich einen höchst zweifelhaften Umgang mit einem herrischen Absoluten verraten[137] und daraus entspringenden, gera-

---

[136] Rituale bannen Angst und können angstbesetzt sein. Nur richtig vollzogen sind sie heilsam. Ritualfehler können auf die Ritualgemeinschaft zurückschlagen. Diese „Logik" hat die Ritualpraxis seit der Reformation und dann verstärkt seit der Aufklärung intellektuell in Misskredit gebracht.

[137] Martin Walser bringt diese Unterstellung auf den Punkt: „Der Gott, der alles gibt, wenn wir ihm zuerst alles gegeben haben, war von Anfang an ein Herrscher, mit dem man nur durch Unterwerfung in Kontakt kommen konnte. Und unterworfen sein, macht böse" (ders., Ich vertraue. Querfeldein. Reden und Aufsätze, Frankfurt

dezu bizarren Logiken folgt? Der Wiederholungszwang – *Man kommt einfach nicht darüber hinaus* – spricht doch für das Erzwungene der darin begangenen, gegen die „Realität" hilflos festgehaltenen, unablässig in Frage gestellten Verheißung des Menschseins. Und die Logik der Handlungs-Sequenzen lässt ein eher menschlich-anrüchiges Umgehen mit dem Göttlichen erkennen, das „von Gott ein fürchterlich, scheußlich, und dennoch kleines ohnmächtiges Bild" zeichnet, da „wir den Grund seiner Ehre, Hoheit und Herrschaft im Gehorsam der Menschen setzen, und ihn also durch unsere Sünden und Übertretungen für beleydigt, erzürnet, eifersüchtig, unversöhnlich und rachsüchtig achten".[138] Die Aufklärung kann sich nicht genug darüber wundern, dass das Christentum immer noch einen Gott vorstellt, den man durch Opfer von seinem Straf- und Schädigungs-Willen abbringen muss, der zuletzt das unendlich wertvolle Opfer seines Sohnes am Kreuz zu brauchen scheint, um den Menschen gegenüber Gnade vor Recht ergehen lassen zu können. Disqualifiziert sich dieses Denken nicht angesichts der Perspektiven eines erfüllten Menschseins, die von der Vernunft entworfen werden und die sie, wie sie wohl wissen kann, nicht zuletzt der Verkündigung Jesu verdankt?

So scheint es bis in christliche Kernmilieus hinein ausgemacht: Vom Opfer sollte nicht mehr die Rede sein – auch nicht von der paulinisch inspirierten Überwindung der Tempelopfer, die sie im Kreuzesopfer Christi zu Ende gekommen sieht, *dieses* Opfer aber immer wieder neu eucharistisch begeht und als Vorbild einer entschiedenen Christus-Nachfolge vor Augen stellt. Wenn irgendwo der Glaubens-Wandel unserer Zeit dingfest zu machen wäre, so hier: Mit einem archaischen Opfer-Denken will man sich in einer Zeit, die über das Christentum sowieso den Kopf schüttelt, nicht erwischen lassen. Das ist der schmutzige Untergrund des Religiösen, von dem man sich lange nicht lösen konnte, den es nun auszuräumen gilt. Aber wird das nicht am Ende dazu führen, dass ein Christentum, das die Heilsangst nicht mehr mobilisiert, als „Volks-Religion" abdanken muss?

Will man diesen Fragen ernsthaft nachgehen und dabei das Thema Opfer nicht von vornherein christlich verloren geben, braucht

---

a. M. 2000, 12), weshalb das Opfer der Unterwerfung auch dazu dienen musste, das eigene Böse-Sein zu büßen.

[138] So der Deist Hermann Samuel Reimarus im ausgehenden 18. Jahrhundert mit Blick auf die christliche Erlösungslehre, die immer noch dieser Logik gehorche; ders., Apologie oder Schutzschrift für die vernünftigen Verehrer Gottes, hg. von G. Alexander, Frankfurt a. M. 1972, 495.

es eine geduldige Relecture der Opfer-Überlieferungen, insbesondere der biblischen, bei der man sich nicht auf die Aufklärungs-Klischees festlegen lässt und alles erklärenden Opfertheorien nicht zu viel spekulativen Raum gibt. Da werden die tastenden Vermutungen Türckes und anderer über die anthropogenetische Bedeutung der frühen Opferhandlungen ebenso eine Rolle spielen wie die aufmerksame Lektüre biblischer Texte, die andere Opfer-Motive bezeugen und erkennen lassen, wie sich die Opfer-Praxis religionsgeschichtlich differenzierte und verändert hat. Schließlich wird man sich der Frage stellen müssen, ob nicht Wichtiges am biblischen Glauben verlorengeht, wenn man hermeneutisch achtlos über die menschheitsgeschichtlichen und speziell die biblischen Opfer-Überlieferungen hinweggeht, um auch in dieser Hinsicht auf dem Stand der Zeit glauben zu können. Einzuräumen bleibt, dass die Opfer- und mit ihr die Gebets-Praxis, soweit man sie geschichtlich überblicken kann, auch aus menschlicher Angst und Not entspringen, dass es in ihnen um die „Pflege" der Beziehung zum Göttlichen, aber auch um die Stabilisierung des menschlichen Miteinanders in prekären Herausforderungen und elementaren Gefährdungen ging. Aber es wäre ganz unangemessen, die Opfer-Karikatur eines Deals mit den Göttern oder ihrer zielbewussten Bestechung durch ihnen gewidmete Gaben oder an sie gerichtete Bitten zum Schlüssel des Verständnisses dieser Praktiken zu machen. Es gilt, genauer hinzusehen, ehe man ein Denken und ein Handeln verabschiedet, die man nicht versteht oder von Fehlformen her beurteilt.

3.2 Religiöse Praktiken, die wir hinter uns haben?

Opfer-Handlungen und die sie begleitenden Gebete geschahen und geschehen im Rahmen eines geschichtlich bestimmten Wirklichkeits-Verständnisses. Sie wandeln sich mit den meist langfristigen Veränderungen, denen es unterliegt. Die Frage wird also sein: Wo lassen sich die Veränderungen im Wirklichkeits-Verständnis ausmachen, die sich auf den Wandel in der Opfer- und Gebets-Praxis wie im Verständnis des darin Vollzogenen ausgewirkt haben, zur Kritik Anlass gaben und schließlich zur Abwendung von dieser Praxis geführt haben? Dann wird aber zu fragen sein, was diese Veränderungen tatsächlich verändert haben – ob man sie beim Geltend-Machen einer aufgeklärten, (post-)modernen Einstellung zur Wirklichkeit womöglich dramatisiert. Es könnte ja sein, dass man das, was man hinter sich lassen will, ins Unbewusste verschiebt und dann auf die Wiederkehr des Verdrängten gefasst sein müsste.

Das kennzeichnet die archaische Sicht der Welt und des Lebens in der Kritik-Perspektive der (Post-)Moderne, aus der uns die religiöse Opfer- wie auch die Gebetspraxis zugewachsen sind: Gott wurde als die absolute Macht wahrgenommen, von der Wohl und Wehe abhängen und zu der man deshalb ein gutes Verhältnis finden muss. Opfer- und Gebets-Riten sollen – so sieht man es vielfach heute – einen absolutistischen Beziehungsmodus stabilisieren, in dem die Angst vor dem absoluten Souverän ihre Blüten treibt und man das *Ausgeliefert-Sein* an ihn irgendwie zu händeln versucht. Ich muss etwas machen können, um einen Raum der Lebens-Sicherheit zu gewinnen, auch wenn der bedroht bleiben wird und man sich dem Absoluten gegenüber weiterhin macht- und rechtlos erlebt. Die metaphysische Modellierung dieser Konstellation rekurrierte auf den moralischen Gott, der die Sünder anklagt und ihnen das Verdiente widerfahren lässt, ihnen aber – wenn sie zum Gottes-Gehorsam zurückkehren – den Trost des ewigen Lebens in Aussicht stellt.

In dieser Kritik-Perspektive werden wichtige Aspekte dingfest gemacht und wird Wichtiges übersehen. Sie rückt in den Blick, wie der moralische Gott der Opfer-Religion und des Um-Erbarmen-Bittens am Unglaubwürdig-Werden der Doppelbindung an einen unduldsam-gerechten und zugleich liebenden Gott scheitert.[139] Die Aufbruchs-Dynamik der Moderne wird vom „Tod" dieses Moral- und Schicksals-Gottes wie den säkular-verheißungsvollen Erfahrungen getragen, einen Selbstbestimmungs-Spielraum gewinnen und das Ausgeliefertsein mehr und mehr marginalisieren zu können[140], es schließlich achselzuckend als unausweichliche Randbedingung des Daseins zugleich hinzunehmen und als bedeutungslos wegzuschieben. Religion wird zum Ort, an dem es noch dramatisiert und begangen wird. Sie widerspricht dem Wegschieben des Unver-

---

[139] Paul Ricœur spricht damit nur das seit Nietzsche offenbare Geheimnis eines neuzeitlich als verhängnisvoll empfundenen Anthropomorphismus aus: Der Moral-Gott muss abdanken, wenn der Mensch sich zu einer intrinsisch motivierten Moral bekehrt, die den anklagend-tröstenden Gott als fremdbestimmende Macht zurückweist; vgl. Paul Ricœur, Hermeneutik und Psychoanalyse, 289 f.

[140] So rechnet Kant die Absicht, „[d]ie unsichtbare Macht, welche über das Schicksal der Menschen gebietet, zu ihrem Vortheil zu lenken", dem „Afterdienst" des bloßen Gehorsamsglaubens zu, der durch die reine, moralischen Vernunft-Religion zu überwinden sei, in der es ausschließlich um einen moralischen und deshalb Gott wohlgefälligen Lebenswandel gehe; vgl. Immanuel Kant, Die Religion innerhalb der Grenzen der bloßen Vernunft, 176.

fügbaren und passt deshalb nicht zum Aufbruchs-Pathos der „neuen Zeit". Aber auch wo dieses Aufbruchs-Pathos implodiert und die Erfahrung des Ausgeliefertseins sich brutal zurückmeldet, kann sich Religion nicht selbstverständlich bestätigt sehen. Erlösung ist keine in Sicht, schon gar nicht durch Opfer oder Gebete. Die erscheinen als rettungslose *Statt-dessen*-Praxis, die eine „Lösung" am Drama des geschichtlichen oder biographischen Scheiterns vorbei in Aussicht stellt und einen Ausweg aus den fatalen Zwangsläufigkeiten dieser Welt offeriert. So verliert sie aber ihren Realitätsbezug und disqualifiziert sie sich selbst.

Die Selbst-Ermächtigung des Menschen bestritt Gott die Macht, zu bedrohen und die Bedrohung abzuwenden. Elementare Abhängigkeiten von Natur, Obrigkeit und Schicksal waren nicht mehr sein Werk oder tale quale von ihm verfügt, sondern gestaltungsfähig. Und man blieb nicht bei der Befreiung aus den Fesseln der Natur, einer im Vergeltungs-Denken formatierten Moral und absolutistischer politisch-wirtschaftlicher Mächte stehen, brachte es schließlich so weit, auch das Ausgeliefertsein ans Unverfügbare als Menschenwerk hervorzubringen. Es ist nun nicht mehr Gott, dem man so ausgeliefert ist und von dem Wohl und Wehe zuletzt abhängen. Der Mensch wird sich selbst zur Verheißung wie zum absoluten Verhängnis. Wenn er an der Verheißung des Menschseins zu zweifeln, gar zu verzweifeln beginnt, hilft kein Gott mehr. Wenn kaum noch etwas zu machen ist, ist mit der religiösen Pflege der Beziehung zum Göttlichen schon gar nichts mehr zu machen und Gott wird definitiv aus der Rolle der „alles bestimmenden Wirklichkeit"[141] entlassen. Auf ihn richten sich weder (Straf-)Angst noch (Trost-)Erwartung. Er scheint überhaupt keine Rolle mehr zu spielen – auch wenn die Menschen sich mit ihrem „Spiel" dem fatalen Endspiel nähern. Und wenn die mit ihm verbindende religiöse Praxis nicht mehr mit der Verheißung verbunden wird, noch etwas machen zu können, wenn nichts mehr zu machen ist, verliert auch sie ihre Funktion, wird sie *zwecklos*.

Dieser Durchgang durch die Selbstermächtigungs-Geschichte in Neuzeit und Moderne mag einem holzschnittartig überzeichnet vorkommen. Gott und Angst, war da nicht noch etwas? Die Angst vor dem, was *mir* zustoßen kann, was schließlich auf *mich* warten wird? *Mein* Ausgeliefertsein an das unverfügbar auf mich Zukommende, mich irgendwann Zerstörende – oder Rettende? An den, dem ich

---

[141] Vgl. Rudolf Bultmann, Welchen Sinn hat es, von Gott zu reden, in: ders., Glauben und Verstehen, Bd. 1, Tübingen ⁶1966, 26–37, hier 26.

zutrauen dürfte, dass er *mich* und dich nicht verloren gibt? Darf davon noch die Rede sein angesichts des Unheils, das das Menschengeschlecht sich selbst *im Ganzen* und für jeden einzelnen Menschen zuzieht? Phantasiert man sich da etwa einen individuellen Notausgang aus dem unabwendbaren Verhängnis zurecht? Kann ein Gott, der auf dem Niveau gegenwärtiger Wirklichkeits-Wahrnehmung gedacht und geglaubt wird, gerade dafür, gerade für mich und dich und unser Nicht-Verlorengehen zuständig sein?

Man kann die Angst auch ohne Gott und Religion zum Schweigen bringen; vielleicht. Geht es besser mit Gott und Religion? Wer will das wissen. Angstfrei wird man auch dadurch kaum werden, dass man die Gottes-Beziehung weitgehend zu „ent-ängstigen" versucht.[142] Es geht womöglich mit Fatalismus und Resignation, mit einer Selbst-Zurücknahme in den Prozess der Natur, der Evolution, des Blühens und Vergehens, mit der „Tugend" einer totalen, den Narzissmus überwindenden Selbst-Relativierung. Ob es tatsächlich so geht? Wer sagt: Ich komme ohne den religiösen Glauben zurecht!, tut das auf eigene Rechnung. Die kann man nicht objektiv nachrechnen und den eigenen Glauben dadurch stützen, dass man Fehler in dieser Rechnung aufdeckt. Eine so angelegte Apologetik macht sich von der Widerlegung des ja immer öfter zu hörenden Zeugnisses „Ich brauche das nicht!" abhängig.

Die Apologetik des Christlichen wird sich wohl auch nicht ohne Weiteres an einer bestimmten Deutung der menschlichen „Ur-Angst" festmachen und den Glauben zu ihrer Bewältigung berufen wissen können. Sind die Menschen tatsächlich ihrem Wesen nach von Sinnlosigkeits-, Endlichkeits- und Bodenlosigkeits-Angst heimgesucht? Ist bzw. war diese Angst-Wahrnehmung nicht eine zeit- und kulturspezifische Selbstwahrnehmung, die für viele Menschen unseres Kulturkreises an Bedeutung verliert?[143] Kann es nicht so sein,

---

[142] Eugen Drewermann wollte aufweisen, dass nur dem wirklich christlichen, von Jesu Verkündigung und Sendung getragenen Glauben das Vertrauen geschenkt wird, das über die Angst hinausführt. Ob sich diese Vision eines Angst-befreiten Glaubens nicht doch als u-topisch erwiesen hat, als nicht von dieser Welt? Vgl. meine Überlegung in: Jürgen Werbick, Die Angst durchkreuzen. Ermutigung aus dem Glauben, Freiburg i. Br. 2017, 13–33.

[143] Ist es so, dass die Menschen, die ihre Todesangst verlieren, dabei sind, ihr Christsein verlieren? Hat ein Christentum, das die Hölle verlorengibt, die Menschen verloren? Oder wandeln sich ihre Ängste und korrelativ dazu ihre Bilder von einem Gott, bei dem sie in ihren Ängsten Halt suchen: Halt vielleicht nicht mehr in Höllenängsten, sondern eher in ihrer Angst davor, in einem bedeutungslosen Leben gefangen zu

dass sie hinter der Angst vor Krieg und vor den Folgen der Um-
weltkrise zurücktritt oder im Einsatz für eine auch den Nachkommen
lebenswerte Welt mehr und mehr bedeutungslos wird? Kann es nicht
so sein, dass andere soziale Ängste in den Vordergrund drängen, die
sich nicht einfach als Erscheinungsformen der „Ur-Angst" verstehen
lassen: die Angst vor dem Zurückbleiben-Müssen, vor dem Ausge-
schlossen-Werden, vor dem Nicht-gesehen- und Nicht-gehört-Wer-
den, vor dem Sterben in Verlassenheit, eher nicht vor dem Tod?
Glaubensverkündigung und Theologie werden sich näher an der
Selbstwahrnehmung der Menschen halten müssen und ihnen nicht
zu schnell mit einer „vertiefenden" Deutung kommen dürfen, für die
man eine passgenaue Antwort bereithält.

Der Glaube präsentiert keine Lösung im Sinne einer erfolgver-
sprechenden Kontingenz- oder Angst-Bewältigungs-Praxis. Er bietet
eher einen Raum der Artikulation und des Umgehens mit der Angst.
Wenn es gut geht, hält er Quellen zugänglich, deren „Zuflüsse" helfen, mit der Angst – wie auch immer sie erlebt, gelebt, verdrängt wird
– zu leben. Wenn es gut geht, kann das Christen-Zeugnis Gehör finden: Mir ist im Glauben eine Lebens-Dimension erschlossen, die mir
hilft, zu meinem Leben Ja zu sagen – Ja zu sagen zum Leben meiner
Mitmenschen wie der nichtmenschlichen Mitgeschöpfe; ein Horizont, in dem ich herausgefordert werde, dieses Ja zu leben und ihm,
soweit es an mir liegt, konkret Geltung zu verschaffen. Dieses Ja ist
Gottes Schöpfer-Ja nachgesprochen. Das muss nicht durch religiöse
Praktiken herbeigeführt werden. Ich sollte es glauben können und für
seine Gültigkeit einstehen – es schließlich Gott anheimstellen, wie es
an mir, an allen, Wirklichkeit wird. Dürfte da eine um Opfer und
Gebet zentrierte religiöse Praxis eine Rolle spielen, die nicht darauf
gerichtet wäre, Gott zum Ja zu bewegen, zu meiner Rettung, ihn
irgendwie davon abzuhalten, sich mir zu verweigern? Gibt es die
Möglichkeit, den christlichen Opfer- und Gebets-Impuls anders, biblischer zu verstehen?

3.3 Gottes-Bereitschaft

Das Anders-Verstehen verdankt sich einem Anders-verstehen-
Können. Es ist uns lebensweltlich zugewachsen: durch den erweiter-

---

sein? So wird es wohl sein: Der Glaube wandelt sich, wenn sich wandelt, was die
Menschen bei Gott suchen.

ten Blick auf andere Kulturen und Lebenswelten, durch wissenschaftliche Innovationen. Wir können am Alt-Überlieferten und seit Urzeiten Praktizierten Neues wahrnehmen, das man unter der Dominanz anderer Plausibilitäten nicht sah und das in den Selbstverständlichkeiten einer aufgeklärten Religionskritik abhandengekommen schien. Wir können es neu wahrnehmen und so auch die Zusammenhänge nachvollziehen, in denen es uns zugewachsen ist. Vielleicht kann es so neu bedeutsam werden.

Der methodisch geübte Forscherblick auf fremde Kulturen hat schon zu Beginn des 20. Jahrhunderts die Praxis und Logik der Gabe in den Blick gerückt, mit bzw. nach der man im Aufeinandertreffen verschiedener, einander bisher fremder Menschengruppen zu einem auskömmlichen Miteinander zu kommen versuchte.[144] Da mag durchaus die Angst mitgespielt haben, die es angezeigt sein ließ, die Fremden mit Gaben wohlwollend zu stimmen, damit man ihre Feindschaft nicht zu fürchten hatte: Ich gebe, damit auch du gibst, mir einigermaßen kooperationsbereit begegnest. Aber so „klein" darf man beim kritischen Draufschauen von heute aus doch nicht denken. Wer gibt, mag einem elementaren Entfeindungs-Kalkül folgen. Aber er zeigt auch die Bereitschaft, mit den Beschenkten etwas zu tun haben zu wollen, mit ihnen zu kommunizieren. Die Schwundform der Gabe zur bloßen Gefahrenabwehr wird vorkommen und vorgekommen sein. Aber sie muss nicht das sein, was die Gabe ausmacht. Sie kann das lebendige Interesse performativ zum Ausdruck bringen: Ich will mit dir etwas anfangen, kooperieren; anspruchsvoller: Ich will mich auf dich einlassen und deine Bereitschaft wecken, mit mir etwas zu tun haben zu wollen. Das konnte so weit führen, dass man verwandtschaftliche Beziehungen aufnahm und sich so konkret für die Segnungen der Anderen – ihrer Gene – öffnete. Angst und Gemeinschafts-Interesse können die Gabe in jedem denkbaren Mischungsverhältnis bestimmen: die Angst vorm Überwältigt-Werden und das hoffnungsvolle Angebot, die darin geglaubte Verheißung eines guten Miteinanders. Da scheint es nicht zu weit hergeholt, die

---

[144] Als bahnbrechend gelten die Studien von Marcel Mauss; vgl. ders., Die Gabe. Form und Funktion des Austauschs in archaischen Gesellschaften, dt. Frankfurt a. M. 1990 (im französischen Original 1925). Die auch theologische und religionsphilosophische Rezeption der von Mauss angestoßenen Diskussion wird dokumentiert in: V. Hoffmann – U. Link-Wieczorek – Chr. Mandry (Hg.), Die Gabe. Zum Stand der interdisziplinären Diskussion, Freiburg – München 2016. Als theologisch repräsentativ darf die Studie von Veronika Hoffmann gelten; vgl. dies., Skizzen zu einer Theologie der Gabe. Rechtfertigung – Opfer – Eucharistie – Gottes- und Nächstenliebe, Freiburg i. Br. 2013.

altüberlieferte Opferpraxis im Licht solcher Gabe-Praktiken und ihrer Ambivalenz zu sehen.[145] Das haben Exeget(inn)en in den letzten vierzig Jahren vielfach versucht.

Der Horizont, in dem es zu dieser Relecture einschlägiger biblischer Opfer-Texte kam, ist – ohne dass darauf immer Bezug genommen würde – der des Austauschs, in dem sich ein gedeihlich-freundschaftliches Miteinander anbahnen kann. Opfer werden im Kult Israels als Einladung und Bitte an Gott verstanden, die durch Opfergaben gezeigte Gastfreundschaft des Volkes anzunehmen und es mit seinem Segen heimzusuchen. JHWH gewährt dem Volk Orte und Rituale, die ihm gefallen und seinem Kommen gewissermaßen entgegenkommen. Das „Altargesetz" Ex 20,22–26 – Bernd Janowski nennt es „die Ätiologie des israelitischen Opferkults"[146] – entwirft die JHWH genehme Alternative zu Verehrungspraktiken, die ihm zuwider sind. Wenn sich das Volk an sie hält, „will ich zu dir kommen und dich segnen" (Ex 20,24). Mit dieser Anordnung und der damit verbundenen Zusage „schenkt Gott seinem Volk die Möglichkeit, wo nötig oder insofern der Wunsch entsteht, ihn herbeizurufen und ihm zu begegnen; wenn sich auch Gott die Initiative dieses Kommens vorbehält und somit das Opfern nicht zu einem magischen Ritus degradiert wird"[147]. Die Opfernden bereiten symbolisch ein Gastmahl und so auch sich selbst, den göttlichen Gast zu empfangen, mit ihm zu feiern und zu leben, seinen Segen zu empfangen. Der lässt sich einladen und will so von sich aus die Gastfreundschaft festigen, die ihm mit der Einladung zum Opfermahl angeboten wurde. Er kommt „nicht, um seinen Zorn kundzugeben und um zu richten. Das Opfer dient nicht dazu, Gott zu beschwichtigen. Wenn auch gelegentlich solche Äußerungen sich in der Bibel finden lassen (zum Beispiel 1 Sam 26,19; vgl. Hi 1,5), so erscheinen sie nur ganz vereinzelt und können nicht als Schlüssel des Opferverständnisses schlechthin gelten."[148] Alfred Marx resümiert: „Wenn Gott im Opfer zu seinem Volk

---

[145] Vgl. Christoph Auffarth, Opfer. Eine europäische Religionsgeschichte, Göttingen 2023, 63–78.

[146] Bernd Janowski, Anthropologie des Alten Testaments, 303.

[147] Alfred Marx, Opferlogik im alten Israel, in: B. Janowski – M. Welker (Hg.), Opfer, Theologische und kulturelle Kontexte, Frankfurt a. M. 2000, 129–149, hier 132.

[148] Auf eine andere alttestamentliche Spur setzt die Geschichte von der Bindung Isaaks Gen 22,1–19. Mit den sie durchziehenden Spannungen manifestiert sie den Umgang Israels mit ihm zugewachsenen Opfer-Überlieferungen. Sie wird ätiologisch für die Distanzierung von Menschen-Opfern stehen. Die heutige Gestalt der Erzählung stilisiert das vom Engel verhinderte Opfer der Verheißungs-Gestalt Isaak als Gott-Ergebenheit-Prüfung für den Verheißungs-Empfänger Abraham. Eine Beobachtung

kommt, dann eben nur, um es zu segnen. Jede Opfertheorie, die nicht in diesem Segnen das zentrale Anliegen des Opfers sieht, muss als unbiblisch eingeschätzt werden."[149] Gott kommt, um dort Wohnung zu nehmen, wo man ihm einen „Wohnort" bereitete; so bindet er sich an die, die ihn einladen.[150] Ihnen will er im Opfer und an dem Ort, an dem es dargebracht wird, heilvoll begegnen. Er nimmt Wohnung in der Opfer-Gemeinschaft, die Gott wohlgefällige Opfer feiert. Er erleidet freilich auch eine Konfliktgeschichte, die ihn mit seinem Bedürfnis, inmitten seines Volkes zu wohnen, an die Grenze bringt. Das erwählte Volk lässt ihn nicht mehr in seiner Mitte wohnen; schließlich verlässt er den Tempel – den ihm errichteten Wohnort – und gibt ihn der Zerstörung preis (vgl. Jer 7,1–15).

Diese Konfliktgeschichte kennzeichnet freilich auch gewissermaßen alltäglich die Wohngemeinschaft JHWHs mit seinem Volk. Das Volk gibt seinem Gott nicht den Raum, den er für sich beansprucht. Es setzt seine Gottgemeinschafts-Fähigkeit aufs Spiel. Seine Opfer sind leere Bitten und Einladungs-Gesten, in denen der Wille zur Lebensgemeinschaft mit dem Eingeladenen nicht mehr zum Ausdruck kommt. So bedarf es der rituellen Heiligung und Reinigung des Volkes, auch des Hohenpriesters und des ganzen Landes, damit Gottes Gegenwart inmitten seines Volkes heilsam geschehen kann. In Sühneriten – exemplarisch im Ritus des Großen Versöhnungstages

---

von Omri Boehm lässt die Geschichte in einem anderen Licht erscheinen. Boehm versteht den Gottes-Eingriff durch den Engel als spätere Hinzufügung, der verdecken sollte, dass Abraham selbst das Unangemessene des ihm als Opfer Angesonnenen wahrgenommen und sich aus eigenem Antrieb des Opfer-Ersatzes bedient habe – in der sicheren Glaubens-Wahrnehmung, das der Gott, der ihn erwählt hat, nicht der sein kann, der ihm ein solches Opfer abverlangt. Die Geschichte stehe ursprünglich für den durch die Bearbeiter wieder unkenntlich gemachten Durchbruch der ethischen Normierung des Göttlichen gegenüber den Überlieferungen von einem Willkürgott (vgl. Gustav Seibt, Den Sohn opfern? Der Philosoph Omri Boehm widmet sich der Geschichte von Abraham und Isaak. Mit brisanten Erkenntnissen, in: SÜDDEUTSCHE ZEITUNG Nr. 75, 30./31. März/1. April, S. 15. Seibt bezieht sich auf: Omri Boehm, Radikaler Universalismus. Jenseits von Identität, dt. Berlin 2022). Die prophetische Überlieferung Israels dramatisiert diesen Durchbruch selbst: nicht nur in manifester Opferkritik, sondern etwa in der Zurückweisung eines geradezu Existenz-bedrohenden Opfer-Angebots Israels an JHWH, um so seinen Untergang abzuwenden. Michas Gottes-Botschaft ist eindeutig: Gott will solche Opfer nicht, sondern allein dies: Recht tun und die Wege Gottes mitgehen (Mi 6,6–8).

[149] Alfred Marx, Opferlogik im alten Israel, in: B. Janowski – M. Welker (Hg.), Opfer, 138.

[150] Bernd Janowski spricht von der „Selbstbindung Jahwes an Israel": ders., „Ich will in eurer Mitte wohnen". Struktur und Genese der exilischen *Schekina*-Theologie, in: Jahrbuch für Biblische Theologie 2 (1987), 165–193, 173.

(Lev 16) – wendet sich das Volk Gott reumütig von neuem zu. Es lässt sich im Blut des Opfertieres heiligen, das die Lebensgemeinschaft zwischen JHWH und dem Volk rituell erneuert. Sein „Begehren, nicht nur abstrakt, mit Worten, sich an Gott zu wenden, sondern mit ihm ganz konkret eine Beziehung herzustellen und ihn in das Leben seines Volkes einzubeziehen"[151], darf sich dem Ernst der faktischen Abwendung von Gott nicht entziehen. In den Sühneriten stellt es sich seiner Umkehr-Bedürftigkeit und bekennt es seine Bereitschaft, die Lebensgemeinschaft mit JHWH von sich aus zu leben.

Auch das Sühne-Ritual ist eine gottesdienstliche Feier, mit der von JHWH die Gnade seiner heilshaften *Selbst-Vergegenwärtigung* verbunden wird. Er wird sein Volk nicht sich selbst und der selbstwirkenden Unheils-Dynamik seiner Sünde überlassen. Was in diesem Ritual Gott als Gabe dargeboten und von ihm bereitwillig entgegengenommen wird, bezeichnet das erneuerte Sich-Einbringen der das Ritual Begehenden in die Lebensgemeinschaft mit ihrem Gott. Der nimmt es als Koper-Gabe an, mit der proto-sakramental der neue Anfang eines guten Miteinanders zwischen JHWH und seinen Gläubigen gesetzt wird. Sein Gegenwärtig-Werden bringt die Macht des unheilvoll fortwirkenden Bösen zum Stehen. Gott lässt sich von Neuem erfahren im Geschehen des Schalom, in dem sich das Volk seiner *Gerechtigkeit* – seines gnädigen Gerecht-*Werdens* – erfreuen darf. So begeht das Volk im Ritual die Bereitschaft zur Lebensgemeinschaft mit seinem Gott. Und es feiert Gottes Bereitschaft, sein Volk in all seiner Zwiespältigkeit anzunehmen und es nicht seinem Unheils-Schicksal preiszugeben.

3.4 Ein Gott, der sich involvieren lässt

Wie konnten dann die Zeugnisse des Neuen Testaments Sendung, Kreuz und Auferweckung Jesu Christi mithilfe der Opfer- und Sühne-Überlieferung der heiligen Schriften Israels deuten? Vorauszusetzen ist die Zuspitzung des Sündenbewusstseins in den apokalyptischen Kreisen Judas. Die politische Katastrophe der Fremdherrschaft und die kulturelle Herausforderung durch einen alles durchdringenden hellenistischen Geist führte man hier auf eine Entfremdung zwischen JHWH und seinem Volk zurück. Das Volk lebt die Gemeinschaft mit ihm nicht mehr; es entfernt sich von seinem

---

[151] Alfred Marx, Opferlogik im alten Israel, a.a.O., 146.

Bundes-Gott. Den „Logos" – das von Gott kommende Lebenswissen und eine entsprechende Weisheitspraxis im Glauben – die ihm die gute Alternative erschlossen hätten, lassen sie nicht mehr in seiner Mitte *wohnen*. Gott lässt den üblen Dingen zunächst ihren Lauf; das Volk sucht seine Zuflucht schließlich nicht mehr bei ihm. Erst das katastrophale Ende würde den Umsturz bringen und die treu Gebliebenen bei Gott vollenden.

Jesus hat diese apokalyptische Zuspitzung offenkundig so nicht mitvollzogen. Sein Evangelium verkündigt den Anbruch der Gottesherrschaft *jetzt*, wo Menschen sie zu leben versuchen und sich Gottes gutem Willen öffnen. Diese Gottes-Initiative konnte nach dem Glauben der frühen Christen durch den Tod Jesu am Kreuz nicht zum Scheitern gebracht worden sein. Gott war tatsächlich mit seinem Logos und „Sohn" in der Welt angekommen; seine Herrschaft war durch das Kreuz nicht um ihre Macht und Lebenskraft gebracht. Die ältesten Schrift-Zeugnisse des Neuen Testaments, die echten Paulusbriefe, setzen alle schriftkundige Gelehrsamkeit daran, nachzuzeichnen, wie Kreuz und Auferweckung Jesu Gottes Heils-Initiative nicht an ihr Ende, sondern zur Wirkung brachten. In der Sendung des Messias Jesus bis ans Kreuz und mit seiner Auferweckung geschieht die Rettung der Menschen aus dem falschen Leben der Sünde, ihre Auferweckung zu einem neuen Leben aus dem Geist, das auch im Tod kein Ende findet. Durch die Taufe sind die Glaubenden in Christus, seinen Kreuzestod und sein Auferstehungs-Leben mit hineingenommen. Sie sind der Sünde „gestorben", ihren Auswirkungen nicht mehr ausgeliefert. Das Eingepflanzt-Werden in den Weg und das Leben Christi gibt Anteil am neuen Leben mit seiner von Gottes Geist gewirkten Auferstehungs-Dynamik (vgl. Röm 7 und 8).

Erlösung heißt hier *Auslösung* aus einem falschen Leben, Ergriffen- und „Durchströmt-Werden" von der Geist-Kraft des Auferstehungslebens, das sich nicht im Tod, sondern in der Gottes-Gemeinschaft der Liebe vollendet, wie sie in Christus erschienen ist. Die Glaubenden kann nichts mehr von ihr trennen, auch nicht Sünde und Tod (vgl. Röm 8,38–39). Dieses Erlösungsverständnis korrespondiert bei Paulus mit der Deutung des Kreuzes Jesu als eschatologisches Sühneritual nach dem Vorbild des Großen Versöhnungstages. Sühne wirkt Auslösung aus der Dynamik eines unheilvollen Sünde-Ergehen-Zusammenhangs, der sich so „erfüllen" müsste, dass das getane Böse auf den Übeltäter zurückschlägt. Das Sühnopfer bittet um die aus dieser Unheils-Konsequenz auslösende, versöhnend-segnende Gegenwart Gottes und begeht sie, da der Hohepriester sich mit dem

Blut des Opfertieres der – längst verlorenen, in der kultischen Imagination noch im Allerheiligsten lokalisierten – Bundeslade nähert, im Blut die Lebensgemeinschaft mit Gott erneuern und Gottes Heils-Gegenwart über der Kapporät, dem Deckel der Bundeslade, stellvertretend für das Volk aufsuchen darf. Im Sühnopfer-Ritual *geschieht* nach dem Glauben Israels, was in jedem Opfer geschieht: Gottes segnendes, Versöhnung wirkendes Gegenwärtig-Werden. Es geschieht inmitten der Sünde des Volkes, um es auszulösen aus der Macht des durch seine Sünde in Gang gesetzten Bösen.

Paulus sieht dieses Ritual eschatologisch (endgültig) im „Opfer" des Kreuzes Jesu vollzogen. Sein blutiges Kreuz ist die neue Kapporät; in der Tempelüberlieferung der Deckel der Bundeslade, an dem das Blut des Opfertieres ausgegossen wurde, zum Zeichen der Reinigung für die Lebensgemeinschaft mit Gott. Die Kapporät symbolisiert den Gottesthron, die Erreichbarkeit Gottes für seine „Wohngenossen". Die neue Kapporät ist nun „offen hingestellt", für alle zugänglich, sodass Juden wie Heiden Zugang finden zum Gnadenthron Gottes, von dem Versöhnung und Segen – Gottes initiative *Gerechtigkeit* – ausströmen. Das Kreuz ist nicht Schandpfahl des von Gott Verfluchten (nach Dtn 21,23), sondern Gottes Heils-Gegenwart im Leiden und Sterben seines Erwählten. Ihr sich auszusetzen bedeutet, aus der Macht der Sünde und des Todes für ein neues Leben ausgelöst zu sein (vgl. Röm3,21–31; Gal 3,13). Zu diesem „Thron der Gnade" mit Zuversicht hinzuzutreten bedeutet, Erbarmen und „Hilfe zur rechten Zeit" zu finden; so der Paulus-Schüler, der im Hebräerbrief zu Wort kommt (Hebr 4,16).

Bei aller Irritation durch diese den Kult Israels eschatologisch beanspruchende Soteriologie des Paulus kann doch hier das nervöse Zentrum jeder christlichen Soteriologie sichtbar werden: Die Auslösung aus der Dynamik eines falschen Lebens und eines von der Sünde bestimmten unheilvollen Lebensentwurfs geschieht durch das Nahekommen und Gegenwärtig-Werden Gottes selbst. Es geschah am Kreuz Christi; es geschieht durch Gottes Geist in denen und durch die, die in der Spur des Wegbahners Christus den Weg ins Leben suchen (vgl. Apg 3,15; 5,30 f.), an diesem Leben durch den Geist schon teilnehmen und sich doch immer wieder in der Gefahr wissen, den Geist auszulöschen (vgl. 1 Thess 5,19) und der Sünde zu erliegen.

Die soteriologische Pointe dieser Deutung liegt darin, dass der Gekreuzigte und sein Kreuz – die neue Kapporät – die Gegenwart Gottes in dieser Welt der Sünde und des Unheils *sind*, sein *Einwohnen* im Abgrund des Hasses und des Todes. Man wird diese Pointe in ihrer Schärfe vielleicht nur auf dem Hintergrund der Einwohnungs-Theologie der Bibel und der zwischentestamentarischen Zeit verstehen können, wie sie dann christologisch profiliert im Kolosserbrief begegnet. Von Christus, dem Sohn, wird gesagt, dass Gott „mit seiner ganzen Fülle in ihm wohnen" wollte (Kol 1,19; vgl. Kol 2,9). So haben wir „[d]urch ihn [...] die Erlösung, die Vergebung der Sünden" (Kol 1,13). Er ist „das Haupt aller Mächte und Gewalten" (Kol 2,10), die die Schöpfung durchwalten und zusammenhalten, aber eben auch unheilvoll zersetzen. Am Kreuz hat er Frieden gestiftet und alles in sich versöhnt (vgl. Kol 1,20). Mit der von ihm gewirkten Versöhnung ist der Unfriede überwunden, den die Zwietrachts-Mächte in die Welt gebracht haben.

Die den Kosmos versöhnende Gottespräsenz in Jesus Christus wird hier mit Hilfe der Schechina-Theologie ausgesagt, die sich über eine lange Überlieferungs- und Transformationsgeschichte hinweg für das Judentum um die Zeitenwende als zentrale Gottes-Intuition erwies.[152] *Schechina* ist der nachbiblische Name für das Wohnen Gottes, seiner machtvoll ausstrahlenden, aber von den Menschen geschändeten kabod (doxa), ursprünglich im Begegnungszelt, dann im Tempel, schließlich inmitten seines Volkes, noch inmitten seines in die Diaspora zerstreuten Israel. JHWH nimmt Wohnung im Allerheiligsten des Tempels. Hier ist die Bundeslade eingezogen. Im Allerheiligsten erweist der im Himmel thronende Gott seinem Eigentumsvolk den Segen des Für-es-Daseins. Hier gehen himmlischer und irdischer Bereich ineinander über; hier ist der Weltmittelpunkt, von dem her der Welten-König seine Herrschaft ausübt und Israel an ihr teilhaben lässt (vgl. Jes 8,18b; Ps 68,17; 74,2). Die Unermesslichkeit und Transzendenz JHWHs findet ihre als spannungsreich erfahrene Entsprechung in der Immanenz seiner Herrlichkeit (kabod) am zentralen Kult-Ort Israels, an dem er Wohnung nimmt.

Exil und Tempelzerstörung erzwingen eine Reformulierung der Gottes-Einwohnung, die bis an die prophetische Wahrnehmung reicht, JHWH habe den Jerusalemer Tempel wegen des Götzendienstes seines Volkes der Zerstörung preisgegeben. Die Hoffnung auf seine Wiederherstellung geht dann mitunter einher mit der Intuition, JHWH wohne nun *inmitten* des Volkes Israel (vgl. Ez 43,7.9;

---

[152] Vgl. Bernd Janowski, Die Einwohnung Gottes in Israel. Eine religions- und theologiegeschichtliche Skizze zur biblischen *Schekina*-Theologie, in: Ders. – E. E. Popkes, Das Geheimnis der Gegenwart Gottes. Zur Schechina-Vorstellung in Judentum und Christentum, Tübingen 2014, 3–40.

Ex 25,8; 1 Kön 6,13) – bis dahin, dass man JHWHs Mit-Sein als Mit-Verbannt-Werden, ja Mit-Zerstreut-Werden verstehen lernt. So stellt sich aber die Frage, *wie* JHWH jetzt seinem Volk einwohnt und es zu seiner kraftspendenden Gegenwart unter den Völkern macht.

Nach der späten Weisheitsliteratur ist es die Weisheit selbst – sie wird nun als eigenständige Gottes-Instanz vorgestellt – mit der Gottes ordnend-erhaltende, die Thora verwirklichende Energie in die Schöpfung einströmt. Die Menschen sind gerufen, an ihr, damit an Gott selbst und seinem fortwährenden Schöpfungswerk teilzunehmen.[153] Als ihr Einwohnungs-Ort – „Erbbesitz" – wird ihr Israel zugewiesen. Hier findet sie die Ruhe, die ihr in den Welt-Abgründen, bei ihrem Umhergehen unter den Völkern, nicht zuteilwurde; hier *zeltet* sie, tut sie ihren Dienst im Zelt der Begegnung (vgl. Sir 24,5–10). Vom Zion aus wird sie ihre ordnende Herrschaft über die ganze Schöpfung errichten. Die apokalyptisch geprägte Weisheit stellt auch dieses Wohnung-Nehmen inmitten des Volkes in Frage. Nach dem „apokryphen" Ersten Henochbuch findet sie auch hier keinen Wohnort. So „kehrte sie an ihren Ort zurück und nahm ihren Sitz unter den Engeln. Und die Ungerechtigkeit kam hervor aus ihren Kammern." Nun muss es zur endzeitlichen Scheidung kommen zwischen denen, die sie aufnehmen – womöglich ohne sie gesucht zu haben – und denen, die sich verschließen (vgl. 1 Hen 42,2 f.). Das Einwohnungs-Motiv gerät in Spannung zum Nicht-wohnen-Lassen der Weisheit; die Ungerechten verschließen ihr die Tür. Ihre Abweisung führt zu immer mehr Unrecht; sie muss das Gericht nach sich ziehen.

Unter dem Einfluss der Logos-Lehre des Philo von Alexandrien werden die göttliche Weisheit und ihr Wohnung-Nehmen vom Johannesprolog in Logos-Begrifflichkeit formuliert und inkarnationstheologisch profiliert. Der Logos war uranfänglich bei Gott. Durch ihn ist alles geschaffen, aus ihm ist das Leben. In Jesus Christus ist der Logos Fleisch geworden; in ihm hat er „unter uns gewohnt [gezeltet] und wir haben seine Herrlichkeit geschaut, die Herrlichkeit des einzigen Sohnes vom Vater, voll Gnade und Wahrheit" (Joh 1,14). Man wird die traditionsfremde Vorstellung der Fleischwerdung des Logos vom Motiv der Einwohnung – des Zeltens unter den Menschen – her zu deuten haben[154] und kann dann darauf aufmerksam werden, dass

---

[153] Vgl. Hartmut Gese, Die Weisheit, der Menschensohn und die Ursprünge der Christologie als konsequente Entfaltung der biblischen Theologie, in: ders., Alttestamentliche Studien, Tübingen 1991, 218–248, hier 226.

[154] So Jörg Frey, Joh 1,14, die Fleischwerdung des Logos und die Einwohnung Gottes in Jesus Christus. Zur Bedeutung der „Schechina-Theologie" für die johanneische

hier wie im Kolosserbrief die Metapher der Einwohnung christologisch mit dem Motiv der Fülle verbunden wird: „Aus seiner Fülle haben wir alle empfangen, Gnade über Gnade" (Joh 1,16). Im Wohnung-Nehmen des Logos kamen durch Jesus Christus „Gnade und Wahrheit" in die Welt, wurde Gott selbst in ihr vergegenwärtigt; durch den, der von Gott, von seinem Herzen, kommt und ihn den Menschen exegesiert (Joh 1,17–18). Die Gottes-Vergegenwärtigung im Fleisch lässt Gottes Herrlichkeit in der Welt wohnen und ausstrahlen. Sie teilt sich denen mit, die sie in Jesus Christus „geschaut" und den nach Aufnahme suchenden Logos eingelassen haben, durch seine Macht „Kinder Gottes" geworden sind (vgl. Joh 1,12).

Dass die Gottes-Herrlichkeit noch in der Zerstörung des Fleisches am Kreuz Glaubens-sichtbar wird und ausstrahlt, dass sie auch im Sterben des Sohnes „wohnt" (vgl. Joh 12,28) und in der Auferweckung des Gekreuzigten ihre verherrlichende Macht erweist, ist für das Johannesevangelium Konsequenz, nicht die Widerlegung ihres Eingehens ins Fleisch, Gottes Selbstbezeugung: „Die Fleischwerdung des Wortes – als Variation der Einwohnung Gottes inmitten seines Volkes – zielt auf das Kreuz, an dem der als ‚König der Juden' gekreuzigte Gesandte seinen Weg vollendet. Und gerade im verherrlichten Gekreuzigten ist nach Johannes bleibend Gottes Wesen und sein uranfänglicher Liebeswille erkennbar."[155]

Johanneische und deuteropaulinische Proto-Christologie verbindet das Zusammenziehen des Einwohnungs- und des Fülle-Motivs. So wird hier die soteriologische Bedeutung der göttlichen Selbst-Erniedrigung ausgesagt: Der Christus *ist* das Wohnung-Nehmen Gottes in Fülle; Gottes Gegenwart in ihm ist Heils-Gegenwart.[156] In tiefster Erniedrigung wirkt sie Versöhnung, geht sie ein in die, die sich von ihr ergreifen lassen. Für Paulus selbst ist von zentraler Bedeutung, dass die von ihr Ergriffenen ihrerseits in Christus sind und durch ihr In-Christus-Sein dem Sündentod entrissen werden (vgl. 1 Kor 15,22 f.; Phil 1,1 u. ö.). Ihr In-Christus-Sein ist hier als durch den Heiligen Geist erwirkt verstanden. Er hat in ihnen, da sie zum neuen Tempel zusammengefügt wurden, Wohnung genommen (vgl. 1 Kor 3,16). Sie haben darum besorgt zu sein, dass der Tempel, der sie sind, nicht von bösen Geistern bewohnt wird. Paulus arbeitet durchaus reflektiert

---

Christologie, in: B. Janowski – E. E. Popkes, Das Geheimnis der Gegenwart Gottes, 231–256.

[155] Ebd., 256.

[156] Für diese Erniedrigung-Perspektive steht bei Paulus der Philipperbrief-Hymnus Phil 2,5–11.

mit solchen In-Figuren; er verwendet sie mit gegenläufiger Richtungsangabe: Die „Heiligen" sind – leben – in Christus (Phil 1,1; Röm 16,11; Vgl. Kol 1,12); Christus lebt mit und in ihnen (vgl. Gal 2,20; 4,14). Mit ihm sind sie der Sünde gestorben; mit ihm werden sie auferweckt zu einem Leben im Geist, der in ihnen wirkt (vgl. Röm 6,5–8).

Wenn man sich diese Zusammenhänge vor Augen führt, kann man den Fokus der „Opfer-Christologie" gegenüber einer an Anselm von Canterbury orientierten Tradition neu justieren. In den Zeugnissen des Neuen Testaments wird Jesus Christus als das Geheimnis der heilenden Gottes-Gegenwart unter den Menschen angesehen. In ihm, noch an seinem Kreuz – nach Paulus: der neuen, endgültig wirksamen Kapporät – wird Gott selbst den Menschen heilsam gegenwärtig. Er sucht in seinem Christus ihre Gemeinschaft, damit sie an seinem Leben teilnehmen: aus dem Geist zu leben, der sie lebendig macht und ihnen das Leben mit Gott als Vollendungs-Perspektive ihres menschlichen Daseins erschließt. Gott geht in die Vorleistung, die Menschen zu einem heilsamen Miteinander einzuladen und herauszufordern. Er kommt mit seinem Segen auch zu denen, die sich verschließen. Sein Christus erträgt ihr Sich-Verschließen bis zum tödlichen Ende. In ihm erträgt Gott, dass die Menschen sich seinem Kommen verweigern. Ihr Nein wird seinen Gemeinschafts-Willen nicht vereiteln, in dem er sich denen verbindet, die den Christus-Geist doch in ihr Leben einlassen und sich in der Gemeinschaft mit Christus bereiten, ihr Leben Gott anzuvertrauen, damit es in ihm seine Vollendung finde.

Wenn nun eucharistietheologisch von der unblutigen *Repraesentatio des Kreuzes-Opfers* auf dem Altar die Rede ist, darf das so verstanden werden: Die Eucharistie-Feiernden vollziehen den Opfer-Ritus nach, mit dem Gott eingeladen wird, in Christus mit seinem Segen in ihre Mitte zu kommen. Sie feiern ihre Gottes-Bereitschaft in der Glaubensgewissheit, dass Brot und Wein ihnen zum Zeichen dafür werden, zuinnerst mit Christus verbunden zu werden. Ihm vertrauen sie ihr Leben an, damit er es durch seinen von den eucharistischen Gaben ausgehenden Geist zur Teilhabe am Leben Gottes verwandle. Sie werden in das Opfer Gottes in Jesus Christus einbezogen, in sein Kommen, seinen Gemeinschaftswillen; paulinisch: in seinen Leib. Die Mitfeiernden wollen sich Gott öffnen und von ihm in Dienst nehmen lassen, damit er in dieser Welt Wirklichkeit werde und Raum finde. Sie sehen das Kreuz zusammen mit der eucharistischen Hingabe Jesu Christi, in der er sich – seinen Leib – austeilt, damit alle

Mitfeiernden sein Leib werden. Sie sehen in dieser Hingabe den sich hingebenden und austeilenden Gott mitten in der Gemeinde gegenwärtig: als sakramentale Gegen-Wirklichkeit, als Gegen-Bild zu den Furcht-erregenden Göttern und Götzen, die von der Hingabe der Menschen leben wollen, statt sich ihnen zu geben und so die Gemeinschaft mit ihnen zu stiften.[157]

Auf den ersten Blick nehmen sich diese biblisch orientierten „Um-Schreibungen" herkömmlicher Opfer-Christologien und Eucharistie-Theologien etwas ärmlich aus. Muss man nicht dogmatisch wie liturgisch „mehr" sagen? Beim zweiten Blick auf den tatsächlich vollzogenen Christus-Glauben und die gelebte Eucharistie-Praxis wird man vielleicht einräumen, dass das hier Gesagte gar nicht so schlecht zum Ausdruck bringt, was viele christlich Glaubende heute vollziehen. Sie begehen im Gottesdienst ihre Gottes-Bereitschaft; sie erbitten die ihr Leben heilsam verwandelnde Lebensgemeinschaft mit Gott in Jesus Christus und verstehen die „Kommunion" der eucharistischen Gaben als wirksames Hineingenommen-Werden in sie. Aus ihr wollen sie eigenes Leben in Gottverbundenheit und Nächstenliebe gestalten. Gott nimmt in Christus und von ihm her in den eucharistischen Gaben „Wohnung" in den Mitfeiernden, die ihn darum bitten und darum wissen, wie unverdient dieses Geschenk für sie ist, wie wenig sie von sich aus darauf Hoffnung haben können, dass Gott sein Leben mit ihnen teilt und sie mit dem ihr Leben heilsam verwandelnden Segen beschenkt, sie mit seiner Geist-Gegenwart „bewohnt".[158]

Die Einwohnungs-Metaphorik verankert diesen christologisch-eucharistietheologischen Glauben in den Zeugnissen der ganzen Bibel und im Glauben derer, die ihren Gottesglauben aus der Bibel schöpfen. Sie lässt auch die religiöse Sehnsucht und die Praxis anderer Religionen in den Blick kommen, in denen es unübersehbar darum geht, dass das Göttliche in der Welt der Menschen heilswirksam Wohnung nimmt, das Leben der Menschen behütet und heilsam verändert. Christologie und Eucharistietheologie „wissen" von einem Kommen und Wohnung-Nehmen Gottes, das die Dra-

---

[157] Nur so kann ja Gemeinschaft werden: durch Selbst-Austeilung anstelle von Selbst-Behauptung.

[158] In diesem Sinne wird ja auch das im Sinne der Zachäus-Episode Lk 19,1–10 umgestaltete Wort des Hauptmanns von Kafarnaum Lk 7,7: „Oh Herr, ich bin nicht würdig, dass du eingehst unter mein Dach. Aber sprich nur ein Wort, dann wird meine Seele gesund" als Eucharistie-Gebet gesprochen.

matik der Gott-Verdrängung „auf sich nimmt" und erträgt[159], damit die Menschen immer wieder neu vom aufrichtend-auferweckenden Gottes-Geist erreicht und von Gottes Gemeinschaftswillen ergriffen werden können. Führt der Glaubens-Wandel Christen womöglich dahin, dass sie ihren Christus- und Eucharistie-Glauben im Zusammenhang der Menschheits-Sehnsucht nach einem rettenden Wohnung-Nehmen des Göttlichen in den Abgründen des Menschlichen vollziehen können? Oder müsste man sagen, dass ihr Glaube dann ins Allgemein-Religiöse eingeebnet und um das ihn zentral Ausmachende gebracht wird?

Der Widerspruch gegen diese Anverwandlung neutestamentlich-soteriologischer Motive mag daher rühren, dass manchen Gläubigen genau das fehlt, was sie mit dem Begriff stellvertretende Sühne unabdingbar verbunden sehen: dass Jesus Christus am Kreuz für die Sünde der Menschen gesühnt und stellvertretend erlitten hat, was die Sünder als gerechte Strafe hätte treffen *müssen*. Jesus tritt für sie ein; der Vater lädt ihm die Strafe auf, von der die eigentlich Schuldigen nun verschont bleiben. Vielen Zeitgenossen erschließt sich die Logik nicht mehr, an die Gottes Gnadenhandeln gebunden sein sollte und der es hätte folgen müssen, um Gnade vor Recht ergehen lassen zu können. Es wäre eine Logik des Bezahlen-Müssens, nach der das in die Welt hineingebrachte Böse ausgeglichen werden muss, damit es „getilgt" wird und die Welt wieder in Ordnung komme.

Ist es menschlich und religiös nicht irrational, anzunehmen, dass das Strafübel der Sühneleistung ein anderes auszugleichen und so auszulöschen vermag? Selbst Paulus war nicht wohl dabei, wie hier das Äquivalenzdenken auf das Verständnis der in Jesus Christus zugänglichen Gnade durchschlägt. Um wieviel mehr als das in Adam für das Menschengeschlecht Verwirkte wird doch in der Gnade des Christus zuteil: „Wo jedoch die Sünde mächtig wurde, da ist die Gnade übergroß geworden" (Röm 5,20). Sie ist nicht mehr aus ihrer Relation zur Sünde bestimmbar, sondern allein aus ihrem Hervorgang aus Gottes überreichem Wohlwollen, das jeder Verhältnismäßigkeit spottet.

Der Rückfall des Sühne-Gedankens in die Logik des Bezahlen-Müssens hat ihn seit der Reformation zunehmend unmöglich ge-

---

[159] Die Metapher des Ertragens erschließt in der Bibel mit dem Sündenbock-Motiv weitere Zusammenhänge, in denen Gottes Gemeinschaftswille als rettend wahrgenommen wird. Er erträgt sein Volk in all seiner Verirrung, da es ihm „vom Mutterschoß an" aufgeladen ist (Jes 46,1–4). Der von JHWH erwählte Gottesknecht hat die Sünden der Verfolger zu ertragen – zu sühnen (vgl. Jes 53).

macht. Dass „für uns bezahlt ist", verlor den dunklen Hintergrund eines Gottes-Verständnisses nie, das Gott mit Bezahlen-Müssen assoziierte. Diese soteriologische Konstellation hat ihren Rückhalt an der Selbstverständlichkeit des Äquivalenz-Prinzips eingebüßt. Die Relevanz des Äquivalenzdenkens wird sich heute anders aufdrängen. Es gibt der Verantwortung in einer Weltgesellschaft den Rahmen, die es erfordert, gerecht zu teilen, und Sanktionen gebietet, wo man sich zu viel herausnimmt. Die soteriologische Inanspruchnahme des Äquivalenzprinzips aber hat ihre „Rationalität" verloren. Es wird auch von den an Gottes Gnade Glaubenden nicht mehr nachvollzogen, dass ein stellvertretendes Strafleiden nötig gewesen sein soll, wieder gut zu machen, was die Sünde der Menschen in die Welt gebracht und ihr zugefügt hat. Die elementare Erfahrung der Schöpfungszerstörung macht eine andere Wiedergutmachung dringlich. Das äquivalenz-logische Erlösungsverständnis ist zudem ein Rückfall hinter das biblische Sühne-Verständnis. Dieses Eingeständnis kann den Blick freigeben auf Sühnepraktiken, die mit Bezahlen-Müssen so gut wie nichts, alles aber mit gelebter Versöhnung und dem Leben-Dürfen der Menschen aus Gottes Segen zu tun haben.

Man könnte den Glaubens-Wandel, den viele Menschen in unserem Kulturkreis hier erleben und mitgestalten, an diesem Plausibilitäts-Wandel festmachen: Die *Wieder-Gutmachung* durch eine – auch stellvertretend geleistete – Sühne ist ganz unplausibel geworden. Wieder-Gutmachung hat eine elementar-pragmatische Rationalität: zugunsten der Opfer, denen das Ihre vorenthalten wurde. Wieder-Gutmachung muss konkret geleistet werden; ihr ethischer Anspruch duldet keinen Ersatz. Auch Gott kann nicht ersetzen, was den Opfern geraubt wurde. Und doch bleibt das tiefe Menschheits-Bedürfnis, zuletzt möge es eine Äquivalenz zwischen Tun und Ergehen geben, die es bei der schreienden Ungerechtigkeit der Weltgeschichte im Großen und Kleinen nicht belässt; vielleicht sogar eine „Revisions-Instanz", vor der die Brutalität der Fakten, des geschichtlich Herausgekommenen, keinen Bestand hat.

Aber was wäre dieser „letzten Instanz" wirklich zuzutrauen? Kann man das Vertrauen auf sie riskieren und sich womöglich zurücknehmen, nicht so sehr auf das eigene Nach-oben-Kommen fixiert sein, in diesem Sinne „Opfer bringen"? Wird man sich zuletzt doch sagen (lassen) müssen: „Was man von der Minute ausgeschlagen /

Giebt keine Ewigkeit zurück"[160]? Oder würde man von einem auf Äquivalenz bedachten Weltenrichter gar die Rückforderung des zu viel Herausgenommenen zu befürchten haben? Die Rückkehr des bedrohlichen Gottes *sub specie aeternitatis* hat das Christentum seit dem späten Mittelalter zur Angstreligion werden lassen.[161] Ist es nicht die bessere, besser lebbare Alternative, den hintergründig-bedrohlichen Gott ganz zu verabschieden, auf dessen *Gnade vor Recht* man sich lieber nicht verlassen wollte?

An der Bedrohlichkeit der jetzt so dramatisch aus dem Gleichgewicht geratenen Äquivalenzen hat man genug. Da braucht es keine zusätzliche göttliche Sanktionierung am Ende mehr. Viele meinen, sie aus dem Blick nehmen zu müssen und sich so der Verpflichtung zu lebensdienlichen, innerweltlichen Gleichgewichten mit letzter säkularer Hingabe zu widmen. Der bedrohliche Gott wird mit seinem Druckerzeugungs- und „Motivations"-Vermögen nicht mehr gebraucht. Da könnte der Blick dafür klarer werden, dass der Gott Israels in der Bibel – vor allem in der Prophetie – *auch* für die Hoffnung auf eine erlösende Äquivalenz-Überwindung steht. Der biblisch-soteriologische Sühne-Glaube hat hier seinen Ort. Gott wird bittend und opfernd dafür in Anspruch genommen, aus dem Teufelskreis von Sünde und Strafe freizukommen. Er möge sich einbringen, damit die Verstrickung ins geschichtliche Unheil nicht weiteres Unheil erzeugt und schließlich das letzte Wort hat. Deuterojesaja findet dafür das Bild eines Gottes, der sich die ins Unheil Geratenen auflädt, sie trägt, erträgt und rettet (vgl. Jes 46,4). Sühne als der von Gott, seinem erwählten Gottesknecht, dem Sohn, übernommene Menschendienst des Ertragens, damit das Unerträgliche von den Menschen genommen werde: Das war und bleibt ein Bild der Hoffnung fast gegen alle Hoffnung. Gott erträgt die Unerträglichen. So könnten wir uns selbst ertragen, füreinander hoffen und einander beistehen. Wie könnte man sich in dieser für viele unerträglichen Welt mit seiner Sehnsucht in diesem Bild gemeint verstehen? Gewiss nicht so, dass wir uns entspannt auf einen eschatologischen Wieder-Gut-Macher verlassen und dem Bösen seinen Lauf lassen. Und bestimmt nicht so, dass wir die Lügen eines unerträglich zynischen, Menschen-betrügenden und -verachtenden Zeitgeistes in Geduld ertragen.

---

[160] So endet Schillers Gedicht „Resignation" aus dem Jahr 1784.

[161] Vgl. Bernhard Groethuysen, Die Entstehung der bürgerlichen Welt- und Lebensanschauung in Frankreich, 2 Bde., Neuausgabe Frankfurt a.M. 1978, Bd. 1, 93–142 und Jean Delumeau, Angst im Abendland. Die Geschichte kollektiver Ängste im Europa des 14. bis 18. Jahrhunderts, dt. Reinbek 1985.

Als Druck-Verstärker wird Gott theologisch aus dem Spiel genommen. Aber verliert sein Anspruch an die Menschen nicht seinen letzten Ernst, wenn er – allenfalls – noch als werbender, zur Freiheit befreiender, überzeugen wollender Gott wahrgenommen wird, der die kommunikativen Standards, denen die Menschen sich verpflichten wollen, nicht „autoritär" unterbietet? Man mag den Glaubens- und Gottesbild-Wandel kritisch kommentieren. Vielfach ironisiert man auf die Harmlosigkeit des bloß noch „lieben", kommunikativ hochkompetenten Gottes hin und bringt dann die „dunklen Seiten" Gottes ins Spiel, die die Bibel nicht verschweigt.[162] Aber man wird sich da fragen lassen müssen, ob man den Glauben auf diese „dunklen Seiten" festlegen und es riskieren will, dass der liebende, beziehungswillig-beziehungsfähige Gott wieder zur zwiespältigen, irgendwie doch gefährlichen Größe wird. Man sollte sich damit begnügen, vor der Verharmlosung der Liebe Gottes zu warnen – und wird dafür reichlich Anlass sehen.

Gottes Liebe ist eine herausfordernde Liebe. Die zu „Mitliebenden" Berufenen sind davon in Anspruch genommen, Gottes Liebe zu bezeugen: zu ihrem Instrument in einer von Hass, Gleichgültigkeit und Rücksichtslosigkeit gezeichneten Welt zu werden. Das verlangt ein Über-sich-Hinaus, eine Selbst-Hingabe, die die Gestalt des „geistigen Opfers" annehmen kann[163] und so in die Selbsthingabe Gottes in seinem Christus hineingenommen wird. Dass menschliche Selbst-Hingabe sich schließlich im Sterben zum äußersten Sich-verlassen-Müssen radikalisiert und dann vielleicht nur noch von dem Glaubens-Wagnis getragen werden kann, sich in Gott hineingeben zu dürfen, der mich mir nimmt, damit ich in ihm leben kann, darin mögen sich der äußerste Ernst wie die höchste Verheißung des Opfers erfüllen: Ich bringe mich dar, und meine Selbst-Darbringung geht nicht ins Leere. Sie wird angenommen und segnet mich mit der Präsenz dessen, den mein „Opfer" erreichen will. Es ist angenommen, nicht vergebens gegeben. *Er* ist es, der es – mich – nimmt, um sich und mit sich alles zu geben.

Der liebe Gott ist nicht harmlos. Seine Liebe ist nicht harmlos, vielmehr im radikalen Wortsinn *ergreifend*. Wer von ihr ergriffen wird, kann nicht mehr souverän-eigenwillig über sich verfügen. Und doch

---

[162] Vgl. Walter Dietrich – Christian Link, Die dunklen Seiten Gottes, Bd.1: Willkür und Gewalt, Göttingen ⁶2015, Bd. 2: Allmacht und Ohnmacht, Göttingen ⁴2015.

[163] Vgl. Arnold Angenendt, Die Revolution des geistigen Opfers. Blut – Sündenbock – Eucharistie, Freiburg i. Br. 2011.

ist es das eigene, freie, von der Angst *um sich selbst* befreite Darbringen und Einbringen, zu dem Glaubende berufen sind.[164] In Gottes Liebe stimmt man nicht fanatisch ein, gar in der Identifikation mit der dämonisch-Menschen-vernichtenden Absolutheit, wie sie von politischen Ersatzgöttern in Anspruch genommen wird. Die Opfer, die sie fordern, gehen ins Leere; sie richten Unheil an, sind zuletzt vergeblich gefordert und gebracht. Ihnen gilt die entschiedenste Opfer-Kritik: Niemand darf dafür da sein, verabsolutierten Absolutheiten zum Opfer zu fallen. Diese Opfer-Kritik gründet in ihrem Glaubens-Gegenbild: in der Erfahrung, der Anschauung und der Praxis eines Wofür, auf das hin zu leben unwidersprechlich gut ist, menschenfreundlich, menschlich erfüllend ist. *Eucharistie* feiert dankbar dieses Wofür, den, der es zugänglich macht und in den sakramentalen Gestalten konkret mitteilt. Sie begeht die Gottes-Bereitschaft der Mitfeiernden, in der sie sich für den öffnen – den einladen –, der sie mit seinem Segen heimsuchen *und wandeln* wird. *Sein Segen ist er selbst; die Gesegneten werden von ihm ergriffen, sich in diesen Segen hineinzugeben und einzubringen.* Das ist die elementare Kommunikations-Struktur des Opfers, das nicht religionsgeschichtlich untergegangen ist, sondern in Jesus Christus seine Erfüllung gefunden hat. So darf man sagen, der neu zu entdeckende Glaubens-Sinn biblisch bezeugter Opferpraxis bestehe „darin, sich auf die Beziehung mit Gott und den Menschen einzulassen, so wie Gott sich vorbehalt- und rückhaltlos auf die Beziehung zu den Menschen eingelassen hat und es immer wieder tut."[165] Opfer sind biblisch elementar Gesten des Sich-Ausstreckens nach und der Hingabe an Gott, in denen das Vertrauen auf das Angenommen-werden durch einen Beziehungs- und „Aufnahme"-bereiten Gott wachgerufen und begangen wird.

---

[164] Dazu ermutigt das Gleichnis von den anvertrauten Talenten Mt 25,14–30: Der, dem das eine Talent anvertraut ist, vergräbt es, weil er Angst vor dem strengen Herrn hatte (Vers 25). Dass Matthäus das Gleichnis doch mit der Bedrohungs-Szenerie des Hinausgeworfen-Werdens in die Finsternis enden lässt, mag beleuchten, dass die Angst um mich eine sich selbst „erfüllende" Angst ist.

[165] Gunther Fleischer, Opfer. Biblische Beziehungsgeschichten, in: E. Ballhorn – G. Steins – R. Wildgruber – U. Zwingenberger (Hg.), 42 große Wörter. Schlüssel zur Botschaft der Bibel, Gütersloh 2024, 276–284, hier 284.

3.5 Gottes-Beziehungs-Pflege

Gottes-Kommunikation, Gottes-Beziehungs-Pflege ist der umfassende und doch auch problematisch gewordene, vielleicht neu wahrzunehmende Horizont der religiösen Praxis, in der der Glaube lebendig werden kann. Kommunikation gilt als das Modewort unserer Epoche. Ein Mensch *ist*, was er kommuniziert, analog oder digital. Kommunikation macht seine Präsenz aus, seine Bedeutung, fast gleichgültig, was er kommuniziert. Kommuniziert er nicht, wird er bedeutungslos. Jede(r) soll deshalb ungehindert kommunizieren dürfen, was er *meint*. „Begründungen" finden sich immer, nach dem Motto: Wo ein Wille ist, da ist auch ein Argument, welche Legitimitäts- und Rationalitäts-Anforderungen man auch jeweils an Argumente stellt. Die Kommunikations-Gesellschaft kennt kaum Grenzen. Wenn sie dann doch gezogen werden – bei volksverhetzenden „Meinungs"-Äußerungen und Hass-Botschaften – gerät man schnell in die Aporien der Justiz, die in Ermangelung klarer Kriterien mal so mal so entscheidet.[166] Hegels Invektive gegen die Meinung, die eben nur *meine* ist[167], markierte einen Trend zur Meinungs-Selbstdarstellung-Gesellschaft, der in digitalen Zeiten die Mittel findet, sich selbstverständlich durchzusetzen.

Diese kritischen Anmerkungen sollen das hohe Gut der Meinungs- und Äußerungs-Freiheit nicht herabwürdigen, das man wohl nur wirklich schätzen kann, wenn es einem – wie in autokratischen Gesellschaften – vorenthalten wird. Die Erfahrung westlicher Kommunikations-Gesellschaften wird eher die Frage anschärfen, ob man es begrüßen soll, wenn auch Religionen und Kirchen in den Sog der Kommunikations-Beliebigkeit geraten. Müssten sie sich seiner nicht mit allen einigermaßen legitimen Mitteln zu erwehren suchen, um

---

[166] So etwa im Fall der von Renate Künast angestrengten Beleidigungsklage. Als juristisch besonders problematisch gilt der Blasphemie-Sachverhalt. Kann es hier überhaupt juristisch belangbare Hassbotschaften geben? Oder haben Gottgläubige jede Gottes-Beleidigung hinzunehmen, zumal Gerichte nicht darüber befinden können, ob Gott existiert, sondern allenfalls darüber, ob Gläubigen sich von solchen Hassbotschaften „zu Recht" beleidigt fühlen?

[167] Enzyklopädie der philosophischen Wissenschaften I, Werke in zwanzig Bänden, Bd. 8, Frankfurt a. M. 1970, 74 (§ 20): „Was ich nur *meine*, ist *mein*, gehört mir als diesem besonderen Individuum an". Da ist man auch bei der „öffentlichen Meinung" epistemologisch nicht viel besser dran, die nach Hegel verdient, „ebenso geachtet als verachtet zu werden" (Grundlinien der Philosophie des Rechts, Schriften in zwanzig Bänden, Bd. 7, Frankfurt a. M. 1970, 485 [§ 318]); geachtet, weil sie von der Obrigkeit nicht unterdrückt werden darf, verachtet, weil sie so zufällig oder machtbestimmt-manipulativ zustande kommt.

sich so der „Diktatur des Relativismus" zu entziehen? Sollte es im Zeichen der Individualisierung so weit kommen, dass sich jede(r) auf seine religiöse Meinung zurückzieht? Man wird doch nicht auf den offenen Markt der jeweils vertretenen Meinungen und in die Fänge um Bestätigung und Likes buhlender Meinungs-Vertreter geraten wollen, wenn es um das geht, was sich mir im Leben und Sterben als verlässlich erweisen soll.

Aber es darf nicht dahin kommen, dass man Kommunikation nur noch als Gerede schlechtredet. Auch in Zeiten überbordender Selbstdarstellungs-Orgien weiß man um die verbindende Kraft authentischer Kommunikation. Wo man sich auf sie einlässt, stiftet und festigt sie Beziehung, kann es freilich auch zum tief erlittenen Kommunikations-Abbruch kommen. Menschen bringen sich in Kommunikation ein, lassen andere in sich und ihr Leben hinein, erweisen sich als bedürftig und verletzlich, müssen sich mitunter gegen Übergriffigkeit zur Wehr setzen. Kommunikation kann eine Ahnung von Verlässlichkeit stiften, macht empfindlich gegen Vertrauens-Zersetzung. Sie ist der menschliche Weg, sich zu öffnen und zu zeigen, so auch das am Anderen Gesehene – wenn es sein muss – *kritisch* zu würdigen, Beziehung zu „pflegen". Sie ist das Medium, sich selbst und gegenseitig dessen zu vergewissern, woraus und wofür man lebt, woran man glaubt, worauf man hofft – und welche Hoffnungen man nicht mehr hegen kann, welcher Glaube sich einem aufgelöst hat. Vielleicht geht mitmenschliche Kommunikation eher selten so tief. Wenn sie sich vertiefen darf, ist sie unterwegs zum Leben-Teilen, realisiert sie eine verbindlich-verbindende *Du-Bereitschaft*; gründet sie das Ich-Bewusstsein des auf sein Ich Angesprochenen und als solches für andere Bedeutsamen.

Darf diese Kommunikations-Erfahrung ein Hinweis darauf sein, wie glaubende Menschen mit ihrem Gott kommunizieren? Wieder erscheint der dunkle Hintergrund eines Gott-Günstig-stimmen-Wollens. Meine Generation kennt das und schämt sich dafür: Gebet als Leistung und Opfer, als Gott angebotene Anstrengung dafür, dass es gut ausgeht. Gottes-Kommunikation gegen die Gottes-Bedrohlichkeit? Angst-geborenes Beten ist tief in biblisch-christlicher Frömmigkeit verwurzelt. Dagegen steht die Gebets-Erfahrung, diese Konstellation hinter sich lassen zu können und hineingerufen zu sein in ein Gott-Vertrauen, in dem keine Furcht ist.

Beten heißt, sich an Ihn halten zu wollen in der Haltlosigkeit des eigenen Lebens, der „Welt"; sich in ihm „festzumachen", bei Ihm Trost und Hilfe zu suchen in der Unverfügbarkeit der Lebensumstände und Lebenshorizonte. Es kann heißen, sich des Getragen-Seins von Ihm bewusst zu werden und dafür zu danken; zur Sprache zu bringen, was ich Ihm verdanke und erhoffen darf; zur Sprache zu bringen, wer Er – für mich – ist. Sehnsucht, Verlangen und Trost, Eingeborgenheit verschaffen sich im Gebet Luft und Ausdruck. Sie finden den offenen Raum einer Kommunikation, in der all das ungeschminkt und in seiner tiefen Menschlichkeit vorkommen darf: in menschlich-allzumenschlicher Erfahrungs-Sprache, mit den *Projektionen*, in denen bedürftige Menschen ihr Angewiesen-Sein und die biographisch bebilderten Hoffnungen auf den, der mich darin rettet und annimmt, in die Gottes-Kommunikation einbringen.

Der Glaube hat sich heute des Feuerbach-Urteils zu erwehren, seine Vorstellungen und Hoffnungen seien *nichts als* Projektion, Selbstbefriedigungen eines aufgeblähten Verlangens, das zur Lebensgröße reduziert werden müsste. Mehr wäre über die Gottes-Kommunikation des Betens nicht mehr zu sagen: Selbst-Kommunikation, Selbst-Unterredung, allenfalls dafür gut, sich seiner Situation bewusst zu werden und die eigenen Hoffnungen und Energien auf ebenso vordringliche wie erreichbare Ziele auszurichten. Projektionen sind als solche zu durchschauen und aufzulösen, urteilt Ludwig Feuerbach, mit ihm Friedrich Nietzsche. So lässt man die kindlich überhöhten Erwartungen ans Leben und an Geborgenheit hinter sich und wird man erwachsen, seinen Abgründen und Herausforderungen gewachsen. Wer in den Projektionen hängenbleibt, verweigert sich dieser Herausforderung der Welt-Realität.

Feuerbachs Urteil ist ein Vorurteil[168]; das kann man heute wissen. Aber es sucht die Glaubenden weiter heim. Sie wissen: Was man in Kommunikation – auch in die Gottes-Kommunikation – an Projektionen und Illusionen einträgt, kann dem Zueinander-Finden im Wege stehen, kann in die Sehnsucht nach einem Miteinander verstricken, das es gar nicht geben kann. Sie haben aber auch erfahren: In die Dynamik einer ins Offene gewagten Kommunikation darf ich alles einbringen; sie ist der Ort an dem es mehr und etwas anderes werden kann als mein selbst-gefangen Mitgebrachtes. Meine Projektionen können durchgearbeitet und zum Weg werden, der mich finden lässt, was ich so nicht gesucht habe, aber nun empfangen kann. Ich lerne in ihnen meine menschlich-allzumenschliche Sehnsucht kennen und über sie hinaus – wenn es gut geht – den, bei dem sie zur

---

[168] Vgl. Joachim Negel, Feuerbach weiterdenken. Studien zum religionskritischen Projektionsargument, Münster 2014.

Ruhe kommen darf. Dass die Praxis des Betens zu diesem kritisch-vertrauenden Umgang mit Projektionen anleitet, mag im Blick auf die biblisch-christliche Spiritualitäts-Geschichte nicht sofort einleuchten, aber auch nicht von vornherein befremdlich klingen. Die theologischen Reflexionen insbesondere zum Bittgebet sind damit vertraut, auch wenn sie sich anderer Begrifflichkeiten und Denkmodelle bedienen.

3.6 Um Gottes Dasein bitten

Für Menschen, die sich mit eher schlechtem intellektuellem Gewissen am Bittgebet abmühen, liegen die Glaubens-Schwierigkeiten dieser Praxis auf der Hand. Die Fürbitten in den Gottesdiensten bringen sie ans Licht. Einerseits: Ja, in der Eucharistiefeier sollten von der Gemeinde die großen Anliegen in Welt und Kirche vorgebracht werden, damit sie sich nicht nur im Ingroup-Bewusstsein wohlfühlt. Andererseits: Richten sich die Fürbitten tatsächlich als Bitten an Gott, er möge an den so ausweglosen Krisen und Katastrophen etwas ändern? Oder haben sie eher die Funktion, die „Bittenden" für die großen Anliegen zu sensibilisieren und ihre Handlungs-Bereitschaft zu stärken? Wie ernst gemeint ist da die Bitte an Gott um *Erhörung* für das Vorgebrachte? In der Regel bittet man sowieso darum, dass die Bittenden oder die, für die gebetet wird, die Kraft finden oder Gottes Geist in ihnen lebendig wird, das Nötige zu tun. So belässt man es bei den Fragen um den Sinn der Bitte an Gott im Ungefähren. Das mag seinen guten Sinn haben. Aber die Schwierigkeiten mit dem Gott-Bitten verschwinden davon nicht.

Diese Schwierigkeiten sind früh empfunden worden. *Immanuel Kant* hat ihnen einen neuzeitlich-epochalen Ausdruck verliehen. Für Kant ist das Beten, das sich an Gott richtet, um auf ihn Einfluss zu nehmen, ein „abergläubischer" Akt, zunächst „ein bloß erklärtes Wünschen gegen ein Wesen, das keiner Erklärung der inneren Gesinnung des Wünschenden bedarf, wodurch also nichts getan und also keine von den Pflichten, die uns als Gottes Gebote obliegen, ausgeübt, mithin Gott nicht wirklich gedient wird." Geradezu unmoralisch ist das Bittgebet, da es „ein ungereimter und zugleich vermessener Wahn [ist], durch die pochende Zudringlichkeit des Bittens zu versuchen, ob Gott nicht von dem Plane seiner Weisheit (zum gegenwärtigen Vortheil für uns) abgebracht werden könne."[169] Es verbietet sich für einen moralischen Glauben, aus selbstbezogenen Motiven oder auch, weil man für andere eintritt, auf Gott Einfluss nehmen zu wollen, damit er einem gewähre, was er ansonsten – doch aufgrund seiner größeren Weisheit – nicht gewährt hätte.[170] Nicht also ein auf Gott und die Veränderung seines Willens gerichtetes Gebet kann vor der Vernunft bestehen, vielmehr allein die Erweckung und Stärkung des *Geistes des Gebets*, des herzlichen „Wunsch[es], Gott in allem unserem Thun und Lassen wohlgefällig zu sein, d.i. die alle unsere Handlungen begleitende Gesinnung, sie, als ob sie im Dienste Gottes geschehen, zu betreiben". Hier sucht der „Betende" – anders als im Bittgebet – „nur auf sich selbst (zu Belebung seiner Gesinnungen vermittelst der Idee von Gott)" zu wirken, nicht auf Gott.[171]

Kant redet Klartext: Beten soll und kann auf den Betenden wirken, in ihm den „Geist des Gebets" wecken, seine moralische Gesinnung beleben. Eine Kommunikation mit Gott kann darin nicht stattfinden. Schon das Bedürfnis nach ihr – nach einem Einflussnehmen auf Gott – wäre selbstbezogen, gegen die ewige Weisheit Gottes gerichtet, der man ein Zugeständnis abzuringen hofft. Kant macht das Bittgebet unmöglich; viele folgen ihm mehr oder weniger weit.[172] Der Ertrag: Beten darf nur auf die Erweckung der Gott wohlgefälligen Gesinnung ausgerichtet sein. So ungefähr führen das ja die liturgischen Fürbitten vor Augen, auch wenn sie anders reden. Bittgebet unter Verzicht auf das Gott-um-etwas-Bitten: Kann man es anders sehen, wenn man realisiert, dass es nicht darum gehen kann, Gott zu einer Intervention in den Weltlauf zu veranlassen? Der neuzeitliche Zusammenbruch des Gottes-Interventionismus scheint dem Gott-Bitten gewissermaßen von der anderen Seite her jede Rationalität zu entziehen.[173]

Ist damit alles über die Praxis des Bittgebets gesagt? Auch nur das Wichtigere, gar das Entscheidende? Das Bitten ist unmöglich ge-

---

[169] Die Religion innerhalb der Grenzen der bloßen Vernunft, in: Kants Werke. Akademie Textausgabe, Berlin 1968, Bd. VI, 1–202, hier 194.

[170] Vgl. schon Thomas von Aquin. In der *Summa theologica* heißt es: „Wir beten zu Gott nicht, um seinen Willen zu beugen, sondern in uns (Glaubens-)Vertrauen zu erwecken" (q. 83, a.9 ad 5).

[171] Die Religion innerhalb der Grenzen der bloßen Vernunft, 194 f.

[172] So fordert Saskia Wendel den Verzicht auf das Bittgebet, jedenfalls auf ein solches, das die herkömmliche Ausrichtung des Gott-Bittens vollzieht; vgl. von ihr: Der ‚beständige Wunsch, ein würdiges Glied im Reiche Gottes zu sein' (I. Kant). Das Bittgebet auf dem Prüfstand der Vernunft, in: M. Striet (Hg.), Hilft beten? Schwierigkeiten mit dem Bittgebet, Freiburg i. Br. 2010, 11–30.

[173] Vgl. Saskia Wendel, ebd. 21–23.

worden, wenn es als das selbstbezogene, auf den eigenen Vorteil bedachte Erreichen-Wollen einer Gottes-Intervention in den Weltlauf verstanden wird und so in eine unmoralische Konkurrenz zu Gottes eigenem gutem Willen tritt, der von ihm her geschieht und geschehen soll. Ist das nicht ein Verständnis des Gott-Bittens, das ganz von der Projektion des kindlichen Bettelns überformt wird? Weil man sich von dieser Projektion abwenden will, bestreitet man dem Bittgebet die „interpersonale" Kommunikations-Dimension. So hätte es nur Sinn als Erweckung der moralischen Gesinnung durch mich selbst, möglicherweise in der gemeinsamen gottesdienstlichen Praxis.

Das *Etwas-von-Gott-haben-Wollen* ist tatsächlich der moralische Abgrund des Bittgebets, etwas zutiefst Glaubens-Unmögliches – und doch ein menschlicher, vielleicht allzumenschlicher Impuls, der sich vernünftig zügeln, aber bei elementar Not Leidenden kaum auslöschen lässt. Die Auseinandersetzung mit diesem Impuls durchzieht die christliche Spiritualitäts-Geschichte. Schleiermacher hat eine Generation nach Kant das christliche Bittgebet am *Vater unser* ausgerichtet sehen wollen: als „Gebet im Namen Jesu". Ihm und nur ihm allein gelte „die Verheißung Christi, dass es erhört wird". Ein Gebet im Namen Jesu ist ein solches, „in welchem – was es auch sei – in seiner Beziehung auf das Reich Gottes erbeten wird", um dessen Kommen das *Vater unser* zuerst bittet. Die christlich Betenden beten mit Jesus, wollen „um Christi willen" und mit ihm erhört zu werden „oder sofern das Gebetene in Bezug auf den göttlichen Ratschluss in Christo Gottes Wille sei." Das „richtige Gebet" kann – so Schleiermacher gewissermaßen in Antwort auf Kants Bittgebets-Kritik – „keinen andern Gegenstand haben [...], als was in der Ordnung des göttlichen Wohlgefallens liegt."[174]

Die Orientierung am *Vater unser* ist für christliche Bittgebets-Praxis unaufgebbar. Aber wie wäre sie heute einzulösen, da man sich der Frage nicht entziehen kann, weshalb das Kommen der Gottesherrschaft von Gott zu erbitten und zugleich durch die Bittenden dadurch zu fördern sei, dass sie dem Geschehen seines Willens „auf Erden" dienen; und wie – über all dem – das jahrtausendelange Ausbleiben einer greifbaren Transformation dieser Welt zur Gottesherrschaft hin im Glauben ertragen werden kann. Bleibt das Gebet mit Jesus ohne die zugesagte „Erhörung"? Geht auch die Bitte um das Kommen des

---

[174] Friedrich Schleiermacher, Der christliche Glaube nach den Grundsätzen der evangelischen Kirche im Zusammenhange dargestellt, hg. von M. Redeker, Berlin [7]1960, Bd. 2, 379–382 (§ 147).

Reiches ins Leere? Schon Lukas war von dieser Frage umgetrieben. Seine Gebetsparänese nach der Übergabe des *Vaterunsers* an seine Jünger (Lk 11,5–13) geht mit ihr um. Die beginnt mit der Ermutigung, Gott erhörungsgewiss zu bitten. Er wird die Bitten nicht unerhört lassen, so wenig wie der Nachbar sich dem Nachbarn verweigern wird, den der Besuch des Gastfreundes in Verlegenheit gebracht hat; so wenig wie der Vater, der dem bittenden Kind statt eines Eis nicht einen Skorpion geben wird. So wenig wie? Nein, unendlich mehr noch, fährt Lukas mit einem Schluss vom Kleineren aufs unendlich Größere fort: „Wenn nun ihr [...] euren Kindern gute Gaben zu geben wisst, wie viel mehr wird der Vater im Himmel den Heiligen Geist denen geben, die ihn bitten" (Lk 11,13).

Der rabbinische Schluss würde perfekt schließen, wenn die Perikope mit dem Halbsatz endete: Um wie viel mehr wird der Vater im Himmel denen Gutes – im Übermaß Gutes – geben, die ihn bitten.[175] Dass Lukas diese gute Gabe, die Gott nicht verweigern wird, im Heiligen Geist gegeben sieht, wird man kaum als Ausrede angesichts unerhörter Gebete ansehen dürfen. Der Heilige Geist wird hier vielmehr als für die Glaubenden höchste Gabe angesehen, in die alle anderen erbetenen Güter – wie auch immer – eingeschlossen sein können. Er steht im *Vater unser* für all das, woraus die Menschen leben, für die „energetische Zufuhr", derer sie elementar bedürftig sind und die sie letztlich nicht selbst sicherstellen können[176] – die sie hier betend Gott anheimstellen: Nahrung, Vergebung, Bewahrt-Bleiben vor dem Üblen und Bösen.

Hilft das in der Verlegenheit des Bittgebets weiter? Man kann die Zusage Jesu nach Lk 11,13 im Geist Kants auslegen und dieses „Bitten um den Geist, den ‚Beistand' und ‚Tröster', der Kraft zum moralischen Handeln verleiht", als Bitte auch „um endgültiges Heil, das allumfassende Versöhnung einschließt", als „weiterhin möglich" ansehen.[177] Dann wird man mit Kant aber nicht so weit gehen dürfen, den „Geist des Gebetes" als einen zu verstehen, den man als moralische Gesinnung selbst in sich zu erwecken habe. Saskia Wendel wendet in diesem Sinne schlussendlich gegen Kant ein, „die Befähigung zum ‚Gott wohlgefälligen Lebenswandel'" bedürfe „der Gabe des Bei-

---

[175] Entsprechend endet denn auch die Parallelstelle Mt 7,7–11.

[176] Simone Weil spricht in ihrer Meditation zur Brotbitte des Vaterunsers von der „transzendente[n] Energie, deren Quell im Himmel entspringt, die in uns einströmt, sobald wir es begehren" (dies., Zeugnis für das Gute, 65).

[177] So Saskia Wendel, Der ‚beständige Wunsch', ein würdiges Glied im Reiche Gottes zu sein' (I. Kant), a.a.O., 28.

stands, und den kann sich der Mensch nicht selbst geben"[178]. Hat man diese womöglich Moderne-kompatible Weise des Bittgebets – gegen das monologische Konzept der Selbst-Erweckung der moralischen Gesinnung nach Kant – doch als Gottes-Kommunikation zu profilieren? Wie könnte das Moderne-verträglich gelingen? Oder bleibt das Bittgebet im Geist Jesu auch hier das Moderne-unverträgliche Relikt einer psychologisch verständlichen, aber kaum noch nachvollziehbaren religiösen Konstellation? Mit solchen Fragen geht es für nicht wenige Zeitgenossen um die Glaubbarkeit des christlichen Glaubens im Ganzen.

3.7 Mit Gott zu tun bekommen

Die christliche Glaubensüberlieferung kennt radikale Problematisierungen des Bittgebets, die gleichwohl daran festhalten, dass es sich an Gott richtet und eine kommunikative Beziehung zum Ausdruck bringt. So arbeitet sich schon die mittelalterliche Mystik am selbstbezogenen Charakter des Frömmigkeits-üblichen Bittgebets ab. Meister Eckehart predigt seinen Ordensschwestern: „Wer [im Gebet] Gott sucht und irgendetwas zu Gott hinzu sucht, der findet Gott nicht; wer aber *Gott allein* wirklich sucht, der findet Gott und findet Gott nimmer allein, denn alles, was Gott zu bieten vermag, das findet er zusammen mit Gott. Suchst du Gott und suchst Gott um deines eigenen Nutzens oder um deiner eigenen Seligkeit willen, wahrlich so suchst du nicht Gott."[179] Eckehart geht der harten Konkretion seiner Mahnung nicht aus dem Weg: „Bist du aber krank und bittest Gott um Gesundheit, so ist dir die Gesundheit lieber als Gott, so ist er *dein* Gott nicht"[180]. Bitten heißt *Gott* suchen, nicht etwas neben Gott erlangen wollen. „Die da um irgend etwas als um Gott oder um Gottes willen bitten", sind nach Eckehart nicht in der rechten Beziehung zu Gott.[181] Gott um Gott bitten, dahin soll der Fromme kommen.

---

[178] Ebd., 29.

[179] Predigt 49: Mulier, venit hora et nunc est, in: Deutsche Predigten und Traktate, hg. und übersetzt von J. Quint, München ⁵1978, 383–386, hier 383 f.

[180] Predigt 38: Moyses orabat dominum deum suum, ebd., 335–339, hier 335.

[181] Vgl. die in ihrer Echtheit angezweifelte Predigt 67, Meister Eckhart, Deutsche Werke, Bd. 3, hg. von J. Quint, Stuttgart 1977, 528–529. Vgl. die Sentenz des Cherubinischen Wandersmanns: „Wer Gott um Gaben bitt / der ist gar übel dran: / Er betet das Geschöpf / und nicht den Schöpfer an" (Angelus Silesius, cherubinischer Wandersmann, Erstes Buch, Nr. 178, Kritische Ausgabe, hg. von L. Gnädinger, Stuttgart 2000, 52, Schreibweise ans heutige Deutsch angepasst).

Diese Kritik der Bittgebets-Praxis fokussiert auf den elementaren Vollzug des Gebets „im Namen Jesu", wie Schleiermacher ihn im 19. Jahrhundert einfordert: auf das Gott-ins-Leben-Hereinbitten, damit er mein Leben ergreift und durch seinen Geist zur Wirklichkeit der Gottesherrschaft wandle. Dass dem Herbeigerufenen das Leben in seiner ganzen Not und Ausweglosigkeit dargeboten und betend zu-gesagt wird, dass ihm auch diese Not übergeben wird, davon zeugt das *Vaterunser* selbst, so sehr es diese Not *relativiert, einbindet.* Sein Kommen wird sie nicht übergehen; ihm anvertraut wird sie nicht bedeutungslos. Sie wird zu *seiner Sache*, wo es den Bittenden darum geht, den Mut zum Leben und die gute Hoffnung für sein Gut-werden-Können zu finden; und – von ihm uns anvertraut – *zu unserer Sache*, bei der es darum geht, dieses Leben mitmenschlich gut zu teilen und es mit Gott zu leben.

Meister Eckeharts Bittgebets-Kritik mag man entgegenhalten, sie gehe – anders als das Herrengebet – zu entschieden über die konkrete Lebensnot der Gott-Bittenden hinweg. Ob dieser Einwand aufs Ganze gesehen berechtigt ist, mögen Mystik-Spezialisten beurteilen. Die Entschiedenheit Eckeharts hat indes – gerade für heutige Leser(innen) – eine andere theologische „Pointe": Sie fordert den Selbst-Einsatz der Betenden ein. Was das Bittgebet in Verruf gebracht hat, ist diese kindliche Geste: Bitte, mach du! Sie wird als Geste einer sich selbst entmündigenden Hilflosigkeit wahrgenommen. Wenn der Sinn des Bittgebets im Namen Jesu aber das Hereinbitten Gottes und seiner Herrschaft in mein und unsere Leben ist, muss es als Geste der Gottes-Bereitschaft verstanden und vollzogen werden: Gott um Gott bitten – und, soweit wir darin auch kommen mögen, es ernst meinen. Dass Gott in seinem segnenden Kommen durch seinen Heiligen Geist mein Leben wandelt und für seinen guten Willen in Dienst nimmt, mag theologisch hinreichend selbstverständlich sein. Geistlich und Glaubens-existentiell kann man davor erschrecken. Wenn er mein Leben „in die Hand nimmt" – ohne es mir aus der Hand zu nehmen und es meiner Verantwortung zu entziehen; wenn er es mir am Ende meines Lebens in dieser Welt nimmt, um mich an sich zu nehmen: Wieviel Selbst-Überschreitung und welche Selbst-Hineingabe in sein Kommen wird das bedeuten, wieviel Mich-ergreifen- und Mich-verwandeln-Lassen von dem, der mich da unbedingt angeht?

Um die Lebens-Gemeinschaft mit einem Menschen zu bitten, schon das setzt beim Bittenden unendlich viel aufs Spiel. Er müsste sich dafür entscheiden, die Wege des Gebetenen mitzugehen – und darum bitten, dass er mich bei dem, was mir bevorsteht, nicht im Stich lässt. Was wird es erst bedeuten, um die Lebensgemeinschaft mit Gott zu bitten, um seine Freundschaft! Gesagt ist mir, was gut ist: „Recht tun, Güte lieben und achtsam mitgehen mit deinem Gott" (Mi 6,8). Achtsam mit ihm gehen: Wird einen da nicht elementare Gottes-Angst ergreifen? Wohin wird es mich führen? Was wird Er mit mir machen? Die Faszination mitmenschlicher Liebe mag solche Ängste selig überholen, sodass keine Furcht mehr in der Liebe sein müsste. Aber wie ist es in der Gottesbeziehung? Kann mich ihre Faszination so innerlich ergreifen, dass sie die Angst um mich zur Ruhe kommen lässt? Oder gehört es zum Realismus des Glaubens, dass er sich vor der Wandlung ängstigt, die es bedeutet, mit Gott zu tun zu bekommen? Gehört es zum Realismus des Glaubens, den Heiligen Geist, den Ermutiger und Tröster, in die Angst um mich und um das hereinzubitten, was ich bleiben und nicht verlieren möchte? Wird es schließlich heißen: Geh bitte pfleglich mit mir um, wenn du kommst?

„Nimm mich mir und gib mich ganz zu eigen dir" (Nikolaus von Flüe): das Bittgebet eines Gott-Erfahrenen. Kann es am Horizont eines bürgerlichen Christseins auftauchen, das sich alltäglich davor fürchtet, sich genommen zu werden, schon davor, dass mir dies und das Liebgewordene – von Gott oder von den Notwendigkeiten eines ehrlich geteilten Lebens – genommen wird? Die Furcht vor Gott und seinem Kommen wäre da keine Anmutung in einer autoritär konstellierten Gottes-Bindung. Sie entstammte der Angst vor einer abgründigen Relativierung meiner bürgerlichen Existenz, der ich mich nicht entziehen dürfte und die mir so oder so bevorsteht. Ich muss, darf mich relativieren lassen von dem, der mich darin mit sich beschenkt. Was heißt das für mich, dafür, wie ich lebe, weiter-leben will?

Relativierungs-Angst *und Relativierungs-Freude:* dass es Gott ist, der mich bewohnen und mit sich beschenken will; dass das ein hocherfreulicher Grund ist, diese Relativierung zu feiern, das darf nun nicht im Hintergrund verschwinden. Es schien im Gottesdienst mit seinen so unterschiedlichen, eher formalisierten Weisen des Betens lange wenig spürbar zu werden. Religionsgeschichtlich hat man diese Gottes-Freude gerade in Opferpraktiken ausgelebt. Die Zeiten sind hoffentlich vorbei, in denen sich im christlichen Gottesdienst die graue Stimmung des Sich-Beschuldigens und Klein-Machens gegenüber dem vergebungsbereiten Gott darüberlegte. Die Freude der Gottes-Gemeinschaft schließt die Freude darüber ein, von diesem Gott auch in Schuld und Versagen seiner heilsamen Gegenwart und Gemeinschaft gewürdigt zu werden. Welche Ausdrucksformen fände die Gottes-Freude, wenn die Liturgie – die große Danksagung – ihr nicht mehr den Lebens- und Glaubens-Raum bietet?

Gott um Gott bitten: Da würde ich mich wandlungsbereit und mit Gottes-Freude aus der Hand geben. Hätten die kleinen und großen Bitten des Gebets um „etwas" darin Platz? Haben die kleinen und großen Fragen darin Platz, die das Bittgebet lange schon wachruft;

- danach, warum Gott sich bitten lässt,
- weshalb um das Gute gebeten werden soll und es nicht immer schon geschieht, Gott es nicht immer schon geschehen lässt;
- die Frage nach Erhörung und Nicht-Erhörung,
- nach der Unerbittlichkeit des alltäglich Treffenden, seiner Unabänderlichkeit, Unzugänglichkeit noch für die eindringlichste und notvollste Bitte?

Es wird wohl so sein, dass diese Verlegenheiten und Fragen mit der Adressierung der Bitte an einen quasi-souveränen Allmachts-Gott zu tun haben, wie die Gebets-Geste der sich selbst entmündigenden Hilflosigkeit ihn imaginiert. Da wird Gott auch zuständig für konkrete Abhilfe an der Grenze meiner Möglichkeiten. Die Bitte um Gott aber bittet ihn *jetzt* in *diese* Lebens-Situation herein, damit sie sich öffne und in seine Zukunft hineinführe, auf den Wegen, die ich achtsam mit ihm gehen will. Was die „Erfüllung" dieser Bitte an den einzelnen Umständen verändern würde, die diese Situation ausmachen, lässt sich nicht bittend vorwegnehmen. Der Anruf an Ihn wird die Not und Fraglichkeit meiner Situation nicht verschweigen müssen. Er wird immer wieder zur Klage darüber werden, dass der Kelch nicht vorübergeht. Vorübergehen kann? Die große Anfechtung der konkreten Bittgebets-Praxis wird es bleiben, dass die „Erfüllung" der Bitte nicht die Erweiterung meiner allzu begrenzten Lebens- und Handlungs-Möglichkeiten mit sich bringt, sondern Sein Kommen und Wohnung-Nehmen in mir, unter uns – mit den unabsehbaren Folgen für meine Lebens-Situation, die das mit sich bringen müsste. Dass Gott sich bitten lässt, hat seinen Grund nach Menschen-Ermessen darin, dass Menschen nur empfangen können, worum sie bitten, wenn sie um Beziehung bitten[182]; hier um eine Beziehung, in der ihnen Gottes Kommen und Gegenwärtig-Werden zuteilwird.

---

[182] Simone Weil sagte es so: „Gott allein kommt, die Seele zu ergreifen, und hebt sie empor; das Begehren allein aber veranlasst Gott, herniederzusteigen. Er kommt nur zu denen, die Ihn bitten, dass er komme" (dies., Zeugnis für das Gute. Traktate, Briefe, Aufzeichnungen, dt. Olten 1976, 55).

Bitten und sich für das Erbetene bereiten, so, wie es eben jetzt geht; der Stimme gehorchen, die dazu auffordert, einen Weg für den Herrn durch die Wüste der Unmenschlichkeit und Gott-Entbehrung zu bahnen (vgl. Jes 40,3) und den Herrn zu bitten, dass er kommt – auf den Wegen, die wir zu bahnen versuchen, auf ganz anderen; zu bitten in der Gemeinschaft mit dem Weg-Bahner – dem Archegos (vgl. Apg 3,15; 5,31, Hebr 12,2) –, in dessen Nachfolge es keinen Glaubens-Weg gibt, der nicht in die Gottesgemeinschaft hineinführt: Heißt das, im Sinne Jesu Christi zu bitten und von ihm den Geist des Gebets zu empfangen? Wäre das die Achtsamkeit, die es verlangt, auf seinen Wegen mitzugehen?

Dass unsere Welt und unser Dasein in ihr nicht so sind, wie es Gottes Willen entspricht, dass das Beten mit Jesus bitten muss, Gottes guter Wille geschehe nicht nur im Himmel, sondern auch auf der Erde, macht es zum „verwundeten Wort".[183] Es stellt den Allmachts-Gott in Frage, der alles könnte, wenn er es nur wollte. Dass Gott nicht souverän das Geschehen der Welt bestimmt und lenkt, konfrontiert die Glaubenden mit der alles überschattenden Frage, warum Gott so ist: nach Menschen-Ermessen wenig allmächtig und durchgriffsstark. Die Antworten, die sich finden lassen, sind zu klein für diese Frage. Sie stellt Gottes Existenzfrage und die Existenzfrage des Menschen: Wäre es menschlich, mit einem durchgriffsstark-allmächtigen Gott zu leben? Wäre es göttlich für Gott, ewig nur sich und seinen heiligen Willen zu realisieren? Dass Gott es auf eine Geschichte und die Menschen ankommen lässt, ist unbegreiflich; von den Glaubenden her gesehen unendlich liebenswert, weil es die konkrete Realität seines Liebes- und Beziehungswillens ist. Von leidenden und um ihr Leben betrogenen Menschen her gesehen ist es fast(?) zum Verzweifeln, dass Gott es so sehr auf die Geschichte und die Menschen ankommen lässt, er sich so sehr in das tief zwiespältige, an sich selbst scheiternde Menschsein involvieren und in den Abgrund seiner Katastrophen hineinziehen lässt.

Wie hilflos dieser Gott unter uns und in uns doch ist; wie angewiesen! Nicht wenige verzweifeln an ihm und sehen keinen Grund mehr, sich von ihm etwas Lebens-Bedeutsames zu erhoffen. Aber es scheint auch die Glaubens-Möglichkeit zu geben, sich gerade an diesen Gott zu halten, den Menschen so nahe, ihrem Dasein so immanent, gekommen, sich ihm unauflöslich zu verbinden. Die Welt-

---

[183] So John D. Caputo, Die Torheit Gottes. Eine radikale Theologie des Unbedingten, Ostfildern ²2022, 67 mit Bezugnahme auf Jean-Louis Chrétien.

Katastrophen des 20. und 21. Jahrhunderts haben Glaubende und nach Glauben Suchende mit dieser Gottes-Situation konfrontiert. An ihr, an diesem Gottes-Skandal vorbei wird Gott christlich nicht mehr zu glauben und von ihm nicht mehr zu sprechen sein. Vermutlich mit unabsehbaren Folgen für diesen Glauben.

Eine Zeugin sei aufgerufen, die sich dieser Gottes-Situation als Jüdin bis an die Grenze des Menschen- und des Denkmöglichen gestellt hat: Etty Hillesum, eine junge Amsterdamer Intellektuelle, die vor ihrer Ermordung in Auschwitz im Herbst 1943 ein Tagebuch geführt und sich darin auch Rechenschaft über ihre Gottes-Wahrnehmung zu geben versuchte. Sie wusste von einem Gott, der in ihr Wohnung genommen hat und den sie so anspricht:

„[…] Ich werde dir helfen, Gott, dass du nicht in mir zugrunde gehst, aber ich kann im Voraus für nichts garantieren. Aber eines wird mir immer klarer: dass du uns nicht helfen kannst, sondern dass wir dir helfen müssen, und dadurch helfen wir uns selbst. Und das ist das Einzige, was wir in dieser Zeit bewahren können, und auch das Einzige, auf das es ankommt: ein kleines Stück von dir in uns selbst, Gott. Und vielleicht können wir auch mithelfen, dich in den geplagten Herzen anderer zutage zu fördern. Ja, mein Gott, an den Umständen scheinst du nicht viel ändern zu können, sie sind nun einmal auch Teil dieses Lebens […] Und fast mit jedem Herzschlag wird mir klarer, dass du uns nicht helfen kannst, sondern dass wir dir helfen müssen und dass wir die Bleibe in uns, in der du wohnst, bis zum Ende verteidigen müssen […] Du wirst wohl auch noch karge Zeiten in mir erleben, mein Gott, in denen du nicht so stark durch mein Vertrauen genährt wirst, aber glaube mir, ich werde mich weiterhin für dich einsetzen und dir treu bleiben und dich nicht aus meinem Revier verjagen […] Du siehst, ich sorge gut für dich. Ich bringe dir nicht nur meine Tränen und ängstlichen Vorahnungen dar, ich bringe dir an diesem stürmischen, grauen Sonntagmorgen sogar duftenden Jasmin. Und ich werde dir alle Blumen bringen, denen ich auf meinem Weg begegne, mein Gott, und das sind wahrlich viele. Du sollst es so gut wie möglich bei mir haben."[184]

---

[184] Etty Hillesum, Ich will die Chronistin dieser Zeit werden. Sämtliche Tagebücher und Briefe 1941–1943, hg. von K. A. D. Smelik, dt. Ausgabe hg. von P. Bühler, München 2023, 620 f.

Etty Hillesum weiß sich in Gottes Not hineingenommen, von ihr gefordert, seine Anwesenheit, sein Wohnen-Können in dieser Welt des Hasses und des Grauens zu schützen und für die ihr Anvertrauten selbst zu leben.[185] Zugleich bittet sie ihn um die Kraft für diesen Gottes- und Menschendienst. Sie konfrontiert mit einer Inversion des Bittgebets, nach der Gott und sie selbst – Gottes Wohnort in der Welt – einander bedürfen und stärken müssen. Ist diese authentisch mystische Deabsolutierung Gottes die äußerste Konsequenz eines Abschieds von der Metaphysik des Absoluten, in der man noch annahm, dass das Göttlich-Absolute sich aus dem Verderben der Welt heraushalten konnte?[186] Wenn es aber seine herrscherlich-transzendente Souveränität eingebüßt hat, wenn es dem Unheil so radikal immanent geworden ist, wie sollte man ihm die Rettung zutrauen können? Der Zeitgeist scheint nach den Katastrophen des 20. und den Ausweglosigkeiten des beginnenden 21. Jahrhunderts überhaupt dahin gekommen, der großen, rettenden Transzendenz jeden Kredit zu entziehen.

---

[185] In einer vergleichbaren Lebens-Situation hat Dietrich Bonhoeffer von der Gottesnot gesprochen. In der 2. Strophe seines Gedichts *Christen und Heiden* greift er das Motiv der Hilflosigkeit Gottes in einem christologischen Assoziationsraum auf: „Menschen gehen zu Gott in seiner Not, / finden ihn arm, geschmäht, ohne Obdach und Brot, / sehn ihn verschlungen von Sünde, Schwachheit und Tod. / Christen stehen bei Gott in Seinem Leiden" (Widerstand und Ergebung, Dietrich Bonhoeffer Werke, Bd. 8, hg. von Chr. Gremmels, E. Bethge, R. Bethge, in Zusammenarbeit mit I. Tödt, Gütersloh 1998, 515 f.). Als Kontrasttext zu den von Etty Hillesum und Dietrich Bonhoeffer Zitierten darf hier Wolfgang Borcherts Kriegsheimkehrer-Stück „Draußen vor der Tür" nicht übergangen werden. Beckmann sagt es dem alten Mann *Gott* auf den Kopf zu: „Ja, das ist es Gott. Du kannst es nicht ändern. Wir fürchten dich nicht mehr. Wir lieben nicht mehr. Und du bist unmodern. Die Theologen haben dich alt werden lassen." Gott kann nichts ändern an den verschlossenen Türen. So steht er mit dem Kriegsheimkehrer vor der Tür, die sich ihm nicht öffnet. Beckmann: „Wir stehen alle draußen. Auch Gott steht draußen, und keiner macht ihm mehr eine Tür auf" (Wolfgang Borchert, Draußen vor der Tür. Ein Stück, das kein Theater spielen und kein Publikum sehen will, 5. Szene, Husum 2020, 45). Man lässt ihn nicht mehr herein, um unter uns zu wohnen.

[186] Hans Jonas hat die Dramatik dieses Abschieds angesichts des Grauens von Auschwitz in einem modernen Mythos todernst durchzuspielen versucht; vgl. von ihm: Der Gottesbegriff nach Auschwitz. Eine jüdische Stimme, in: ders., Philosophische Untersuchungen und metaphysische Vermutungen, Frankfurt a. M. 1994, 190–208.

4. Der unermesslich „große" Gott nahbar, mein Nächster

4.1 Herrscher-Projektionen und die „Schwächung" Gottes

Etty Hillesum befremdet die in Liturgie und privater Frömmigkeit gepflegte Gottes-Intuition, da sie die gewohnte Rollenzuweisung umkehrt: der auf den Menschen angewiesene Gott und die Glaubende, die ihm Obdach gibt. Bringt sie eine Glaubens-Bewegung zur letzten Konsequenz, die *Gianni Vattimo* lange nach ihr „Schwächung des Seins", so auch des Gottes der Metaphysik nannte? Der Kontrast zwischen Hillesums Gottes-Anrede und der Kyrie- und Gloria-Huldigung an den All-Herrscher könnte kaum größer sein. Das Gloria rühmt den höchsten Herrscher als „König des Himmels [...], Herrscher über das All". Übergroß ist seine „Herrlichkeit"; er allein ist der Heilige. Sein Erbarmen wird gefeiert: dass er unter uns ist mit seiner herrscherlichen Gnade, derer wir uns erfreuen dürfen.

Die Formeln sind aus der Zeit gefallen. Huldigung und Lobpreis werden noch inszeniert, wenn es gilt, Weltmeister zu empfangen oder den Stars der Musikszene zuzujubeln. Den Herrscher-Gestalten unserer so zwiespältig gewordenen Weltordnung wird eher nicht mehr gehuldigt; es sei denn, sie inszenieren sich wie Popstars. Der Jubel mag dem Glücksgefühl entspringen, der Lichtgestalt einer verführten Fan-Öffentlichkeit nahezukommen. Mit Gott bringt man ihn kaum in Verbindung. Vielleicht noch mit dem Papst; aber auch der bemüht inszenierte Papst-Kult des 19. Jahrhunderts scheint heute nur eine dürftige Nachblüte zu erleben. Der Franziskus-Papst hat auch keine Ambitionen mehr, sich ihm darzubieten.

Von welcher Schwächung wäre zu reden? Und inwiefern ist sie von elementar religiöser Bedeutung, von Bedeutung insbesondere für eine post-moderne (?) Relecture des christlichen Erbes? Mit Vattimos *Pensiero debole* ins Gespräch zu kommen mag einen Zugang bahnen zu einer Dynamik des Christentums-Wandels, an der sich heute mehr denn je die Geister scheiden.[187] Seine Relecture des Christlichen will diesem Wandel auf den durch die klassische Metaphysik verschütteten Grund gehen. Sie versteht sich als nachmetaphysisch und vollzieht die Schwächung des Seins nach: die im europäischen Denken und Weltverhältnis über Jahrhunderte sich durchsetzende

---

[187] Vgl. Gianni Vattimo, Glauben – Philosophieren, dt. Stuttgart 1997; ders., Das Ende der Moderne, dt. Stuttgart 1990.

„Schwächung der starken Strukturen" und Prinzipien, denen die Menschen und ihr Denken sich zu unterwerfen hatten[188], die „Schwächung der zwangsausübenden Macht der ‚Wirklichkeit'" wie auch derer, die den starken Prinzipien mit weltlicher Macht Geltung verschaffen wollten. Die „Dominanz des Objekts" als des unabdingbar Vorgegebenen und Aufgezwungenen sollte mit der Aufklärung seines Bedingtseins gebrochen werden. Das Subjekt bestritt ihm die Macht, Welt zu bestimmen und vorzugeben. Es übernimmt selbst die Herrschaft, eine Herrschaft, die sich „reaktiv mit denselben Merkmalen zwangsausübender Macht ausstattet, die der Objektivität zu eigen sind."[189] Die Subjekt-stärkende Moderne ist nach Vattimo nun an ihr Ende gekommen. Auch das Subjekt ist jetzt in seiner Setzungs-Macht geschwächt.[190] Jede Dominanz, auch die des Subjekts, ist delegitimiert. Nun müssen Verhältnisse eines guten Miteinanders gefunden werden. Das Subjekt ist weder aufs bloße Hinnehmen reduziert noch zur bloßen Selbstbestimmung ermächtigt, sondern zum Verstehen und einfühlend-interpretierenden Ausloten der Möglichkeiten herausgefordert, im Zusammenwirken mit dem Gegebenen ein gutes Leben mit allen Beteiligten zu führen.

Die nachmetaphysische Schwächung der Herrschafts-Legitimation vollzieht – so Vattimo – die neutestamentlich bezeugte Schwächung des allmächtigen Herrscher-Gottes nach, seine *Kenosis* im Sohn, der seine Gottes-Position aufgibt und sich der Schwäche des Menschseins bis zum Ende aussetzt.[191] Dieser Impuls zur Schwächung geheiligter, von oben nach unten hierarchisierter und stabil gehaltener Seins-Strukturen sei von der metaphysischen Durchdringung des Christentums aufgehalten worden. Nun komme er mit der neuzeitlichen Säkularisierung zum Durchbruch. Säkularisierung bedeutet für Vattimo die De-Sakralisierung aller angeblich übervernünftigen, starken, nicht legitimationsbedürftigen Autoritäten, auch der Autorität eines absoluten Gottes, „der so weit über unseren Ideen von Gut und Böse steht, dass er wie ein launenhafter, sonderbarer Herrscher erscheint"[192]. Gott selbst delegitimiert die absolute Herrscher-Position. Er will „nicht als Herr [...], sondern als Freund"

---

[188] Vgl. Gianni Vattimo, Glauben – Philosophieren, 28 f.; Das Ende der Moderne, 7.
[189] Vgl. Das Ende der Moderne, 32.
[190] Das ist für Vattimo das unterscheidende Merkmal der Postmoderne zur Moderne.
[191] So der Philipperbrief-Hymnus Phil 2,5–11. Vgl. die narrative Inszenierung der Absage an allzumenschliche Allmachts-Projektionen in den Erzählungen von den Satans-Versuchungen Jesus in der Wüste Mt 4,1–11parr.
[192] Ebd., 37.

gedacht werden.[193] Nicht durch den Gehorsam gegen verabsolutierte kontingente Gegebenheiten und Geltungsansprüche als in seinem Schöpferwillen gesetzt will er geehrt werden.[194] So verstandene Säkularisierung sei „als konstitutives Merkmal einer authentischen religiösen Erfahrung" zu begreifen.[195] Christlich geht sie zurück auf Gottes kenotische Selbsttranszendenz zur Menschen-Freundschaft. Sie geschieht als Liebe, an der die Menschen teilzunehmen herausgefordert sind. Das *Geschehen* der Liebe ist der Sinn der Gottesoffenbarung, des Über-sich-Hinausgehens Gottes in der Kenosis. Aber noch einmal gegen die herkömmliche Metaphysik gewendet: Die Wahrheit der Liebe – Gottes Wahrheit – ist keine objektive Vorgegebenheit, kein letztes Seins-Prinzip, vielmehr ein Geschehen, nach dessen Bedeutung immer wieder gefragt werden muss, dessen Sinn immer wieder ausgelegt und als Gottes-Geschehen verstanden zu werden verlangt.[196] So wird auch nach Gott nicht als dem Prinzip und dem „Gipfel"[197] einer ewigen Seins-Ordnung zu fragen, sondern sein Dasein im Sinn des Geschehens von Liebe zu erkennen sein.

Vattimos Dekonstruktion der Gottes-Rede vom allerhöchsten Herrn und Herrscher samt ihrer Begründung im paulinischen Kenosis-Motiv beansprucht eine Zeit-, ja eine Epochenwende-Ansage: Die Revolution des Gott-Denkens wird postmodern realitätsbestimmend in der De-Plausibilisierung der Hierarchie-Logik und mit ihr verbundener Herrschafts-Verhältnisse. Das heißt nicht, dass sich die Faszination der Herrschaft aufgelöst hätte – in Europa nicht, in anderen Weltregionen schon gar nicht. Die Usurpation der eschatologisch-heilsamen Gottesherrschaft durch Menschheitsbeglücker ist in vollem Gange. Sie imaginiert die beste aller möglichen Herrschaften. In ihr wäre mit künstlicher Intelligenz und der ihr möglich gewor-

---

[193] Vgl. ebd., 41. Vattimo bezieht sich auf die Abschiedsreden Jesu nach dem Johannesevangelium, in denen Jesus seine Jünger so anspricht: „Ich nenne euch nicht mehr Knechte, denn der Knecht weiß nicht, was sein Herr tut. Vielmehr habe ich euch Freunde genannt; denn ich habe euch alles mitgeteilt, was ich von meinem Vater gehört habe." Ebd., 57 spricht Vattimo von diesem Jesus-Wort als einer „paradoxe[n] Aussage".

[194] John D. Caputo nimmt die Herausforderung dieses an Paulus orientierten „schwachen Denkens" auf und plädiert für eine „schwache Theologie". Außer auf Vattimo stützt er sich auf Derridas Konzept des machtlosen Rufs (nach Gerechtigkeit), des „Unbedingten ohne Souveränität". Mit Derrida versteht er Religion als „eine Art von Bindung ohne Macht, uns mit der starken Kraft einer tatsächlichen weltlichen Macht zu binden" (John D. Caputo, Die Torheit Gottes, 15, 22 und 78).

[195] Gianni Vattimo, Glauben – Philosophieren, 9.

[196] Vgl. ebd., 68f.

[197] Vgl. ebd., 92f.

denen Annäherung an das Innerste der Menschen am besten für sie gesorgt, so dass sie keine weiteren Fragen und Forderungen stellen müssten. Wird sich Jesu Botschaft von der Gottesherrschaft als Säkularisierungs- und Usurpations-resistent erweisen, da sie die ganz andere Herrschaft nicht von dieser Welt ankündigt? Diese Frage steht seit Jahrhunderten auf der Tagesordnung. Sollte man sie theologisch so beantworten, dass man sich überhaupt vom Herrschafts-Denken abwendet, wie es Vattimo als Konsequenz seines schwachen Denkens einfordert?

Am Begriff der Gottes-*Herrschaft* zeigt sich prekär und aufschlussreich, dass zentralen Motiven der Verkündigung Jesu keine überzeitliche „Richtigkeit" und Erschließungskraft zukommt. Herrschaft erscheint in der Moderne unaufhebbar ambivalent. So ist kaum damit übereinzubringen, wie Jesus von Nazaret Gott offenbart und wie er ihn gelebt hat. Gottes-*Herrschaft* als Metapher verstanden spricht von einer heute zerbrochenen Spannung; zerbrochen unter dem Druck einer radikalen Säkularisierung von Herrschaft, die nichts Göttliches mehr an sich hat und nicht mehr mit Gott assoziiert wird – es sei denn, man bringt sie mit der schwachen Herrschaft der Bitte und des Anrufs der Gerechtigkeit in Zusammenhang. Beim Blick auf den für seine Botschaft von der Gottesherrschaft und sein „Königtum" nicht von dieser Welt Gekreuzigten wird man Gott eher mit den Opfern von Herrschaft verbunden sehen. Etty Hillesum hat es bezeugt. Friedrich Hölderlin brachte den Befremdlichkeits-Schub prägnant zum Ausdruck, dem die Assoziation Gott und Herrschaft neuzeitlich ausgesetzt wird: „Jetzt da wir kennen den Vater [...] Der Hohe sich [...] Froh zu den Menschen geneigt hat. Zur Herrschaft war der immer zu groß."[198] Und Ricœur regt an, „das Theologisch-Politische neu zu überdenken, nämlich das Ende eines bestimmten Theologisch-Politischen, das allein auf das vertikale Verhältnis Beherrschung/Unterordnung aufgebaut ist." Eine für ihre politischen Implikationen sensible Theologie müsse „aufhören, sich als Theologie der Herrschaft zu konstituieren".[199]

Man mag den Eindruck haben, hier treibe der Zeitgeist eines schwachen Denkens den Geist Jesu aus den Köpfen postmoderner

---

[198] Friedrich Hölderlin, Friedensfeier. Dritter Ansatz; in: ders., Werke und Briefe, hg. von F. Beißner und J. Schmidt, Frankfurt a. M. 1969, Bd. 1, 162.

[199] Paul Ricœur, Phänomenologie der Religion, in: ders., An den Grenzen der Hermeneutik. Philosophische Reflexionen über die Religion, hg., übersetzt und mit einem Nachwort versehen von Veronika Hoffmann, Freiburg i. Br. – München 2008, 85–94, hier 94 Fn. 5.

Philosoph(inn)en und Theolog(inn)en. Geht nicht Glaubens-Entscheidendes verloren, wenn die Hoheits- und Herrscher-Semantik theologisch aufgegeben wird? Kann es das Gottesverhältnis adäquat zum Ausdruck bringen, wenn man auch hier – wie es den Idealen einer therapeutisch-aufgeklärten Gesellschaft entspricht – eine Beziehung „auf Augenhöhe" imaginiert, die Über- und Unterordnungs-Konstellationen hinter sich lässt? Die Enzyklika *Quas primas* vom 11. Dezember 1925, die das Christkönigsfest in der katholischen Kirche einführte, hat der Zersetzung der Herrschafts-Semantik durch den offenbar unaufhaltsamen – dann doch so schrecklich aufgehaltenen – Trend zur Demokratisierung theologisch Paroli zu bieten versucht. Sie will festhalten, dass Christi Königtum wirkliche Herrschaft mit legislativer, judikativer und exekutiver Gewalt ist (so DH 3677). Daran schien auch die herrscherliche Sachwalterschaft der Kirche für dieses Königtum zu hängen. Die theologische Begründung verdient Aufmerksamkeit: Jesus Christus hat als der im Himmel Vollendete Anteil an der „höchste[n] und unumschränkte[n] Herrschaft" des Vaters „über alle geschaffenen Dinge" (DH 3675). Gott-Vater, der absolut souveräne Schöpfer des Alls, übt sie – so wird der Gedanke von der Enzyklika weiter in Anspruch genommen – durch den Sohn über die Welt aus. Ihm hat er seine Herrscher-Gewalt ewig mitgeteilt; ihm kommt es zu, die Geschöpfe, die der Vater dazu berufen hat und die sich dieser Berufung öffnen, in die himmlische Vollendung des Geschaffenen hineinzuführen.

Diesen metaphysischen Stein des Anstoßes rollt die Theologie der postmodernen Schwächung des Absolutheits-Gottes in den Weg: Wie ist Gottes Not in und mit der Schöpfung zusammenzudenken, zusammenzuglauben mit dem Schöpfungsglauben und der Hoffnung auf die von ihm eschatologisch herbeigeführte Vollendung der Gottesherrschaft, in der die Tränen getrocknet wären auf jedem Angesicht (Jes 25,8)? Muss man Gott nicht doch zuschreiben, dass er „stärker" und mächtiger ist als es die so oft unheilvollen Gegebenheiten dieser Welt je sein könnten? Kommt man – so wird vielfach weitergefragt – über diesen Stein des Anstoßes womöglich nur hinweg, wenn man dem christlichen Gottesgedanken und Gottesglauben den Abschied gibt? Das christliche Glaubensbewusstsein steht hier, nicht erst heute, heute aber unübersehbar, vor seiner Schicksalsfrage. Wenn es mit der in Jesus Christus und vielen anderen Leidenden greifbar und anschaubar gewordenen Schwäche Gottes ernst ist, wie kann es mit seinem Schöpfer- und Vollender-Sein noch ernst sein?

Paulus hat wohl als erster von der Schwäche Gottes gesprochen (1 Kor 1,25). Schelling hat das befremdliche Wort des Paulus aufgegriffen und zugespitzt: Gottes Schwäche – Schelling zitiert hier den griechischen Wortlaut des Ersten Korintherbriefs ausdrücklich – „kann man insbesondere in seiner Schwäche für den Menschen erkennen. Aber in dieser Schwäche ist er stärker als der Mensch. Sein Herz ist groß genug, um *alles* fähig zu seyn."[200] Das ist – so möchte ich sagen – eine unglaublich starke Formulierung: Gottes unüberwindliche Schwäche für den Menschen. Aber was macht ihre Stärke aus? Beseitigt sie die metaphysische Unmöglichkeit des christlichen Gottesglaubens? Oder bringt sie ihn auf eine unvergleichlich prägnante Metapher, die das zugrundeliegende Problem, wie Gottes „Herz" so groß sein kann, dass es „alles fähig ist", doch nicht auflöst? Unverkennbar ist, dass die Christologie die Parameter *Größe*, *Stärke* und nach Paulus ja auch *Weisheit* irgendwie durcheinanderbringt und zu einer Neubestimmung drängt[201], die mit dem All-Quantor – *all*-mächtig, *all*-weise – nicht schon geleistet ist.

4.2 Unermesslich? Unbegreiflich?

Gottes sein-lassende, kreativ Lebens-ermächtigende Schwäche und seine unermessliche, alles durchwirkende, Vollendungs-mächtige Stärke, die doch „alles fähig" sein soll: Wie geht das zusammen? Wie ist es *zusammen*zudenken, alltäglich *zusammen*zuglauben? Wie kann man da über den Skandal der Schwäche eines Gottes hinwegkommen, der es nicht vermag, die Menschheit vor den schlimmsten, menschengemachten Heimsuchungen zu bewahren? Theodizee-Frage und Theodizee-Klage sind dem Gottesglauben neuzeitlich zum Schicksal geworden. Auch den Alltags-Glauben haben sie erschüttert und mit Fragen konfrontiert, die er nicht mehr loswird. Das theologische Ausweichen in Gottes Unbegreiflichkeit verlor weithin seine Glaubwürdigkeit und scheint gerade hier unausweichlich.

Viele der hier offenen Fragen haben damit zu tun, dass man seit dem 20. Jahrhundert genötigt scheint, Gott und die Evolution zu-

---

[200] Friedrich Wilhelm Joseph Schelling, Philosophie der Offenbarung, 2 Bde., Ausgewählte Schriften, Darmstadt 1974, Bd. 2, 26.

[201] Rainer Maria Rilke hat diesen Neubestimmungs-Bedarf in Verse gebracht: „Sieh, der Gott, der über Völker grollte. / Macht sich mild und kommt in dir zur Welt. / Hast du dir ihn größer vorgestellt? / Was ist Größe? Quer durch alle Maße, / die er durchstreicht, geht sein grades Los" (Geburt Christi, aus: Marienleben [1912]).

sammenzudenken – den unermesslichen Gott und die Evolution in ihren unermesslichen, alltäglich unvorstellbaren Dimensionen und Eigendynamiken. Das evolutionäre Denken drängt sich als mehr oder weniger allumfassende Rahmentheorie auf. Es scheint die Möglichkeit zu eröffnen, Kosmologie, Biologie, die Entwicklung des Lebens, die Herausbildung geistiger Fähigkeiten und Vollzüge, die elementaren geschichts- und kulturbestimmenden Prozesse im Zusammenhang zu erklären. Noch die Entstehung von Raum und Zeit sind evolutionstheoretisch herleitbar; nicht jedoch – und das ist eine wichtige Einschränkung – die Ausgangsbedingungen, aufgrund derer evolutionär erklärbare Prozesse überhaupt erst in Gang kommen konnten. In den empirischen Wissenschaften werden immer dichtere evolutionäre Erklärungen für alle beobachtbaren oder aus Beobachtungen erschließbaren Prozesse formuliert und mit den neuesten Forschungsergebnissen abgeglichen. Die Frage nach dem Sinn der Evolution bleibt freilich ungefragt. Evolution geschieht, weil sie geschieht? Oder ist etwas in ihr und durch sie „beabsichtigt"? Geht sie doch auf eine Intention zurück, die nicht durch die Erklärung der Prozesse aufgehellt werden kann, in denen sie sich vollzieht?

Evolutionstheorien sind mit der Kontingenz der Evolution selbst konfrontiert. Dass sie möglich wurde und geschieht, bleibt ihnen grundlos; unerklärlich ist ihnen, warum sie geschieht und wohin sie unterwegs ist. Muss es nicht so sein, wenn nur kausale Erklärungen zugelassen und finale Deutungen ausgeschlossen sind? Mit einer finalen Deutung käme womöglich Gott in den Blick, der Gott, der die Evolution wollte, sie – wie auch immer – hervorrief und ihr das Wozu vorgibt. Es wäre freilich auch der Gott, der sich auf die Evolution einließ, nicht mehr souverän eingreift, um ihre „Katastrophen" abzuwenden – auch da nicht, wo Menschen Unermessliches anrichten. Der Gott, der sich auf Evolution einlässt, *riskiert* sie. Kann er sich in sie einbringen, um in ihr Gutes hervorzurufen, es wie auch immer zu ermöglichen? Kann er noch – wie könnte er – in ihr schöpferisch mitwirken, in ihr seinen guten Willen geschehen zu lassen? Das sind Fragen, wie sie die Prozesstheologie aufwirft und angesichts des theologischen Problem-Drucks, den sie geltend machen, auch nicht anders kann, als einer Schwächung des allmächtig-souveränen Gottes das Wort zu reden.[202] Der Gott, der sich auf Evolution einlässt,

---

[202] So etwa Charles Hartshorne; dazu: Julia Enxing, Gott im Werden, sowie J. Enxing – K. Müller (Hg.), Perfect Changes. Die Religionsphilosophie Charles Hartshornes,

wird sich einbringen, indem er Menschen befähigt, seinen guten Willen zu wagen; indem er sie – sehr menschlich gesprochen – in die Hoffnungs-Perspektiven hineinlockt, die er ihnen eröffnet und zu der Hoffnung verlockt, für die er sich verbürgt.[203] Hat er sich damit nicht so tiefreichend entmächtigt und auf die Menschen eingelassen, dass er kaum noch für ein gutes Ende – wie auch immer es erreicht werden und was es überhaupt bedeuten könnte – einzustehen vermag? Hans Jonas hat die Dramatik dieses Gedankens im Blick auf das in Auschwitz Geschehene zu durchdenken, eher in diesem selbst erfundenen Mythos durchzuspielen versucht: Im Schöpfungsakt entsagte Gott einem Allmächtig-Sein, das ihn Herr alles Geschehens sein ließ:

> „[...] aus unerkennbarer Wahl, entschied der göttliche Grund des Seins, sich dem Zufall, dem Wagnis und der endlosen Mannigfaltigkeit des Werdens anheimzugeben. Und zwar gänzlich: Da sie einging in das Abenteuer von Raum und Zeit, hielt die Gottheit nichts von sich zurück; kein unergriffener und immuner Teil von ihr blieb, um die umwegige Ausformung ihres Schicksals in der Schöpfung von jenseits her zu lenken, zu berichtigen und letztlich zu garantieren. Auf dieser bedingungslosen Immanenz besteht der moderne Geist. Es ist sein Mut oder seine Verzweiflung, in jedem Fall seine bittere Ehrlichkeit, unser In-der-Welt-Sein ernst zu nehmen: die Welt als sich selbst überlassen zu sehen, ihre Gesetze als keine Einmischung duldend und die Strenge unserer Zugehörigkeit als durch keine außerweltliche Vorsehung gemildert."[204]

Kein selbstgewiss-allmächtiger, vielmehr ein *sich sorgender* Gott, „verwickelt in das, worum er sich sorgt [...] Irgendwie hat er, durch einen Akt unerforschlicher Weisheit oder der Liebe oder was immer das göttliche Motiv gewesen sein mag, darauf verzichtet, die Befriedigung seiner selbst durch seine eigene Macht zu garantieren, nachdem er schon durch die Schöpfung selbst darauf verzichtet hatte, alles in allem zu sein." Gottes Gott-Sein könnte dann – so Hans Jonas –

Regensburg 2012. Vgl. Roland Faber, Gott als Poet der Welt. Anliegen und Perspektiven der Prozesstheologie, Darmstadt 2003.

[203] Von der „überredenden Macht" des Göttlichen spricht Alfred N. Whitehead; vgl. ders., Abenteuer der Ideen, dt. Frankfurt a.M. 2000, 315f.; vgl. Klaus Müller, Gott jenseits von Gott. Plädoyer für einen kritischen Panentheismus, hg. von F. Schiefen, Münster 2021, 307f.

[204] Hans Jonas, Der Gottesbegriff nach Auschwitz, a.a.O., 193f.

nicht mehr als absolute Selbst-Vollkommenheit, bestimmt nicht mehr als vom Prozess der Evolution und dem Handeln der Menschen unbetroffene Autarkie gedacht werden. „Verzichtend auf seine eigene Unverletzlichkeit, erlaubte der ewige Grund der Welt, zu sein. Dieser Selbstverneinung schuldet alle Kreatur ihr Dasein und hat mit ihm empfangen, was es vom Jenseits zu empfangen gab. Nachdem er sich ganz in die werdende Welt hineingab, hat Gott nichts mehr zu geben: Jetzt ist es am Menschen, ihm zu geben. Und er kann dies tun, indem er in den Wegen seines Lebens darauf sieht, dass es nicht geschehe oder nicht zu oft geschehe, und nicht seinetwegen, dass es Gott um das Werdenlassen der Welt gereuen muss."[205]

Ist das nicht der Mythos von der Abdankung Gottes – oder seiner Weigerung, die Verantwortung für seine Schöpfung zu übernehmen; Reflex vielleicht eines kaum verhohlenen „Atheismus ad maiorem Dei gloriam" (Odo Marquard), der sich gezwungen sieht, Gott zu verabschieden, da er ihm die auch für ihn untragbare Verantwortung für Auschwitz nicht aufladen möchte? Zwei Ausgänge und einen grundstürzenden Gedanken hält die Vorstellung vom Sich-Hinein-geben Gottes in die von ihm gewollte Evolution alles Geschaffenen bereit: Gott konnte und kann nicht anders, als der Evolution ihren Lauf zu lassen. *Erster Ausgang:* Dann hat die Evolution allein das Regiment – und Gott ist entschuldigt, weil aus dem Spiel. *Zweiter Ausgang:* Die Evolution hat das Regiment nicht nur deshalb, weil Gott das Regiment an sie abgegeben hat, sondern weil es Gott und seine Herrschaft nie gab und niemals geben wird. Das wäre der Preis für eine Antwort auf die Theodizee-Frage: Der von ihr zur Rechenschaft Gezogene ist entweder nicht zurechnungsfähig oder tot. Dem Glauben, der sich an ihn halten will, entzieht er sich; oder er desavouiert ihn durch seine Nicht-Existenz.

Der Glaubens-Protest gegen diese Zwangslage müsste ein Involviert-Sein Gottes in die Evolution annehmen, die weniger Diesseits-Immanenz bedeuten würde, als der „moderne Geist" sie meint einfordern zu müssen, und doch so viel Gottes-Immanenz im evolutionären Prozess, dass man die Vorstellung eines *Deus ex machina*, der eingreift, wenn die Dinge aus dem Ruder laufen, als unangemessen durchschauen müsste. Der Glaubens-Protest gegen die Theodizeegestützte Erledigung Gottes braucht Argumente, mehr noch Vorstellungskraft und narrative Phantasie, um in der Zwangslage des Gottesglaubens und der in ihm festgehaltenen Gottesbeziehung den

---

[205] Ebd., 200 f. und 207.

Horizont eines Lebens mit Gott zugänglich halten zu können. Es bräuchte die imaginative Anbahnung von Glaubens-Alternativen: dass es anders sein könnte, als es die Alternativen eines verausgabten, keine Hoffnung mehr rechtfertigenden Gottes oder eines Gottes, der sich mit den Katastrophen der Geschichte erledigt hat, bezwingend geltend machen.

Kann Gott sich überhaupt einbringen, „rettend" hineinkommen in das, was nach den Verlaufs-Gesetzen der Evolution geschieht oder durch die Dynamik menschlicher Selbstbehauptung in die Welt gebracht wird? Kann er noch helfen? Die Frage spannt den Horizont auf, in dem der Gottesglaube nach den Menschheits-Katastrophen des 20. Jahrhunderts sich zu artikulieren hat. Emblematisch wird er aufgerissen in Wolfgang Borcherts *Draußen vor der Tür:* Gott draußen vor der Tür; niemand lässt ihn rein, niemand lässt ihn noch dazwischenkommen. Ein Jahrhundert zuvor schon imaginierte Friedrich Hebbel Gottes Hilflosigkeit in Judiths Traum:

> „Gott! Gott! rief ich in meiner Angst, – hier bin ich! Tönte es aus dem Abgrund herauf, freundlich, süß; ich sprang, weiche Arme fingen mich auf, ich glaubte, einem an der Brust zu ruhen, den ich nicht sah, und mir ward unsäglich wohl, aber ich war zu schwer, er konnte mich nicht halten, ich sank, sank, ich hörte ihn weinen, und wie glühende Tränen träufelte es auf meine Wange."[206]

Gott, eine leere Verheißung, die mich nicht halten kann, mich schließlich – so mag es in einer evolutionär verstandenen Welt erscheinen – untergehen lässt in einem universalen Prozess, in dem es für meine Relativierung zum Staubkorn kein Halten mehr gibt? Das ist ja die Makro-Wahrnehmung, in die mich die evolutionäre Sicht aller Dinge hineinzieht: Nicht mehr vorstellbare Räume, die exorbitante Zahl der Milchstraßen machen mich wie jeden Menschen auf diesem einen Himmelsobjekt unter Aber-Milliarden zur *Quantité négligeable*, der, wenn sich der Blick auf diese Unendlichkeit zu weiten versucht, keinerlei Wichtigkeit für irgendetwas zuzusprechen wäre: absolut vorübergehend, folgen- und bedeutungslos. Die Unendlichkeit als leerer Raum, vorübergehend angefüllt mit unendlich gleichgültigen Gegenständen; ein in sich hohles, zum Zusammenbruch verurteiltes „Weltgebäude" ohne Baumeister, mit für einen Augen-

---

[206] Friedrich Hebbel, Werke, hg. von G. Fricke, W. Kelber und K. Pörnbacher, Bd. 1, München 1963, 19.

blick glücklichen, aber auf ewig unbehausten Bewohnern. Jean Paul protokollierte diesen Albtraum, die „Rede des toten Christus vom Weltgebäude herab, dass kein Gott sei". Der Gekreuzigte selbst wird zum Zeugen der unendlichen, Gott-losen Leere:

„Ich ging durch die Welten, ich stieg in die Sonnen und flog mit den Milchstraßen durch die Wüsten des Himmels; aber es ist kein Gott. Ich stieg herab, soweit das Sein seine Schatten wirft, und schauete in den Abgrund und rief: ‚Vater, wo bist du?' aber ich hörte nur den ewigen Sturm, den niemand regiert, und der schimmernde Regenbogen aus Wesen stand ohne eine Sonne, die ihn schuf, über dem Abgrunde und tropfte hinunter. Und als ich aufblickte zur unermesslichen Welt nach dem göttlichen Auge, starrte sie mich mit einer leeren bodenlosen Augenhöhle an; und die Ewigkeit lag auf dem Chaos und zernagte es und wiederkäuete sich. – Schreiet fort, Misstöne, zerschreiet die Schatten; denn Er ist nicht!"[207]

Die Menschen haben keinen Vater; alle sind sie Waisen, ausgesetzt, hineingestoßen in die Abgründe, in ewige Bergwerks-Nacht, in der „die Sonnen wie Grubenlichter und die Milchstraßen wie Silberadern gehen." Der Erlösungs-ohnmächtige, selbst unendlich verlassene Christus hob „die Augen empor gegen das Nichts und gegen die leere Unendlichkeit und sagte: ‚Starres, stummes Nichts! Kalte, ewige Notwendigkeit! Wahnsinniger Zufall! Kennt ihr das unter euch? […] Zufall, weißt du selber, wenn du mit Orkanen durch das Sternen-Schneegestöber schreitest und eine Sonne um die andere auswehst, und wenn der funkelnde Tau der Gestirne ausblinkt, indem du vor-übergehest? – Wie ist jeder so allein in der weiten Leichengruft des Alles […] O Vater, o Vater! wo ist deine unendliche Brust, dass ich an ihr ruhe?"

Noch erwacht der Träumer aus seinem Albtraum, und seine „Seele weinte vor Freude, dass sie wieder Gott anbeten konnte – und die Freude und das Weinen und der Glaube an ihn waren das Ge-bet."[208] Die moderne Wissenschaft scheint ihn zu einem anderen Er-wachen zu verurteilen: zum Erwachen aus all seinen Bedeutsamkeits-Träumen. Im 20. Jahrhundert wollte es der französische Mikrobiologe

---

[207] Jean Paul, Siebenkäs, Erstes Blumenstück, Frankfurt a. M. 187, 276f.
[208] Ebd., 277. Man mag sich an Blaise Pascals Eingeständnis erinnert fühlen: „Die Stille der unendlichen Räume erschreckt mich" (vgl. Charles Taylor, Ein säkulares Zeit-alter, 567).

Jacques Monod fernab romantisch-erschütterter Traumbilder auf den Punkt bringen: Es sei Zeit, dass der Mensch aus seinem „tausendjährigen Traum" erwacht, um „seine totale Verlassenheit, seine radikale Fremdheit [zu] erkennen. Er weiß nun, dass er seinen Platz wie ein Zigeuner am Rand des Universums hat, das für seine Musik taub ist und gleichgültig gegen seine Hoffnungen, Leiden oder Verbrechen."[209] Für den Raketenmotor der Evolution ist er in all seinem Tun und Lassen weniger als ein Tropfen Treibstoff.

Das ist die Wahrnehmung, wenn man die Evolution als einen universal-eigendynamischen Prozess der Selbst-Differenzierung ansieht, in dem es um nichts geht als um diese Dynamik der Selbst-Steigerung und Selbst-Ausweitung. Sie realisiert sich minimal auch durch mich. Aber es geht nicht um mich. Ich bin in diesem Prozess vorübergehend ein Fast-Nichts – und dann für ihn so irrelevant, als sei ich nie gewesen. Kann man es anders sehen? Kann man es so sehen, dass Gott diesen Prozess will und sich in ihn einbringt, sich – wie Hans Jonas eher metaphorisch erwägt – um ihn sorgt, damit er sich nicht in der von ihm hervorgebrachten Freiheitsgeschichte der Menschen zum universalen und definitiven Unheil wendet? Könnte dann dieser Gott als ein Gott verstanden werden, der sich *um mich und um dich sorgt*? Damit wäre die Provokation für ein Evolutions-Denken à la Monod, das nur die evolutionäre Eigen-Dynamik kennt, auf die Spitze getrieben. Ist es nicht schlechterdings unvorstellbar, dass ein Gott – wenn man ihn annehmen dürfte – den absoluten, alles in sich einbegreifenden Prozess *in sich* birgt, sich auf ihn einlässt und zugleich mir und dir zugewandt ist, es ihm um mich und dich geht, um jeden ins Dasein gerufenen und zum Leben mit ihm berufenen Menschen? Dass er, der die (Fast-)Unendlichkeit des Universums umgreift, mein und dein Nächster sein will?

In diese (Fast-)Unvorstellbarkeit ist der Gottesglaube unserer Zeit hineingerissen. Von ihr ist er heimgesucht, ob die Glaubenden das für sich realisieren oder nicht. Der Schöpfungsglaube ist nicht mehr anders zu „haben" als in dieser Spannung zwischen der unendlichen Weite der abermillionen Lichtjahre, von der die empirischen Wissenschaften eine Ahnung vermitteln mögen, und der „Nächstheit Gottes" (Papst Franziskus[210]), in der er mir näher und innerlicher ist

---

[209] Jacques Monod, Zufall oder Notwendigkeit, 211.
[210] Vgl. José Mario Bergoglio / Papst Franziskus, Die wahre Macht ist der Dienst, dt. Freiburg i. Br. 2014, 46.

als ich mir nahe und innerlich sein kann.[211] Die Spannung wäre nur zu halten, wenn glaubende Menschen sich nicht zuletzt doch gezwungen sähen, das Regiment der kalten, ewigen Notwendigkeit und des „wahnsinnigen Zufalls", anzuerkennen und vor einer Metaphysik der Evolution zu kapitulieren, die nichts anerkennen will, was nicht aus dem Zufall einer völlig „absichtslos" sich einstellenden, „entwicklungsfähigen" Konstellation entsprungen ist. Können dem Gottes- und Schöpfungsglauben gute Argumente zu Hilfe kommen, die ihn darin bestärken, sich dieser Metaphysik der Evolution nicht zu unterwerfen und dennoch evolutionär zu denken?

4.3 Über eine naturalistisch–deterministische Evolutions–Metaphysik hinausdenken

Wer Evolution streng naturalistisch-deterministisch denkt, wird genötigt sein, teleologisch scheinende Entwicklungen als Zufalls-Produkte zu verstehen. Komplexere, schließlich handlungs- und interaktionsfähigere Strukturen entstehen mit dem Auftreten von Varianten, die sich in der Unendlichkeit aller Prozessverläufe und Interaktionen zufällig ergeben und ihrerseits Möglichkeiten für weitere, zu größerer Komplexität führende Evolutionsschritte bereitstellen. Jeder einzelne dieser Schritte mag angesichts der Unendlichkeit möglicher Verläufe für sich gesehen höchst unwahrscheinlich sein. Aber die Fast-Unendlichkeit von Zufalls-Konstellationen lässt es doch zu evolutionären Übergängen in komplexere Zustände und somit zu emergenten „Höher"-Entwicklungen kommen, die dem uninformierten Betrachter zielgerichtet erscheinen mögen.[212] Sind diese Übergänge damit schon verstanden? Oder sind nur Bedingungen identifiziert, die solche Übergänge möglich machen? Lässt

---

[211] Vgl. die berühmte Formel in den Confessiones: „Interior intimo meo et superior summo meo" (III,6,11); vgl. Joachim Ringleben, „Interior intimo meo". Die Nähe Gottes nach den Konfessionen Augustins, Zürich 1988.

[212] Die Zurückweisung jeder Teleologie ist älter als das explizite Evolutionsdenken. Man kann in ihr das Gegenstück zur bürgerlichen Emanzipations-Doktrin sehen, das den Menschen nicht mehr in eine kosmische Ordnung, gar in eine göttliche Vorsehung eingebunden, sondern nur durch die seiner Selbstverwirklichung vorgegebene Natur-Bedingtheit gebunden sieht: In einem kausal determinierten „zweckfreien Universum entscheiden wir über die anzustrebenden Ziele. Oder wir finden sie in der Tiefe, in unserer eigenen Tiefe". „Man hat das Gefühl, jegliche Ordnung und jeglicher Sinn gehe von uns aus" (vgl. Charles Taylor, Ein säkulares Zeitalter, 615 bzw. 630).

sich etwa die Entstehung von Bewusstsein und menschlichem Selbstbewusstsein tatsächlich aus den Bedingungen ableiten, die gegeben sein müssen, damit es dazu kommen kann? Oder müsste man unterstellen, dass solche Übergänge im evolutionären Prozess immer schon angezielt sind und doch einem teleologisch zu deutenden Realisierungs-Vorgang zuzurechnen wären?

Thomas Nagel hält es für „höchst unplausibel, dass das Leben, wie wir es kennen, das Ergebnis einer Reihe physikalischer Zufälle im Zusammenspiel mit den Mechanismen natürlicher Auslese sein soll." Er sieht die Forschung auf „Prinzipien" verwiesen, „die ihrer logischen Form nach eher teleologisch [als] mechanistisch sind."[213] Rekurriert man auf solche Prinzipien, so rechnet man damit, „dass Dinge deshalb geschehen, weil sie auf einem Weg sind, der zu einem bestimmten Ergebnis führt, insbesondere zur Existenz lebendiger und letzten Ende bewusster Organismen." Das heißt für Nagel nicht, dass man hier die Verwirklichung einer Intention annehmen müsste, die etwa einem theistisch verstandenen Schöpfer und der von ihm (mit-)bewirkten Creatio continua zuzurechnen wäre. Nagel plädiert für die Idee einer „intentionslosen", naturalistischen Teleologie, die sich vom Vorhaben „einer Erklärung durch die Intentionen eines absichtsvollen Wesens, das die Mittel zu seinen Zwecken erzeugt, stark unterscheidet."[214] Sie würde teleologische Organisations- und Entwicklungsprinzipien als „irreduziblen Teil der Naturordnung" verstehen, als Merkmal eines „langwierigen Prozesses, in dem das Universum allmählich erwacht und sich seiner selbst bewusst wird", nicht als „das Resultat des beabsichtigten oder bezweckten Einflusses von irgendjemand".[215]

Nagel verweigert sich einer (schöpfungs-)theologisch-intentionalistischen Deutung, weil damit ein Prinzip eingeführt wäre, das die Annahme einer allumfassend-intelligiblen Naturordnung sabotieren würde. Der Theismus verstößt nach seiner Auffassung gegen

---

[213] Thomas Nagel, Geist und Kosmos. Warum die materialistische neodarwinistische Konzeption der Natur so gut wie sicher falsch ist, dt. Berlin 2016, 15 und 17.

[214] Ebd., 101 und 100.

[215] Ebd., 136 und 125. Eine vergleichbare Sicht der Dinge entwickelte Hans Jonas. Er fasste sie in der These zusammen: „Materie ist Subjektivität von Anfang an in der Latenz [...] Die Innendimension als solche, vom dumpfsten Empfinden bis zu hellster Wahrnehmung und schärfster Lust und Pein, ist der allgemeinen Weltsubstanz als eigene, wenn auch von besonderen Außenbedingungen abhängige Leistung zuzurechnen" (Hans Jonas, Philosophische Untersuchungen und metaphysische Vermutungen, 221 f.). *Subjektivität von Anfang an:* Erwachen von Intentionalität, eines Willens bis hin zum Bewusstsein seiner selbst.

die Annahme der Intelligibilität der Welt in sich selbst. „Wenn Gott existiert, ist er" – so Nagel – „nicht Teil der Naturordnung, sondern ein frei Handelnder, der nicht den Naturgesetzen unterworfen ist."[216] Das würde einem Interventionismus Tür und Tor öffnen, der Gottes Entscheidung und von ihm initiierte Ereignisse als übernatürliche Erklärungs-Gründe für beliebige Entwicklungen und Ereignisse in der Natur akzeptabel findet.[217] Nagel will eine „alternative säkulare Konzeption" plausibel machen, „die den Geist und alles, was er impliziert, nicht als Ausdruck göttlicher Intention, sondern zusammen mit der physikalischen Gesetzmäßigkeit als ein fundamentales Prinzip der Natur anerkennen würde".[218] Dieses Konzept setzt voraus, dass wir uns in einer Welt vorfinden, die nicht in dem Sinne vollständig determiniert ist, dass aus den Ausgangsbedingungen u, v und x nur das Ereignis y folgen kann, das Ereignis z also mit naturgesetzlicher Stringenz ausgeschlossen werden könnte. So mögen die Ausgangsbedingungen y zur Folge haben. Aber die Feststellung dieser Folgebeziehung kann nicht immer eine kausale Erklärung dafür angeben, warum ein Ereignis vom Typ y und nicht ein anders geartetes Ereignis eintritt. In der Evolution des Kosmos und des Lebens kommen singuläre Ereignisse vor, die so oder auch anders resultieren konnten. Evolution ist nicht vollständig als in seinen Abläufen festgelegter und aus den Naturgesetzen ableitbarer Prozess rekonstruierbar, sondern auch als *Geschichte* zu beschreiben[219]; als eine Geschichte freilich, in der Gott als Handelnder nicht vorkäme.

Nagels Zurückweisung einer (schöpfungs-)theologischen Interpretation der Natur-Teleologie wäre nur zwingend, wenn es zu einem interventionistischen Konzept des Wirkens Gottes in der Evolution keine Alternative gäbe. Eine solche Alternative versuchen Theolog(inn)en und Philosoph(inn)en zu durchdenken, die gegenwärtig an panentheistischen Konzepten arbeiten. Ihre Arbeit findet über den theologischen Fachbetrieb hinaus Resonanz. Hier scheint sich eine Glaubens-Alternative zu einem eher handwerklichen Schöpfungs-Verständnis und zur Vorstellung eines Weltverhältnisses Gottes zu öffnen, die sich am Deus-ex-machina-Modell mit seinem Bild eines eher willkürlichen Eingreifens Gottes in welthafte Gegebenheit orientiert.

---

[216] Ebd., 40.
[217] Vgl. ebd., 44.
[218] Ebd., 39.
[219] Vgl. ebd. 134 f. Hier erweist sich auch das Konzept einer autonom ablaufenden Selbstorganisation von mehr oder weniger umgreifenden Systemen als reduktiv.

4.4 Panentheismus?

Die „panentheistische Grundidee" ist die, „dass das wahre Unendliche das Endliche einbegreift".[220] Das „wahre Unendliche", All-Eine ist nach Hegel dasjenige, welches in seiner strikt gefassten Unendlichkeit auch nicht vom Endlichen begrenzt wird. Es hat das Endliche nicht außer sich, sondern – wie auch immer das zu verstehen wäre – *in sich*. Es bringt das Endliche im Prozess seiner Selbst-Ausdifferenzierung hervor, gibt ihm ein selbstständiges und bei den Menschen selbstbewusst-freies Dasein, das freilich nur als solches authentisch realisiert wird, wenn die Menschen es als Dasein-aus-dem-Unendlichen vollziehen.[221] Dass die Selbst-Ausdifferenzierung des Absolut-Unendlichen hier als das Setzen freier, selbstständiger Wesen verstanden wird, unterscheidet den Panentheismus von einem Pantheismus spinozistischen Typs und ermöglicht auch eine Deutung der Evolution alles endlich Wirklichen, die die Evolution als Selbst-Ausdifferenzierungs-Prozess des Absolut-Unendlichen begreift.

Das Modell der Selbst-Ausdifferenzierung des all-einen Göttlichen setzt das Endliche und insbesondere die mit Selbstbewusstsein begabten Menschen als die Anderen Gottes, in denen er als er selbst da sein und angenommen werden will, damit diese in ihm da sein können und ihr Dasein im Göttlichen vollziehen, es von ihm empfangen können. Diese „Dialektik von ‚Gott in uns' und ‚Wir in Gott'", macht nach Klaus Müller „genau das Charakteristikum dessen aus […], was ‚Panentheismus' meint". Das wechselseitige In-Sein Gottes und der Menschen kann den Menschen erlösend – ihr Dasein vollendend – zuteilwerden, aber auch von ihnen verweigert werden. Da nun – so Müller weiter – „alles Geschaffene samt seiner Freiheit in Gott einbegriffen ist, wird Gott selbst auch von solchen Verweigerungen der Freiheit und damit von solchen Störungen unmittelbar berührt und leidet das Leid und das Böse direkt mit. Gott riskiert also mit der Schöpfung ein unabsehbares Weltabenteuer. Aber er hofft, durch die Liebe, aus der er alles geschaffen hat, letztendlich auch die sich verweigernden Geschöpfe gleichsam wieder auf die rechte Bahn zu locken und damit alles Leid und das Böse zu entmächtigen. Man darf vermuten, dass Gott die Schöpfung und ihre Freiheitsgeschichte

---

[220] Klaus Müller, Gott jenseits von Gott, 95.
[221] Vgl. ebd., 334, mit Bezugnahme auf Dieter Henrich, Selbstsein und Denken. Vorlesungen über Subjektivität, Frankfurt a. M. 2007, 269 f.

nicht riskiert hätte, wenn er nicht darauf vertrauen würde, dass seine Liebe stärker sein wird als das Leid und das Böse."[222]

Folgt man diesem theologisch gewendeten, panentheistischen Alleinheits-Denken, wird man zu einem Verständnis der Selbst-Ausdifferenzierung Gottes geführt, das den Evolutionsgedanken in sich aufnimmt und – im Blick auf das Menschsein – in eine dramatische Beziehungs-Geschichte hinein fortschreibt: Der All-Eine riskiert die Eigenständigkeit und Selbstbestimmung seiner Anderen in der „Hoffnung", dass sein „Liebes"-Risiko zuletzt von der Versöhnungs-Kraft seiner schöpferischen Liebe gerechtfertigt wird. Er erträgt das Beziehungs-Geschehen als Freiheits-Geschehen, da es nur so zur Vollendung des von ihm in der Evolution – von seinem Selbst-Ausdifferenzierungs-Willen – intendierten Miteinanders und Ineinanders des All-Einen und der von ihm als „Mitliebende" (Johannes Duns Scotus) Gewollten kommen kann. Er bringt sich bis zum Äußersten in dieses Beziehungs-Geschehen ein, da er in seinem „Sohn" mitmenschlich bei seinen Anderen und durch seinen Geist „in" ihnen ist. So stellen sich auch im Paradigma der Selbst-Ausdifferenzierung Gottes personale Vorstellungen und Kategorien ein, die spezifisch christliche Glaubens-Vorstellungen artikulieren können. Das Einbegriffen-Sein in Gott und seine Liebe – ins All-Eine – kommt darin zur Vollendung, dass sich die von Gott zum Selbst-Sein Freigesetzten in einer ihnen von Gott eröffneten personalen Liebes-Beziehung zu Gott einfinden. In diesem Sinne imaginiert ein theologisch gewendetes panentheistisches Denken „den Gott, der zugleich persönlich und alles ist."[223]

Ist damit nicht ein Konzept gefunden, das dem Glaubensbewusstsein bei der Herausforderung hilfreich sein kann, Gott als alles umfassende Wirklichkeit und den mir mit seiner liebenden Sorge um mein Dasein Nahekommenden „zusammenzuglauben"? Zunächst scheint sich eine konsistente Möglichkeit zu öffnen, die Evolution alles Endlich-Wirklichen als Gottes-Wirklichkeit zu deuten. Gott lässt sich nicht nur auf sie ein. Das Endliche, insbesondere die Wirklichkeit des Freiheits-begabten Menschseins, gehört als das zu ihm, worin er selbst ist und was seinerseits darin seine Erfüllung findet, dass es in ihm ist. Der Wahrhaft-Unendliche schließt nichts aus seinem Dasein

---

[222] Klaus Müller, Gott jenseits von Gott, 478 und 495.

[223] Peter Strasser, Der Gott aller Menschen. Eine philosophische Grenzüberschreitung, Graz – Wien – Köln 2002, 191. Klaus Müller bezieht sich mehrfach auf diese Formel, so etwa in: Gott jenseits von Gott, 101.

aus, weil das Ausgeschlossene sein Dasein verendlichen würde. Er ist im Anderen seiner selbst da, um es mit sich zu erfüllen und in sich zu vollenden.

Diese Deutung ist gedanklich faszinierend. Sie nimmt zentrale Motive mystischer Traditionen theologisch prägnant auf und vertieft neuzeitliche Traditionen eines Alleinheits-Fühlens in bzw. mit der Natur.[224] Für das herkömmliche Glaubensbewusstsein aber ist sie auch tief irritierend. Der Gedanke des All-Einen, das nichts außer sich, sondern alles in sich hat, arbeitet sich an einer Innen/Außen-Logik ab, an der er teilhat, obwohl er ihr zuletzt nicht folgen will. Dabei wird nicht hinreichend klar, wie der All-Eine sein Anderes als solches zugleich in sich und sich gegenüber setzt, um schließlich auch in ihm alles in allem zu sein: sein Anderes in sich zu vollenden. Die christlich zentrale Gottes-Intuition, Gott sei die Liebe, er werde nur in ihr und aus ihr verstanden, trägt diese All-Einheits-Vorstellung zuletzt doch nicht, weil menschlich von der Liebe zu sprechen heißt, immer das Im-Anderen-Sein mit einem interpersonal verstandenen Gegenüber-Bleiben zu verbinden. Die Irritation, den göttlich All-Einen irgendwie als Werdenden, auf das Andere Angewiesenen, nicht im herkömmlichen Sinn Allmächtigen, sondern von seinem Verhältnis zum Anderen Gezeichneten, so auch als in die Evolution alles Geschöpflich-Seienden hineingezogen sehen zu sollen, teilt das Panentheismus-Konzept mit allen Entwürfen, die sich von dem Gottesgedanken der absoluten, frei und gewissermaßen von außen in die Schöpfung intervenierenden Souveränität absetzen. So bleibt das Bedenken, ob der All-Einheits-Gedanke sich zuletzt vom Glaubensbewusstsein der Christen ablöst und es bei seiner Suche nach einer christlich gelebten Gottesbeziehung, die sich mit heutiger Wirklichkeits-Erfahrung vereinbaren ließe, nicht einfühlsam genug „mitnimmt".

---

[224] Diese Natur-Mystik hat seit dem 18. Jahrhundert wenig von ihrer Faszination eingebüßt und empfiehlt sich – evolutionstheoretisch implementiert – zur Überwindung einer unter Generalverdacht gestellten Anthropozentrik. Noch immer beruft sie sich auf Hölderlins Hyperion: „Eines zu sein mit Allem, das ist Leben der Gottheit, das ist der Himmel des Menschen. Eines zu sein mit Allem, was lebt, in seiner Selbstvergessenheit wiederzukehren ins All der Natur, das ist der Gipfel der Gedanken und Freuden" (Friedrich Hölderlin, Werke und Briefe, Bd. 1, 295–460, 297). Nun geht es nicht mehr um bloßes Eins-Werden oder die Einbettung in eine ewige Ordnung des Kosmos, sondern um die mit allem gelebte Solidarität des Lebens und der Lebewesen, die dem Geschehen des Lebens sein Eigenrecht gibt und die Übergriffe des Menschen zurücknimmt, so gut es noch geht.

Man könnte das auch daran festmachen, dass die panentheistisch gewendete Theologie den Gedanken der Schöpfung durch den der Selbst-Ausdifferenzierung des All-Einen überholen will. Damit erschließt sie sich eine kühne Deutung der Evolution als Gottes *eigenes* Geschehen, das nicht nur dem göttlichen Willen entspringt, sondern aus dem Geschehen seines Wesens hervorgeht. Von einem Sich-Einbringen Gottes in die Evolution und seinem Mitwirken an ihr kann man da schon nicht mehr sprechen, denn Gott wird irgendwie selbst in ihr, was er ist. Kann man nicht vorsichtiger zu Werke gehen und genauer nachvollziehen, welche Möglichkeiten heutige Evolutionstheorien offenlassen, ein solches Sich-Einbringen Gottes in das evolutionäre Geschehen zur Diskussion zu stellen? Es ist in theologisch gewendeten Panentheismus-Konzepten zu viel Spekulation und zu wenig Empirie im Spiel.

4.5 Theologische Deutungen des empirischen Befunds

Der empirische Befund sollte eine theologische Deutung nicht ausschließen. Ob er schon für sie spricht? Das ist zwischen empirischen Wissenschaften und Theologie, auch in der Theologie, umstritten. Ansatzpunkt der Diskussionen ist das schlechthin unwahrscheinliche, kontingente Zusammenwirken zu einem nicht erwartbaren, nicht aus Ausgangsbedingungen ableitbaren *emergenten Effekt* in Kosmologie und Biologie. Christlich Glaubende mögen darin ein Mitwirken Gottes identifizieren oder auch nur als denkbar annehmen. Deterministisch denkende Naturalisten sehen den Zufall am Werk, dessen exorbitante Unwahrscheinlichkeit angesichts der fast unendlichen Reihe durchgespielter zufälliger Ausgangs-Konstellationen irgendwann zu dem so unwahrscheinlich erscheinenden Ergebnis geführt habe. Der Rekurs auf die unvorstellbar große Anzahl kontingenter Verläufe, bei denen sich zufällig der eine „Treffer" eingestellt hätte, der es zu der Konstellation und dem Verlauf hat kommen lassen, dem sich die Evolution und die in ihr möglich gewordene Entstehung des Lebens, schließlich des menschlichen (Selbst-)Bewusstseins verdanke, ist aber so spekulativ wie die Annahme eines Schöpferwillens, der die Evolution initiiert hat und in ihr seinem guten Willen Geltung zu verschaffen „sucht".[225] Weder für die

---

[225] Ebenso spekulativ ist der Gedanke zahlreicher Parallel-Universen, in denen sich

eine noch für die andere Deutung scheint es empirisch valide Hinweise zu geben. Beide führen – auf die bloße Empirie hin gesehen – in die pure Unvorstellbarkeit, eine Unvorstellbarkeit freilich, durch die sich auch die empirischen Wissenschaften vom Größten und vom Kleinsten immer wieder herausgefordert erfahren.

Führt man sich vor Augen, wie genau Bedingungen für Ereignisse aufeinander abgestimmt waren und miteinander interagieren mussten, damit die Evolution überhaupt in Gang kam und zu immer wieder neuen, singulär eintretenden Übergängen führte, kann man sich einer teleologischen Perspektivierung schwer entziehen, wird man sich freilich auch fragen lassen müssen, wie man sich eine Teleologie ohne Intentionalität vorstellen oder diese auch nur denken kann. Die unvorstellbar minimalste Abweichung in den beim „Urknall" wirksam gewordenen Kraftwirkungen und Konstellationen hätte unweigerlich dazu geführt, dass der Kosmos, wie wir ihn kennen, nicht entstanden wäre, weil es dann keine Materie-Verteilung hätte geben können, die es zur Bildung von Sternen und Milchstraßen und zu allem Weiteren hätte kommen lassen. Dass die Abweichungs-intolerante Feinabstimmung etwa der voneinander gänzlich unabhängigen Naturkonstanten[226], die mit dem Urknall erst ins Dasein traten und wirksam wurden, nicht „vorher" schon durch welche Abläufe auch immer erreicht sein konnte, macht es unmöglich, ihr Auftreten und Miteinander-Wirken noch einmal aus irgendwelchen Voraussetzungen zu erklären. Ohne diese Feinabstimmung hätte es nicht zur Bildung von Kohlenstoff und zur Entstehung von Lebewesen kommen können usf.

Verfolgt man die kontingenten Ereignisse und Verläufe, die es schließlich zum menschlichen (Selbst-)Bewusstsein haben kommen lassen, gleichsam nach rückwärts, so kann man empirisch-naturwissenschaftlich rekonstruieren, was dafür jeweils gegeben sein musste und wie es so gekommen ist, wie es gekommen ist. Das heißt aber nicht, dass man begriffen hätte, *warum* es so und nicht anders gekommen ist oder der Kosmos überhaupt mit dem Urknall ins Dasein trat. Dass die Ausgangsbedingungen – etwa auch ein hochkomplexes Geflecht von Naturgesetzen – so und nicht anders „im Anfang" miteinander da waren und so miteinander wirkten, dass sie

---

evolutionär völlig andere Konstellationen und Verläufe stabilisiert haben und ein Set ganz anderer Naturgesetze gelten sollen.

[226] Zu ihnen zählen die elektrische Elementarladung, die Ruhemasse des Elektrons, die Ruhemasse des Protons, die Lichtgeschwindigkeit, die Gravitationskonstante u. a. m.

den Kosmos ermöglichten oder hervorbrachten, ist entweder einem irrwitzig unwahrscheinlichen Zufall zu verdanken oder einer ordnenden Intention oder... (?). Dass die Geschichte des Kosmos dann bei gegebenen Ausgangsbedingungen in emergenten Übergängen zu genau diesen und nicht zu anderen Ergebnissen geführt hat, ist zwar im Nachhinein insofern erklärbar, als man in der Lage ist, durch Herleitung der Ereignisse nach Naturgesetzen zu rekonstruieren, warum es so kommen *konnte*, aber eben nicht erklären kann, warum es so kommen *musste*. Rekonstruktive Erklärungen erwecken den Eindruck, der so erklärte Prozess hätte – erst einmal in Gang gekommen – genau so ablaufen müssen und es sei allenfalls – gerade ganz am Anfang – der Zufall im Spiel gewesen. Die unvorstellbar hohe Kontingenz des Prozesses an seinem Anfang wie dann in vielen Einmal-Ereignissen, die zu kontingenten Resultaten geführt haben, kann aber kaum durch die Vorstellung eines wie auch immer zu begreifenden Miteinanders von naturgesetzlicher Ordnung und zufällig ermöglichenden Gegebenheiten aufgefangen werden. Jedenfalls dann nicht, wenn man nicht den ganzen Prozess und so auch das „Resultat" – dass er menschliches Selbstbewusstsein hervorbrachte – als völlig zufällig und bedeutungslos ansehen will. Das Totalerklärungs-Versprechen der empirischen Wissenschaften ist uneingelöst; es spricht viel dafür, dass es uneinlösbar bleibt. Das wird man als undramatisch ansehen, wo man den Menschen als irrelevanten kosmischen Zwischenfall ansieht und der dann doch dramatischen Tatsache keine Bedeutung beimisst, dass Menschen mehr oder weniger begreifen können, was sie hervorgebracht hat und wozu sie verpflichtet wären, wenn sie das Menschsein nicht als kosmisch bedeutungslos ansähen und so auch jedem einzelnen Menschen eine nichtrelativierbare Bedeutung zumessen würden.

Es ist zweifellos eine starke Wertung, die von den empirischen Daten nicht gedeckt sein mag, dass die Evolution auf das (selbst-)bewusste Menschsein zuläuft. Man kann immerhin Empirie-gestützt herausstellen, dass der evolutionäre Prozess im menschlichen Geist zur Selbst-Reflexivität „erwacht" und sogar bis zu einem gewissen Grad vom Menschen bewusst beeinflusst werden kann. Ob der faktische Einfluss menschlicher Eingriffe dann den Intentionen oder Dynamiken entspricht, die dabei im Spiel waren, oder sie gerade konterkariert, steht auf einem anderen Blatt. Das Selbstreflexiv-Werden der Evolution kann sich – dafür spräche empirisch Einiges – auch als Sackgasse der Evolution erweisen. Aber gerade wenn man diese Möglichkeit erwägt, wird man sich die Frage nach dem evolutionären Sinn der Entwicklung zum Selbstbewusstsein zu stellen haben. Wenn man das Erwachen von Reflexivität in irgendeiner Weise als Höherentwicklung ansieht, weil es damit möglich wird, sich zu empirisch feststellbaren Gegebenheiten wertend zu verhalten und entsprechend auf sie einzuwirken, kommt man nicht umhin, teleologische Perspektiven und Prinzipien in das Verstehen der Evolution einzuführen. Eine teleologische Betrachtung legt sich aber nur nahe, wenn man die Entwicklung von (Selbst-)Bewusstsein als Ziel, zumindest als „Etappenziel" der Evolution ansieht. Dann wird eine teleologische Perspektive allerdings auch unausweichlich, denn eine rein zufällige Erreichung dieses Ziels wäre nicht nur extrem unwahrscheinlich. Es wäre auch logisch widersinnig, von der Erreichung eines Zieles zu sprechen, wenn dieses Ziel nicht irgendwie als solches intendiert, wenigstens angesteuert worden wäre.

Thomas Nagel postuliert diese teleologische Perspektive und spricht sich doch gegen die theistische Annahme einer Intention aus, die mit der evolutionären Teleologie eine Absicht verbunden und sie in der Evolution ihrer Verwirklichung entgegengeführt habe. Er spricht sich gegen die theistische Annahme aus, weil er sie als notwendigerweise interventionistisch ansieht. Wenn man die Interventionismus-Zuschreibung an eine intentionale Deutung nicht für unabdingbar hält und nicht mitvollzieht, spricht einiges dafür, die Annahme einer evolutiv sich realisierenden Teleologie mit der Annahme eines (göttlichen) Subjekts zu verbinden, das hier seine Intention realisieren „will".

Es spricht einiges dafür. Spricht mehr dafür als dies, dass man es sich schwer anders vorstellen kann? Sind wir nicht in menschlich-allzumenschlichen Vorstellungen gefangen, in denen Zweckmäßigkeit womöglich zu eng der Erfahrung eines zwecksetzenden und diesen Zweck verfolgenden Handelns assoziiert wird? Das wäre hier die alles entscheidende Frage. Sie ist nicht mehr sicher zu beantworten. Das „Geheimnis" einer teleologischen evolutionären Trift mag eine theistische Deutung nahelegen. Aber es erzwingt sie nicht. Wer diese Deutung vornimmt, hat beachtliche Argumente auf seiner Seite. Die beruhen aber *auch*, vielleicht vor allem darauf, dass man es sich anders kaum vorstellen kann. Ulrich Lüke nennt es „ein[en] waghalsige[n] Gedanke[n]", wenn man „die Unwahrscheinlichkeit eines Zustands oder Prozesses für sein Gewolltsein ausgibt".[227] Man

---

[227] Ulrich Lüke, Das Säugetier von Gottes Gnaden. Evolution, Bewusstsein, Freiheit, Freiburg i. Br. ³2016, 141. Man sollte also wohl nicht so viel wagen wie die Intelligent-

hat hier keinen evolutionären Gottesbeweis in der Hand, sondern eben „nur" eine nicht unplausible Deutung.

4.6 Schöpfungsglauben als Option

Von Waghalsigkeit muss man vielleicht nicht sprechen. Aber dass der Glaube in unserer Zeit von vielen Menschen als Wagnis wahrgenommen wird und sich in ihrem Leben ganz und gar nicht mehr von selbst versteht, davon darf man ausgehen. Wir glauben in einem Zeitalter der Säkularität, und das heißt, „dass wir von einem Zustand, in dem die Menschen der christlichen Welt naiv im Rahmen einer theistischen Deutung lebten, zu einem Zustand übergegangen sind, in dem wir uns alle zwischen zwei Haltungen hin- und herbewegen, in dem die Deutung eines jeden *als Deutung* in Erscheinung tritt und Irreligiosität für viele zur wichtigsten vorgegebenen Option geworden ist."[228] Auch in der nächsten alltäglichen Umgebung wird man oft unsicher sein, ob die Menschen, mit denen wir hier verkehren, „etwas anerkennen, das jenseits des Lebens liegt oder diesem Leben transzendent ist."[229] Viele werden es für vernünftig halten, ihr Leben weltimmanent zu verstehen und so auch den Schöpfungsgedanken als pure Mythologie ansehen, die es wissenschaftlich aufzuklären gilt. Andere werden sich in eine diese Welt transzendierende Wirklichkeit eingebettet fühlen, sich aber angesichts der Übermacht evolutionärer Welt-Deutungen mit dem herkömmlichen Schöpfungsglauben intellektuell unwohl fühlen. Wieder andere sind als Glaubende zu einer reflektierenden Bezugnahme auf die Resultate der empirischen Wissenschaften gekommen, werden sich aber darüber im Klaren sein, dass man im Blick auf die empirisch erhellbaren Gegebenheiten mit guten Gründen auch zu einer Ablehnung des Schöpfungsgedankens kommen kann, und werden doch eine wissenschaftlich „aufgeklärte" Deutung dieser Gegebenheiten im Glauben als für ihr Leben maßgebend wagen.

Das säkulare Welt- und Lebens-Verständnis ist seit Jahrhunderten unterwegs. Erst im 20. Jahrhundert hat es das kirchliche Glaubens-

---

Design-Theorie, die dazu neigt, die theistische Deutung als empirisch hinreichend gesichert anzusehen und sich ihres Deutungs-Charakters nicht immer bewusst ist; vgl. Christian Kummer, Evolution und Schöpfung. Zur Auseinandersetzung mit der neokreatianischen Kritik an Darwins Theorie, in: Stimmen der Zeit 224 (2006), 31–42.

[228] Charles Taylor, Ein säkulares Zeitalter, 34.

[229] Ebd., 37 f.

verständnis erreicht, jedenfalls in dem Sinne erreicht, dass man sich nicht mehr damit begnügen konnte, die damit verbundenen Vorstellungen als abwegig zurückzuweisen. Das Erste Vatikanum hat vor anderthalb Jahrhunderten im Brustton unangefochtener Glaubensüberzeugung sagen können, die Mutter Kirche halte fest und lehre, „dass Gott, der Ursprung und das Ziel aller Dinge, mit dem natürlichen Licht der menschlichen Vernunft aus den geschaffenen Dingen gewiss erkannt werden kann".[230] Auf solche Vernunft-Selbstverständlichkeiten kann sich der Glaube in unserer Zeit nicht mehr stützen. Er hat seine eher naive Verankerung in einer weltanschaulichen Umgebung verloren, in der man sich die Dinge gar nicht anders vorstellen konnte. So beginnt er sich als Option zu verstehen: als eine Lebens-Perspektive auf Gott hin, in der man – mit guten Gründen, aber eben nicht selbstverständlich – das Leben in Fülle sucht. Sich in diese Lebens- und Glaubens-Perspektive hineinzuwagen bedeutet dann, nach ihrer Überzeugungskraft und Integrations-Kraft zu fragen. Ist sie dazu imstande, das, was wir an Welt-Wissen mit anderen teilen, „tiefer" und für unser Leben bedeutsamer aufzuschließen? Erschließt sie uns eine gute Möglichkeit, am Wissen um die Grundlagen unseres Lebens und an der verantwortlichen Gestaltung unseres Miteinander-Daseins in der Welt teilzunehmen? Die Optionalität der eigenen Überzeugung wahrzunehmen heißt schließlich, an den kognitiven Dissonanzen zu arbeiten, die mit ihr verbunden sind – verbunden scheinen – und sich zu fragen: Sind sie bedeutsam für meine Option? Können sie eine Herausforderung sein, den Glaubens-Horizont zu erweitern, vielleicht neu zu fokussieren?[231]

Die Evolutionstheorie hat sich als eine solche Herausforderung erwiesen und den Schöpfungs-Glauben bei vielen Menschen stark verändert. Wie weit diese Veränderung geht, wird in der kirchlichen Lehrverkündigung nicht immer realisiert. Vielfach beginnen Glaubende damit zu rechnen, dass der traditionelle Glaubensvorstellungs-Bestand im Blick auf die Anfänge des Kosmos und des Menschseins tief in der orientalischen Mythologie des ersten vor-

---

[230] DH 3004; vgl. 3026. Als Beleg wird dann freilich ein Zitat aus dem Römerbrief herangezogen (Röm 1,20).

[231] Vergleichbares gilt für die Arbeit an Wertungs-Dissonanzen, die häufig aus kognitiven Dissonanzen resultieren. Man wird damit zu rechnen haben, dass Wertungs-Dissonanzen mitunter als ausschlaggebend für die Identität einer Überzeugung angesehen werden und dann für transformative Reflexionsprozesse schwerer zugänglich sind.

christlichen Jahrtausends wurzelt. Die Entmythisierung wird als ein offener Prozess wahrgenommen, der schon in biblischer Zeit einsetzt, immer noch nicht abgeschlossen ist und vom kirchlichen Lehramt, so gut es geht, abgebremst wird. So wagt man es in der offiziellen kirchlichen Lehre immer noch nicht, das überlieferte Verständnis der biblischen Paradieses-Geschichte als mythologisches Narrativ aufzufassen, das in der Konfrontation mit den empirischen Wissenschaften und speziell mit der Evolutionstheorie neu nach seiner Glaubens-Bedeutung befragt werden muss. Das gilt speziell für die Lehren zum Anfang des Menschseins in paradiesischer Vollkommenheit. Das Mythologem eines vorerbsündlich-vollkommenen, unsterblichen Mensch-Sein und einer Sünde im Anfang, die Gottes Strafe und damit die dramatischen Lebens-Einschränkungen eines endlichen, Natur-bedingten Daseins nach sich gezogen habe, gilt noch irgendwie als gültige Glaubenslehre der Kirche[232], ist aber mit evolutionärem Denken unvereinbar. Dass diese Urstandslehre auch im alltäglich gelebten Glauben kaum noch vollzogen, allenfalls ironisch in Anspruch genommen wird, macht deutlich, wie nachhaltig man sie als Glaubens-unbedeutsam verabschiedet hat. Nicht immer mitvollzogen wird, welche weiteren kirchlichen Lehrbestände bis in die Erlösungslehre hinein davon mitbetroffen sind und überdacht werden müssten.

Die Bearbeitung kognitiver Dissonanzen im Schöpfungsglauben wird Schöpfungs-, Urstands- und Erlösungsvorstellungen, auch die Lehre von Gott im Ganzen tiefreichender berühren, als man es für unabdingbar halten mag, wenn man nur die biblischen Schöpfungs-Erzählungen im Blick hat. Das heißt nicht, dass man sich auf weitere Verluste an Glaubens-Substanz einrichten müsste. Es zeichnet sich vielmehr ab, dass die Reformulierungen der Glaubenslehre im evolutionstheoretischen Kontext zu inspirierenden, auch biblisch legitimierbaren Neuformatierungen entsprechender Lehrbeständen und Glaubensüberzeugungen führen wird.

---

[232] Die Synode von Karthago im Jahre 418 hat diese Lehre bekräftigt und wird wegen ihrer gemeinkirchlichen Rezeption weithin als unfehlbare Lehrautorität anerkannt (vgl. DH 222). Man sollte ekklesiologisch bedenken, welche Rückwirkungen es auf die Lehre des Ersten Vatikanums über die Unfehlbarkeit der Kirche und insbesondere des Papstes haben müsste, wenn man die Urstandslehre, wie die Synode von Karthago sie verbindlich gemacht hat, als unvereinbar mit heute selbstverständlich geteilten Evolutionslehren ansieht und aufgeben muss.

4.7 Wie die Evolutionslehre den christlichen Glauben inspirieren kann

Das Aufnehmen evolutionären Denkens in Glaubensbewusstsein und Theologie wie freilich auch die Zurückweisung von Evolutions-Metaphysiken haben bis in die Kerngemeinden hinein die Verabschiedung eines interventionistisch konzipierten Verhältnisses Gottes zur Welt nach sich gezogen. Gott handelt nicht „von draußen" in die natürlichen Gegebenheiten des Kosmos und der Geschichte hinein. Er bringt sich ein, um in Evolution und Geschichte neue Möglichkeiten zu erschließen und die Menschen zu „verlocken", von ihnen Gebrauch zu machen. Mit dieser prozesstheologischen Metapher ist noch keine klare Vorstellung verbunden, wie solches Sich-Einbringen konkret vor sich geht. Im Feld der menschlichen Geschichts-Erfahrung mag man an inspirierende Menschen denken, die ihren Mitmenschen sehr konkret neue Lebens-Möglichkeiten zuspielen und sie ermutigen konnten, sich in sie hineinzuwagen. Das Modell des *Empowerments* lässt sich nicht ohne weiteres auf evolutionäre Prozesse übertragen. Aber man sollte in Betracht ziehen, dass die menschliche Freiheitsgeschichte eine wirkliche Vorgeschichte in evolutionären Prozessen hat und dass man dann auch hier von einem Möglichkeitseröffnenden Sich-Einbringen Gottes – seines innovativen Schöpfer- und Befreier-Geistes – sprechen könnte, freilich ohne dass man dieses Sich-Einbringen als beobachtbaren Faktor identifizieren kann. Das ist auch nicht erforderlich, wenn man die Evolution insgesamt als emergenten Prozess der „Selbst"-Überschreitung würdigt.

Karl Rahner hat in seiner theologischen Annäherung an Teilhard de Chardins Evolutions-Mystik den Gedanken einer aktiven, dem Geschaffenen mitgeteilten und innerlich zugeeigneten Selbst-Transzendenz als ein Denkmodell entwickelt, das es erlaube, nicht nur die Geschichte der Schöpfung als *Creatio continua*, sondern auch die Heilsgeschichte evolutiv zu denken und so zur Geltung zu bringen, dass Gottes Selbstmitteilung, „in der Gott gerade *als* der absolut Transzendente sich mitteilt, [...] das Immanenteste in der Kreatur [ist]." Ihr Immanentestes: aus ihm ist sie, wird sie, was sie sein kann und nicht aus sich selbst ist, sondern zu sich selbst und ihrer Selbsttranszendenz ermächtigt wird. Im Menschen nimmt diese Immanenz der Transzendenz Gottes die Form der Herausforderung an, auf die Geist-wirksame Immanenz des Transzendenten einzugehen: sich in seine Bewegung der Selbstmitteilung hineinzugeben, da man sich von dem darin sich Mitteilenden zum Vertrauen auf seine Zukunftsmacht und seinen Vollendungswillen hat gewinnen lassen.[233] Die evolutionstheoretisch beschreibbare Trift der Kosmos-Entwicklung tendiert in den natürlichen Gegebenheiten zu einem Wachstum an Möglichkeiten der Vernetzung und Koordination, der vormenschlichen und schließlich der menschlich-selbstbewussten Kommunikation. Man kann Gottes Sich-Einbringen in den evolutionären Prozess als die Mitteilung von Beziehungsfähigkeit deuten, mit der Gott seine Beziehungsfähigkeit und Beziehungswilligkeit zur Geltung bringt und dazu inspiriert, auf sie einzugehen. Die Evolution als Schöpfung zu verstehen hieße dann, sie als ein „Geschenk" zu begreifen, das – so Papst Franziskus – „aus der offenen Hand des Vaters aller Dinge hervorgeht, als eine Wirklichkeit, die durch die Liebe erleuchtet wird, die uns zu einer allumfassenden Gemeinschaft zusammenruft." Diese Intuition formuliert der Papst zu einer Schöpfungs-Mystik aus, die es verbietet, die Gegebenheiten der Natur wie des menschlichen und des gesellschaftlichen Miteinanders bloß instrumentell zu gebrauchen, gar auszubeuten. Für sie wäre das „ganze materielle Universum […] ein Ausdruck der Liebe Gottes, seiner grenzenlosen Zärtlichkeit uns gegenüber. Der Erdboden, das Wasser, die Berge – alles ist eine Liebkosung Gottes" und kann uns die „Freundschaft" Gottes erahnen lassen, die uns in seinem Sohn Jesus Christus für sich gewinnen will.[234]

Moderne Welt- und Selbst-Verständigung scheint sich und Gott in der Unendlichkeit des Alls zu verlieren. Dass ein evolutionär verstandener Kosmos Glaube nicht nur von der Unbegreiflichkeit Gottes spricht, sondern Gottes Nahekommen-Wollen – seinen Beziehungswillen – bezeugt, mag angesichts der unermesslichen Welt-Räume und Welt-Zeiten wie angesichts dessen, was darin an „schöpferischer" Vernichtung und – nach Menschen-Empfindung – an unbeschreiblicher Grausamkeit geschieht, an Evolutions-Romantik grenzen. Das Einbringen der Glaubens-Perspektive eines sich schöpferisch in seine Schöpfung investierenden Gottes wird den Theodizee-

---

[233] Vgl. Karl Rahner, Immanente und transzendente Vollendung der Welt, in: ders., Schriften zur Theologie, Bd. VIII, Einsiedeln – Zürich – Köln 1967, 593–609, hier 603. Papst Franziskus nimmt den Gedanken auf. Gott, der Schöpfer ist – so die Enzyklika *Laudato sì* vom 24. Mai 2015 (Ziffer 80) – „im Innersten aller Dinge zugegen, ohne die Autonomie seines Geschöpfes zu beeinträchtigen", was dazu Anlass gibt, der „legitimen Autonomie der irdischen Wirklichkeit" ihr unbedingtes Recht einzuräumen.

[234] Laudato sì, Ziffer 76 und 84.

Anstoß kaum beseitigen. Aber es entwirft eine Option, in der Menschen sich von Gott angerührt und herausgefordert glauben können, das Wirklich-Werden der schöpferischen Liebe Gottes zu ihrem eigenen Anliegen zu machen und die Möglichkeiten zu entdecken, die ihnen dafür zugänglich werden. Die Glaubens-Perspektive ist keine Beobachter-Perspektive, die eine allseits befriedigende Erklärung der Phänomene und Entwicklungen liefert, sondern eine Teilnehmer-Perspektive, in der Menschen sich zur Mitwirkung am Wirklich-Werden des guten Willens herausgefordert wissen, den sie – bei all dem unbegreiflichen Leid, das ihnen da vor Augen tritt – schon im Geschehen der Evolution erahnen. Eine möglichst teilnahms- und interesse-lose Betrachtung der Phänomene wird nicht von sich aus zum Vertrauen darauf führen, dass in der Evolution zuletzt ein guter Wille sein Ziel erreichen will und erreichen wird. Aber dieses Vertrauen könnte nicht tragfähig werden, wenn es sich nicht auch auf eine einigermaßen plausible Deutung der Lebens-Wirklichkeit im Ganzen beziehen könnte.

4.8 Teilhaben, Teilnehmen

Es ist für das überlieferte und von den Glaubenden wie in der Theologie noch weithin geteilte Verständnis der Schöpfung und der Vollkommenheit Gottes eher problematisch, von einer *Selbst*-Mitteilung Gottes in der Schöpfung und von seiner Selbst-Involvierung in sie zu sprechen. Stellt das nicht die absolut-freie Souveränität in Frage, mit der Gott seiner Schöpfung *gegenübersteht*, sich zu ihr entschließt, auf sie eingeht und sie vollenden will? Würde man gar von Gottes Selbst-Verausgabung in die Schöpfung hinein sprechen, so bekäme man es offenkundig mit all den Aporien zu tun, die Hans Jonas mit seinem Mythos eines sich in seiner Schöpfung aufs Spiel setzenden Gottes riskiert. Manchen mögen klare Abgrenzungen hilfreich erscheinen: Gott ist nicht die Schöpfung; er ist nicht in sie „eingegangen". So ist die Schöpfung nicht Gott oder Gott-haltig. Das Erste Vatikanum formuliert unmissverständlich: Der „alleinige wahre Gott hat in seiner Güte und ‚allmächtigen Kraft' – nicht um seiner Seligkeit zu vermehren, noch um (Vollkommenheit) zu erwerben, sondern um seine Vollkommenheit zu offenbaren durch die Güter, die er den Geschöpfen gewährt – aus völlig freiem Entschluss, vom Anfang der Zeit an aus nichts zugleich beide Schöpfungen geschaffen, die geistige und die körperliche"[235]. Die Schöpfung soll Gottes Allmacht, freie Souveränität und Freigiebigkeit manifestieren, damit sie den Menschen überzeugend vor Augen käme und von ihnen im Glauben anerkannt würde. Gott ist als der in seinem Vermögen absolut unbegrenzte „Macher" der Schöpfung vorgestellt; sie ist sein vollkommenes „Produkt", dazu hervorgebracht, dass es den in ihr hervorgebrachten Menschen von seiner Allmacht und Liebe künde. Von Gottes Selbst-Mitteilung wäre allenfalls im Blick auf die Heilsgeschichte zu sprechen, im eigentlichen Sinne erst im Blick auf Jesus Christus, das Fleisch gewordene Gottes-Wort.

Gott genügt sich, realisiert sich selbst ewig, er ist in sich selbst vollkommen; nichts fehlt ihm, nichts könnte hinzukommen, was seine „Seligkeit" vermehren würde. Das in sich Gute verwirklicht er in all seinen Dimensionen „immer schon"; eine vollkommenere Verwirklichung ist nicht denkbar. So ist auch ein Werden, ein Vollkommener-Werden, von vornherein ausgeschlossen. Dieses in der Tradition eher selbstverständliche Verständnis von Gottes-Vollkommenheit verdankt das Christentum dem platonischen Erbe. Es imaginiert ein Göttlich-Absolutes in vollkommener Souveränität, nicht hineingezogen in die Mühen und die Beschränktheit des Endlichen, aber auch nicht „bereichert" vom Glück der Beziehung zum Nicht-Göttlichen. Beziehung – vollkommene Beziehung – ist Gott in sich, als trinitarischer. In der Beziehung zum Endlichen ist er das sich selbst austeilende Gute, *bonum diffusivum sui*. Aber mit dem *Sich selbst* kann es im Mainstream der klassischen Gotteslehre nicht letztlich ernst sein. Wie könnte er sich geben, ohne sich zu verausgaben, dann auch involviert zu sein ins Endliche, von ihm in Mitleidenschaft gezogen, „verendlicht"? Wie könnte er *sich* mitteilen, ohne dass er angenommen, empfangen werden wollte, leidenschaftlich danach verlangte, sich den Menschen geben zu können, ihr Vertrauen zu gewinnen?

Gottes *Selbst*-Mitteilung radikal ernst genommen, das führt zu der Konsequenz: Absolute und deshalb unerschöpfliche Beziehungsfähigkeit und Beziehungswilligkeit zeichnen den Absoluten eher aus als die Vollkommenheit des in sich Selig-Unbedürftigen. So wurde und wird es von vielen nachdenklichen Glaubende nach der personalistischen Wende im Selbstverständnis des Menschseins seit dem ersten Drittel des 20. Jahrhunderts wahrgenommen.[236] Wenn von

---

[235] DH 3002
[236] Vgl. Jürgen Werbick, Gott verbindlich. Eine theologische Gotteslehre, Freiburg i. Br. 2007, 243–258.

Gott in personalen Metaphern und Modellen gesprochen werden kann, darf ihm dieses leidenschaftliche Involviert- und Engagiert-Sein in der Beziehung zum Menschen zuerkannt werden. Er *ist* Selbst-Verausgabung zugunsten derer, die sich von ihm zu mehr Mensch-sein, liebevollerem Menschsein ermächtigen lassen. In ihnen ist er als die Liebe lebendig, die er seinem „Wesen" nach ist; in sie gibt er sich hinein. Der Unermessliche, *alles* Umfassende und zu seiner Vollendung Führende will in mir und dir und ihr und ihm als Liebe gegenwärtig sein und uns an sich – an ihr – teilhaben lassen. Im Menschsein erfüllt sich sein Möglichkeit-zuspielendes, schöpferisches Sich-Einbringen in die Schöpfung, seine Selbst-Verausgabung in das von ihm Hervorgebrachte. Es ist eine Selbst-Verausgabung, die ihn, den unerschöpflich Liebenden, nicht ärmer, sondern reicher macht, da er unter uns da sein und unser Dasein erfüllen darf. Das ist sehr menschlich, vielleicht allzumenschlich von ihm geredet. Aber kommt ihm – seinem biblisch geglaubten Gott-Sein, seiner göttlichen Vollkommenheit – dieses Reden nicht näher als die platonische Rede vom werde-losen, autarken Absoluten?

Der Wandel der Vollkommenheits-Imagination im Gottesverständnis ist womöglich der theologisch und spirituell folgenreichste Wandlungsvorgang im christlichen Glaubensbewusstsein. Mit ihm kommt neu in den Blick, was es heißt, Gott als das ewige Geschehen der unerschöpflich sich verausgabenden Liebe zu glauben. Mit ihm kommt neu in den Blick, was es heißt, sich von dieser Liebe erreichen und in sie hineinnehmen zu lassen, sich in das Geschehen Gottes hineinnehmen zu lassen. Und so kommt mit ihm neu in den Blick, was es heißt, von Gott *trinitarisch* zu sprechen. Der Unermesslich-Unerschöpfliche lebt die Beziehung zum menschlich-endlichen Dasein; er gibt sich in es hinein, um es mit den Menschen bis in alle Abgründe zu teilen. Er gibt sich hinein in seinen „Sohn" Jesus Christus, in dem er mit seiner ganzen Fülle „wohnen" wollte (Kol 1,19; 2,9). In ihm lebt er seinen Beziehungswillen, lädt er die Menschen ein, an der Gottes-Wirklichkeit teilzunehmen, die sein Sohn lebte: sich dem Geist zu öffnen, der den Christus zur konkreten Gottes-Wirklichkeit in der Welt machte und die Menschen in und aus Gott leben lässt. Gott nimmt mitmenschlich teil am Menschsein, damit die Menschen durch den Gottesgeist an ihm teilhaben können und sich zu einem Gott-erfüllten, menschlich erfüllenden Leben in der Gottes- und Menschen-Gemeinschaft herausfordern lassen.

Die Evolution hat Lebewesen hervorgebracht, die zu wechselseitiger Anteilnahme und zur Partizipation an einem „Geist" in der Lage sind, aus dem sie ihr Miteinander stärken und als Füreinander leben können. Die empirischen Gegebenheiten lassen es zu, legen es vielleicht nahe, der Evolution – vor allem an den emergenten Übergängen – ihr Unterwegs-Sein zu solcher Partizipation „anzusehen". Partizipieren-Können macht Lebewesen lebensfähig. Soziale Partizipation in all ihren Formen und Dimensionen steigert das Dasein der Menschen; verweigerte Partizipation schwächt es, macht es im äußersten Fall unmöglich. Partizipation meint ein Teilnehmen-Können und Teilnehmen-Dürfen, bei dem das jeweils Geteilte durch das Miteinander-Teilen nicht weniger, sondern mehr, lebendiger, für die Teilnehmenden ertragreicher wird.[237]

Diese Alltags-Erfahrung von Partizipation ist so selbstverständlich wie erstaunlich. Es ist eine Gegen-Erfahrung zu Selbst- und Lebenssteigerungs-Bemühungen, die es darauf abgesehen haben, einen größeren Teil vom Kuchen zu ergattern und für den eigenen Lebensgenuss zur Verfügung zu haben. Das Gemeinsame ist hier das Umkämpfte, durch Zugriff mehr oder weniger gerecht Zerteilte, schließlich für jeden Einzelnen Verminderte. Es wird für die Anderen weniger zur Verfügung stehen, wenn ich erfolgreicher bin und mir mehr herausnehmen kann. Ich muss freilich damit rechnen, im umkämpften Feld immer mehr Energie einsetzen zu müssen, um mehr zu erreichen. Und ich bin in Gefahr, meine Energie zu erschöpfen, wenn ich mit dem Erreichten unzufrieden bin und mein Selbststeigerungs-Bemühen weiter intensiviere. Teilen und Für-sich-Haben sind zwei elementare Modi, sich sozial zu verwirklichen. Beide werden ihr Recht haben. Es gibt soziale Verhältnisse, in denen ich darauf angewiesen bin, meinen „gerechten" Anteil zu sichern, und mich dabei auf Verteilungskämpfe einlassen muss. Und es gibt soziale Verhältnisse, in denen das Miteinander-Teilen für mich und für alle Beteiligten zu einer Lebens-Steigerung führt, da ich mich in Prozesse und Konstellationen des Miteinander-Teilens einbringe und möglichst viele Beteiligte sich ihrerseits einbringen. Verausgabung erschöpft hier nicht, sondern stärkt, weil sie uns das unteilbar Gemeinsame teilen und uns so miteinander *kommunizieren* lässt. Es ist klar: Wo der Aneignungs-Modus in Bereiche eindringt, in denen der Modus des Teilens zum Ziel führen würde, zersetzt sich das soziale Miteinander. Wenn man naiv auf den Modus des Teilens setzt, wo es um die Aushandlung des Verteilungs-Gerechten geht, hat man das

---

[237] Emergente Prozesse realisieren diesen Partizipations-Modus in vermutlich allen Phasen der Evolution zumindest in nuce.

Nachsehen. Unter den Normalbedingungen des gesellschaftlichen und mitmenschlichen Alltags wird man darauf bedacht sein müssen, die Verheißung des Teilens zu stärken und auch da einzubringen, wo Verteilungskämpfe das Feld beherrschen.

Partizipieren heißt sich Einbringen und die Erfahrung machen, dass das Eingebrachte nicht verlorengeht, sondern „Frucht bringt", mir und den anderen Beteiligten zugutekommt, sie und mich stärkt. So verlangt das Konzert-Projekt einen Kraft-Einsatz, der sich gewissermaßen selbst belohnt, mich erfüllt, auch wenn ich Zeit und Energie hergebe, erschöpft von den Proben heimkomme. Wenn es gut geht, stellen wir nicht nur miteinander ein Produkt her, bei dem man sich fragt, ob sich der Einsatz ausgezahlt hat, sondern wir gewinnen Anteil an „sozialer Energie", die uns über unseren eigenen Einsatz hinaus stärkt und inspiriert. Man mag sie eine „kollektive Kraft" nennen, die wir ebenso mit aufwenden und aufbringen als wir durch sie Lebenskraft und Befriedigung gewinnen. Wir sind gewissermaßen in einen Energie-Kreislauf einbezogen, in dem „Geben und Empfangen zusammenfallen."[238] Selbst-Verausgabung wird als erfüllend erfahren; Selbst-Verweigerung mag dann auf Dauer als soziale Verarmung und als Abgeschnitten-Sein von lebendig-machender sozialer Energie wahrgenommen werden. Verweigert man mir das Teilnehmen-Dürfen, fühle ich mich elementarer Mitlebens-Möglichkeiten beraubt: Ich kann mich nicht mitbringen und am sozialen Energie-Kreislauf teilnehmen, habe keine Chance, meine Stärken einzubringen und für sie Anerkennung zu finden oder in meiner Schwäche gestützt zu werden. Partizipation kreiert Chancen, sich durch Selbst-Einsatz in seinem Mit-Dasein mit anderen zu verwirklichen. Und die von mir mehr oder weniger glücklich wahrgenommene Chance eröffnet mir und anderen weitere Möglichkeiten der Lebens-Steigerung. Im Partizipations-Geschehen zirkuliert soziale Energie. Sie schafft die *Resonanz*, in der wir uns bejahen können als Menschen, die für andere gut sind, wie wir zuvor schon erfahren durften und es immer wieder neu erfahren dürfen, dass diese für mich gut sind.[239]

Dass es in der Evolution zu diesem zukunftsfähigen partizipativen Miteinander kommt, dass in ihm das kompetitive Gegeneinander

---

[238] Vgl. Hartmut Rosa, Was ist soziale Energie? Jeder kennt das: Eben noch total erschöpft, wird man plötzlich im Miteinander gestärkt, in: Die Zeit Nr. 3 vom 11. Januar 2024, S. 47.

[239] Vgl. Hartmut Rosa, Resonanz.

des Kampfes um die reicheren Daseins- und Entwicklungs-Möglichkeiten heilsam gezähmt werden kann, ist ein empirisches Datum, das auch einer theologischen Deutung offensteht. Die könnte sich etwa so auf das empirisch Gegebene beziehen: Die Verheißung, die auf der Selbst-Überschreitung und dem Selbst-Einsatz liegt, ist dem Menschen durch Gottes eigene Selbst-Verausgabung in seine Schöpfung hinein mitgegeben. Gott lebt die schöpferisch-stärkende Teilnahme an der Schöpfung und am Menschsein, damit Menschen an seinem Selbst-Einsatz teilnehmen und so von der göttlich-sozialen Geist-Energie ergriffen werden können, die von Gott ausgeht und in ihn hineinführt. Gott bringt sich ein und fordert das Sich-Einbringen der Menschen in seinen guten Willen heraus, der sich an jeden Menschen als schöpferisch-mächtig erweisen will. An ihm teilzunehmen heißt, einbezogen zu sein in diese schöpferisch-göttliche Energie und aus ihr ein Leben zu führen, das in Gott zu seiner Vollendung kommen wird. Gottes Wirklich-Werden in dieser Welt – seine Schöpfung, sein erlösendes Sich-Involvieren – ist ein alles umfassendes Partizipations-Geschehen, in dem die Menschen von der göttlichen Energie der teilnehmenden und anteilgebenden Liebe ergriffen und zur Selbst-Hineingabe in das Miteinander- und Füreinander-Leben gestärkt werden können, da sie an Gottes eigenem, sich hingebendem, zum Anteil-Haben freigebendem Leben partizipieren dürfen. Partizipation ist hier das Leitparadigma. Es hat das Herrschafts-Paradigma abgelöst. Die Vollkommenheits-Intuition, die Gottes Absolutheit hier menschlich vorstellbar macht, speist sich aus den Erfahrungen eines Empowerments, in dem Macht durch Sich-Einbringen, Teilnehmen und Teilnahme-Gewähren schöpferisch wird.

Vollkommenheits-Intuitionen entstehen mit dem Selbstverständlich-Werden von Höchstwerten und werden transformiert, wenn neue Höchstwert-Erfahrungen und Werte-Hierachien für das gesellschaftliche und individuelle Selbstverständnis erlebbar werden. So gewann das Teilhabe-Denken in unseren Tagen eine Wirklichkeitserhellende Prägnanz: nicht im Sinne des antiken Metoché-Denkens, das Gott als die Quelle des heiligend Guten verstand, an deren Seins- und Gnadenfülle die Hierarchen privilegiert teilhaben; vielmehr aus der Erfahrung eines wechselseitigen Teilhabens und Teilnahme-Gewährens, worin das Miteinander schöpferisch wird.

Man kann sich fragen, ob solche in der Evolution gesellschaftlichen Bewusstseins gründenden Transformationen von Höchstwert-Intuitionen die theologische Bezugnahme auf das, worüber Größeres und Höheres nicht gedacht werden kann[240], nicht gänzlich relativieren und obsolet machen. Es konnte offenkundig Größeres gedacht werden als das, was eine platonisch geprägte Metaphysik als Größtes und Höchstes in Begriffe des Absoluten fasste, in Wirklichkeit aber – wie man sich nun anzunehmen ermächtigt weiß – aus menschlich-allzumenschlicher Erfahrung und Wertschätzung ins Göttliche hineinsah. Wird man nicht auch dazu kommen, das Partizipations-Schema zu überbieten und weit Höheres zu denken als das, was uns heute als die Intuition des Höchsten plausibel vorkommt?

So wird es vermutlich kommen. Aber das muss die im Hier und Jetzt Glaubenden und nach einem tragfähigen Glauben Suchenden nicht beunruhigen. Ihnen wird im Glauben kein ewig gültiges Schema des Absolut-Göttlichen zugänglich, sondern eine geschichtliche Erfahrung dessen, was ihnen als Grund, höchste Verwirklichung und Ziel ihres Daseins wie der Wirklichkeit im Ganzen einleuchtet. So kann ihnen die theo-*logische* Relativitäts-Bestimmung zugänglich werden, die Anselm von Canterbury selbst geltend macht: Gott ist unendlich größer als das, was wir an der Schwelle des uns Denkmöglichen als das Höchste begrifflich bestimmen. Wir sind immer auf dem Weg, der uns über „unser" Größtes und Höchstes hinausführen wird[241]; und eben doch im Hier und Jetzt, in dem uns *diese* Intuition höchst aufschlussreich werden kann. Die Relativität des Hier und Jetzt darf nicht in einer Absolutheits-Anmaßung übersprungen werden, die sich an eine ja nur verabsolutierte *philosophia* oder *theologia perennis* klammert und die Gläubigen auf die unabdingbar richtige Sicht der Dinge festlegen will. Diese Absolutheits-Anmaßung etwa einer lehramtlich festgeschriebenen Theologie hat sich in unseren Tagen so gründlich als allzumenschlich entlarvt, dass es für viele Glaubens-Zeitgenoss(inn)en den Weg zurück nicht mehr gibt. Sie ist in sich zusammengebrochen und hat den Weg ins Offene freigegeben: dahin, wo wir der Verheißung unserer aufschlussreichsten Erfahrungen trauen und sie im Gottesglauben beglaubigt finden dürfen.

4.9 Verletzliches Teilnahme-Vertrauen

Teilnehmen setzt Vertrauen voraus und stimuliert es. Ich möchte darauf vertrauen können, dass es zu etwas Gutem führt, mich ein-

---

[240] Vgl. Anselm von Canterbury, Proslogion 2.
[241] Vgl. Proslogion 15.

zubringen, dass man etwas mit mir und dem anfangen kann, was ich einbringe. Ich brauche die Zuversicht, mich nicht sinnlos zu verausgaben, vielmehr angenommen zu werden, dazugehören zu dürfen. Zurückgewiesen-Werden und Ausgeschlossen-Bleiben töten dieses Vertrauen. Sich- einbringen-Dürfen und im Miteinander getragen, nicht im Gegeneinander zerrieben zu werden, darauf geht das dem Menschsein elementar mitgegebene Versprechen: vielfach von Mitmenschen und gesellschaftlicher Wirklichkeit bezeugt und beglaubigt; bedrückend oft von Erfahrungen der Missachtung durchkreuzt.

Nicht-teilnehmen-Können geht an die menschliche Substanz; besonders da, wo es um Menschenwürde und menschliches Überleben geht. Wenn Menschen nicht ins Teilnehmen-Dürfen hineinwachsen, werden sie sich nicht zu teilnahmefähigen und teilnahmewilligen Subjekten ihres Daseins entwickeln. Wo sie von elementaren Austauschprozessen ausgeschlossen bleiben, in denen man Lebens-Entfaltungsmöglichkeiten teilt, werden sie um ihr Lebens-Versprechen betrogen. Die weltweiten ökonomischen Verhältnisse sind für Ausgeschlossene die zerstörerische Gegen-Wirklichkeit zu dem Versprechen, das die Menschen in ein lebendiges Miteinander hineinruft. Papst Franziskus sagt es so:

> „Diese Wirtschaft tötet. Es ist unglaublich, dass es kein Aufsehen erregt, wenn ein alter Mann, der dazu gezwungen ist, auf der Straße zu leben, erfriert, während eine Baisse um zwei Punkte in der Börse Schlagzeilen macht. Das ist Ausschließung. Es ist nicht mehr zu tolerieren, dass Nahrungsmittel weggeworden werden, während es Menschen gibt, die Hunger leiden. Das ist soziale Ungleichheit. Heute spielt sich alles nach den Kriterien der Konkurrenzfähigkeit und nach dem Gesetz des Stärkeren ab, wo der Mächtigere den Schwächeren zunichtemacht. Als Folge dieser Situation sehen sich große Massen der Bevölkerung ausgeschlossen und an den Rand gedrängt: ohne Arbeit, ohne Aussichten, ohne Ausweg. Der Mensch an sich wird wie ein Konsumgut betrachtet, das man gebrauchen und dann wegwerfen kann. Wir haben die ‚Wegwerfkultur‘ eingeführt, die sogar gefördert wird. Es geht nicht mehr einfach um das Phänomen der Ausbeutung und der Unterdrückung, sondern um etwas Neues: Mit der Ausschließung ist die Zugehörigkeit zu der Gesellschaft, in der man lebt, an ihrer Wurzel getroffen, denn durch sie befindet man sich nicht in der Unterschicht, am Rande oder gehört zu den Machtlosen, sondern

steht draußen. Die Ausgeschlossenen sind nicht ‚Ausgebeutete', sondern Müll, ‚Abfall'."[242]

Das so elementar gebrochene Lebens-Versprechen bringt unabweisbar in Erinnerung, dass mit der Einlösung, der Einlösbarkeit, dieses Versprechens die Menschlichkeit des menschlichen Miteinanders auf dem Spiel steht. Wenn es gebrochen wird, geschieht Unrecht, wird Gottes Versprechen zur Lüge gemacht. Der Bruch dieses Versprechens ist die Sünde schlechthin.[243] Sünde negiert das Dazugehören, negiert, was darin möglich würde, negiert die gute Zukunft, bestreitet die Würde des *Mit*-Menschen. Sünde ist die Gegen-Wirklichkeit zum Da-Sein-Lassen, zur Gutheißung, die Gottes schöpferischem Hervorbringen innewohnt.[244] Sie reduziert die Gutheißung auf das Gutsein für mich, auf Ausbeutbarkeit. Die Gegen-Verheißung des Wie-Gott-sein-Dürfens (vgl. Gen 3,5) spricht den Menschen das Ausbeuten-Dürfen zu; er soll souverän über nützlich oder unnütz urteilen und entsprechend handeln dürfen. Man soll über das verfügen dürfen, worüber man Herr geworden ist, und der Bedeutungslosigkeit preisgeben können, womit man nichts anfangen will. Es gehört *mir*; aber es gehört nicht zu mir, darf nicht zu mir, zu uns gehören. Wir sind ihm *nicht verbunden*, sondern seiner mächtig, fast allmächtig.

4.10 Wie das Evolutionsdenken das Verständnis von Sünde und Erbsünde verändert

In der Sünde geschieht Nicht-Gutheißung, die Abweisung und Ablehnung des Anderen als nicht zu mir gehörend, Verweigerung von Partizipation und Selbsttranszendenz. Das Gegeneinander einer archaischen Stämme-Konkurrenz um die Überlebens-Güter wird zum Innersten des Fühlens und Wollens. Wo Sünde zur Herrschaft kommt, stirbt das Vertrauen. Ich kann mich nicht darauf verlassen, dass man es gut mit mir meint und gern mit mir leben will. Ich muss auf der Hut sein, dass man mich nicht missbraucht. Missbrauch: sich das Ausbeutbare herausnehmen und die Ausgebeuteten als Abfall zurücklassen; sie gehören nicht zu uns, sollen keine Zukunft haben. Papst Franziskus spricht aus, wie Sünde im Weltmaßstab geschieht.

---

[242] Apostolisches Schreiben *Evangelii gaudium* vom 24. November 2013, Nr. 53.
[243] Im Deutschen ist der Wortsinn von Sünde tatsächlich von Absondern hergeleitet.
[244] Die Priesterschrift krönt jeden „Schöpfungs-Tag" mit der Zusage des Tov-Seins, des Gut- und-schön-Seins.

Im Nahbereich herrscht sie, wo Menschen-Missbrauch geschieht und Partizipation verweigert wird. In der Welt- und Mitmenschen-Beziehung degradiert sie alles und alle zur Ressource, meinem Zugriff mehr oder weniger erreichbar und unterworfen. „Verressourceung" ist das sprachlich befremdliche, in der Sache treffende Stichwort.[245] Es macht darauf aufmerksam, dass die Quellen (*Sources*) des Miteinander-Lebens und des Selbst[246] als das Ausbeutbare, Verfügbare vorgestellt werden, nicht mehr als das uns „Zuströmende", mit sich Beschenkende, Nährende.[247]

Das auf den Ungehorsam fokussierende Sünden-Modell hat theologisch abgewirtschaftet. So ist der Blick dafür frei geworden, wie schon biblisch der Missbrauch der Schöpfungsgüter das Verhältnis zwischen Gott und den Menschen verdirbt und die Sünde mächtig werden lässt.[248] Dann aber stellt sich nachdrücklich die Frage, wie Menschen, die der gegenschöpferischen Macht der Sünde verfallen oder ausgeliefert sind, noch daran glauben können, dass die ihnen widerfahrene oder von ihnen selbst gelebte Missachtung – die Verressourceung der guten Schöpfung – nicht das letzte Wort hat? Wie sollen Missbrauchte das Vertrauen darauf finden und festhalten können, dass sie an einer ihnen *bereiteten* „Heils"-Wirklichkeit teilhaben dürfen, in der ihr Gut-Sein herauskommen und für sie selbst wie für andere erlebbar werden kann, dass es über alles menschlich Erwartbare hinaus Zukunft haben wird? Wie sollen die, die der Logik der Ausbeutung verfallen sind, sich den Verheißungen des Teilnehmens und Teilhaben-Lassens öffnen können? An den Ausgebeuteten selbst wird es liegen, sich gegen Missachtung und Missbrauch zur Wehr zu setzen, wo und wie immer ihnen das möglich ist. Aber sie werden das aus dem Glauben daran tun, dass ihnen eine unverlierbare Gutheißung gilt, die zuletzt nicht vom Erfolg ihrer wehrhaften Selbstbehauptung abhängt. Das Vertrauen auf das Anteil-haben-Dürfen am Gott-erfüllten, Menschen unverlierbar erfüllenden Leben kann zur Quelle der Kraft werden, sich mit der Entwürdigung nicht abzufinden, mit der Menschen einander zur Zukunftslosigkeit ver-

---

[245] Vgl. Michael Hampe, Die Lehren der Philosophie. Eine Kritik, Berlin 2014, 262 f.

[246] Vgl. Charles Taylor, Quellen des Selbst. Die Entstehung der neuzeitlichen Identität, dt. Frankfurt a. M. 1994 (im Original: Sources of the self).

[247] Den Hinweis auf dieses sprachlich so brisante Spannungsverhältnis von frz./engl. *Source* und *Ressource* verdanke ich Thomas Schaufelberger, Verrückt nach Meer Geschichten, in: Bildungskirche 03/2023, 8–10, hier 10.

[248] Eine entsprechende Deutung der Paradies-Geschichte in der Genesis habe ich in meinem Buch: Christentum – kann das weg? (58–61) versucht.

urteilen. Vertrauens-Empowerment mobilisiert die Gegen-Macht zur Sünde. Die wird gerade da mächtig, wo Menschen die alles Menschen-Vermögen unendlich übersteigende Erfüllung menschlichen Lebens in der Gottesgemeinschaft nicht mehr vor sich sehen. Ihnen wird das Leben wird zur „letzten Gelegenheit"[249], zur einzigen, mit letzter Konsequenz wahrzunehmenden Chance, auf seine Kosten zu kommen.

Die Sünde „wohnt" im Lebens- und Liebes-Misstrauen. Hier sabotiert sie Partizipaton und Selbst-Transzendenz. Sie provoziert die mehr oder weniger verzweifelten Anstrengungen, eigene Verletzungen und Entbehrungen, überhaupt die Kosten der eigenen Lebens-Mühe, durch Erfolge wettzumachen, die keine Rücksicht auf Verluste nehmen müssen. Sünde ist im Entscheidenden und an ihrer Wurzel keine Sache des moralischen Fehlverhaltens, sondern Glaubens- und Vertrauens-Zersetzung und die davon provozierte Selbsttranszendenz-Verweigerung. So versperrt sie andere Wege zur Lebens-Bejahung als den der Selbst-Steigerung, zuletzt der Selbst-Verabsolutierung. Er (oder sie) identifiziert sich mit der Macht der Sünde, die nun in ihm und durch ihn „herrscht".[250] Sünde mag ihr Aussehen verändert haben. Ihre Zugriffsmacht hat sie nicht im Geringsten eingebüßt. Wer sich ihr zu entziehen sucht und auf die liebende Selbst-Relativierung im Mitmenschlichen setzt, sie in Gottes Beziehungs-Willigkeit gehalten weiß, will das Ausbeutungs- und Missachtungs-Spiel der Sünde nicht mitspielen.

Das aber ist der Verdacht, den auch viele Glaubende im Zeitalter der Säkularität kaum loswerden: dass sie sich mit ihrem Gottes-Zutrauen aus dem Lebens-Kampf abmelden und eher auf Gott vertrauen, als sich etwas zuzutrauen. Sie werden sich in ihrer religiösen Praxis wie in ihrem mitmenschlich-gesellschaftlichen Miteinander der im Glauben erschlossenen Hoffnung darauf zu vergewissern suchen, dass man sich dieser Alternative nicht unterwerfen muss. Sie glauben daran, dass ihr Leben, wo immer sie sich jetzt angekommen sehen, *zukunftsfähig* ist – da sie es als Gott-zugehörig glauben dürfen und Gott das ihm Zugehörige, von ihm Gutgeheißene, nicht verlo-

---

[249] Vgl. Marianne Gronemeyer, Das Leben als letzte Gelegenheit. Sicherheitsbedürfnisse und Zeitknappheit, Darmstadt [5]2014.

[250] Hier wird m. E. reformulierbar, was die augustinisch geprägte Erbsündenlehre zur Geltung bringen wollte. Ihre Zuspitzung in einer pietistisch geprägten Rechtfertigungslehre wird freilich kaum noch vollzogen. Das Gefangensein des Sünders in einem ausweglosen Sündenbewusstsein sieht man heute als eher psychisch bedingte Erlebnis-Konstellation an.

rengibt. Wenn es als Gott zugehörig zukunftsfähig ist, werde ich selbst es nicht verlorengeben. Ich werde mich nicht um es betrügen lassen und der Macht der Sünde zu widerstehen versuchen, die mich ins Lebens-Misstrauens hineinzieht. Ich werde, so wahr mir Gott helfe, nicht in Resignation verfallen, wenn mich die Sünde wieder überwältigt und versuchen, an die Sünden-Vergebung zu glauben: an Gottes Geist- und Gnaden-Empowerment, das es möglich macht, das Wagnis der in der Liebe beginnenden Gottes-Zukunft zu ergreifen.

Zu so viel Glaubens-Entschiedenheit werden es Menschen in den gegenwärtigen Herausforderungen des Glaubens und in den Zwiespältigkeiten ihres Lebens oft nicht bringen; werde ich selbst es oft nicht bringen. Zwiespältig wird einem schon das Vertrauen selbst vorkommen. Wer kann es rechtfertigen? Bei wem wäre mein Vertrauens-Vorschuss, mein Vertrauens-Wagnis nicht fehlinvestiert? Ein wenig misstrauisch sollte man schon fragen: Trau, schau wem. Aber andererseits: Elementar und bevor ich selbst Vertrauen investieren konnte, lebe ich von einem Vertrauensvorschuss, der mir Vertrauen ins Leben gibt. Menschen haben darauf vertraut – und sie tun es immer noch –, es sei gut, dass ich lebe, dass ich mich ins Leben hinein entfalte und mitbringe, was in mir steckt und wächst. Es ist gut, dass ich da bin und mich einbringe, mich mitbringe dahin, wo menschliches Leben geteilt, ermöglicht und erkämpft wird, zur Blüte kommt, abstirbt. Es ist gut, weil das Leben ein wenig menschlicher wird, wenn ich darin vorkomme. Mit so viel Vertrauensvorschuss heißen Mitmenschen mich willkommen. So helfen sie mir ins Leben hinein und gründen in mir das Vertrauen ins Leben.

Wo es nicht so ist, fehlt das Lebens-, Liebes- und Selbstvertrauen; wuchert ein Misstrauen, das sich damit beruhigen muss, die Dinge in die Hand zu bekommen. Wer im Innersten enttäuscht ist, weil ihm die Gutheißung seines Lebens nicht mitgegeben und nicht glaubwürdig geworden ist, scheint verurteilt, sie den anderen und sich selbst zu beweisen oder denen zu glauben, die ihnen einreden, wie gut es doch sei, sich *von ihnen* ins gelobte Land führen zu lassen. Man kennt das Zerstörerische des Misstrauens, weiß freilich auch, wie nötig es ist, und ahnt, wie schöpferisch es sein kann. Vertrauensseligkeit bahnt dem Vertrauensmissbrauch den Weg; Vertrauensvorschüsse müssen gut überlegt werden.

Die Mächtigen lebten gut und gern vom Vertrauen der Beherrschten – und haben es ein ums andere Mal als „Schmiermittel" ihres Ausbeutungs-Apparats missbraucht. Ihnen musste man immer schon mistrauen und sich wohl oder übel darauf verlassen, dass ihr

Machtmissbrauch im Politischen wie im Religiösen in Grenzen gehalten werden konnte. Moderne Demokratien institutionalisierten das Misstrauen der Regierten und machten es handlungsfähig, so jedenfalls der Idee nach. Sie machen die Regierenden rechenschaftspflichtig und haben rechtlich geordnete Möglichkeiten, ihnen das Vertrauen zu entziehen. Der Vertrauensvorschuss, der den Regierenden Macht auf Zeit gibt, kann schnell aufgebraucht sein, auch wenn es in der durchdigitalisierten Öffentlichkeit immer mehr Möglichkeiten zu geben scheint, Loyalität zu erkaufen. Wenn das Misstrauen zum Schweigen gebracht oder durch Medien-Macht übertönt wird, funktionieren Demokratien nicht mehr und zersetzt sich das Vertrauen in demokratische Prozeduren.

Schöpferisch wird das Misstrauen in den Wissenschaften, in allen wissens-produktiven gesellschaftlichen Prozessen. Nicht auch in den religiösen und kirchlichen? Friedrich Nietzsche hat es für seine Disziplin auf den Begriff gebracht: „So viel Misstrauen, so viel Philosophie."[251] Das ist nur die halbe Wahrheit. Aber auf diese Hälfte der Wahrheit darf man bauen. Von eingespielten Konsensen geht man aus, bei ihnen darf man aber nicht stehenbleiben. Man muss sie auf den Prüfstand stellen, um weiterzukommen, Neues zu entdecken, der Wahrheit näher zu kommen. Wer ihnen nicht auch misstraut, wird nicht sehen, welche Interessen in sie eingingen, welche Gewohnheiten und Denk-Faulheiten, welche geschichtlich bedingten, Unpassendes ausblendenden Fokussierungen sie transportieren. Das ist die erste Weisheit der wissenschaftlichen Praxis: Du musst dir misstrauen lernen. Aber ist es die letzte? Führt Wissenschaft nicht auch zu Verlässlichkeit, in die man tiefer eindringen und die man womöglich in weitere Zusammenhänge einordnen kann, ohne dass man ihr damit schon misstrauen würde?

Es kommt hier wie da aufs Unterscheidungsvermögen an: Wo wird das Misstrauen schöpferisch? Wo darf ich mich zum Vertrauen einladen lassen? Was immer wieder neu unterschieden werden muss, kann jetzt untrennbar ineinander liegen und mich herausfordern, auch meinen Unterscheidungen nicht zu trauen. Habe ich mich zu schnell zum Vertrauen verleiten lassen? Oder hat mich mein Misstrauen gehindert, das Gute zu sehen, das ich hätte anerkennen, an dem ich mich hätte beteiligen sollen? Diese Zwiespältigkeits-Erfahrung ist so alltäglich wie trivial. Sie verrät, dass das Misstrauen sich nicht absolut setzen darf, sondern dagegen schützen soll, vorschnell

---

[251] Die fröhliche Wissenschaft, Aphorismus 346, KSA 3, 580.

und dem Falschen zu vertrauen. Die Ahnung des schlechthin An-vertrauens-Würdigen müsste es beseelen, damit es nicht zynisch wird und sich übers Vertrauen-Müssen – Vertrauen-Dürfen — nur noch ironisch erhaben weiß. An das schlechthin Anvertrauens-Würdige rühren zu dürfen und zu ihm eingeladen zu wissen, sich nicht mehr so sehr von leeren Glaubwürdigkeits-Versprechen faszinieren zu lassen, das wäre im elementaren Sinne erlösend: herauslösend aus einem Lebens-Misstrauen, in dem man sich bestätigt sehen und/oder das man durch Selbst-Bestätigung überbieten will.

Vertrauen ermöglicht Anfänge, kann schöpferisch werden. Vertrauensmissbrauch ist das Zerstörerische, Gegen-Schöpferische schlechthin. Er durchkreuzt das Wagnis des guten Miteinanders, das nicht erst im Menschlichen, hier aber selbst-bewusst vollzogen und bedacht, den Weg zu einem Leben in Fülle öffnet. Das Evolutionsdenken gibt dieser elementaren Wahrheit eine empirische Basis; und damit auch dem theologischen Reden von Sünde und Erlösung eine neue Prägnanz, freilich auch einen anderen Fokus. Und der Zerfall der „klassischen" Erbsündenlehre kann den Blick dafür freimachen: Selbstbehauptung und das Wagnis vertrauender Selbst-Transzendenz bestimmen *miteinander* das evolutionäre Erbe der Menschheit. Es bräuchte den Glauben daran, dass das Wagnis der Selbsttranszendenz ins gute Leben hineinführt, in ihm zum Ziel kommen darf. Die Sabotage an diesem Vertrauen macht Menschen böse, rücksichtslos selbstzentriert. In dieser Sabotage geschieht fortwährend das, was die theologische Tradition Erbsünde genannt hat, das „radikale", wurzelhaft Böse, das in den Menschen wohnt, in ihnen „keimt" und die vergifteten Früchte der Sünde hervorbringt. Immanuel Kant wusste noch davon: von einem „natürliche[n] Hang" der „durch menschliche Kräfte nicht zu *vertilgen*" ist, von dem er freilich annahm, es sei menschlich möglich, ihn „zu überwiegen" und im freien Gehorsam gegen das Sittengesetz in die Schranken zu weisen.[252] Ob es dafür nicht der Quellen des Vertrauens darauf bedarf, dass das Sich-Überschreiten und Sich-Hineinwagen in die Relativierung der Selbstbehauptung durch die Liebe zum Guten führt?

---

[252] Vgl. Immanuel Kant, Die Religion innerhalb der Grenzen der bloßen Vernunft, Kants Werke. Akademie Textausgabe, Bd. VI, Berlin 1968, 1–202, hier 37.

4.11 Erlösung?

Solches Vertrauen-Können ist die Ur-Sehnsucht des Menschen. Nicht eher die Ur-Verführung, der Trost, mit dem Religionen ihre Geschäfte machen? Nietzsche nennt das Christentum „eine grosse Schatzkammer geistreichster Trostmittel [...] so viel Erquickliches, Milderndes, Narkotisierendes ist in ihm angehäuft".[253] Marx sprach von der Religion als dem „Opium des Volkes"[254], das es in die süßen Träume des Vertrauen-Dürfens versinken lässt, wo man gegen die Knechtschaft aufstehen müsste. Dem zum Wagnis des starken Menschseins berufenen Übermenschen-Kandidaten ruft Nietzsche dann zu: „‚Du wirst niemals mehr beten, niemals mehr anbeten, niemals im endlosen Vertrauen ausruhen'"[255]. Das Trauma des Vertrauens-Missbrauchs lässt sich in der Spätmoderne ja überall greifen. Die Ahnung des schlechthin Anvertrauenswürdigen ist zurückgedrängt; ihre kirchlichen Verkündiger sind durch Vertrauens-Missbrauch diskreditiert. Die Ur-Sehnsucht des Vertrauen-Dürfens ist in solchen Enttäuschungen gefangen, oder sie ist von Fanatikern in Geiselhaft genommen ist, die keine Götter – keine Vertrauenswürdigen – neben sich dulden.

Befreiung des Vertrauens, davon hätte christliche Erlösungslehre heute zu sprechen; das dürften Glaubende bezeugen, wenn ihnen diese Befreiung widerfahren ist, wenn sie wenigstens wüssten, was sie ihnen bedeuten würde: Befreiung des Vertrauens aus der Enge des Absehbaren und durch Vorsorge zu Sichernden; Befreiung aus dem Vertrauens-Missbrauch durch Anbiederung oder durch perfide agierende Meinungsmächte; Befreiung aus einem Misstrauen, das sich nicht mehr selbst begrenzen kann; Befreiung zum Vertrauen darauf, dass mein Leben Zukunft hat, was mir auch zustößt und was immer ich zu verantworten habe; Befreiung zum Vertrauen auf den, der nicht zu den Fertig-Machern gehört, sondern mit mir etwas anfangen kann, wo ich auch hingeraten bin. Befreiung, die er-löst aus

---

[253] Zur Genealogie der Moral. Dritte Abhandlung: was bedeuten asketische Ideale, Aphorismus 17, KSA 5, 377. Der Trost, das „Narcoticum", liegt für Nietzsche gerade im Versprechen des Guten (vgl. Die Genealogie der Moral, Vorrede 6, KSA 5, 253), in der Hoffnung darauf, dass es endlich gut wird, im Vertrauen auf den „Verbesserer letzter Hand" (Die fröhliche Wissenschaft, Aphorismus 285, KSA 3, 527).

[254] Zur Kritik der Hegelschen Rechtsphilosophie. Einleitung, Marx – Engels – Werke, Bd. 1, Berlin 1970, 378–391, 378.

[255] Die fröhliche Wissenschaft, Aphorismus 285, KSA 3, 527.

der Unfähigkeit und Unwilligkeit zum Ur- und Letzt-Vertrauen[256], die sich selbst kaum durchschaut; Befreiung aus der Angst vor einem Unheil, das mein Leben zerstören und als sinnlos erweisen würde, aus der Resignation angesichts dieses Unheils und meiner Unentschiedenheit, ihm zu widerstehen; Befreiung zum Vertrauen darauf, dass der Weg ins Unverfügbare hinein der Weg ist, den Gott mit mir geht und den ich achtsam mitzugehen berufen bin (vgl. Mi 6,8).

Es wird zu den so zwiespältigen Zeichen unserer Zeit gehören, dass die Menschen um die Bedrohtheit und den Missbrauch, deshalb aber auch um das Erlösende des Vertrauens wissen. So wird ihnen eine Zentrierung des reich und vielfach missverständlich ausgelegten Glaubens an die Erlösung und den Erlöser auf das Vertrauen-Können eher zugänglich sein als früheren Glaubens-Kulturen, in denen die soteriologische Überlieferung vor allem mit der Hoffnung auf die eschatologisch wirksame Vergebung der durch das Sündigen zugezogenen Schuld verbunden wurde. Wo das Vertrauen sich aus den Zwängen löst, die es klein halten und an hohle Versprechungen binden; wo es gegen vielfältige Enttäuschungen gestärkt werden kann, macht es Selbstüberschreitungs- und Zukunfts-fähig. Da ermutigt es die Glaubenden, im Unbekannten und Unverfügbaren Gott zu suchen und zu finden und im Leben mit ihm an einer Fülle des Lebens Anteil zu gewinnen, der sie schon auf der Spur sein, die sie aber nicht herbeiführen oder sicherstellen können. Dass dieses Finden sich im Sich-Hingeben und schließlich auch im Verlieren gewährt, fordert das Vertrauen bis zum Letzten, macht es zum unabsehbaren Wagnis; bringt es schnell in Abhängigkeit von denen, die weniger Wagnis und mehr Sicherheit versprechen. So wird die Sehnsucht nach Vertrauen zum Werkzeug der Manipulation; von Verführern wird sie passgenau auf die Versprechen zurechtgeschnitten, die man im Angebot hat. Das freie und große Vertrauen wagt das Unabsehbare, wagt sich in Gott hinein, in eine Liebe hinein, die mich über mich hinausführen wird. Vielleicht bleibt es bis zuletzt bedrängend oder beseligend ununterscheidbar, ob mich das große und freie Vertrauen oder die ungestillte Sehnsucht nach ihm erfüllt.

Zum freien und großen Vertrauen müsste ich befreit und gestärkt, *erlöst* werden[257], von dem, der dieses Vertrauen verdient und recht-

---

[256] Vom lebensgeschichtlichen Hineinwachsen ins Urvertrauen sprach der Psychoanalytiker Erik H. Erikson; vgl. meine Skizze in: Jürgen Werbick, Theologie anthropologisch gedacht, Freiburg i. Br. 2022, 428–435.

[257] Erlöst-, Gerettet-, geradezu Weggerissen-Werden vom Untergehen im andringenden Bösen, in Zynismus, Hoffnungslosigkeit und Vertrauens-Missbrauch: Das Vater-

fertigen wird, da es in seiner Macht steht, mich zu retten. Es gibt Alltags-Erfahrungen, in denen man eine Ahnung davon bekommt, wie das geschieht: Empowerment-Erfahrungen, die das Lebens- und Gott-Vertrauen lebendiger machen. Dass Jesus von Nazaret zu den charismatischen Empowerment-Menschen gehört hat, ist schon historisch-kritisch gesehen kaum zu übersehen. Seine Kernbotschaft „Das Reich Gottes ist nahe. Kehrt um und glaubt an das Evangelium!" (Mk 1,15) hat Menschen ermutigt, auf die Ankunft der Gottesherrschaft zu setzen und auszuprobieren, wie sie ihr Leben umkehrt und das Angesicht der Erde verändert. Seine Sendung war dem Wagnis der Sohnschaft gewidmet, zu dem er sich mit der Jordantaufe durch Johannes berufen wusste: hineinzufinden in eine Gott-Zugehörigkeit, die noch über die äußerste Gottverlassenheit hinausführt. Sein Gottes-Zeugnis ist das Zeugnis für einen bis zum Letzten anvertrauenswürdigen Gott, der in einem Leben der Menschen-Freundlichkeit und Menschen-Gerechtigkeit bezeugt werden will und unter den Menschen ankommt. Dass der „treue Zeuge" (Offb 1,5) Gottes Ankunft und Gegenwärtig-Werden ist, hat sich erst der frühchristlichen Reflexion erschlossen. In ihm geschah Gottes Zukunft, in die hinein er selbst aufbrach und mitnimmt, wer die Christus-Nachfolge wagt. In ihm hat Gott die Menschennähe gesucht, um den Menschen anvertrauenswürdig zu werden und sie zum Aufbruch in die Zukunft der Gottes-Gemeinschaft zu stärken. In ihm kommt er leibhaftig segnend in ihre Mitte, um unter ihnen zu wohnen, wie es der Opferkult Israels ersehnt und gefeiert hat. So hat der Johannesprolog ihn den Logos vom Vater genannt, in dem Gott sich denen versprochen hat, die sich befreien lassen vom „Verlangen des Fleisches" (vgl. Joh 1,13) – von denen, die es ausbeuten, von den Götzen, die das Verlangen und das Vertrauen auf sich ziehen wollen.

Befreites, weites Vertrauen ist das erlösende Gottes-Geschenk, vom Heiligen Geist getragenes Gott-Vertrauen auf den Rettenden und Vollendenden, nicht Götzen-Gefolgschaft. Es ist das *Gott-Haben*, von dem Martin Luther spricht. Einen Gott, den wahren Gott, zu

---

unser konzentriert sich auf diese Bitte. Der griechische Wortlaut assoziiert diese Dramatik in dem apokalyptischen Kontext, der in seinen Bitten hörbar bleibt (vgl. Heinz Schürmann, Das Gebet des Herrn als Schlüssel zum Verstehen Jesu, Leipzig [7]1990, 139 f.). Gerade damit aber gewinnt diese Erlösungs-Bitte am Ende des Vaterunsers heute neue Eindringlichkeit. Das Hineingerissen-Werden und Untergehen in Zynismus-Orgien, in Welt- und Selbst-Zerstörungs-Dynamiken von geradezu apokalyptischem Ausmaß ist spätmodern von Neuem zur Bedrängnis-Erfahrung (biblisch: Thlipsis) geworden.

haben heißt für Luther, den zu haben, von dem man auch in den Niederungen des eigenen Scheiterns alles Gute erwarten darf und der meine „Zuflucht [ist] in allen Nöten. Also dass einen Gott haben nichts anderes ist als das von Herzen Trauen und Glauben, wie ich es oft gesagt habe, dass allein das Trauen und Glauben des Herzens beide macht: Gott und Abgott. Ist der Glaube und das Vertrauen recht, so ist auch dein Gott recht [der rechte], und wiederum: wo das Vertrauen falsch und unrecht ist, da ist auch der rechte Gott nicht. Denn die zwei gehören zusammen, Glaube und Gott. Woran du nun (sage ich) dein Herz hängst und worauf du dich verlässt, das ist eigentlich dein Gott."[258] Er ist der Gott, in den man sich hineintrauen und verlassen darf, von dem man nicht verlassen oder verlorengegeben wird; der Gott, der die unstillbare Sehnsucht nach Geborgenheit, nach dem Grund für mein „ganzherziges" Ja mit sich erfüllen wird.

---

[258] Martin Luther, Der große Katechismus. Das erste Gebot, Luthers Werke in Auswahl, hg. von O. Clemen, Bd. 4, Berlin ⁶1967, 1–99, hier 4.

5. Himmel und Erde. Immanenz und Transzendenz

5.1 Lebenseinstellungs-Wandel

Dass sich am Übergang zur Neuzeit die Lebenseinstellung vieler Menschen änderte und dieser Wandlungs-Prozess immer weitere Kreise der Bevölkerung erfasst, ist eine kaum bestreitbare, wenn auch ziemlich pauschale These. Der Wandel religiöser Einstellungen war dabei sowohl Auslöser als auch Folge einer veränderten Lebenseinstellung. Am Wandel der religiösen Einstellungen und Vorstellungen lässt sich so der Übergang identifizieren, der die Neuzeit von eher Kontinuitäts-bestimmten Epochen abhebt. Die Wahrung der Gottgewollten (?) Kontinuität ist nicht mehr erste Herrscher- und Untertanenpflicht, nicht länger bestimmende Priorität gesellschaftlicher Kommunikations- und Austauschprozesse. Das Kontinuitäts-Modell wird von der Entdeckung neuer Horizonte aufgebrochen. Man erlebt eine „Entmachtung der Vergangenheit".[259] Es geschieht unvergleichlich Neues. Die wirtschaftlichen und technologischen Möglichkeiten sind so weit entwickelt, dass sich Chancen bieten, die von den in unterschiedlichen Bevölkerungs-Schichten unterschiedlich empfundenen Beschränkungen des irdischen Daseins endlich zu überwinden. Verheißungsvolle Fortschritts-Möglichkeiten zeichnen sich ab. Der Blick richtet sich *nach vorne* und *auf sich* selbst, eher nicht mehr *nach oben*. Die von den feudal gesetzten Rahmenbedingungen sich emanzipierenden Bürger sehen sich *hier* engagiert, nicht mehr so sehr in der Verbesserung ihres religiösen Status.

Diese Wendung des Blicks veränderte den Hintergrund der Lebenseinstellung Meinungs-dominanter Kreise in der Bevölkerung nachhaltig. Man kann sich das anhand einer Typisierung deutlich machen, die Charles Taylor vornimmt. Traditionell gläubige Menschen haben

> „oft und typischerweise das Gefühl, dass die Fülle zu ihnen kommt, dass sie etwas ist, das sie entgegennehmen und das ihnen überdies im Rahmen einer Art persönlicher Beziehung zuteil wird – das sie von einem anderen Wesen empfangen, das lieben und schenken kann. Die Annäherung an die Fülle beinhaltet unter anderem eine Praxis der Verehrung und des Gebets (sowie der Barmherzigkeit und des Ge-

---

[259] Zygmunt Bauman, Flüchtige Moderne, 9.

bens). Ferner sind sich gläubige Menschen im klaren darüber, dass sie vom Zustand der uneingeschränkten Verehrung und Hingabe sehr weit entfernt sind. Sie wissen, dass sie in ihr Selbst eingeschlossen, an niedrigere Dinge und Ziele gebunden und außerstande sind, sich selbst zu öffnen und so zu empfangen und zu geben, wie sie es am Ort der Fülle täten. Hier herrscht also folgende Vorstellung: Kraft oder Fülle werden im Rahmen einer Beziehung empfangen; der Empfangende erhält seine Kraft allerdings nicht ohne weiteres im gegenwärtigen Zustand, sondern er muss dafür geöffnet, verwandelt und aus seinem Selbst befreit werden."[260]

Wo sich das bürgerliche Selbstbewusstsein gegen die traditionelle Religiosität in Stellung bringt, spürt man den Ursprung der Kraft, nach einem erfüllten Leben zu streben, im eigenen Inneren. Man weiß sich nicht mehr auf die Begnadung durch einen göttlichen Mittler angewiesen, zu dem man eine Beziehung der Verehrung und Unterwerfung aufbauen müsste. Die religiös gepflegte Gottes-Beziehung wird allenfalls noch im Respekt für eine göttliche Ordnung vollzogen, die den Rahmen für ein gedeihliches Miteinander vorgibt und vielleicht mit einer über den eigenen Tod hinaus sich erfüllenden göttlichen Gerechtigkeit rechnen lässt.[261] Lebenseinstellungen, die das Leben in dieser Welt als Vorbereitung auf das Leben im Jenseits und als leidvolle Bewährungsprobe ansehen, für die man sich des göttlichen Gnadenbeistands zu vergewissern sucht, weichen einem Lebensgefühl, das dieses Leben als Chance für Selbstvervollkommnung und die Verbesserung der Lebensverhältnisse wahrnimmt.

Bürgerliches Selbstbewusstsein und fromme Erlösungs-Sehnsucht werden zu Lebens-Alternativen, die sich gegeneinander profilieren. Der Pietismus aktualisiert die Rechtfertigungslehre und unterlegt ihr ein Gefühl der Verzweiflung an der Welt, die sich danach sehnt aus ihr errettet zu werden. Manche Textpassagen aus Johann Sebastian Bachs Kantaten stellen das massiv vor Augen und warnen, „die Sünd und Welt zu lieben"[262]. Wie könnte man ein Jammertal lieben! Viel näher liegt es für Glaubende, sich aus ihm hinwegzu-

---

[260] Charles Taylor, Ein säkulares Zeitalter, 24.

[261] Vgl. ebd., 24–28.

[262] Das Duett aus der Kantate *O Ewigkeit, du Donnerwort* (BWV 20) mobilisiert den Schrecken der Hölle, um die verstockten Herzen zur Umkehr zu bewegen. Der Text im Wortlaut: „O Menschenkind, / Hör auf geschwind, / Die Sünd und Welt zu lieben, / Dass nicht die Pein, / Wo Heulen und Zähnklappern sein, / Dich ewig mag betrüben.".

wünschen und die Leiden des zeitlichen Daseins durch die Ausrichtung des Glaubensblicks auf die Ewigkeit zu transzendieren.[263]

Das war aber nicht die einzige Glaubens-Antwort auf das gewandelte Lebensgefühl der Neuzeit. Im viktorianischen England sieht man in der Rechtfertigungsgnade eine geschichtliche Macht, die die Menschen dazu befähigen kann, die Folgen der Erbsünde sukzessive hinwegzuarbeiten. Für Francis Bacon und seine Schüler wird der Gedanke zentral, dass die Gnade die Gerechtfertigten in einen Prozess der Erneuerung ihrer schöpfungsgemäßen Vollkommenheit einbezieht, in dem sie sich als erwählte Partner Gottes bei der endzeitlichen Neugestaltung der Welt verstehen dürfen. Sie werden ins Himmelreich Eingang finden, indem sie sich – von den Wissenschaften angeleitet – das „Reich des Menschen" erobern.[264] Für den Einflussbereich der calvinistisch-westeuropäischen Tradition brachte Max Weber einen engen Zusammenhang zwischen dem Erwählungsglauben und dem „Geist des Kapitalismus" ins Gespräch. Der gesellschaftlich-wirtschaftliche Erfolg sei hier als Vergewisserung des eigenen Erwählt-Seins zur ewigen Seligkeit angesehen worden; es habe sich die Überzeugung ausgebildet, „dass Gott dem hilft, der sich selbst hilft"[265]. Gott hilft ihm zum Erfolg, denn er ist ihm lieb. Und auch im Pietismus findet der Gedanke der Welt- bzw. Selbst-Vervollkommnung in der Gnade Resonanz – jedenfalls im Blick auf die in der Gnade zu wahrem Leben „Erweckten". Die werden nach einem *Ordo salutis* Stufe für Stufe in einem heiligenden Prozess ihrer Vollendung entgegengeführt, wobei Gnadenmitteilung und menschlicher Aufstieg sich gleichsam durchdringen.[266]

Wenn die Quelle der Kraft, sich und die Lebensverhältnisse zu vervollkommnen, als *in mir* fließend erlebt wird, braucht es dann noch die göttliche Gnade, um das Böse in mir und der Welt zu besiegen? Möglicherweise ist der Mensch auf Gnade angewiesen. Er kann nicht abschätzen, wie weit er durch autonome Selbstbestimmung in seiner Selbst-Vervollkommnung vorankommt. Aber er sollte den Blick nicht auf das fokussieren, was ihm fehlt und möglicher-

---

[263] Vgl. den Schlusschoral der Kantate *Wachet! Betet! Betet! Wachet* BWV 70: „Freu dich sehr, o meine Seele, / Und vergiss all Not und Qual, / Weil dich nun Christus, dein Herre, / Ruft aus diesem Jammertal. / Seine Freud und Herrlichkeit / Sollst du sehn in Ewigkeit, / Mit den Engeln jubilieren, In Ewigkeit triumphieren."

[264] Vgl. Francis Bacon, Novum organum, ed. J. Devey, New York 1902, Nr. 68.

[265] Vgl. Max Weber, Die protestantische Ethik, Neuausgabe hg. von J. Winckelmann, Bd. 1, Hamburg 1965, 131.

[266] Vgl. Johann Albrecht Bengel, Erklärte Offenbarung Joannis oder vielmehr Jesu Christi, Stuttgart ²1746, 949.

weise durch Gottes Gnade ergänzt wird, sondern darauf, was an ihm selbst liegt. Er sollte nicht von Gott erlangen wollen, wozu er selbst in der Lage ist. Das ist Kants Sicht der Dinge gewiesen.[267] Sie konnte so verstanden werden, dass sie den Gottes-Bezug lebensweltlich marginalisierte: Wenn es seinen Beistand braucht, wird ein moralisch gesinnter Gott ihn denen nicht verweigern, die sich zu bessern mühen. Mehr muss man nicht wissen und glauben.

Man kann also zwei Entwicklungslinien unterscheiden, auf denen sich die überlieferten Glaubens-Einstellungen bei den „kritischen Geistern" transformierten:

- eine *niederländisch-angelsächsische*, die Gott und seine Gnade für die Welt-immanente Vervollkommnung des Lebens in Anspruch nimmt und Gott gewissermaßen auf Seiten des Fortschritts engagiert sieht; hier weiß man sich ihm verbunden, wenn man die Dinge in der Welt voranbringt und so die Zufriedenheit mit dem Geschehen der Schöpfung steigert oder sich der Erwählung dazu erfreut, von Gottes helfender Gnade den rechten Gebrauch zu machen;
- eine *west-mitteleuropäische*, auf der man sich von der Gnade und von einer Einbettung des Weltgeschehens in einen transzendenten Rahmen weitgehend emanzipiert und die Dinge aus eigener Kraft voranbringen will, ohne einen göttlichen Beistand in Anspruch zu nehmen oder sich auf ein jenseitiges Heilsschicksal zu fokussieren; hier weiß man sich berechtigt, Erbsünden-theologische Unfähigkeits-Behauptungen zurückzuweisen und von kirchlichen Gnadenverwaltungs-Praktiken zu lösen.

An beiden Entwicklungslinien – ausgeprägter an der west-miteleuropäischen – lässt sich eine Tendenz zum *providenziellen Deismus* (Charles Taylor) identifizieren: Wo von Gott und seiner Welt-Beziehung noch die Rede ist, sieht man ihn als den Schöpfer, der seine Schöpfung in seiner unendlichen Weisheit so eingerichtet hat, dass sie – im Wesentlichen durch das Wirken der Menschen – einer Vollendung näherkommen kann, in der Gott zu einem Ende bringt, was das menschliche Vermögen doch übersteigt. Gott hat den Menschen einen „nach vorne hin" unabsehbar weiten Selbstverwirklichungs-Raum eingeräumt. Er fordert sie heraus, ihn selbstverantwortlich und zum eigenen Wohlergehen in Anspruch zu nehmen. Er mischt sich

---

[267] Vgl. Immanuel Kant, Die Religion innerhalb der bloßen Vernunft, Kants Werke. Akademie Textausgabe, Berlin 1968, Bd. VI, 1–202, hier 115–121.

nicht mehr ein, behält sich – womöglich – eine endzeitliche Stellungnahme dazu vor, wie die Menschen sich in ihm bewährt haben. Wo dieser providenzielle Deismus Plausibilität gewinnt, kommt es zu einem „Niedergang der Vorstellung, dass wir Gott außer der Verwirklichung seines [providenziell gefassten] Planes noch etwas anderes schulden"[268]. Gott verfolge – so Matthew Tindal im 18. Jahrhundert – keine Zwecke, die sich auf anderes richteten als auf das menschliche Gedeihen.[269] Die Vorstellung, „Gott habe mit uns etwas vor, das über die Erfüllung seines mit unserem Wohl gleichgesetzten Plans im Rahmen die Welt hinausginge, [verschwindet allmählich] von der Bildfläche"; die vernünftige Gottes-Verehrung „schrumpft darauf zusammen, dass man die Ziele Gottes (= unsere Ziele) in der Welt erreicht." Wo das Gott-gesetzte Ziel des menschlichen Daseins so geschrumpft ist, erscheint es naheliegend anzunehmen, wir seien „ohne zusätzliche Hilfe dazu imstande, das Ziel zu erreichen. Gnade scheint nun nicht mehr unentbehrlich zu sein." Die „moralisch-spirituellen Ressourcen" zur Erreichung des Menschheits- und Gottes-Zieles werden „als etwas rein Immanentes erlebt"[270].

Die Welt, in der man sein Leben führen und seine Ziele immer häufiger auch erreichen kann, erscheint nicht mehr als Jammertal. Sie hält für die, die ihr Leben kultivieren, bedeutsame Befriedigungen bereit. Erfüllende Lebens-Steigerung bieten die von den Kirchen beargwöhnten alltäglichen Gelegenheiten zur Lust. Die Leibhaftigkeit des menschlichen Daseins erscheint nun weniger als der handgreifliche Grund seiner Vergänglichkeit und Hinfälligkeit, sondern eher als die Sphäre der Selbstentfaltungs- und Glücks-Erfahrungen. Am gesellschaftlichen Vorankommen, in der moralischen Vervollkommnung und – im 19. Jahrhundert zunehmend als Religions-Ersatz wahrgenommen – im Kunst-Erleben öffnen sich Möglichkeiten der Selbst-Steigerung, die die Religion in den Hintergrund treten lassen. Hier erfährt man nicht nur das Mühsame und Unvollkommene des moralischen Gefordert-Seins, sondern die tiefe innere Befriedigung eines „interesselosen Wohlgefallens" (Immanuel Kant) am Gelungenen.[271]

---

[268] Charles Taylor, Ein säkulares Zeitalter, 380.
[269] Vgl. ebd., 397.
[270] Ebd., 417f.
[271] Vgl. ebd., 603. Friedrich Nietzsche sieht in der Kunst höchste Lebens-Steigerung und zugleich eine Lüge, die über die grausame Wahrheit des Lebens hinwegtäuscht und so das Leben bejahen lässt. Das Leben soll – so Nietzsche in seinen Notizen – „Vertrauen einflößen". Diese Herausforderung „ist ungeheuer". Um sich ihr zu stellen,

Es sind zwei Seiten einer Medaille: Der Lebensbezug zur göttlichen Transzendenz, zu den mit ihr verbundenen Ewigkeits-Hoffnungen und von ihr ausgehenden Verpflichtungen, schwächt sich ab, da die zeitlichen Verheißungen der Welt-Immanenz als anziehend empfunden werden. Es scheint möglich, Transzendenz immanent zu erleben: als Transzendieren ins Innere, wo die Quellen eines reicheren Lebens entspringen; als Transzendieren in eine vollkommenere Welt, die den Menschen nicht mehr so viel schuldig bleibt wie von einer Jenseits-fixierten Religion behauptet. Transzendenz nimmt die Form der gestaltbaren, menschlicheren Zukunft an. Wenn Peter L. Berger von der Transformation des Religiösen in der Spätmoderne sagt, es sei unterwegs „vom Schicksal zur Wahl", [272] so hat das hier seine kulturelle Vorgeschichte: Die Unverfügbarkeiten des Lebens verweisen weniger auf eine vertikale Transzendenz, auf einen Gott, dessen „Wille" darin greifbar werde. Sie stimulieren das Transzendieren „nach vorne": das sukzessive Hinwegarbeiten der Bindung an die Festlegungen durch die Vergangenheit. Eher revolutionär Gestimmte glauben nicht mehr an Gott, sondern an die Zukunft.

Dass sich das religiöse Bewusstsein nicht in der Zwangslage einer modernisierungsfeindlichen Einstellung vorfinden musste, dafür stehen die bis in die Gegenwart virulenten Formen viktorianisch oder calvinistisch geprägter Frömmigkeit in der angelsächsischen Welt. In Kontinental-Europa aber sahen sich die Verteidiger des Christentums eher herausgefordert, dem Welt- und Selbstgestaltungs-Optimismus der „aufgeklärten" Bürger entgegenzutreten und die Gottesbeziehung im Blick auf das Scheitern eines sich in sich selbst gründenden autonomen Menschseins ins Spiel zu bringen: Die Menschen verkennen danach ihre Situation grundlegend, wenn sie ihr Sünder-Sein verkennen: ihre grundlegende Unfähigkeit zum Guten und zu einer Hoffnung, die der Endlichkeit und der Tragik ihrer Existenz gewachsen wäre. Die Zuwendung zur Welt, zu den hier erreichbaren Erfolgen und Freuden, gerät unter das Vorzeichen der Sünde und der mit ihr verbundenen Illusionen. Ihr ist – so die im 19. Jahrhundert neu

---

„muß der Mensch schon von Natur Lügner sein, er muß mehr als alles andere *Künstler* sein. Und er ist es auch: Metaphysik, Religion, Moral, Wissenschaft – Alles nur Ausgeburten seines Willens zur Kunst, zur Lüge, zur Flucht vor der Wahrheit" (Nachgelassene Fragmente Mai–Juni 1888, KSA 13, 520). „Die Kunst und nichts als die Kunst. Sie ist die große Ermöglicherin des Lebens, die große Verführerin zum Leben, das große Stimulans zum Leben…" (Nachgelassene Fragmente November 1887–März 1888, KSA 13, 194).

[272] Vgl. Peter L. Berger, Der Zwang zur Häresie. Religion in der pluralistischen Gesellschaft, Neuausgabe Freiburg 1992.

formulierte, lutherische Rechtfertigungslehre – in dem Glaubens-Bewusstsein zu begegnen, dass Gott den an sich selbst scheiternden Menschen annimmt, den *Sünder*, der sich seines Unvermögens bewusst ist und nicht von sich, sondern von Gottes Gnade das Lebens-Entscheidende erhofft: in einem Leben der Krisen und des Scheiterns in Gott geborgen zu sein und aus dieser Geborgenheit heraus das in der Welt Hilfreiche zu tun.

5.2 Auszehrung der Gottes-Zukunft

Das kirchlich verbürgte Geborgensein in Gott wird von Gott-Gläubigen als die Tiefendimension jenes *Inneren* wahrgenommen, aus dem die Motivation entspringen soll, das eigene Leben zu entfalten und es in die Weltgestaltung einzubringen. Ist es denn nicht mein eigenes Inneres, meine eigene Tiefe, der ich mich in wohlwollender Annahme – nicht im zerknirschten Sünden-Bewusstsein – zuwenden kann, um zu einer ganzheitlichen Präsenz in der Welt zu reifen? Sind nicht Reifungs- und Heilungsprozesse relevanter als die Pflege eines religiösen Tiefen-Bewusstseins? Sind die Selbstverwirklichungs-Pfade zur Achtsamkeit für das Leben nicht bedeutsamer als die Wege, die die Frommen achtsam mit ihrem Gott gehen wollen? „Das Leben ist zum Leben da", so redet die Schauspielerin Luise von Finckh den Leserinnen der BRIGITTE gut zu.[273] Das Leben im Diesseits soll *um seiner selbst willen* bedeutsam und sinnvoll sein – nicht nur deshalb, weil es auf das ewige Leben mit Gott vorbereitet[274]

Viele an überlieferter Religiosität sich abarbeitende Zeitgenossen erkennen hier die entscheidende Herausforderung ihrer Suche nach einem heute lebbaren Glauben. Es ist für sie undeutlich geworden, was ihnen die Erwartung eines von Gott herbeigeführten Heils über das in dieser Welt zu erlebende Glück hinaus bedeuten kann. Und ihr „Streben nach Glück scheint nicht nur keine restriktive Sexualethik und keine Disziplin der verzögerten Erfüllung zu brauchen, sondern

---

[273] In der Ausgabe vom 25. September 2024, S. 98.

[274] Dass es nicht zu diesem Entweder-Oder kommen darf und dass es christlich unangemessen ist, das Leben hier und jetzt als „Vorbereitung" aufs Jenseits anzusehen, war theologisch und spirituell mit und nach Kant zu erarbeiten. Zur Selbstbezüglichkeits-Logik des „Um seiner selbst willen" vgl. meinen Aufsatz: Um seiner selbst willen. Die mystische Dimension einer theologischen Intuition, in: Th. Pröpper – M. Raske – J. Werbick (Hg.), Mystik – Herausforderung und Inspiration. Gotthard Fuchs zum 70. Geburtstag, Ostfildern 2008, 196–208.

es verlangt deren Übertretung im Namen der Selbstverwirklichung."[275] Um das Mindeste zu sagen: Der Vorstellungs-Raum für ein das menschliche Lebens-Glück transzendierendes, Gott verdanktes und in ihm eschatologisch verwirklichtes Heil ist geschrumpft. Was man sich nicht recht vorstellen kann, gerät im alltäglichen Lebensvollzug an den Rand. Es konsolidiert sich ein die göttliche Transzendenz „ausgrenzender Humanismus" (Charles Taylor), der sich von göttlicher Transzendenz und Gottes-Bezug abgrenzt und eine Perspektive der Transformation negiert, in der der Mensch, „über alles hinausgeführt wird, was man normalerweise unter menschlichem Gedeihen versteht"[276]. Menschen-Vervollkommnung wird zur „realistischeren" Alternative religiösen Vollkommenheits-Strebens.

Bei gesteigerten Konsum- und Erlebnis-Möglichkeiten rücken die leibhaften Dimensionen eines geglückten Lebens verheißungsvoller in den Vordergrund. Das Wohlergehen des Leibes, die immer weiter kultivierte Befriedigung leibhaften Verlangens und Strebens im Hier und Jetzt, scheinen das Glück auszumachen, das alle Menschen zu erlangen suchen.[277] Das Streben nach leibhaft erlebbarem Glück (*the Pursuit of Happiness*) bezeichnet nicht erst seit der Unabhängigkeitserklärung der Vereinigten Staaten von 1776 eines der unveräußerlichen Rechte, mit deren Gewährung oder Verweigerung das Menschsein des Menschen auf dem Spiel steht.[278] Glück wird der Name für eine Erfüllung des Menschseins, über der eine größere kaum in den Blick kommt. Das theologisch formatierte höchste Glück der endzeitlichen Gottesschau, von dem die mittelalterliche Theologie sprach, weckt nun den Verdacht, mit dieser Glücksverheißung habe die Kirche das leibhafte Glück im Diesseits mit Verboten umstellt, damit man es nicht zu sehr suche und dabei das eigentliche Glück nicht mehr über alles schätze.

---

[275] Charles Taylor, Ein säkulares Zeitalter, 822.

[276] Vgl. ebd., 717.

[277] Die mitunter ans Makabre grenzende Leib-Abwertung etwa des Pietismus erscheint nun befremdlich. Der Leib ist nicht länger bloß „[e]in Bau von Erden, der wieder muss zur Erden werden", so dass man es beklagen müsste, „dass ein Christ so sehr für seinen Körper sorgt" (Johann Sebastian Bach, Kantate Nr. 186 *Ärgere dich, o Seele, nicht*, Rezitativ).

[278] Das *Streben* nach Glück zählt hier zu den unveräußerlichen, den Menschen vom Schöpfer verliehenen und deshalb *allen* Menschen unterschiedslos zukommenden Rechten. Wenn in der Verfassung des Himalaya-Staates Bhutans daraus ein Recht auf Glück wird, wird man nach dem Inhalt des dabei ins Auge gefassten Glücks fragen.

So wird das Streben nach Glück, das in der Unabhängigkeitserklärung der Vereinigten Staaten als vom Schöpfer zuerkannte Berufung noch theonom begründet wird, mehr und mehr zur Gegen-
Figur des religiösen Strebens nach Heil und Erlösung. Und überhaupt: Wenn der Schöpfer-Gott am Glück der Menschen selbst tatsächlich interessiert sein sollte, wird man ihm kaum unterstellen
wollen, dass er es ihnen auf Erden vorenthalten oder beschneiden
will. Man durfte sich doch mit Gottes Zustimmung im Leben darauf
fokussieren, glücklich zu werden, und konnte alles andere zur
Randgröße schrumpfen lassen.

Das 20. Jahrhundert hat die Augen dafür geöffnet, wie diese Sicht
der Dinge die Perspektive der Begünstigten und Wohlhabenden zum
Ausdruck brachte. Sie können womöglich zu der Einschätzung finden: Was soll denn danach noch kommen! Sie könnten sich in einem
säkularisierten Vorsehungs-Glauben gemeint wissen, nach dem sie
erreichen konnten oder erreichen und genießen werden, was sie
durch ihre Anstrengung verdient haben – und so im diesseitigen
Leben auf ihre Kosten kommen werden. In diesem säkularisierten
Tun-Ergehen-Zusammenhang spielt Gott keine Rolle mehr; die
„unsichtbare Hand" des ökonomischen Prozesses hat seine Rolle
übernommen. Im Jenseits bliebe nichts auszugleichen. In der Welt
kommt alles schon so, wie es gerechterweise kommen sollte.

Benachteiligte und Ausgeschlossene werden diese Perspektive
leidenschaftlich bestreiten, werden sich nicht damit abfinden, dass
das in dieser Welt wirklich Gewordene schon alles ist. Hegels Auskunft, es gehe darum, „die Einsicht zu gewinnen, dass das von der
ewigen Weisheit Bezweckte wie auf dem Boden der Natur so auf dem
Boden des in der Welt wirklichen und tätigen Geistes herausge-
kommen ist"[279], werden sie als Projektion der Geschichts-Gewinnler
durchschauen. Unter ihnen kann sich die Gottes-Hoffnung darauf
regen, dass Gott „letzte Revisions-Instanz" sein wird, die die Erfolge
der Erfolgreichen und das Scheitern der Zu-kurz-Gekommenen nicht
so stehen lässt, sondern seiner zurechtbringenden Gerechtigkeit unterwerfen wird. Die neue politische Theologie hat in diesem Sinne den
Gedanken eines Endgerichts zur Sprache gebracht. Das auf Johann
Baptist Metz zurückgehende Bekenntnis der Gemeinsamen Synode
der Bistümer in der Bundesrepublik Deutschland *Unsere Hoffnung*

---

[279] Georg Wilhelm Friedrich Hegel, Vorlesungen über die Philosophie der Geschichte,
Werke in zwanzig Bänden, hg. von E. Moldenhauer und K. M. Michel, Bd. 12,
Frankfurt a.M. 1970, 28.

aus dem Jahr 1975 spricht „von der gerechtigkeitsschaffenden Macht Gottes, davon, dass unsere Sehnsucht nach Gerechtigkeit gerade nicht am Tode strandet, davon, dass nicht nur die Liebe, sondern auch die Gerechtigkeit stärker ist als der Tod."[280]

Geschichte darf nicht alles, nicht die letzte Instanz sein. Sonst akzeptiert man das in ihr Herausgekommene, die in ihr rücksichtslos zum Erfolg Gekommenen, als ihren Sinn und die Opfer, die andere zu bringen hatten, als den für diese Erfolge unabdingbaren Dünger. Die neue politische Theologie hat vor Augen geführt, wie an den Rand geratene und religionskritisch beargwöhnte Glaubensinhalte im kritischen Glaubens-Blick auf die Verwerfungen einer zur Ausbeutungs-Geschichte degenerierten Menschheits-Geschichte neue Brisanz gewinnen können. Aber ist sie in der Lage, diesem Blick bis in die letzte Konsequenz hinein standzuhalten?

5.3 Gott und die von den Menschen verschuldete Apokalypse

Die letzte Konsequenz: dass sich die Menschheit um ihre Lebengrundlagen bringt und an ihr Ende kommt, selbst verschuldet, in nicht allzu ferner Zukunft. Wenn die „Kipp-Punkte" überschritten sind unvermeidlich? Diese Apokalypse zeichnet sich ab. Würde sich mit ihr anderes „offenbaren" als das Scheitern der Menschheit an sich selbst, an der nicht vergebbaren Sünde eines radikalen Egoismus, der jeden Preis für das eigene Wohl-Leben akzeptiert und die nachkommenden Generationen zahlen lässt? „Nach uns die Sintflut": So geht der zynische Realismus; für die jetzt Lebenden scheint er unbestraft zu bleiben. Wenn es aber zur letzten, wahrscheinlichen Konsequenz kommen sollte, wird Gott sie nicht abwenden. Wird das Gott-Vertrauen nicht selbst an sein Ende kommen; wird der Glaube an einen gutwilligen Schöpfer angesichts der Menschen-gemachten Apokalypse gescheitert und mit ihm der Blick in eine trotz allem(?) gute Zukunft blind geworden sein? Was bedeutet der Gottesglaube noch, wenn seine Schöpfung vor die Hunde geht? Wäre dann nicht auch für die Christ(inn)en *alles* zu Ende?

Dieser Zukunfts-Perspektive kann man sich schwer entziehen, ohne sich des Eskapismus schuldig zu machen: Die Menschen werden erst „weise", wenn sie erkennen, dass sie radikal auf sich gestellt und an sich so radikal gescheitert sind, dass keine Verheißung mehr

---

[280] Unsere Hoffnung, Ziffer I 4.

bleibt. Wird man sich eine Zuflucht für die Gescheiterten, die Ge-storbenen aller Generationen zuvor, bei dem ausmalen dürfen, „der die Tränen abwischt von jedem Gesicht" (Jes 25,8)? Wird man sich, wenn man sich jetzt schon damit abgäbe, nicht der Desertion aus der Phalanx all derer schuldig machen, die mit all ihren Kräften das Allerschlimmste abwenden wollen? Gottesglaube als Ausflucht, statt Gott als Zuflucht: eine schwer erträgliche Alternative, der die Gott-Gläubigen sich beschuldigt und angeklagt sehen, den radikal geleb-ten Lebens- und Diesseits-Ernst nicht aufzubringen, da man Gott noch „in der Hinterhand" zu haben meint.

Kann das zusammen gehen: Gott-Vertrauen und Scheiterns-Rea-lismus? Oder muss man als Christ(in) ohne Schielen auf einen „Ver-gelter", einen „Verbesserer letzter Hand"[281], in einem beinharten Diesseits-Realismus an der Anstrengung mit letztem Einsatz teil-nehmen, die Apokalypse aufzuhalten? Mit der Moralisierung der Religion, die Kant als ihre unausweichliche Aufklärung über sich selbst eingefordert hat, scheint es ernst zu werden; so ernst, dass ihr die Dimensionen des Gott-Vertrauens abhandenkommen, die Kant retten wollte. Oder bleibt die Hoffnung gegen fast alle Hoffnung, dass das Verhängnis zuletzt abgewendet werden kann? Eine größere Hoffnung scheint auch die Religion kaum hegen zu können. Hier und da wendet man etwas verlegen ein, es sei menschlich legitim, die Zukunftsfähigkeit meines und deines Lebens unabhängig von der Zukunftsfähigkeit des Menschen-Daseins auf diesem Planeten zu erhoffen und darauf zu vertrauen, dass Gott uns nicht verlorengibt, selbst wenn der Kampf um das Überleben der Menschengattung verlorengeht. Damit gerät man schnell in das Schattenfeld jenseits der political correctness.

Die Zeichen der Zeit stehen auf Erschöpfung in einem kaum noch zu gewinnenden Kampf um Zukunft. Wie wird ein religiöser Glaube da noch lebbar, der sich nicht einfach aus dieser Situation zurückzieht und die Fatalität der globalen Entwicklungen auf sich beruhen lässt? Indem er – wie auch immer – den Raum zwischen dem Gefordert-Sein mit unabsehbarem, wahrscheinlich fatalem Ausgang und dem Gott-Vertrauen offenhält? Indem er das erschöpfende Sich-nicht-mehr-Hinaussehen mit der Gottes-Hoffnung so zusammenhält, dass das Eine nicht vom Anderen zugedeckt wird? Glaube und Theologie machen sich klein, wenn sie das Gott-Vertrauen einklammern und sich ausschließlich auf die dramatischen Herausforderungen fokus-

---

[281] Friedrich Nietzsche, Die fröhliche Wissenschaft, Aphorismus 285, KSA 3, 527.

sieren, die eine aus den Fugen geratene Lebenswelt dringlich macht. Sie finden sich dann in der Verlegenheit, einzuschärfen, was man mit wissenschaftlich abgesicherter Expertise auch sonst geltend macht. Darf man sich darin erschöpfen, dieses „Welt-Wissen" über die Kommunikations-Kanäle zu verbreiten, die Kirchen und Theologie offenstehen? Die Solidarisierung mit dem Kampf um Erhaltung menschlicher Lebensbedingungen sollte nicht die Erinnerung an die Gottes-Zusage zudecken: *Du bist mir lieb, und so werde ich dich nicht verlorengeben.* Theologische Erinnerungs-Arbeit darf aber auch nicht die Herausforderungen zudecken, mit denen die ans Leben gehenden Krisen unserer Lebenswelt konfrontieren.

Wie wäre dieses Zusammenhalten anzugehen? Elementar ist die *Praxis* des Zusammenhaltens[282] im Blick auf einen Gott, dessen guter Wille in der Liebe zum Leben bezeugt werden will; zu einem Leben, das als Verheißung erfahren und nicht als Strafe erlitten[283] werden soll. Glaube und Theologie dürfen sich immer wieder daran versuchen, die Größe der Verheißung zu buchstabieren, wie sie ihnen in den Glaubenszeugnissen der Bibel und der Überlieferung zugesprochen ist. Und sie müssen dafür Sorge tragen, dass dabei die Sünde der Lebens-Feindlichkeit nicht übergangen, sondern bekämpft wird. Es gibt kein Rezept dafür, wie das in konkreten Situationen der Not und der aufkeimenden Hoffnung jeweils umzusetzen ist. Es gibt Glaubens-Erfahrungen mit dem anvertrauenswürdigen Gott, denen nachzuspüren wäre. Und das etwas hilflose, schwer zu entkräftende Argument, dass auch ein über alles Hoffen hinaus menschlich bewahrtes Dasein ein Hoffnungs- und Vertrauens-bedürftiges Dasein sein würde; in der Glaubens-Perspektive: Gottes und des Leben-Dürfens mit ihm bedürftig. Aber was sollte es bringen, in der Not

---

[282] Dass diese Praxis ihre eigene Würde hat, mag man sich am Zeugnis eines Philosophen verdeutlichen, der – als Jude, der er in kritischer Verbundenheit immer war – nicht für das Christentum vereinnahmt werden dürfte. Auf Max Horkheimers Grabstein steht der Psalm-Vers „Wer im Schirm des Höchsten wohnt, der ist im Schatten des Allmächtigen geborgen" (Ps 91,1) sowie ein hebräisches Akrostichon, das auf den Satz 1 Sam 25,29 verweist: „Möge seine/ihre Seele eingebunden sein im Bündel des Lebens". In einem Beitrag Horkheimers zu Psalm 91 heißt es: „Wenn wahre Empörung gegen das Schlechte seit je die Idee des Anderen, des Richtigen, mit einschloss, so umgekehrt das Vertrauen zum Ewigen den Gedanken des Untergangs" (Max Horkheimer, Psalm 91, in: Gesammelte Schriften, Bd. 7, Frankfurt a. M. 1989, 209–212; vgl. Thomas Staubli, Keine kritische Theorie ohne das Vertrauen auf das Gute trotz allem, feinschwarz am 9. Februar 2024).

[283] Vgl. Bertolt Brechts erschütterndes Gedicht *Bitten der Kinder* mit der Zeile „Leben soll keine Straf sein" (Bertolt Brecht, Gesammelte Gedichte, Frankfurt a. M. 1976, 995).

dieser Welt Gott ins Spiel zu bringen, gar von ihm ausgehen zu wollen?

5.4 Mitten im Leben jenseitig

Bleibt zuletzt doch die Frage offen, wie Gott und die Welt zusammengehören, wie Gott-Vertrauen und Einsatz im Diesseits im Glauben zusammengehalten werden können? Sollte man sie auf sich beruhen lassen und ein ganz und gar weltliches Leben führen? Eine Welt- und Leid-geprüfte Theologie wie die Dietrich Bonhoeffers hat dieser Konsequenz mit letztem Glaubens- und Lebens-Einsatz widerstanden. Ja, es geht ihm darum, „wie wir ‚weltlich' von ‚Gott' sprechen"; für Bonhoeffer hieß das: nicht-religiös[284], nicht mit der Vorstellung, das Reden von Gott und die Wahrnehmung der Welt würden sich auf die gegeneinander abgegrenzte Räume des Sakralen (Heiligen) und des Profanen beziehen.[285] Man wird Bonhoeffers Sprachgebrauch hier nicht mehr ohne Weiteres folgen, weil man von Religion heute unbefangener redet. Aber es bleibt zu bedenken, wogegen Bonhoeffer sich wendet: Gott darf nicht zur selbstverständlichen, von einer religiös-sakralen Über- oder Innenwelt her gültigen Denk- und Lebens-Voraussetzung werden, die gewissermaßen in die Welt hinein mitzunehmen den Christen ausmachen würde. Das hätte zur Folge, dass Gott in der Welt des „Säkularen" allenfalls als eine von anderswo mitgebrachte Randbedingung von Bedeutung wäre. Eine so verstandene und eingegrenzte religiöse Vor-Gegebenheit und Selbstverständlichkeit Gottes ist welthaft lebenden Menschen nicht mehr zugänglich. Welthaft leben heißt, in der Welt ohne ein aus einem anderen Bereich übernommenes „religiöses" oder Gottes-Apriori" zu leben, von dem man unabdingbar ausgehen müsste; heißt bei vielen darüber hinaus, Gott in ihrer Lebens-Welt nicht vorkommen zu lassen.

Man kann versuchen, den in der Welt Lebenden Gott nahezubringen, indem man nachweist, dass es in der Welt ohne Gott nicht geht oder mit Gott besser ginge. Die Gottes-Pragmatik wird theologisch vielfach so praktiziert und im Glauben geltend gemacht:

---

[284] Vgl. den Brief vom 30.4.1944 (Widerstand und Ergebung, Dietrich Bonhoeffer Werke, Bd. 8, 400–402).
[285] Vgl. Dietrich Bonhoeffer, Ethik, Dietrich Bonhoeffer Werke, Bd. 7, hg. von I. Tödt, H. E. Tödt, E. Feil, C. Green, München 1992, 42–45.

Würden wir in der Sorge um die Schöpfung, bei der Befreiung vom Sexismus, beim Kampf gegen soziale und ökonomische Ungerechtigkeit nicht weiterkommen, wenn wir aufschlussreich von Gott zu sprechen wüssten, der dies alles will und von uns erwartet? Gott würde *weiterhelfen:* Man müsste sich von dieser Gottes-Pragmatik nicht so scharf distanzieren, wie es in Karl Barths theologischer Religionskritik geschieht, auf die Bonhoeffer sich kritisch-differenzierend bezieht. Wo der Gottesbezug in der Welt weiterhilft und Türen öffnet, Menschen für das Gute, Rettende zu gewinnen, wird man ihn einbringen und theologisch reden dürfen. Aber Bonhoeffer macht mit Barth deutlich: In der Welt welthaft von Gott reden kann auch nicht heißen, über eine zusätzliche Motivations-Ressource oder das Argument zu verfügen, mit dem man besser vorankommt.

Welthaft von Gott reden, ihn aber nicht zu einem (Macht-)Faktor der Welt machen, mit dem zu rechnen einen besser zurechtkommen lässt oder die Probleme der Welt sich eher bewältigen ließen: In der Welt leben Glaubende „‚etsi deus non daretur' […] Vor Gott und mit Gott leben wir ohne Gott"[286], ohne dass wir durch ihn in der Welt einen Vorteil hätten. Aber warum dann vor ihm und *mit ihm* leben – und glauben? Weil er da ist, ungefragt, unbewiesen; weil sein Dasein glaubwürdig ist, Vertrauen-erweckend, *mitten im Leben jenseitig*[287], in, aber nicht aus der Welt; tief diesseitig, in seinem Christus in die Welt gekommen, sie mit ihrem Elend erleidend, ihr in unerschöpflichem Wohlwollen verbunden.[288] Gottes Sich-involvieren-Lassen in die Welt ist das Datum, von dem im Glauben ausgegangen werden darf, aber nicht als religiöses Apriori vorauszusetzen ist. Gott ist nicht das *Apriori* des Denkens und Glaubens, sondern ihr *Aposteriori, Gegebenheit* im eindeutigsten Wortsinn. Sich seinem Dasein, seiner Güte auszusetzen ist das Entscheidende und Erste. Dass es für die Menschen unendlich gut ist, dieses Erste zu realisieren und in der Welt geschehen zu lassen, ist das Zweite. Es wird dann gewiss religiöslebenspragmatisch erfahren, formuliert und gelebt werden können.

---

[286] Widerstand und Ergebung, Dietrich Bonhoeffer Werke, Bd. 8, 532 f.

[287] So Bonhoeffer im hier kommentierten Brief vom 30. 4. 1944. Das Zitat verweist über Wilhelm Dilthey zurück auf Hugo Grotius, der die Gültigkeit des Natur- und Völkerrechts mit dieser Formel aus ihren theologischen Voraussetzungen herauslösen wollte. Sie wird – auch von Bonhoeffer – emblematisch gebraucht, um die Herauslösung säkularer Vollzüge überhaupt aus ihrer vermeintlich unabdingbaren religiösen Kontextualisierung einzufordern.

[288] Vgl. Widerstand und Ergebung, 542. Hier zeigt sich noch einmal Bonhoeffers tiefe Glaubens-Verwandtschaft mit Etty Hillesum, von der oben die Rede war.

Ich möchte Bonhoeffers Impuls auf eigenes theologisches Risiko aufnehmen: Gottes Aposteriori ist sein *Uns-Geschehen:* das Dazukommen, „Hinzutreten" und Hineinkommen Gottes, an das Glaubende und nach Glauben Suchende gewiesen sind, das sie sich in ihrem Glauben geschehen lassen.[289] Martin Bubers Übersetzung von Ex 3,14 *Ich werde [für euch] da sein, als der ich da sein werde*[290], markiert biblisch verbindlich Gottes uneinholbares Aposteriori. Er kommt, wie *er* es will, hinzu, in diese Welt hinein. Und die Welt ist nicht mehr, was sie war, auch wo sie über sein Dazukommen hinweggeht.[291] Wenn er dazukommt, kommt in die Welt hinein, was sich mit Sünde, Unterdrückung, Menschen-Verachtung und Tod nicht verträgt; kommt dazwischen, was die Urteile und Endgültigkeiten dieser Welt nicht bestehen lässt; kommt der hinein, der alles auf sich bezieht und es so *relativiert:* das alles umgreifende, in sich bergende Geheimnis, der *Absolute,* das *Unbedingte.*[292] Es kommt das „neue Sein" (Paul Tillich) als die Daseins-Alternative in die Welt hinein, der man – glaubend – das unbedingt Gute ansieht, mit dem es die Mächte dieser Welt nicht aushalten. In neutestamentlicher Wahrnehmung: In seinem Christus „zeltet" Gott in der Wüste dieser Welt (vgl. Joh 1,14), kommt er irritierend dazwischen, hinein in eine Welt, die ihn nicht brauchen

---

[289] Den Hinweis auf diese Metapher verdanke ich Peter Strasser, Journal der letzten Dinge, Frankfurt a. M. 1998, 46 und Theodor W. Adorno, der vom Sich-(dem Zugriff begrifflicher Vereinnahmung) Entziehenden als dem Hinzutretenden gesprochen hat. Mein Reden vom Hinzukommenden geschieht auf eigene theologische Rechnung.

[290] Die fünf Bücher der Weisung verdeutscht von Martin Buber in Gemeinschaft mit Franz Rosenzweig, verbesserte Auflage der neubearbeiteten Ausgabe Köln 1954, 158.

[291] Es liegt auf der Hand, dass sich die Metapher des Dazukommens nicht auf ein „mythologisch" erzähltes Hinübergehen Gottes aus dem Himmel in die Welt hinein bezieht. Gott kommt *hinzu* im Kommen des „Sohnes". In ihm verbirgt und offenbart es sich, da es offenbart, was die Welt sein will und ist: sich selbst genug und doch auf Gottes Zukunft hin aufgebrochen. Die Benediktsregel kennt noch das Hinzukommen Christi in jedem Gast, der die Selbstgenügsamkeit des Klosters aufbricht.

[292] Dietrich Bonhoeffer sprach statt vom Absoluten und dem von ihm heilsam Relativierten vom Letzten und Vorletzten. Das Vorletzte – in der Welt Gültige – hat keinen Bestand in sich. Es wird zum Vorletzten „erst durch das Letzte, das heißt in dem Augenblick, in dem es bereits außer Kraft gesetzt worden ist. Das Vorletzte ist also nicht Bedingung des Letzten, sondern das Letzte bedingt das Vorletzte. Das Vorletzte ist also nicht ein Zustand an sich, sondern ein Urteil des Letzten über das ihm Vorangegangene" (Dietrich Bonhoeffer, Ethik, 151); nach Bonhoeffer hat Jesus Christus, in dem Gott in die Welt hineinkam, es gesprochen und gelebt. Man kann nicht von dem im Vorletzten Gültigen religiös aufs Letzte schließen, nur vom Letzten und seinem Hineinkommen in die Welt sich zum Vorletzten hinführen lassen. Das will ich mit dem Begriff der heilsamen Relativierung zum Ausdruck bringen.

kann. Er kommt, die Menschen mit *schwacher* messianischer Kraft" durch die Unbedingtheit seines Menschen-Daseins herauszufordern, Gottesherrschaft zu leben, „das Kontinuum der Geschichte aufzusprengen"[293]; christlich: wie die Emmaus-Jünger in Jesu Spur achtsam mitzugehen, die treue Liebe mitzulieben, die alles *relativiert*; nicht um es bedeutungslos zu machen, sondern um es auf sich zu beziehen, für sich zu gewinnen. Er kommt hinzu mit *seiner* Zukunft, die anders ist als die „Zukünfte", von denen man träumt. Sie hat Auferstehungs-Qualität, ist sein Neubeginn, das *Aposteriori* par excellence.[294] Seinem Messias geschieht es im Scheitern, in das der Vater hineinkommt, ihn zu retten und zu sich zu nehmen. So dürfen auch die Jesus-Verbundenen es leben. Mitten in der Welt, ihrer ausweglosen Bosheit und ihrem Unglück, ist Gottes Aposteriori ihr Jenseits: das, was in die Welt hineinkommt, nicht aus ihr ist (vgl. Joh 17,11–19), in ihr anfängt, unableitbar, als *seine* Wirklichkeit in unserem hoffnungs-schwachen Beginnen und Um-Zukunft-Ringen; als seine Freiheit in den Zwängen des Bösen – über sie hinaus. Mit Gottes Hinzukommen kommt auf die Menschen zu, wozu sie nicht von sich aus kommen: das, wofür ihr Leben da sein kann, ohne verschwendet zu sein, das schlechthin Gute, an dem teilzunehmen und an dem unverlierbar teilzuhaben das endlich-sterbliche Menschenleben unendlich bejahenswert macht und an seiner Wurzel heilt.[295] Es „besucht" die in die

---

[293] Vgl. Walter Benjamin, Über den Begriff der Geschichte, Ziffer II und XV, in: Walter Benjamin, Erzählen. Schriften zur Theorie der Narration und zur literarischen Prosa. Ausgewählt und mit einem Nachwort von A. Honold, Frankfurt a. M. 2007, 129–140, hier 120 und 137. Vgl. John D. Caputo, Die Torheit Gottes, 79.

[294] Dramatisch verschärfend hat Rudolf Bultmann statt vom Hinzukommen vom „„eschatolgische[n]' Einbruch der jenseitigen Welt in die irdische" gesprochen (Rudolf Bultmann, Glauben und Verstehen, Bd. 2, Tübingen ⁴1965, 114). Die hier verwendete Metapher des Hinzukommens bringt m. E. die Spannung zwischen dem Verborgenen, Ignorierten, und dem Weltumwälzend-Relativierenden des in Christus Geschehenden deutlicher zur Sprache.

[295] Simone Weil spricht von der überweltlichen Wirklichkeit des schlechthin Guten, der „im innersten Herzen des Menschen [die] Forderung nach einem absoluten Guten [entspricht], die dort immer schon wohnt und in dieser Welt niemals ein Ziel findet." Die „Wirklichkeit dieser hiesigen Welt" ist – so Weil – die „Grundlage der Fakten"; die „andere Wirklichkeit" aber ist „die einzige Grundlage des Guten. Von ihr allein steigt in diese Welt das Gute herab, das dort existieren kann", wenn Menschen ihr ihre „Aufmerksamkeit und Liebe" zuwenden, sie durch ihre „Einwilligung" hienieden wirklich werden lassen (Simone Weil, Zeugnis für das Gute, 71). Christlich dürfte man von der Wirklichkeit des Guten sprechen, das durch die „Einwilligung" Jesu Christi in diese Welt kommt und um die Einwilligung seiner Menschengeschwister wirbt. In ihm wird das Göttlich-Gute Fleisch und Blut, wird es durch die Nicht-Einwilligung der Vielen zuinnerst verletzt und doch nicht um seine erlösende Macht gebracht.

Zeit und ihre Relativitäten verstrickten Menschen; es sucht sie heim in seiner ewig-unbedingten Gültigkeit und doch ganz konkret als das jetzt Geschehende, damit sie sich von ihm in Anspruch nehmen und mitnehmen lassen.[296] Menschlich-allzumenschlich ist es, das Menschenmögliche durch Stabilisierung prekärer Macht- und Verteilungs-Strukturen zusichern. Das Hinzukommen Gottes in seinem Messias bringt das Übermaß Gottes und seiner Liebe ins Spiel. Gott steht – so John D. Caputo – „seit unvordenklichen Zeiten [...] für die Möglichkeit des Unmöglichen."[297]

Gottes Hinzukommen relativiert heilsam.[298] Seine Absolutheit ist die Unbedingtheit, das Übermaß der Zuwendung. So nimmt das Kommen seiner „Herrschaft" denen nichts, zu denen er kommt – außer der Sünde der Selbst-Verabsolutierung. Sie sind nicht genötigt, seinem Kommen ihre leibhaft-lustvolle Lebensfreude zu opfern, wie es eine überspannte Askese die Christen lehrte. Sein Kommen relativiert; es bindet ein, macht zukunftsfähig, fordert heraus, auf seinen Wegen achtsam mitzugehen. Wem er sich zuwendet, wer auf seinen Wegen mitgeht, ist nicht in pure Zufälligkeit hineingestoßen und ins Zukunfts-lose Vergehen verloren, in dem ihn der eingeschränkte Blick auf immanente Ursachen-Wirkungs-Geflechte gefangen sieht.

Kann es in den Katastrophen der Welt einen Weg bahnen, Gottes heilsames Hinzukommen zu glauben, achtsam mitzugehen auf seinen Wegen durch eine tief zwiespältige Welt-Wirklichkeit? Oder entdramatisiert es das Endzeit-Drama der Menschheit mit der Vorspiegelung eines heilvollen Dennoch? So meldet sich der Verdacht, dem Glaubende kaum entgehen, nur widerstehen können. Vielleicht mit dieser Gegenfrage: Warum sollte es das Bedrohliche verharmlosen, wenn man sich von Gott in die Pflicht genommen sieht und seine treue Zuneigung zu seiner Schöpfung im Einsatz gegen die Zerstörung seines Geschenks mitleben will?

Der Verdacht nagt. Die von ihm Heimgesuchten erwehren sich seiner vielfach, indem sie ihn überkompensieren. Sie lassen sich in

---

[296] Von diesem „Besuch der Ewigkeit" spricht mit Blick auf Franz Rosenzweig Asher D. Biemann, Ewigkeiten. Ein jüdischer Beitrag, feinschwarz vom 28. Juli 2024.

[297] John D. Caputo, Die Torheit Gottes, 59.

[298] Gottes Hinzukommen macht das Vorletzte erst zum Vorletzten. Es hält „die Dämonen einer ‚Transzendenz im Diesseits'" nieder, bestreitet dem Diesseits den Absolutheits-Anspruch, in ihm könne es um das Heil, nicht nur um das Wohl der Menschen gehen. Aber gerade mit der in ihm in Kraft gesetzten Unterscheidung des Vorletzten vom Letzten lässt es dem Vorletzten das Recht, dass in ihm das Wohl der Menschen zu fördern ist: „Das Vorletzte muss um des Letzten willen gewahrt bleiben" (Dietrich Bonhoeffer, Ethik, 152).

ihrem Engagement für die Schöpfung nicht übertreffen, sehen darin das Eigentliche ihres Glaubens. Verlieren sie nicht aus dem Blick, dass zuletzt nicht sie selbst, auch nicht die Menschheit im Ganzen für das Versprechen einstehen können, das Gott jedem Menschen, mit dem er seinen Weg beginnt und geht, zusagt: dass er eine Gottes-Zukunft hat, jetzt beginnend und weit über das hinausreichend, was die Menschen-Sünde anrichtet; noch über das Ende hinaus, an dem alle Menschen-Macht scheitert? *Jetzt* aber heißt es *achtsam* mitzugehen mit Gott: zu achten darauf, was die nächsten Schritte sind und ihm zuzutrauen, dass es ein guter Weg ist, wo immer er hinführen wird. Wie es dann aussehen wird, entzieht sich unserem Wissen-Wollen. Jetzt heißt es mit ihm zu gehen und zu leben.

Es ist ein Weg durch diese Welt. Die ist ein Schlachthaus, ein Ort, an dem Fressen und Gefressen-Werden das Feld beherrschen. Das Unerträgliche kommt von weit her; die Gesetze der Evolution scheinen einen anderen Verlauf nicht zuzulassen. Die Menschen wissen nicht, wie sie dem widerstehen und dem Unerträglichen entrinnen können. An den Grenzen ihrer Hoffnungs-Kraft halten Christen sich an die im Messias Fleisch gewordene Zusage Gottes, dass die Menschen nicht zuletzt Opfer sein werden, sondern in Gott Geborgene. Sie versuchen diese Zusage zu bezeugen: in der Weigerung, die Opferschicksale der Vielen widerspruchslos hinzunehmen[299]; im Widerstand gegen Menschen-Opferer, die sich herausnehmen, Menschen für ihren Absolutheits-Wahn rücksichtslos zu relativieren.

Bonhoeffers Theologie hat in einer Schreckens-Zeit ein Zeichen setzen wollen, das zu den Zeichen auch unserer Glaubens-Zeit zählen wird: Von Gott und der Menschen-Sehnsucht darf und muss „weltlich" gesprochen werden: „Was über diese Welt hinaus ist, will im Evangelium für diese Welt da sein."[300] Das Evangelium *für jetzt*, für diese Welt: Dass sie nicht alles ist, aber der Ort, an dem das Gottvertrauen Frucht bringen und Lebenswirklichkeit werden kann. Das setzt die Wichtigkeit der Welt nicht herab, aber relativiert sie. Es bezieht sie auf den, der in ihr sein Versprechen gibt und der es in ihr Fleisch werden lässt: Kein Mensch ist gleichgültig, geschehe, was da wolle. Dieses Versprechen zu glauben bedeutet, es als Evangelium für

---

[299] Wie verheerend das Anti-Zeugnis einer Kirchen-Hierarchie, die die Opfer sexuellen und des geistlichen Missbrauchs in den eigenen Reihen verborgen halten wollte, weil das Ansehen der Kirche sonst Schaden litte!

[300] Widerstand und Ergebung, 415.

diese Welt zu bezeugen: In ihr soll es wahr werden, soll das Menschenleben ein Versprechen sein.

Der Verdacht nagt weiter: Das Versprechen der guten Botschaft gibt der menschlichen Sehnsucht nach. Bringt es sich damit nicht um jeden Kredit? „Der Hunger beweist nicht, dass es zu seiner Sättigung eine Speise *giebt*, aber er wünscht die Speise" und gibt sich der „Ahnung" hin, sie sei irgendwo zu finden. Diese Ahnung trägt „keinen Schritt weit in's Land der Gewissheit [...] man hat nur den inneren Wunsch, dass es so sein *möge*, – also dass das Beseligende auch das Wahre sei. Dieser Wunsch verleitet uns, schlechte Gründe als gute einzukaufen."[301]

Die Gegen-Rede: Weniger als das Beseligende darf Wahrheit nicht sein. Es ist der Logos der „Seligpreisungen", Fleisch geworden im treuen Zeugen. Als der Spreng-Satz des Versprechens, mit dem Gott sich den Menschen verspricht, ist er in die Immanenz der Unterdrückung und Missachtung hineingespochen, zum Schweigen gebracht worden, von den Seinen weiter geglaubt. Daraus ist die kirchliche Christologie gewachsen, metaphysisch elaboriert und auch missverstanden. Eine Erinnerung an diesen Logos wäre christlich unabdingbar.

5.5 Der Hineingekommene

Das ist das formale Schema des Christus-Glaubens: dass das Transzendente, die Absolutheit, in die Welt hineinkommt. Gedanklich ist das eigentlich unmöglich, widersinnig; vom „Paradox des Gott-Menschen" hat Søren Kierkegaard gesprochen.[302] Und doch geschieht es: Die Gottes-Ahnung relativiert und untergräbt die Solidität des in der Welt Selbstverständlichen. Der Hinzukommende konfrontiert es mit dem „Selbstverständlicheren" (Eberhard Jüngel[303]). Die Alternative klopft an, tritt ein, tut ihr zersetzendes Werk. Der Gegen-Logos, sein verheißungsvolles Wider-Wort, wird Fleisch in denen, die ihn als das Selbstverständlichere ansehen und zu leben

---

[301] Menschliches, Allzumenschliches I, Aphorismus 131, KSA 2, 124 f. Vgl. Morgenröthe, Aphorismus 195, KSA 3, 168.

[302] Vgl. Søren Kierkegaard, Papirer, hg. von P. A. Heiberg und V. Kuhn, Kopenhagen 1909 ff, IV, C 84; vgl. IV, A 62 sowie das Kapitel „Das schlechthinnige Paradox" in: Philosophische Brocken, 34–46.

[303] Vgl. Eberhard Jüngel, Vorwort, zu: ders., Entsprechungen: Gott – Wahrheit – Mensch. Theologische Erörterungen, München 1980, 7–9, hier 8.

versuchen. Jesus Christus hat ihn kreativ Wirklichkeit werden lassen. Gottes Geist hat ihm die Macht dazu gegeben. So ist Gottes Transzendenz in der Welt-Immanenz kommunikativ vergegenwärtigt worden: als das die Immanenz Sprengende, ihre Brüchigkeit Aufdeckende.

Jesus Christus war nicht nur Vorbild, Freiheits-Anstifter, Revolutionär, Menschenfreund. Das war er auch. Man hat diese Christus-Bilder gemalt, als man mit der großkirchlich-metaphysischen Zweinaturen-Christologie und Erlöser-Lehre nichts mehr anfangen konnte. Vielleicht nährt sich aus ihnen inzwischen die normalchristliche Christus-Frömmigkeit. Theologisch ist wenig dagegen einzuwenden und doch daran zu erinnern, dass Jesus Christus christlich als das Gottes-Ereignis in unserer Menschenwelt geglaubt wird: In ihm geschieht durch den Gottesgeist das alles relativierende Wirklich-Werden Gottes unter den Menschen, im Menschsein mit allen seinen Möglichkeiten und Abgründen. Er bringt Gott und seine Güte mit in eine Welt voller Ungerechtigkeit, zu denen, die ihrer Menschenwürde beraubt sind und ihre Hoffnung verloren haben. Er ist Gottes Hineinkommen, sein „Inkognito". Er lebt das Versprechen, das Gott macht und erfüllen wird, in der Knechtsgestalt des Machtlosen. In ihm ist es wehrlos-verbindlich gesagt als in letzter Instanz gültig. Von ihm sind die Menschen herausgefordert, Gottes Inkognito glaubend wahrzunehmen[304], sich von seinem Hinzukommen ergreifen zu lassen. Dann hat die Welt und alles in ihr eine andere Bedeutung; dann ist ihr Geschehen *relativiert:* nicht bedeutungslos geworden, aber Vorletztes, blutig ernst genommenes Vorletztes.

---

[304] Von Jesus Christus als dem Inkognito Gottes sprechen wiederum Søren Kierkegaards „Philosophische Brocken" (ebd., 60 f.): Gott kommt nicht mit seiner ewigen Macht und Herrlichkeit in diese Welt hinein, sich unzweifelhaft erkennbar in ihr darzustellen. Er will die Menschen durch seine Güte in Freiheit gewinnen, nicht überwältigen – wie der König das geliebte Bettelmädchen nur auf Augenhöhe, nicht in seiner Größe und Majestät für sich gewinnen wird. Kierkegaards Gleichnis vom König und dem Bettelmädchen (vgl. ebd., 21–34) eröffnet eine Dimension der menschlichen Vernunft- und Freiheitsgeschichte, die selten in ihrer philosophischen und theologischen Brisanz wahrgenommen wird. Es ist „des Denkens höchstes Paradox: etwas entdecken zu wollen, das es selbst nicht denken kann" (ebd., 33), das die Vernunft eben nicht zwingt, sondern als „glückliche Leidenschaft" auf ihre Erfüllung treffen lässt und herausfordert, sich ihm frei hinzugeben (vgl. ebd., 55 f.). Es ist das Größere. Muss es deshalb der Vernunft als widersinnig erscheinen und von ihr als Paradox wahrgenommen werden? Oder kann sich die Vernunft hier eingeladen sehen, ein unausdenkbar Größeres vernünftig anzuerkennen, wie Kierkegaards zeitweiliger Lehrer Schelling es gesehen hat?

Die hohe Christologie der Kirche hat anders geredet, wenn sie Jesus Christus den Gottmenschen nannte: Sohn Gottes, göttlichen Wesens, den Menschen gleich geworden. Über Jahrhunderte hinweg büßte diese Rede im Glauben der Menschen ihre Bedeutung ein. Von Anfang an konnte hatte sie keine Vorstellungen wachrufen, in denen man sie mit menschlichen Erfahrungen hätte verbinden können. Geblieben ist die Ahnung, dass uns in diesem Jesus von Nazaret Gott begegnet und sein „wahres Gesicht" zeigt. Kann in solchen Metaphern erinnert werden, was das Christus-Bewusstsein in der Alten Kirche bewegt und getragen hat?

Aufgerufen werden hier urbiblische Vorstellungsmuster; von ihnen war oben die Rede: die Metapher der *Einwohnung* Gottes, des *Erfüllt-Seins* mit Gottes gutem Geist, mit der Liebe, die Gott *ist*. Sie nehmen ein anderes Denken in Anspruch als die griechisch geprägte Wesens-Metaphysik, die in der Alten Kirche dazu dienen konnte, den Christus-Glauben auszusagen. Hier assoziierte man Christi Menschsein und Gott-Sein als zwei Wesens-Wirklichkeiten – zwei Was-Bestimmungen – gewissermaßen im Nebeneinander, die der göttliche Logos als personale *Wer*-Wirklichkeit innehat. Die Antwort auf die Frage: *Wer* ist Christus? sollte der Hinweis auf die zweite Person der Trinität sein. Die Antwort auf die Frage: *Was* ist Christus? sollte mit der Nennung der beiden „Naturen" gegeben sein, Gott und Mensch zugleich. Darf man von dieser Logik des Nebeneinanders zurückgehen auf die biblische „Logik" des Ineinander? Diese Logik hätte Anhalt an menschlichen Erfahrungen: dass Menschen Gottes Wirklichkeit bezeugen, dass sie den Ewigen, Absoluten in Zeit und Endlichkeit vergegenwärtigen können?

Der Christus-Glaube der Alten Kirche hält die Erinnerung an den Christus wach, *in* dem Gott wohnte, der noch immer *in* der Gemeinde segnend gegenwärtig ist, um sie für die endzeitliche Gottesherrschaft zu bewahren und sie durch seinen Geist zu bewegen, jetzt in sie aufzubrechen. Dieser Christusglaube ist die Absage an Gottes-Vergegenwärtigungen durch die Machthaber in dieser Welt, Sieger und Menschen-Beherrscher. Ihnen ist durch Gottes Hinzukommen die Glaubwürdigkeit genommen. Er kommt in die Welt, ist in ihr gegenwärtig in einem von Menschenfreundlichkeit und Liebe erfüllten Dasein. So spricht er seinen Logos. Der ist nicht mehr zum Schweigen zu bringen. Er spricht Gottes Versprechen, damit es sich erfüllt – bis es sich schließlich erfüllt. Gott spricht seine Menschenfreundlichkeit hinein in eine von Machtmissbrauch beherrschte Welt. Er verlangt danach, dass sie geglaubt werde, dass Menschen in ihr die Erfüllung ihres Lebens suchen und es ihr weihen: sie als eschatologische Gottes-Wirklichkeit bezeugen, ihr Leben in sie investieren, es von der Gottesherrschaft ergreifen lassen; dass sie ihr Leben in die Liebe hinein wagen, die Gott ist, und ihm den Ausgang überlassen.

Das eigene Leben als Berufung in die Gottesherrschaft sehen – in einer Welt, in der nicht viel für Gottes Liebes-Versprechen spricht? Wie nahe liegt es, mit Nietzsche und vielen anderen zu sagen: pures Wunschdenken. Die Glaubenden wissen es selbst: *Wunsch-Denken*. Ein Denken und Leben, das den tiefsten Wunsch wahrnimmt, ihn nicht verloren gibt: dass das Leben sich in der Liebe erfüllen und bewahrt sein möge. Auch das ist ein Zeichen der Zeit: Wenn Menschen glauben, gestehen sie sich das als gewagte Option ein. Sie trauen der „Ahnung": ihrer Sehnsucht, dem, was ihr Nahrung gibt. Ins „Land der Gewissheit", einer selbstzufriedenen Überzeugung, gelangen sie nicht. Ist diese Ahnung nicht zu schön, um wahr zu sein?

Aber auch der Blick auf die Kehrseite der Medaille ist angebracht: Warum sollte, was sich in meiner Sehnsucht abzeichnet, das schlechthin Schöne und Gute, nicht die letzte und tiefste Wahrheit meines Lebens sein? Wenn sie es wäre: Sollte man nicht jetzt schon mit dieser Hoffnung leben, sie hegen und pflegen, um dem Erhofften auf der Spur zu bleiben, es leben, ihm in dieser Welt Raum und Lebendigkeit geben, so gut man kann? Sollte man Gottes Versprechen, dem Versprechen des Lebens, nicht über den Weg trauen und sich auf den Weg machen, den es führt? Sollte man nicht die eigene große Sehnsucht ernst nehmen, weil sie dazu anleitet, sich dem Wirklich-Werden des Ersehnten zu öffnen und sein Wirklich-Werden zu er-leben?

5.6 „Mehr" als das Leben in dieser Welt?

Die große Sehnsucht steht unter Verdacht. Meldet sich in ihr nicht nur jenes „klebrig-schäbige Haftenwollen am kleinen Ich"[305], das seine Überlebens-Egozentrik nicht im Zaum halten kann? Will der Glaube mit ihr im Bunde sein? Sich nicht loslassen, nicht selbstvergessen über sich selbst hinausleben können: Das wäre gerade christlich ein defizitäres Dasein, von Leiden und Schwäche in die Enge getrieben, zu Jenseits-Phantasien getrieben, weil man das Leben nicht annimmt, wie es jetzt ist: in seinem Reichtum, in seiner Kraft, in seinen Grenzen. Der Glaubens-Blick darf nicht an den Schwächen hängen bleiben und

---

[305] Ernst Bloch, Prinzip Hoffnung, Frankfurt a.M. 1959, 1302.

auf die Ränder des Lebens fixiert sein. „Mitten im Leben muss Gott erkannt werden; im Leben und nicht erst im Sterben, in Gesundheit und Kraft und nicht erst im Leiden"[306], so Bonhoeffers Gefängnis-Erfahrung. Ist die „große" Himmels-Sehnsucht in Wahrheit eine beschädigte, projektive Sehnsucht, hervorgetrieben vom Nicht-Zurechtkommen mit der Endlichkeit eines Lebens, in dem man sich nicht tief genug erleben konnte – in dem man das Sich-Behalten- und Retten-Wollen verinnerlicht hat?

In den Glauben an das ewige Leben ist vielfach ein leises Misstrauen eingewandert: Was wird denn noch kommen? Ewige Seligkeit, ewiges Glück? Stellen wir uns das nicht menschlich-allzumenschlich vor, als überreiche Kompensation dessen, was uns jetzt vorenthalten bleibt? Die „offiziell"-christlichen Vorstellungen bleiben zurückhaltend, verbinden etwa das Motiv des himmlischen Jerusalem mit dem des Paradieses-Gartens der biblischen Urgeschichte. Eschatologie und die Erneuerung der Urstands-Vollkommenheit durchdringen sich.[307] Emotionale Prägnanz gewinnen Himmels- und Paradies-Vorstellungen aus dem Kontrast zu drastisch ausgemalten Höllenvorstellungen; so schon in der Lazarus-Perikope des Lukasevangeliums: Der gerechte Lazarus ist geborgen in Abrahams Schoß – in der Geborgenheit der Väter und Mütter im Glauben. Der ungerechte Reiche aber leidet Feuerqualen, die im Anblick des Geborgenen nur noch unerträglicher werden (vgl. Lk 16,22–31). Als Leitmotiv für diese Geborgenheit tritt schließlich immer mehr das der ewigen Ruhe in den Vordergrund.[308]

Dass sich dieses Motiv so flächendeckend durchsetzt, mag auf eine erstaunliche Vorstellungs-Zurückhaltung oder auch eine pastorale Vorstellungs-Disziplinierung zurückzuführen sein, für die man sich auf Jesus von Nazaret selbst berufen durfte. Das Matthäus-Evangelium überliefert als sein Wort: „Denn nach der Auferstehung heiratet man nicht, noch wird man geheiratet, sondern die Menschen sind wie Engel im Himmel" (Mt 22,30). Das verbot es, die sexuellen

---

[306] Dietrich Bonhoeffer, Widerstand und Ergebung, 455.

[307] So im Hymnus *In Paradisum*, der seit dem 7. Jahrhundert belegt ist und heute noch beim Beerdigungs-Ritus rezitiert oder gesungen wird: „Zum Paradies mögen Engel dich begleiten, / die heiligen Märtyrer dich begrüßen / und dich führen in die heilige Stadt Jerusalem. / Die Chöre der Engel mögen dich empfangen / und durch Christus, der für dich gestorben, soll ewiges Leben dich erfreuen" (Neufassung Gotteslob Nr. 515).

[308] In der Ursprungsfassung des *In Paradisum* wird die Gemeinschaft mit Lazarus zur ewigen Ruhe in Abrahams Schoß in Aussicht gestellt („et cum Lazaro quondam paupere aeternam habeas requiem").

Liebesfreuden in die Erfüllung des Menschseins hineinzusehen, die einen im Himmel erwartete. Es schwächte aber auch die sinnlich-lebendige Vorstellngs-Kraft. Ausruhen, das blieb als Lebendigkeits-reduziertes, noch an der antiken Vorstellung des ewigen Schlafes hängendes Bild am Übergang von der Unruhe und dem Gefordert-Sein des Lebens in dieser Welt zu himmlischer Gelassenheit und Geborgenheit in ewiger Gottes-Gemeinschaft.

Der Koran blieb näher an den sinnlichen Phantasien, wenn er „Wohltaten des Herrn" im Jenseits ausmalte: den üppig bewässerten, fruchtbaren Garten, schöne Frauen, Huri mit schönen Augen, die noch niemand beschlafen hat und die Erwählten auf Teppichen erwarten.[309] Schüsseln aus Gold und gefüllte Becher werden herumgereicht. Man trägt Gewänder aus Seide und Brokat[310], schöpft aus Bächen mit flüssigem Honig und solchen mit Wein, findet „allerlei Früchte und die Vergebung" des Herrn.[311] Dass solche Bilder junge Menschen heute dazu motivieren sollen, das irdische Leben in einem Selbstmord-Anschlag wegzuwerfen, um in das Leben der Fülle einzugehen, wird man als religiös-perverses Kalkül ansehen. Dass von der Schönheit des vor Augen geführten Paradieses Trost und Gelassenheit im Angesicht des Todes ausgehen, wird man nicht beargwöhnen.

Im Koran wie im Christentum leben die Vorstellungen einer jenseitigen Vollendung vom Kontrast zu den üppiger ausgemalten von der Qual der Verworfenen. Nietzsche hat das als höchste Steigerung des religiösen Ressentiments angesehen und Thomas von Aquin als Kronzeugen vor das Gericht der Religionskritik zitiert: „Denn was ist die Seligkeit jenes Paradieses? ... Wir würden es vielleicht schon errathen; aber besser ist es, dass es uns eine in solchen Dingen nicht zu unterschätzende Autorität ausdrücklich bezeugt, Thomas von Aquino, der grosse Lehrer und Heilige. ,Beati in regno coelesti' sagt er sanft wie ein Lamm, ,videbunt poenas damnatorum, ut beatitudo illis magis complaceat [Die Seligen im Himmel sehen die Strafen der Verdammten, damit ihnen ihre Seligkeit umso mehr gefalle]."[312] Näher am gelebten Glauben der Menschen bis in unsere Tage wird es liegen, hier – auch im Koran – eine Glaubens-„pädagogische" Alternativen-Anschärfung am Werk zu sehen: Verheißung und Drohung

---

[309] Vgl. Sure 55,46–78 und Sure 44,54.

[310] Vgl. Sure 43,71 und 44, 53.

[311] Vgl. Sure 47,15.

[312] Zur Genealogie der Moral. Erste Abhandlung, Aphorismus 15, KSA 5, 284.

sollen jetzt auf den Weg der Gebote Gottes führen. Sie konfrontieren mit Gottes endzeitlicher Gerechtigkeit, die durch Gnade gemildert, aber zuletzt doch in Geltung erlangen wird.

Es kann nicht sein, dass die Bösen mit ihrer Rücksichtslosigkeit auch bei Gott unbestraft durchkommen und die Guten definitiv unter die Räder kommen. Die Sehnsucht nach einer ausgleichenden Gerechtigkeit trägt biblisch die Ausbildung des Glaubens an die Auferstehung der Gestorbenen. Das Verhältnis des Ergehens zum Tun bleibt oft so skandalös unausgeglichen, dass die Segens-Verheißung an die Tora-Treuen ihre Glaubwürdigkeit verliert. Das wird nicht erst im Buch Ijob zum Glaubens-Ärgernis. Hier aber erscheint das unverdiente Leid schlechterdings unerträglich. Es führt zur Revolte gegen ein Konzept, das nur den Ausweg offen zu lassen scheint, das unermessliche Leid in einer unermesslichen Schuld der Leidenden begründet zu sehen. Der Tun-Ergehens-Ausgleich geht in dieser Weltzeit nicht auf. Das scheint der spät- und außerbiblischen Apokalyptik so offenkundig, dass sie das Sich-Durchsetzen der treuen Gerechtigkeit Gottes für die „letzten Dinge" erwartet: für die endzeitliche *Apokalypsis*, für das dann geschehende Offenkundig-Werden der jetzt verborgenen Entschiedenheit Gottes, die ihm Verbundenen zu retten und die Abgefallenen dem verdienten Unheil preiszugeben. So „bildete sich in der israelitischen Überlieferung die Erwartung eines zukünftigen allgemeinen Gerichtes Gottes heraus: Da werde Gott alle bis dahin noch unerfüllte Entsprechung zwischen Gerechtigkeit und Heil und zwischen Sünde und Verderben restlos zur Erfüllung bringen und ‚jeden Menschen nach seinen Taten richten'".[313] Der Auferstehungsglaube hat seinen biblischen Ursprungs-Kontext in der Theodizee-Frage. Nur wenn Gott es vermag, seine Heilszusage an die Gerechten gegen den Augenschein dieser Welt in der Endzeit doch einzulösen, bleibt er der Gott der Väter, der ihnen gegebenen Verheißungen. Diese Einlösung muss allen zugutekommen und allen das Böse vergelten, das sie in die Welt brachten. Sie wird nun nicht mehr auf den Erwählungsweg Israels im Ganzen bezogen.[314] Die Auferweckung der Gestorbenen wird die Gerechtigkeit Gottes in einem letzten Gericht zum Zuge kommen lassen.

---

[313] Ulrich Wilckens, Auferstehung. Das biblische Auferstehungszeugnis historisch untersucht und erklärt, Stuttgart – Berlin 1970, 111.

[314] Schon Jeremia und Ezechiel lehnen die Vorstellung ab, die Nachkommen hätten das Unrecht ihrer Vorfahren zu büßen. Es soll und wird nicht mehr das Sprichwort gelten „Die Väter haben saure Trauben gegessen und den Söhnen werden die Zähne stumpf" (vgl. Jer 31,29 und Ez 18,2 f.).

Uneinheitlich bleiben die Vorstellungen von diesen „letzten Dingen". Zunächst scheint es so zu sein, dass sie sich auf dieser Erde vollziehen und die treu gebliebenen Erwählten heimholen wird in eine von Gott erneuerte, als neue Schöpfung zum Heils-Ort verwandelte Welt. So könnte hier von einem Jenseits gar nicht gesprochen werden, sondern eher von der endzeitlichen Verwandlung des jetzt im Unheil gefangenen Lebens. Auf die Reich Gottes-Verkündigung Jesu ist die Diesseits-Jenseits-Unterscheidung schon gar nicht anwendbar: Gottes Herrschaft wird in dieser Welt gegenwärtig, wo die Menschen Gottes guten Willen geschehen und sich so schon in sie hineinnehmen lassen. Sie wird sich vollenden, wo immer die Verheißungen der Seligpreisungen wahr werden. Es wird aber zur endzeitlichen Scheidung zwischen denen kommen, die zur Rechten – in der vollendeten Gottesherrschaft – wohnen werden, und denen zur Linken, die nicht in sie eingehen (vgl. Mt 25, 31–46).

In der Folgezeit wird – etwa bei Paulus – die Neuheit der neuen Schöpfung immer radikaler verstanden, so dass sie in der alten Welt keinen Ort mehr haben kann. Sie geschieht zwar primordial als Auferweckung aus dem Nicht-Leben des Unglaubens und der Sünde in der Taufe. Am Tag der Wiederkunft Christi werden die Getauften dann aber mit den getauften Verstorbenen in Gottes Herrlichkeit eingehen und „immer beim Herrn sein" (1 Thess 4,17; vgl. 4,13–16). Entschlafene wie Noch-Lebende werden am Tag der Wiederkunft zur Unverweslichkeit verwandelt und einen verklärten Leib erhalten, denn: „Fleisch und Blut können das Reich Gottes nicht erben". Das Verwesliche wird mit Unverweslichkeit überkleidet, das „Sterbliche mit Unsterblichkeit" (1 Kor 15,50b und 54). Der 2. Petrusbrief beschreibt das Geschehen dieses Tages als Weltenbrand: „An jenem Tag werden die Himmel in Flammen aufgehen und die Elemente im Feuer zerschmelzen. Wir erwarten gemäß seiner [Gottes] Verheißung einen neuen Himmel und eine neue Erde, in denen die Gerechtigkeit wohnt" (2 Petr 3,12b–13).[315]

Die Vollendungsbilder des neuen Himmels und der neuen Erde sind neutestamentlich zurückhaltend gezeichnet: Das im „alten" Jerusalem kultisch erlebte, immer wieder verdorbene Miteinanderwohnen-Dürfen mit JHWH wird im neuen Jerusalem, das am Ende auf die Erde herabsteigt (vgl. Offb 3,12; 21,2.10–27), endzeitliche Heils-Wirklichkeit. Gott wird „alle Tränen von ihren [der Erwählten]

---

[315] Vgl. Offb 21,1: „Dann sah ich einen neuen Himmel und eine neue Erde, denn der erste Himmel und die erste Erde sind vergangen."

Augen abwischen. Der Tod wird nicht mehr sein, keine Trauer, keine Klage, keine Mühsal. Denn was früher war, ist vergangen" (Offb 21,4). Die ehrwürdigen Überlieferungen des Festmahls mit Gott werden zur Verheißung für die Feier dieses Miteinanders; die Eucharistie darf sie inmitten der Gemeinde vorwegnehmen. Aufs Gesamte hin gesehen ist die Intention der neutestamentlichen Zeugnisse für die Erwartung des neuen Himmels und der neuen Erde eher paränetisch. Ihr Interesse gilt der wachsamen Erwartung der Wiederkunft Christi und dem Trost angesichts einer schließlich unabsehbaren Parusie-Verzögerung.

Mit dem Zurücktreten der Naherwartung eines jüngsten Tages konzentriert sich die Hoffnung auf die endzeitliche Auferweckung aus dem Tod und auf die Möglichkeiten, das jenseitige Heilsschicksal zu sichern. Der Himmel wird zum Kontrast-Bild der Geborgenheit gegenüber den Qualen der ins Inferno oder – auf Zeit – ins Purgatorium Geratenen. Die Kirche, die Schönheit ihrer Gotteshäuser und ihrer Liturgien, werden zur Vor-Erfahrung der Schönheit des Vollendungs-Lebens bei Gott. Die künstlerischen Darstellungen der letzten Dinge zeichnen den Zug der Erwählten zum Gotteshaus als Erfüllung ihrer Heils-Sehnsucht: Die Kirche figuriert als neues Jerusalem, in dem der wiederkommende Christus mit den Seinen Mahl hält.

5.7 Jenseits-Sehnsucht?

Es scheint, als ob die Jenseits-Sehnsucht bis in unsere Zeit irgendwie an die Jenseits-Angst gebunden bleibt: als die Sehnsucht, dem ewigen Verhängnis zu entgehen. Wenn die Jenseits-Angst verblasst, weil man sich die grausamen Strafen der Hölle bei einem barmherzigen Gott nicht mehr vorstellen kann oder vorstellen will, verblassen Jenseits-Sehnsucht und Jenseits-Vorstellungen auch da, wo man sie nicht als bloße Projektion durchschaut haben will. Die Theologie hat es mit den jenseitigen Orten und Wirklichkeiten genau nehmen und mehr darüber sagen wollen. Man wusste sich aber je länger desto mehr verstrickt in das Denk- und Sprach-Problem, wie man Aussagen über Verläufe und Zeiten verantworten konnte – über einen Zwischenzustand der Verstorbenen zwischen ihrem Tod und einem Jüngsten Gericht oder über zeitliche Sündenstrafen im Purgatorium –, wenn Zeit und Raum doch an diese Weltzeit gebundene Dimensionen sind, die so auf ein „Jenseits" keine Anwendung finden können. Die theologische Eschatologie konnte in der Jenseits-Vorstellungsarmut neuzeitlichen Glaubens wenig hilfreich sein, so sehr sie sich in neuscholastischer Spekulations-Lust anheischig machte, über das Jenseitige möglichst genau Auskunft zu geben.

Die Neigung, sich darüber Gedanken zu machen, wie das Jenseits einem nach dem Sterben aufnehmen würde, ist nicht mehr sehr ausgeprägt. Mitunter hält sie sich an Berichte über Nahtod-Erfahrungen, die bis an die Schwelle führten und denen, die sie gemacht haben, ein tiefes Vertrauen auf ein gutes „Hinüber-Sterben" und „Ankommen" zu vermitteln scheint. Aber es scheint problematisch zu sein, sie als einen „Vorgeschmack aufs Jenseits" zu verstehen oder gar als Jenseits-Beweis auszuwerten.[316] Die Aufmerksamkeit für das Lebensende richtet sich sowieso eher auf das Sterben als auf das Tot-Sein. Der biologische Schmerz des Sterbe-Prozesses soll erleichtert, der Abschied vom Leben soll so schonend wie möglich gestaltet werden. Als „moderne" Einstellung zum Tod gilt weithin die gelassene Hinnahme des unvermeidlichen Lebensendes, zu der ein reif gewordener Mensch sich nach einem erfüllten Leben bereitfinden könne.[317] Das Leben im Diesseits sollte so gelebt werden können, dass der Abschied einigermaßen leichtfällt. Der Lebens-Optimierung sollte die Aufmerksamkeit gelten, nicht dem Leben danach im Himmel. Das vorzeitige Sterben wird als das eigentliche Übel ausgemacht. Ihm kann – so ist die Perspektive – durch bessere medizinische Versorgung begegnet werden. „Gesundheit zu garantieren, und das heißt Garantie des biologische normalen Lebensvollzuges, darauf richten sich gewichtige und umfängliche Anstrengungen der Gesellschaften"[318], die mit immer höheren finanziellen Investitionen unterlegt werden. Die Verlängerung eines lebenswerten Lebens im Diesseits ist jede Mühe wert. Eine Verlängerung des Lebens in dieser Welt über den Tod hinaus ins Jenseits bleibt unsicher; sie mag als Randproblem in den Blick kommen, wenn Menschen der Sterblichkeit ihres Lebens nicht mehr ausweichen können.

---

[316] „Vorgeschmack aufs Jenseits?", so betitelte der Deutschlandfunk eine von Michael Hollerbach erarbeitete Rundfunksendung am 22.7. 2021. Zur Diskussion vgl. den vorsichtig abwägenden Blick auf einschlägige Literatur von Dieter Vaitl, Gleitflug ins Licht. Wissenschaftliche Erkenntnisse über Nahtoderfahrungen, in: Herder Korrespondenz Spezial: Komm süßer Tod, 2017, 32–35.

[317] Zum Konzept des „natürlichen Todes" und zur Auseinandersetzung mit ihm vgl. Tiemo Rainer Peters, Tod soll nicht mehr sein, Zürich – Einsiedeln – Köln 1978.

[318] Werner Fuchs, Todesbilder in der modernen Gesellschaft, Frankfurt a.M. 1969, 181.

Dieser Wertewandel in der Einstellung zu Leben, Sterben und Tod wird auch bei kirchlich Glaubenden nicht einfach nur „draußen" vor sich gehen. Sie werden ihn in dieser oder jener Weise mitvollziehen und selbst von der Frage heimgesucht sein, ob es ihren Glauben tatsächlich mit ausmacht, für sich wie für ihre Mitmenschen die Hoffnung auf ein Leben mit Gott über das Leben im Diesseits hinaus zu hegen. Das kann sich im Randständig-Werden ihres Glaubens an das ewige Leben auswirken oder zu einer gewissen Verlegenheit führen, wenn sie sich dieses Glaubens zu vergewissern versuchen. Von den Christen in unserem Kulturkreis wird man nicht sagen können, dass ihr Christentum „im Wesentlichen aus dem Mumm [besteht, ihr] ganzes Leben danach auszurichten, dass nach dem Tod die Ewigkeit kommt".[319] Der Glaube an das Auferstehungs-Leben mit Gott sucht nach Vergewisserung und nach artikulierbaren Gehalten, nach einer Sprache jenseits der Naivität, die konkrete Sachverhalte beschreiben will und sich dazu in der Lage sieht. Er greift auf Metaphern zurück und wird sich deutlicher dessen bewusst, dass man da eine tastende Sprache spricht, die das Angesprochene gerade noch berührt.

Was die Metaphern berühren und ins Spiel bringen: Zunächst, vielleicht überhaupt die Sehnsucht nach Ein-Geborgenheit, die nicht im Letzten betrogen sein darf. Darin diese Weigerung, sich zuletzt verlorenzugeben – und die Ermächtigung, den Impuls zu dieser Weigerung. Ermächtige ich mich da selbst? Finde ich den Impuls in mir vor, sodass ich eigentlich nicht anders kann, als mich ihm zu überlassen? Ist er von mir hervorgebracht oder mir geschenkt? Womöglich beides. Ich berühre in meiner Sehnsucht das, wonach sie sich ausstreckt – und kann es doch nicht festhalten; ich bin unterwegs in der Hoffnung, dass ich glauben kann, was ich ersehne. Der Verdacht, da sei die pure Projektion am Werk, grätscht dazwischen. An ihm habe ich mich fortwährend abzuarbeiten. Ich hätte ihm standzuhalten, indem ich dem Impuls Raum gebe: Es ist fast zu schön um wahr

---

[319] So Burkhard Müller, Wir sind Heiden. Warum sich Europa nicht auf christliche Werte berufen sollte, in: SÜDDEUTSCHE ZEITUNG Nr. 95 vom 24./25. April 2004, S. 13. Wie Burkhard Müller dazu kommt, das „Wesentliche" des Christentums so zu bestimmen, mag sein Geheimnis bleiben. Vielleicht ist seine Wesens-Definition auch vulgär-religionskritischer Unsinn, der nicht im Ansatz die Bereitschaft erkennen lässt, Glaubenseinstellungen zu verstehen. Müllers Einlassungen machen exemplarisch deutlich, warum triviale Religionskritik die massiv-traditionalistischen Religions- und Christentums-Formen so gern hat: Wenn man sie als die authentischen Ausprägungen der Religion herausgestellt hat, kann man Christentum und Religion an ihnen eindrucksvoll ad absurdum führen. Da bleibt wenig von Hegels Ehrgeiz, das Kritisierte nicht in seinen Schwächen, sondern in seinen Stärken anzutreffen.

zu sein. Aber warum sollte das Schöne nicht wahr sein – dass das menschliche Leben ankommt, dass es angenommen und aufgenommen wird von dem, der jedes einzelne Menschenleben liebt!

Der Jenseitsglaube kann nicht für sich allein bestehen. Das würde Gott zu einem Randphänomen machen, dem man sich zuwendet, wenn es „soweit ist". Da schrumpft er auf die vage Hoffnung zusammen, dass „danach" nicht alles aus ist – auch zur Ratlosigkeit, was noch kommen kann. Wo sich das diesseitige Leben, solange es geht, selbst alles sein will, kommt es nicht zu einer Gottes-Sehnsucht, die Gottes treuer Liebe *mehr* zutraut und der eigenen Sehnsucht zutraut, dass sie – von der Gnade weit gemacht – in die Begegnung mit Gott hineinführt. Die Gottes-Sehnsucht lebt davon, dass die Selbst- und Welt-Zufriedenheit ihr Raum lässt. Sie bleibt nur lebendig, wenn sie nicht eingelöste Sehnsucht bleiben darf, nicht zudeckt wird mit der Selbst-Gewissheit, eine Lebens-Erfüllung zu erreichen, in der mir nichts Entscheidendes mehr fehlt. Sehnsuchtslosigkeit ist der Tod des Glaubens. Wem nichts mehr fehlt, dem fehlt auch Gott nicht; er kann mit ihm nichts anfangen, wird sich von ihm nichts mehr erhoffen. Sein Diesseits-Horizont ist geschlossen, sei es für ihn selbst oder im Blick auf das Menschengeschlecht im Ganzen, dem Feuerbach den geschlossenen Diesseits-Horizont verheißungsvoll machen wollte. Es kommt vielleicht nicht zu ausdrücklicher Gottes-Ablehnung, aber zu einer *Gottes-Gleichgültigkeit:* Was sollte Gott mir noch bringen? Ich seh es nicht. Er ist „uninteressant".[320]

Das Recht der ungezähmt-größeren Sehnsucht wird sich nicht hieb- und stichfest begründen lassen. Wem nicht fehlt, worauf sich da die Sehnsucht richtet, der wird sich durch Argumente kaum davon überzeugen lassen, dass ihm Bedeutsames fehlt, da ihm Gott und die Sehnsucht nach dem Leben mit Gott fehlt. Die größere Sehnsucht wird eher lebendig bleiben, wenn sie Orte findet, an denen sie gehegt und gepflegt, gefeiert, erzählt und erinnert wird; Orte an denen die Lebens-Gemeinschaft mit einem Gott begangen wird, der mich – uns – in dieser Lebensgemeinschaft über den Tod hinaus geborgen sein lässt. Die Liturgien der Kirchen haben solche Orte offengehalten und gestaltet. Für frühere Generationen, vielleicht auch noch vielfach in der Ostkirche, bot und bietet die Liturgie den Mitfeiernden einen

---

[320] Die Kirchenmitgliedschafts-Untersuchung von 2022/23 weist bis hinein in die Klientel der Kirchenmitglieder hinein einen schnell wachsenden Anteil religiös Uninteressierter aus; vgl. Jan Loffeld, Gott ist uninteressant. Religiöse Gleichgültigkeiten sollten der Kirche nicht gleichgültig sein, in: Herder Korrespondenz 78 (2/2024), 29–31.

„Vorgeschmack" des Himmels. Das machte und macht ihre Faszination aus: Sie bot Seelen-erhebende Räume, eine ergreifende Musik und die Pracht liturgischer Inszenierung auf, um der Sehnsucht nach dem unendlich Schönen einen weiten Raum zu geben. Dazu kommt es in unseren Breiten immer weniger – für immer weniger Glaubende und Suchende. Das heißt nicht, dass die Liturgie die Bedeutung, den geschlossenen Alltags- und Diesseits-Horizont für die größere Sehnsucht und den „Himmel" zu öffnen, generell eingebüßt hätte. Es heißt vielmehr, sich über die Unzugänglichkeit der Liturgien für die Mehrheit auch der Kirchenmitglieder Gedanken zu machen und sich die Frage zu stellen, wo es sonst noch Orte geben könnte, an denen „mehr" geschieht als das im geschlossenen Welthorizont Vorgesehene und Erwartbare.[321] Was da mehr geschieht, wird dann immer noch zu bedenken sein – und vielfach offenbleiben.

Die öffnende, aufsprengende Transzendenz mitten im Leben: Geschieht sie nur an Kirchen- und Frömmigkeits-Orten? Ist die größere Sehnsucht vor allem hier „zuhause"? Geschieht sie vielen Menschen nicht eher da, wo sie gegen die Abschließung ihrer Lebenshorizonte revoltieren und sich ihre größere Sehnsucht nicht durch die Möglichkeiten abkaufen lassen, die ihnen hier und jetzt aufgedrängt werden? Klagen sie das „unrealistisch" Ersehnte nicht eher da ein, wo die Welt-Tatsachen zum Himmel schreien, die Erfolge in dieser Welt zynischer Betrug sind und die Leiden der Opfer ein nicht hinnehmbarer Skandal? Da wird es ernst mit dem Postulat, dass es nicht dabei bleiben darf, wie Welt und Geschichte alles dem Vergessen preisgeben.

Das Einklagen der Tun-Ergehens-Äquivalenz kehrt (post-)modern zurück: im Protest gegen eine Immanenz, die alles endgültig sein, zuletzt gleichgültig werden lässt. Der Skandal bleibt auf ewig ein Skandal? Die Opfer bleiben auf ewig Opfer; sie bleiben, was sie gewesen sind, und es wäre ihr einziges Glück, dass sie nun nicht mehr da sind? *Darf* es so sein, dass das Glück zuletzt darin besteht, der Willkür und dem Unglück im Sterben zu entrinnen und ihnen im Tod nicht mehr ausgeliefert zu sein? Der Glaube daran, dass es so nicht ist, weil Gott ist und weil er die Zuflucht der Geschändeten und Unter-

---

[321] Man wird auf das Feld der Kunst, vor allem auf die Musik hinweisen, die seit dem 19. Jahrhundert religiöse Bedeutung gewonnen hat, auch als Religions-Ersatz erlebt worden ist. Sobald man den Bereich der Kunst über Eliten-Veranstaltungen ausgeweitet sieht, wird man fragen, wieviel Transzendenz in ihr erlebt wird – und wieviel Kompensation für die Überregulierung einer rasant beschleunigten und durchfunktionalisierten Immanenz.

drückten ist, der Gott einer Gerechtigkeit, die den Menschen – jedem Menschen – wirklich gerecht wird, macht die Welt-Immanenz zum Vorletzten, zu dem es eine letzte Wirklichkeit gibt.[322] Mit der Frage aber, wie sich Vorletztes und Letztes zueinander verhalten, öffnet sich der Blick auf eine dramatische Geschichte der Umbesetzungen im Glauben an die „letzten Dinge". Sie ist paradigmatisch für einen Glaubens-Wandel „unterhalb" der offiziellen Lehrformeln, der die Glaubens-Einstellung der Menschen tiefer bestimmt hat als das in den kirchlichen Lehr-Auseinandersetzungen Umstrittene.

Gottes Letzt-Gültigkeit: herbeigerufen, herbei-geglaubt in den Wechselfällen der Geschichte, in ihr vermisst und dann – apokalyptisch – vom Umsturz aller Dinge am Ende erwartet, von den Apokalyptikern der Bibel und Israels geschaut zur Stärkung derer, die sich Gott-verlassen fühlen; von Jesus von Nazaret als das *jetzt* Geschehende bezeugt, jetzt, wenn Menschen so leben und das Miteinander mit den Mitmenschen und mit Gott so erleben, wie es die Seligpreisungen vorwegnehmen; Gottes „Letztheit" in der Wiederkunft Christi ersehnt, dann ins Jenseits versetzt, in der Feier der Liturgie, im Erlebnis des Kirche-Seins vorweggenommen, das Diesseits an die Sünde preisgegeben, als Tal der Tränen, Verbannungsort der Glaubenden, aus dem sie nach Rettung und Heimkehr rufen[323]; die letzten Dinge als Utopie, die in dieser Welt wirklich zu werden beginnt, da Menschen aus der Gnade das Unvollkommene der gefallenen Schöpfung hinwegarbeiten und der Herrschaft der Unterdrücker ein Ende setzen; Gott als die letzte Instanz, die den rücksichtslos Sich-Durchsetzenden und ihrer Verfügungs-Macht nicht das letzte Wort lässt, die Opfer nicht ihrem Schicksal überlässt; Gottes Letztheit als die Zuflucht in der Menschen-Verlassenheit des Sterbens, als die Geborgenheit, auf die sich die Menschen-Sehnsucht von Anfang an richtet; Gottes Nahekommen, das die lähmende Gleichgültigkeit meines Daseins in einer Welt von Gleichgültigem aufhebt; sein heilsam relativierendes Hinzukommen, mit dem die Macht der angemaßten Herren über das Endgültige gebrochen und das Ende ein Aufbruch wird[324]: Der Reichtum dieses Glaubens ist ein Spannungs-

---

[322] Vgl. die oben angesprochene Unterscheidung von Letztem und Vorletztem bei Dietrich Bonhoeffer.

[323] Vgl. das *Salve Regina*, in dem zu Maria gesungen wird: „Zu dir seufzen wir, trauernd und weinend, in diesem Tal der Tränen [...] Und Jesum, die gesegnete Frucht deines Leibes zeige uns nach dieser Verbannung."

[324] Unvergessen das Zeugnis des Berner Dichterpfarrers Kurt Marti: „das könnte manchen Herren so passen / wenn mit dem Tod alles beglichen / die herrschaft der

Reichtum, ein Reichtum, den viele zwischen den tastenden Fingern ihrer Hoffnung zerrinnen sehen.

Biblisch Glaubende werden diesen Reichtum nicht verloren geben. Aber sie sind mehr denn je genötigt, sich Rechenschaft zu geben, was er ihnen heute im Blick auf das Morgen bedeuten kann: im Blick auf die Apokalypse, die sich die Menschen selbst bereiten und auf die sie sehenden Auges zugehen; im Gegenan-Glauben gegen die Zukunftslosigkeit der Welt- und Lebens-Erschöpfung, auch einer immer weiter um sich greifenden Kirchen-Erschöpfung[325]; gegen die ins Schloss fallenden Türen. Glauben: *offenhalten*, nicht daran glauben, dass nichts mehr zu erhoffen ist; an den ins Schloss gefallenen Türen wenigstens rütteln, sich mit der Endgültigkeit der zynisch zugefügten Tode nicht abfinden, nicht an sie glauben, offenhalten, was die Schlussmacher zu Ende bringen wollten.[326] Aber was kommt noch auf uns zu, wenn uns die Zukunft durch Rücksichtslose oder Lebens-Umstände grausam abgeschnitten wird? Wie kann noch etwas kommen, wie könnte Gott mit seiner herrschaftslosen Herrschaft der Liebe auf uns zukommen? Docta ignorantia; *docta spes:* Die Hoffnung des Glaubens muss sich ermutigen lassen, über das Wissen und sein Wahrscheinliches hinauszuglauben – an das schlechthinnige Aposteriori Gottes; daran, dass sein Kommen das Unverfügbare und menschlich Unabwendbare relativiert, dass es sich auch das Böse und Leidvolle unterwerfen wird, da er ja in „sein Eigentum" (Joh 1,11) kommt und es an sich nimmt.

---

herren / die knechtschaft der knechte bestätigt wäre für immer … aber es kommt eine auferstehung / die anders ganz anders sein wird als wir dachten / es kommt eine auferstehung die ist / der aufstand gottes gegen die herren / und gegen den herrn aller herren: den tod" (ders., Leichenreden, Taschenbuchausgabe München 2004, 25).

[325] Vgl. mein Buch: Christentum – kann das weg? Glauben in Zeiten der Kirchen-Erschöpfung, Ostfildern 2023.

[326] Ich schreibe diese Zeilen in den Tagen, da uns die Nachricht von der Ermordung Alexej Nawalnys erreicht, des unbeugsamen Propheten gegen den „Scheißegalismus" in seiner Heimat und überall auf der Welt (vgl. Viktor Jerofejew, Alles wird gut. Alexej Nawalny hatte gegen Putin keine Chance, doch er nutzte sie – gegen den Scheißegalismus der schweigenden Mehrheit, in: Süddeutsche Zeitung Nr. 41 vom 19. Februar 2024, S. 9).

6. Sehnsuchts-Bilder, Hoffnungs-Sprache

6.1 Wie nicht sprechen?[327]

Wenn von der Relativierung durch Gottes Hinzukommen gesprochen werden soll, von seinem Hineinkommen in das, was sich aus sich selbst verstehen will, wird man heute eher wortkarg. Was sollte gesagt werden, außer dies: dass es heilsam auf uns zukommt? Dass es unter uns sein will und am Ende alles vollendend *kommen* wird? Wie sollte es anders gesagt werden als in Metaphern und Bildern, in einer Sprache des Sich-Hineinwagens ins Kommende, die nicht recht weiß, wo sie ankommt? Der Erste Johannesbrief schreibt es der Empfänger-Gemeinde ins Stammbuch: „Liebe Brüder, jetzt sind wir Kinder Gottes, aber was wir sein werden, ist noch nicht offenbar geworden. Wir wissen, dass wir ihm [dem wiederkommenden Christus] ähnlich sein werden, wenn er offenbar wird; denn wir werden ihn sehen, wie er ist. Jeder, der diese Hoffnung auf ihn setzt, heiligt sich, wie auch er heilig ist" (1 Joh 3,2–3).

Was dem Verfasser sagbar erscheint: Die an Christi Wiederkunft Glaubenden werden ihm *dann* ähnlich sein. Was das konkret heißt, kann nur dadurch vorweggenommen werden, dass man ihm – so, wie er unter den Menschen gelebt hat – ähnlich zu werden sucht. In der Christus-Nachfolge machen sich die Glaubenden auf den Weg der Christus-Verähnlichung und „wissen", dass sie so dem Wiederkommenden ähnlich werden. Es ist ein sprachlich armes Vertrauens-Wissen, das es dem Wiederkommenden überlässt, *wie* das sein wird.

Sprach-Verlegenheit beim Sprechen über den Kommenden und vom Kommenden gehören zu den Zeichen der Zeit. Schon vom Ersten Johannesbrief wird klargestellt: Die dem Gottesvolk Israel und in Jesus Christus geschehene Offenbarung hat nicht „offenbar" werden lassen, „was wir sein werden". Sollte die Offenbarung nicht Aufschluss geben darüber, wie es sein wird, wenn der Herr wiederkommt? Die kleinen Apokalypsen der Synoptiker und die dem Johannes Zugeschriebene große scheinen recht mitteilungsfreudig zu sein. Aber der Erste Johannesbrief bleibt demonstrativ wortkarg. Er will den Blick auf das Jetzt zurückwenden: weg von Zukunfts-Phantasien, hin zu dem, was auf der Hand liegt. Das Glaubensbe-

---

[327] Vgl. Jacques Derridas, für dieses Kapitel einschlägige Bezugnahme auf die Tradition der negativen Theologie: ders., Wie nicht sprechen. Verneinungen, dt. Wien ³2014.

wusstsein hat sich über die Jahrhunderte eher an apokalyptische Szenarien gehalten, sie in ihren Einzelheiten zu buchstabieren versucht. Enthüllten die nicht, wie es sein wird? Die Johannes-Apokalypse war dazu angetan, diese Erwartung mit ihren verstörenden Bildern zu irritieren. Aber ihre Irritation war nicht so stark, über die apokalyptischen Szenarien hinauszuführen, die das Glaubensbewusstsein mit ihrer imaginativen Macht so nachhaltig beschäftigten.

Das christliche Glaubensbewusstsein hat die Apokalypsen meist als Beschreibung der letzten Dinge verstanden, so als offenbaren sie prophetisch-vorausschauend, was kommen würde: als Weckruf, sich darauf einzustellen, damit man im Gericht bestehen könnte. Ursprünglich sollten die Apokalypsen das nahe Bevorstehende vorwegnehmen, damit die Gemeinde der Frommen vorbereitet war, wenn es über sie hereinbrach, und sie an der Hoffnung festhielt, dass der Herr schon zu ihrer Rettung aufgebrochen war, sie „heimzuholen" und gegen die tierhaften Unheils-Mächte ins Recht zu setzen. Die Apokalypsen sind auch da noch Trost- und Ermutigungs-Schriften, wo sie das Bedrohliche der letzten Dinge in den Blick rücken. Sie wollten nicht über den neuen Himmel und die neue Erde informieren.

Das in den Apokalypsen Angekündigte ist nicht eingetreten. Man war genötigt, die Naherwartung zu entfristen, sie mit dem Weitergehen des vom alten Äon her Gewohnten und so auch mit dem Weiter-Sterben der Vielen und immer weiterer Generationen abzugleichen. *Am Ende* hieß nun: irgendwann am Ende der Welt, wann immer es eintreten würde; und in jedem einzelnen Sterben, jetzt und zu jeder Stunde. Vom apokalyptischen Szenario blieb das Gericht – und die Angst, in ihm nicht zu bestehen; auch die Ermutigung, durch ein Leben der Christusnachfolge zu den Auserwählten gehören zu können.

Es scheint so, als schwinde in unseren Tagen auch dieser apokalyptische Restbestand dahin. Die Bilder einer letzten, apokalyptischen Zuspitzung sind in die Verschwörungstheorien fundamentalistischer Zirkel abgewandert oder überholt worden von den Szenarien einer schon absehbaren menschengemachten Apokalypse.[328] So wird sich womöglich das Gericht über die „Sünde" des Menschen-

---

[328] Johann Baptist Metz hat das apokalyptische Feuer der jüdisch-christlichen Überlieferung mit einer anderen Intention neu entfachen wollen. Er hörte in der Apokalyptik die Rufe der Opfer und die rebellische Erlösungs-Ungeduld des „Wie lange noch!", die sich nicht mit Unterdrückung und Menschen-Missbrauch aussöhnen will: Glaube in Geschichte und Gesellschaft. Studien zu einer praktischen Fundamentaltheologie, Mainz 1977, 59–74.

und Schöpfungs-Missbrauchs vollziehen. Gott oder sein Sohn müssten nicht mehr dazukommen. Gerettete und Erwählte würde es aber auch nicht mehr geben. Diese Apokalypse würde den Tod jeder darüber hinausgreifenden Hoffnung bedeuten.

Die Sprache zehrt von Vorstellungen und Erfahrungen, auf die sie rekurrieren kann, wenn sie das kaum Sagbare und Vorstellbare anzusprechen versucht. Vorstellungs-Verarmung und Erfahrungs-Armut bringen sie ins Stammeln. Wenn man sich nicht mehr vorstellen kann, wie es im Zu-Ende-Gehen weitergeht, wird die Sprache „mittellos". Ihr Rekurs auf Erfahrungen führt ins Leere und wird formelhaft. Empirie kann ihr nicht mehr aufhelfen. Die empirischen Wissenschaften haben alle Vorstellungs-Räume für ein *Nach-dem-Tod* verschlossen. Der Gehirntod löscht alle Empfindungen aus, löscht die Identität aus. Von einer Kontinuität über den Zusammenbruch der Gehirn- und Vital-Funktionen hinaus kann da keine Rede mehr sein.[329]

Zugänglich sind keine Erfahrungs-Räume jenseits der vom Gehirntod definitiv begrenzten Erfahrungs- und Vorstellungs-Möglichkeiten, wohl aber Vorstellungen und Erfahrungen mit dem Skandal der Endlichkeit und Sterblichkeit meines Daseins. Ich bin zum Bewusstsein meiner und deiner und seiner Einzigartigkeit und Verantwortlichkeit erwacht – und sollte mit diesem wachen Bewusstsein mit ansehen müssen, dass das eine Lüge ist, ein von der Natur hervorgebrachtes, von ihr ebenso wieder zurückgenommenes Selbst-Bewusstsein? So verstanden wäre diese Lüge ein Skandal. Sich gegen ihn zu wehren ist so vernünftig wie naheliegend. Oder muss man sich mit ihm abfinden, sich damit aussöhnen, dass jede(r) eine *Quantité négligeable* ist, obwohl menschliches Selbstbewusstsein sich nie damit abfinden dürfte, einen Mitmenschen als solche zu behandeln?

Diese herausfordernde Erfahrung kann die Erinnerung an einen Schöpfergott mobilisieren, von dem gesagt wird, er sei ein „Liebhaber des Lebens" (Weish 11,16), eines *jeden* Menschenlebens. Dass diese Erinnerung nicht schon die Gewissheit mit sich führt, einen solchen Liebhaber des Lebens als den Retter meiner, deiner und ihrer Identität tatsächlich annehmen zu dürfen, versteht sich für heute Glaubende fast von selbst. Aber auch dies: Sie erschließt Sprachmöglichkeiten, Möglichkeiten für eine Sprache nicht der Beschreibung, sondern des

---

[329] Vgl. Reinhard Werth, Die Natur des Bewusstseins. Wie Wahrnehmung und freier Wille im Gehirn entstehen, München 2010, 210f.

Zutrauens, eines Zutrauens, das es darauf ankommen lassen muss, ob es berechtigterweise aufgebracht wird. Diese Sprache ist keine Beobachtungs- und Beschreibungs-Sprache[330]; an deren Maßstab gemessen ist sie eine arme Sprache. Sie bringt nicht zu erwartende und als solche zur Kenntnis zu nehmenden Gegebenheiten zur Sprache, sondern dieses alles entscheidende und verändernde Mir-Gegeben-Werden: Gottes an mir, an dir, an ihnen sich bewährende, treue Liebe zum Leben – meine Sehnsucht, in ihr geborgen zu sein, jetzt und am Ende meiner Tage.

Wo Glaubende sich *dieser* Gegebenheit aussetzen und auf sie zuzugehen versuchen, können die Umstände und Vorgänge, mit denen und durch die sie ihnen „am Ende" geschehen wird, ihre Eigenbedeutung verlieren. Gottes treue Liebe wird sich, das glauben sie, an ihnen so erfüllen, wie es das Beste für ein menschlich-endliches Leben ist. Sie wird menschlich-allzumenschlich gesprochen das Bestmögliche daraus machen und ihm die bestmögliche Zukunft öffnen. Welchen Beschränkungen Gottes liebend-schöpferisches, versöhnendes Eingehen auf ein Menschenleben doch unterliegen mag, etwa weil dieses Leben sich dem Werben um Teilnahme an seiner Liebe verweigert hat, davon kann sich menschliches Sprechen keinen Begriff machen. Es wird dabei scheitern, vernünftige Regeln aufzustellen, denen Gott vermutlich folgen wird. Die Neigung dazu darf sich in das Vertrauen zurücknehmen, noch das vernünftigste Denken, Sprechen und Urteilen von Menschen werde von Gottes Liebe unendlich übertroffen. Wer glaubend weiß, wem er sich im Leben und auch Sterben anvertrauen darf, muss sich nicht im Vorhinein dessen vergewissern, was ihm dabei geschehen wird. Er (oder sie) darf sich auf den verlassen, dem sie (er) sich im Glauben anvertraut.

Einen Glauben, der in diesem Sinne wortkarg geworden ist, würde man kaum als arm oder schwächlich ansehen, weil er weniger über die „letzten Dinge" Auskunft zu geben wüsste, als der neuscholastisch belehrte Glaube früherer Generationen. Er hat weniger Vorstellungen darüber im Gepäck, was da im Einzelnen vor sich

---

[330] Mit Immanuel Kant geredet: Sie ist eine Sprache des praktisch-vernünftigen *Postulierens*, nicht des Wissens, zu dem der Mensch durch theoretische Gegenstand-Vergewisserung gefunden hat. Theologische oder lehramtliche Versuche, die „Objektivität" des Geglaubten mit einem möglichst ambitionierten Bescheidwissen über die göttlichen Dinge zur Geltung zu bringen, machte und macht sich des „naiven und zugleich anmaßenden Anspruchs [verdächtig], die ‚Position Gottes' einzunehmen" (Tomáš Halik, Der Nachmittag des Christentums, 225).

gehen wird, weniger Jenseits-Vorstellungen.[331] Das heißt gerade nicht, dass er sich von dem, was da auf den Menschen zukommt, weniger erwartet. So spricht er eine Sprache der Hoffnung und der Sehnsucht, die den Auf-ihn-Zukommenden mit der tiefsten und lebendigsten Bedürftigkeit des Menschseins in Verbindung bringt.[332] Die Worte, die er dabei findet, trauen dem Gott unserer Vollendung zu, so für uns da zu sein, wie es uns zuinnerst guttut. Es sind Metaphern, die Gott und unsere Bedürftigkeit sprachlich zusammenhalten: Geborgenheit, Ankommen-Dürfen, Willkommen-Sein, in Worten der Tradition Worten: Gottes-Schau, mit Gottes Gnadenblick angeschaut werden. Die Metaphern greifen noch hinaus über die pantheistische Letztwahrheit eines göttlichen „Mutterschoßes" und Urgrundes, aus dem die endlichen Wesen „hervorgehen und zu dem sie zurückkehren"[333], ohne allerdings eine genaue Kenntnis dessen zu vermitteln, was man *darüber hinaus* glaubend erwarten dürfte.

Davon wäre christlich jedenfalls zu sprechen: dass in Gottes Gnadenblick auch die eigene Unansehnlichkeit – als hinweggenommene – aufscheint, dass das Erbarmungsbedürftige meiner Existenz Erbarmen findet. Diese Glaubens-Intuition darf eine Glaubens-Sprache finden, die nicht Bescheid weiß, sondern in Metaphern den Raum dessen weitet, was Glaubende ihrem Gott zutrauen. Wie also nicht von Gott und seiner Zukunft sprechen? Nicht in der Sprache des Bescheid-Wissens und Informierens, nicht *instruktionstheoretisch*[334],

---

[331] Karl Barth schrieb in seiner Kirchlichen Dogmatik (III,2, Zollikon ²1959, 770): „Der Mensch als solcher hat also kein Jenseits, und er bedarf auch keines solchen, denn Gott ist sein Jenseits." Kurt Marti schließt sich an: „Gott ist unser Jenseits. Das zu glauben genügt, und alles weitere (auch Verwandlung, Auferstehung usw.) bleibt ihm überlassen" (Heilige Vergänglichkeit. Spätsätze, Stuttgart ²2011, 37).

[332] Ludwig Feuerbach geht nicht fehl, wenn er den Glauben als die Gewissheit versteht, „dass des Menschen innere Herzenswünsche objektive Gültigkeit und Realität haben" (Das Wesen des Christentums [1841], Werke in sechs Bänden, hg. von E. Thies, Bd. 5, Frankfurt a. M. 1976, 144 f.). Er geht darin fehl, die „inneren Herzenswünschen" – so auch den, den Tod nicht als letzte Wirklichkeit hinnehmen zu müssen – von vornherein als aufs Ich fixiert zu diskreditieren. Sind sie nicht „das Heiligste, das ein Mensch hat"? (vgl. Elias Canetti, Das Buch gegen den Tod. Mit einem Nachwort von Peter von Matt, Frankfurt a. M. 2015, 188; ich zitiere nach: Hermann Wohlgschaft, Dich gibt es nicht, wenn doch, dann komm! Gott in der deutschsprachigen Gegenwartsliteratur, Würzburg 2024, 30).

[333] Vgl. John D. Caputo, 34. Caputos Selbst-Abgrenzung gegen den Panentheismus (vgl. ebd., 35 f.) beruht auf einem merkwürdig verkürzten Verständnis von Panentheismus.

[334] Der Sprachgebrauch des Glaubens entscheidet sich daran, wie man auf die Sprache der Offenbarungszeugnisse hört: ob man sie als „Instruktion" – als Informiert-Werden über zu glaubende Sachverhalte – oder als Zeugnisse hört, die zum Glauben

sondern im Hören auf Zeugnisse einer Hoffnung, die in uns lebendig ist (vgl. 1 Petr 3,15) und uns bereit machen kann, von dem Gott, der größer ist als unser Herz (1 Joh 3,20), überrascht zu werden.

Mit der Sprache der Hoffnung und des Gottes-Zutrauens versuchen es Glaubende und Suchende in einer Welt, die diesem Sprechen die Vorstellungskraft zu nehmen droht. Wie könnte es so gut werden, für jetzt Ausgebeutete so gut werden, wie es die Metaphern der Hoffnungs-Sprache imaginieren? Wie könnte es wenigstens besser werden, damit die Hoffnung darauf, dass es schließlich gut wird, lebendig und tatkräftig bleibt, sich nicht resigniert ins himmlische Jenseits flüchtet? Die Glaubens-Sprache der Sehnsucht ist hier und jetzt zugleich die Sprache der Klage, der Anklage, des Hungers nach Gerechtigkeit, die Sprache der ungeduldig bittenden Frage „Wie lange noch!" – darin eine apokalyptische Sprache, die danach ruft, dass Sein guter Wille endlich geschehe und den Opfern der Ungerechtigkeit Recht verschaffe. Wie und wann kommt Er hinzu, die Absolutheits-Ansprüche derer, die rücksichtslos ihr Ding durchziehen, zu demaskieren und zu entmächtigen? Wie kann man das Gut-Werden am Ende erhoffen – und was kann es dann noch bedeuten –, wenn es damit jetzt nicht schon anfängt?

Die Sehnsucht nach dem Gut-Werden und der Hunger nach Gerechtigkeit gehören für die untrennbar zusammen, die nicht jetzt schon an den Segnungen eines „guten" Lebens satt geworden sind. Wer nach Gerechtigkeit hungert und dürstet, passt nicht in eine Welt voller zynisch ausgelebter und durchgesetzter Ungerechtigkeit. Wie schnell er zu ihrem Opfer werden kann, lässt sich am Weg Jesu Christi ablesen; und am Weg der Blut-Zeugen dieses Hungerns und Dürstens nach Gerechtigkeit bis in unsere Tage. Alexej Nawalny wird nicht der letzte sein.[335] Die Blut-Zeugen bezeugen eine nicht umzubringende Hoffnung für diese Welt-Zeit, für ihr Volk, ihre Schicksals-Genossen und Mit-Opfer. Darf diese Hoffnung hinausgreifen über ihren Tod, über die Machtlosigkeit des Hungers und Dürstens nach Gerechtig-

---

herausfordern, ihn inspirieren und zur Hoffnung ermutigen wollen; vgl. Max Seckler, Der Begriff der Offenbarung, in: W. Kern – H. J. Pottmeyer – M. Seckler (Hg.), Handbuch der Fundamentaltheologie, Bd. 2: Traktat Offenbarung, Tübingen – Basel ²2000, 41–61.

[335] Er hat die fast unbegreifliche Konsequenz seines Weges unter dieses Zeichen des Hungerns und Dürstens nach Gerechtigkeit gestellt – und der Zusage der „Seligpreisungen" Jesu, er würde gestillt werden; vgl. seine Rede am 20. Februar 2021 vor dem Moskauer Gericht, dokumentiert unter dem Titel: Selig sind, die da hungern und dürsten nach der Gerechtigkeit (Titel grammatisch korrigiert), in: CHRIST UND WELT Nr. 9, vom 22. Februar 2024, S. 3.

keit jetzt, über die Möglichkeiten und Chancen dieser Welt und ihrer Geschichte, für ihn Befriedigung zu finden? Was dürfte man zu sagen wagen über eine endzeitliche Gerechtigkeit, mit der es jetzt anfangen soll, im Hungern und Dürsten nach ihr, in einem unbestechlich-wagemutigen Einsatz für sie?

Zunächst sicher dies, dass das Lebens-Wagnis, den Hunger und den Durst nach Gerechtigkeit zu bezeugen, eine elementare Menschen-Freiheit zur Erscheinung bringt, die sich nicht einmal von der abgründigsten Angst und den Herren über die Angst binden und so eine Ahnung davon aufblitzen lässt, was die spezifische Berufung des Menschen ausmacht. Alexej Nawalny sagt es so: „Wenn du nichts riskierst, bist du nur ein müder Haufen zufällig zusammengewürfelter Moleküle, mitgetragen vom Strom des Universums."[336] Mensch-Sein heißt Berufen-Sein zu einer Freiheit, die einen im Letzten und Entscheidenden unabhängig sein lässt von den Erfolgen in dieser Welt und von denen, die fatalerweise darüber entscheiden; zu einer Freiheit, die ihnen nicht das letzte Wort lässt. Heißt es nicht zuletzt Berufen-Sein zur Hoffnung darauf, dass auch das Scheitern an der Übermacht der Ungerechten und Menschen-Verächter geheilt werden kann, dass es gut werden kann, auch wenn davon jetzt nichts zu sehen ist?

Wie aber könnte Gott gut machen, was Menschen katastrophal verdarben? Spricht, wer davon zu reden wagt, nicht von einer leeren Hoffnung, die sich selbst tröstet und ins Stammeln gerät, wenn sie Rechenschaft darüber geben soll, was sie erhofft? Sie hofft darauf, so viel bekennt sie ja, dass der Hunger und der Durst nach Gerechtigkeit endlich gestillt würden. Aber was meint *Gerechtigkeit* – als Leitstern unserer Hoffnung für diese Welt und über sie hinaus, „am Ende" Gott anheimgestellt? Wo sich begriffliche Klarheit einstellen sollte, scheint man sich wieder in einem Metaphern-Geflecht zu verfangen, in dem ungreifbar zu werden droht, worauf sich die Hoffnung auf Gottes endgültiges Gut-Machen richten könnte.

Weithin bestimmend war über zwei Jahrtausende das am Äquivalenz-Gedanken orientierte Verständnis von Gerechtigkeit. Auch in den biblischen Überlieferungen spielt es eine wichtige Rolle, schließlich in der apokalyptischen Erwartung des letzten Gerichts, das den endgültigen Ausgleich zwischen Tun und Ergehen bringen sollte. Immer aber blieb im Alten Testament auch der Gedanke der Bundes- und Beziehungs-Gerechtigkeit wichtig: Gerecht ist, wer sein

---

[336] Ebd.

Verhältnis zu Gott und den Nächsten so zu leben versucht, wie es *recht* ist, wie es der Lebensgemeinschaft mit JHWH und den Verpflichtungen gegenüber den Gliedern des erwählten Volkes, schließlich allen Notleidenden gegenüber entspricht. Gerecht sind die Verlässlichen, die – modern gesagt – *fair* Handelnden und sich Verhaltenden, auf die man sich deshalb verlassen kann. Der alttestamentliche Gerechte ist der, der vor Gott und in der Gemeinschaft der Mitmenschen *richtig* lebt, so lebt, dass es möglichst für alle gut ist oder gut wird.

Äquivalenz-Gerechtigkeit ist eine arme, unabdingbare Mindest-Gerechtigkeit, die einklagbar sein soll und in den meisten Lebensbereichen schmerzlich vermisst wird. Immer schon ist es eine Utopie gewesen, dass es Äquivalenz-gerecht zugeht, eine Utopie, die nicht zu ermäßigen ist, durch Gott Geltung erlangen sollte, schließlich von seinem Gerichtshandeln „am Ende" zu erwarten war: Endlich jedem und jeder, wie sie es verdienen! So wurde sie aber für die meisten zur bedrohlichen Gerechtigkeit, die einem das zu viel Herausgenommene heimzahlen würde. Nur die Opfer durften die vage Hoffnung darauf hegen, für ein Zu-Wenig entschädigt zu werden. Aber auch sie waren Sünder, ohne wirkliches Anrecht auf einen bisher nicht empfangenen Lohn. Ist es wirklich das, wonach der Hunger und der Durst nach Gerechtigkeit verlangt?

Die Metaphern-Rede vom Richtigen, ins Lot Gebrachten und deshalb Aufrecht-Verlässlichen, Gelten-Sollenden, Zukunfts-Fähigen spannt nicht nur im Deutschen den Raum auf für eine Gerechtigkeits-Intuition, nach der alle zu ihrem Lebens-Recht kommen sollen. Das ist die ultimative Gerechtigkeits-Utopie: Alle Menschen sollen werden dürfen, was sie sein können und sein wollen, sollen an einer Gemeinschaft des Wohlwollens so teilnehmen dürfen, wie es richtig und gut für alle ist.[337] Es wäre eine schöpferisch-*aufrichtende* Gerechtigkeit, die dem Utopischen den Ort ihres Wirklich-Werdens geben könnte. Ihr hätten alle Formen einer ärmeren, formell bleibenden Gerechtigkeit zu dienen und sich anzunähern, so gut es gehen mag. Es wäre die Utopie von Gerechtigkeit, nach der alle Menschen hungern und dürsten. Nach dem biblischen Glauben hat die utopische Gerechtigkeit von Gott her ihr unveräußerliches Recht und in ihm ihren Ort: den Ort ihrer über alle vorläufige Realisierungen von Gerechtigkeit

---

[337] Die Sprache hält dafür das Wort *Glück* bereit. Alexej Nawalnys Moskauer Rede endet mit den Worten: „Russland soll nicht nur frei sein, sondern auch glücklich. Russland wird glücklich sein. Ende der Durchsage" (a.a.O.)

hinausreichenden End-Gültigkeit; den Ort, von woher die vorläufige, ärmere Gerechtigkeit unter Menschen Geltung erlangt und überholt wird. Gottes aufrichtende Gerechtigkeit ist so viel größer, kreativer, vollendender als alles, was menschlich erreichbar scheint. Sie ist Menschen-gerecht. Darauf geht die Sehnsucht der um ihr Mensch-sein-Können Betrogenen, an ihm Gehinderten. Von ihr spricht sie in der armen Sprache der Betrogenen und von der Frage Bedrängten, wann und wie die nach Gerechtigkeit Hungernden und Dürstenden gesättigt werden.

Wieder darf es auf den schöpferisch-gerechten Gott hin offen-bleiben, wie der es anstellt, der Menschen-Gerechtigkeit Genüge zu tun und in seinem letzten, alles umfassenden „Gericht" allen Men-schen seine aufrichtende Gerechtigkeit zu erweisen. Angesichts eines epidemisch-unbegreiflichen Schuldigwerdens abgründig böser Menschen und ihrer zynischen Selbstgerechtigkeit ist es unvorstell-bar, wie es noch gut werden könnte, aber auch was es heißen würde, dass sie im letzten Gericht Gottes Straf-Urteil träfe. Schon das Reden davon, dass es wieder gut werden sollte, scheint sich am Abgrund des Leidens zu versündigen, das den Opfern von der Willkür der Täter zugefügt wurde. Die Sprache des Glaubens kann gerade noch bei der hilflos-hoffnungsvollen Formel Zuflucht finden, Gottes schöpferische Gerechtigkeit werde das zum Himmel schreiende Unrecht nicht hinnehmen und nicht weiter gelten lassen, sondern eine Zukunft herbeiführen, in der die Menschen-Gerechtigkeit „regiert": Gottes Herrschaft.

6.2 Sprech-Wagnisse, Sprachversagen

Die Glaubenden machen große Worte, ungedeckte Versprechungen. Mit ihnen können Menschen nichts mehr anfangen, die damit be-schäftigt sind, Last und Freuden ihres Alltags zu schultern oder zu genießen. Man nimmt desinteressiert zur Kenntnis, wie sie von einem „Großgrundbesitz im Himmel" sprechen und wendet sich dem Acker der eigenen Lebenszeit zu, um hier blühen zu lassen, woran man sich auf Zeit erfreuen kann.[338] Glaubens-Gleichgültigkeit ange-

---

[338] Vgl. Die Zukunft einer Illusion, in: Sigmund Freud Studienausgabe, hg. von A. Mitscherlich – A. Richards – J. Strachey, Bd. IX: Fragen der Gesellschaft, Ursprünge der Religion, Frankfurt a. M. 1974, 135–189, 183: „Was soll ihm [dem Menschen] die Vorspiegelung eines Großgrundbesitzes auf dem Mond, von dessen Ertrag doch noch nie jemand etwas gesehen hat? Als ehrlicher Kleinbauer auf dieser Erde wird er

sichts der Glaubens-Überschwänglichkeit – weniger eine ausgesprochene Glaubens-Ablehnung: Zeichen einer skeptischen, aufs Erreichbare und Spannende ausgerichteten Zeit.

Auch für Glaubende und Suchende selbst fühlt sich die Überschwänglichkeit der Theologie und der Frömmigkeit vergangener Jahrhunderte eher befremdlich an. Ein Theologen-Witz über die Mariologie aus der Zeit des Zweiten Vatikanums bringt das auf den Punkt: In seinen lateinisch gehaltenen Vorlesungen behauptete ein berühmter Mariologe aus der ersten Hälfte des 20. Jahrhunderts: *De Maria numquam satis* – Über Maria kann man gar nicht genug sagen und lehren. Die Umformulierung zur Konzilszeit: *De Maria nunc iam satis* – Über Maria ist nun genug gesagt. Zu anderen Glaubenslehren würde man das vielleicht genauso sagen: De gratia nunc iam satis. Auch: De Christo et redemptione nunc iam satis? Hier stockt man, wird man darauf aufmerksam, dass der Überdruss an der Vielrednerei der Theologie und der Glaubensüberlieferung nicht nach dem Verstummen ruft, sondern nach dem Zur-Sprache-Bringen des Menschen-Bewegenden, Zum-Glauben-Ermutigenden. Da ist zu viel Behauptung und Besser-Wissen im Spiel, zu wenig menschliche Selbst-Wahrnehmung, zu wenig Aufmerksamkeit für das unumgängliche Scheitern des Behauptungs-Zugriffs auf Gott, zu wenig Einfühlsamkeit für das Menschsein in seiner ganzen Vielfältigkeit und Zwiespältigkeit. Es wird nicht genau genug vom Menschen gesprochen, von Gott und göttlichen Dingen aber mit einer Präzision, die genau markieren sollte, wo Irrtümer und Missverständnisse anfingen. Da war zu viel Übergriffigkeit im Spiel: Man kannte sich mit Gott aus – mit den Texten der Bibel, der Glaubens-Überlieferung. Man wusste, wie man ihnen Informationen über das Göttliche entlockte.

Viele Glaubende sind der Behauptungs-Übergriffigkeit der Glaubenslehre überdrüssig. Die historische und die literaturwissenschaftliche Erforschung der biblischen Zeugnisse macht deutlich, wie sie den Texten Gewalt antat: wie sie sie zu mit Gott-verbürgter Zu-

---

seine Scholle zu bearbeiten wissen, so dass sie ihn nährt. Dadurch, dass er seine Erwartungen vom Jenseits abzieht und alle freigewordenen Kräfte auf das irdische Leben konzentriert, wird er wahrscheinlich erreichen können, dass das Leben für alle erträglich wird und die Kultur keinen mehr erdrückt. Dann wird er ohne Bedauern mit einem unserer Unglaubensgenossen sagen dürfen: Den Himmel überlassen wir / den Engeln und den Spatzen." Freud zitiert Heinrich Heines Deutschland – ein Wintermärchen (Werke in einem Band, hg. von W. Vontin, Hamburg ⁶1967, 526–528, 527).

verlässigkeit mitgeteilten Sachverhalts-Behauptungen verkürzte und das Menschliche überhörte, das in ihnen nach Sprache sucht; wie sie den Gott vereinnahmte, der in ihnen bezeugt wird. Nimmt man diese Übergriffigkeit, so gut es jetzt gehen mag, zurück, beginnen die Texte von sich aus zu sprechen: als Zeugnisse eines Lebens mit Gott in all seinen Dimensionen.

Zeugnisse des Lebens mit Gott, dem Herausfordernden, Behütenden, Zusammenführenden und Vermissten, zutiefst Befremdlichen; Zeugnisse eines Umgehens mit Gott, das sich ihm in Dankbarkeit und Bedürftigkeit verbunden weiß, ihn im Gebet und in Opfer-Ritualen in die Mitte des Volkes ruft, ihn dabei als den Segnend-Gebenden, zugleich als Nehmenden, die Opfernden In-An-spruch-Nehmenden[339], als Fordernden und als Vergebungs-Bereiten erfährt. Den Christen wird Jesus Christus zum treuen Zeugen eines vertrauensvollen Lebens mit dem göttlichen Vater; Zeuge aber auch des Leidens und der Gottverlassenheit, die in dieser Welt nach den Gottgläubigen greifen und sie anfechten können; Zeuge schließlich einer Gottverbundenheit, die sich noch im Todes-Abgrund als rettend und Zukunft-öffnend erweist.

Ein nicht-fundamentalistischer Umgang mit der Bibel hat die Bibelleser dafür sensibilisiert, dass ihre Zeugnisse nicht darin ihre Zuverlässigkeit beweisen, dass sie historisch genau berichten. Sie wollen den Bezeugten authentisch zur Sprache bringen. Nach christlicher Glaubenslehre dürfen sie als *inspiriert* gelten: als von Gottes Geist dazu ermächtigt, Gottes Selbst-Offenbarung vernehmbar zu machen und in das Leben mit ihm einzuweisen. So geben sie keine begrifflich fertigen, in einer entsprechenden Pragmatik des Gottesverhältnisses umzusetzenden Antworten auf die Frage, *wer* oder *was* Gott, der Gott Israels und Jesu Christi ist. Wer zu Glaubens-Antworten kommen will, ist genötigt, sich Texten und Geschichten anzuvertrauen, die bezeugen, *wie* er dazukommt, in die Welt hineinkommt, in ihr da ist. Theoretisch-abstrahierende Antworten bleiben dahinter zurück, so nötig sie mitunter sein mögen, wenn es gilt, elementare Missver-

---

[339] Die tiefe Ambivalenz dieses *Zugleich* mag einem gerade an der Geschichte von der Bindung des Isaak (Gen 22,1–18) aufgehen. Gott erscheint zuerst als der auch das Letzte noch Fordernde, um sich dann als der Schenkende, auch das Opfertier noch Schenkende, zu offenbaren. So steht die Geschichte am Übergang von einem Opfer-Verständnis, das vom Zwang zur wertvollen Gabe von Seiten des Menschen dominiert ist, hin zu einem Verständnis, das Gottes Gabe – sein segnendes Kommen – im Mittelpunkt und die Opfernden gefordert sieht, sich von dieser Gabe ergreifen zu lassen, sich dem Gott in Treue verbunden zu wissen, der sie den Opfernden zusagt. Die Perikope Mi 6,1–8 ist die einschlägige Kontrastgeschichte zu Gen 22.

ständnisse dieser Zeugnisse und der in ihnen gesprochenen Meta-phern-Sprache abzuwehren. Vielleicht darf man es so sagen: Die in den biblischen Zeugnissen gesprochene und von ihnen in der Glau-bens-Überlieferung hervorgerufene Sprache oszilliert zwischen lehrhaft-klarstellender Theorie-Sprache mit Anleihen bei jeweils ak-tuellen Philosophien und erzählend-nachdenklicher Literatur, in der es um die situative Erhellung von Lebens- und Glaubensmöglich-keiten im Leben mit Gott geht.[340] So wäre theologisch im Blick zu behalten, was Bernhard Schlink, der Autor unserer Tage, so zuspitzt: „Philosophie ist ihre Welt in Gedanken gefasst. Literatur fasst ihre Welt in Geschichten. Geschichten bringen die Welt nicht auf klare Begriffe, sondern belassen sie verworren und verwirrend, werfen hier und da Licht auf sie, ohne sie ganz zu erhellen, lassen uns Menschen und Schicksale verstehen, ohne die Rätsel des Menschen und des Schicksals zu lösen."[341] Genau so erzieht Literatur „den Blick zur Langsamkeit des Verstehens, zur Demut der Nicht-Vereinfa-chung"[342], die mit Geschichten und Erfahrungen geduldig mitgeht und das begriffliche Fertigwerden mit ihnen aufschiebt.

Die Bibel bietet kein Gedanken-Gebäude nach einem dogmatisch zu rekonstruierenden Bauplan, sondern Erzählungen, in denen das Darin-Vorkommen Gottes und das Leben mit diesem Gott gedeutet und bezeugt werden. Sie bietet – in solchen Geschichten verortet – Gebete und Reflexionen an, in denen dieser Gott und sein guter Wille bedacht, befragt, herbeigerufen, gepriesen, auch vermisst werden. Sie konfrontiert mit prophetischen Interventionen, die Gottes Willen *jetzt* geltend machen, das Eingehen auf ihn in einer konkreten geschicht-lichen Situation einfordern und ihn doch auch so zur Sprache brin-gen, dass Leser und Hörer in späterer Zeit sich davon in Anspruch genommen wissen können. Sie bringt eine Wahrheit ans Licht, die *unterwegs* – auf den Wegen, die Gott öffnet und mitgeht – gelebt wird, in ihrer Fraglichkeit und Umstrittenheit bedacht und artikuliert wird und immer wieder neu bevorsteht.

---

[340] Ich zögere, die Theologie selbst als Poesie bzw. als „Theopoesie" zu verstehen; es sei denn, man nimmt ernst, was John D. Caputo der Theologie dann doch zutraut und abverlangt: dass sie „die Denkanstöße unserer religiösen Symbole so gut es geht ins Wort zu bringen" und das heißt doch wohl als *Denk*-Anstöße ernst zu nehmen versucht (vgl. ders., Die Torheit Gottes, 12 f.).

[341] Bernhard Schlink, Die Freude und das Leiden am Recht, in: Süddeutsche Zeitung Nr. 34 vom 10./11. Februar 2024, S. 15.

[342] Diese schöne Formulierung findet Papst Franziskus in seinem Brief *Über die Bedeu-tung der Literatur in der Bildung* vom 17. Juli 2024, Münsteraner Forum für Theologie und Kirche vom 8. 8. 2024 (Ziffer 39).

Die Theologie hat den Zeugnissen zu viel „Philosophie", zu viel Eindeutigkeit und Richtigkeit abringen wollen, sie damit von der Lebendigkeit des darin bezeugten Lebens mit Gott *abstrahiert*. Sie hat zu viele der Fragen beantworten und der Probleme lösen wollen, mit denen man leben muss, wenn man mit Gott lebt und einfühlsam auf seinen Wegen mit ihm gehen will. Sie verlor die Balance zwischen unabdingbaren Klärungen und dem Hören auf die Vielstimmigkeit von Erzählungen, in denen sich die Vieldeutigkeit menschlichen Daseins und so auch die „Polyphonie der Offenbarung" (Papst Franziskus) artikuliert. Das Lehramt der Theologen wie das der Hierarchie hat sich einseitig fürs Urteilen zuständig gesehen und oft nicht beherzigt, dass es eher zur „Nachtwache des Hörens und des Wartens" auf den berufen ist, „der kommt, um alles neu zu machen (vgl. Offb 21,5)".[343]

Mitunter ist sich das kirchliche Lehramt beim Definieren-Wollen ins Wort gefallen. Im spätmittelalterlichen Streit um das Verhältnis von Freiheit und Gnade hat es sich nicht festgelegt und gegen eine wechselseitige Verketzerung der Streitparteien Stellung genommen. In der Antike machten die Konzilien davor Halt, genauer klären zu wollen, wie sich die gottmenschliche Wirklichkeit Jesu Christi und die drei-eine Wirklichkeit Gottes auf den Begriff bringen lassen. Auf der Höhe des Mittelalters hat man die antike Tradition der negativen Theologie neu zur Sprache gebracht. Das Vierte Laterankonzil räumte ein: „[...] zwischen dem Schöpfer und dem Geschöpf kann man keine so große Ähnlichkeit feststellen, dass zwischen ihnen keine noch größere Unähnlichkeit festzustellen wäre" (DH 806). Für die trinitarische Wirklichkeit Gottes sagt es in der Spur Anselms[344], sie sei eine „unbegreifliche und unaussprechliche" (DH 804).

Gottes höhere, über-wirkliche Wirklichkeit ist für die antike negative Theologie keine, nach der das menschliche Begreifen greifen und die sie sich denkend aneignen könnte. Sie ist dynamische *Wirklichkeit*, die die Glaubenden ergreift und dem Unermesslichen zuwendet, von der es nur die überschwänglichen Namen Ergriffener, Hoffend-Liebender, keine neutral beschreibenden Begriffe geben

---

[343] Ebd., Ziffern 10 und 42.

[344] Anselm von Canterbury hatte die Formel des höchsten Seins, über dem ein größeres nicht gedacht werden kann, durch die negativ-theologische Formulierung überboten, Gott sei größer als alles Denkbare (Proslogion 15).

könne.[345] Dass die negative Theologie im Mittelalter zwar großes Ansehen genoss – Dionysius ist der von Thomas in seiner Summa theologica meistzitierte Autor gewesen –, in der konkreten Ausarbeitung der theologischen Einzelfragen aber eher wieder „vergessen" wurde, mag damit zusammenhängen, dass sie im Kontext der Mystik ausformuliert war und so in der scholastischen Schultheologie eher randständig wurde. Sie war eine Sache theologisch-spirituell hoch engagierter „Profis", speziell der Ordenschristen, keine Leute-Theologie. Die war am Greifbaren und an konkreter religiöser Praxis interessiert und konnte mit der Selbst-Relativierung weniger anfangen, die einem die *via negativa* und so auch die differenzierte Analogielehre der hohen Scholastik abverlangte.

Zu den Zeichen unserer Glaubens-Zeit gehört es, dass die Intentionen der negativen Theologie wieder breitere Resonanz finden. Es gibt heute ein lebendiges Bewusstsein dafür, dass das herkömmliche Reden von Gott in Glaubenslehre, Gebet und Liturgie Gottes Unermesslichkeit, aber auch seiner geschichtlichen Konkretheit in den Herausforderungen der Christus-Nachfolge nicht gerecht wird und in den allzumenschlichen Vorstellungen eines am personalen *Miteinander* orientierten Frömmigkeits-Umgangs mit ihm auch nicht gerecht werden kann. Die Selbst-Relativierung dieses Redens ist keine intellektuelle Eliten-Angelegenheit mehr. Und doch ist sie für traditionsbestimmte Vollzugsformen des Christlichen immer noch irritierend. Ihnen scheint nun die Glaubens-Konkretheit genommen. Wenn man nicht an mystischen Erfahrungen teilhat, kann man die Begriffs- und Konkretions-Verweigerung der negativen Theologie als Emotions-Entzug erleben.

Glaubens-Emotionen, die man mit einer Vorstellungs-gesättigten Gottes-Beziehung verbunden und in volksreligiöser Liturgie wachgerufen fand, vermisst man ja heute weithin in der Glaubensverkündigung und wie im Gottesdienst. Und man scheint bis in die Kernklientel der Gemeinden hinein auch immer weniger in der Lage zu sein, ihnen in der privaten Frömmigkeit einen Ort zu geben. Das Christentum ist in den letzten Jahrhunderten – so Charles Taylor – „durch einen Prozess der ‚Exkarnation' hindurchgegangen und hat die verkörperten, ‚fleischlich' realisierten Formen des religiösen Lebens hinter sich gelassen, um Formen anzunehmen, die eher ‚im

---

[345] Vgl. etwa Dionysius Areopagita, Von den Namen Gottes, und: Von der mystischen Theologie, dt. in: Von den Namen zum Unnennbaren, hg. von E. von Ivánka, Einsiedeln ²1981.

Kopf' gegeben sind."[346] Der an Theologie, Liturgie und Glaubensverkündigung gerichtete Vorwurf der Verkopfung wird seit dem
Zweiten Vatikanum lauter vorgebracht. Gläubige werden durch die
„papierene Religion"[347] der Experten vielfach nicht mehr erreicht. Die
Frage nach heute erreichbaren Zugängen zu authentisch-lebendigen
religiösen Erfahrungen wird innerhalb wie außerhalb der Kirchen
lebendig diskutiert und vielfältig beantwortet; innerkirchlich meist
unter dem Defizit-Aspekt: Vielstimmig beklagt man einen Erfah-
rungs-Mangel im Christentums-Betrieb. Wo man in der Verkündigung und spirituellen Angeboten Glaubens-Erfahrung zu erschließen
versucht, wird sie als so voraussetzungsreich wahrgenommen, dass
sich eine Erlebnis-gesättigte Erfahrungs-Unmittelbarkeit kaum noch
einstellt.

Man wird diese Tendenz kaum umkehren können. Wir haben – so
wiederum Taylor – „eine Epoche hinter uns gelassen, […] in der die
Präsenz des Heiligen im Ritual vorgeführt, gesehen, gefühlt, berührt,
und (auf der Wallfahrt) schreitend angestrebt werden konnte. Jetzt
leben wir in einer stärker ‚geistbetonten' Zeit, in der die Verbindung
mit Gott eher dadurch vermittelt ist, dass man strittige Interpretationen bejaht"[348]. Glauben weiß sich nun als ein gewagtes, nicht von
vorherein sich aufdrängendes oder auch nur naheliegendes Interpretieren. Etwas wird als etwas verstanden[349]: Liebe *als* Gottesgabe
und deshalb *als* Verheißung eines unendlich Größeren; Evolution
wird *als* das Sich-Einbringen des schlechthin schöpferischen Gottes in
einen nach Naturgesetzen sich hervorbringenden Kosmos – als
Schöpfung – verstanden; die Geschichte Israels und Jesu Christi wird
als erlösende Selbst-Involvierung Gottes in eine unheilvolle
Menschenwelt verstanden; das Ergriffensein von hoffnungsvollen
Motivationen zu einem selbst-transzendierenden Sich-Einbringen ins

---

[346] Charles Taylor, Ein säkulares Zeitalter, 923.

[347] Auch der Religionswissenschaftler Christoph Auffarth diagnostiziert eine solche
langfristige Entwicklung zur „Verkopfung" des Christlichen. Er sieht in ihr die
spätestens mit der Aufklärung in Gang gekommene, Religions-domestizierende
Ablösung von den dunklen Seiten des religiösen Ergriffenseins, ohne die auch die
Erfahrungen des Erlöst-Seins ihre existentiell-emotionale Verankerung verloren
hätten; vgl. Christoph Auffarth, Opfer, 210f. Inzwischen gibt es aber Anzeichen
dafür, dass der gesellschaftlich spürbare „emotional turn" auch in der Theologie um
sich greift; vgl. meine Beobachtungen in: Christlich glauben, 209–260

[348] Charles Taylor, Ein säkulares Zeitalter, 922.

[349] Vgl. meinen Beitrag: Etwas als etwas erfahren. Theologisch-hermeneutische Reflexionen zur Formel „Erfahrung mit der Erfahrung" in: M. Lerch – Chr. Stoll (Hg.),
Religiöse Erfahrung. Bestandsaufnahmen und Perspektiven zu einer strittigen Kategorie, Freiburg i. Br. 2023, 161–185.

menschliche Miteinander und in die Gottesbeziehung wird *als* Gnade ausgelegt; das Sterben wird *als* die Hingabe meines Lebens und sein Angenommen-Werden durch den unendlich schöpferischen Gott geglaubt.[350]

Aber welche Erfahrungen tragen dieses *Auslegen als?* Wie findet man Zugang zu der dabei in Anspruch genommenen Gottes-Perspektivierung? Solche Fragen werden sich – wenn überhaupt – eher biographisch beantworten lassen. Die Biographien sind immer seltener von religiösen Überlieferungs-Beständen berührt, von denen her sich dieses Auslegen nahelegt. Religiöse Akteure werden ihren Einsatz darauf konzentrieren müssen, für die kognitive wie auch für die emotionale Zugänglichkeit des Gottes-Horizonts und der in ihn hineinführenden Auslegungen Sorge zu tragen und so seiner Lebens-Erhellungs-Kraft zu dienen. Es wird auch darauf ankommen, ästhetisch und/oder ethisch Lebens-gestaltende Praktiken Teilnahme-offen zu inszenieren, zu entwerfen oder auch nur zuzulassen. Ob Menschen mit dem Christlichen gute Erfahrungen machen – bei all den schlechten Erfahrungen, die man in den Kirchen machen musste –, wird über die Lebendigkeit des christlichen Glaubens in unserer Zeit entscheiden. Erfahrungs-Angebote, eher nicht Identitäts-fixierte Abgrenzungen werden dafür hilfreich sein. Die Revitalisierung des emotionalen Missbrauchs, in dem Ängste und Ressentiments geschürt werden und eine emotional hoch besetzte Kirchen-Loyalität gegen das relativistische Chaos „draußen" eingefordert wird, ist keine Option, auch wenn sie in den neuen „geistlichen" Auserwählten-Gemeinschaften mitunter zu reger und hingebungsvoller Identifikation führt.

---

[350] Diese Auslegungs-Praxis könnte man auch mit dem in Mode gekommenen *(Re-) Framing-Konzept* erläutern, wenn man das Framing nicht einseitig auf manipulativ Verzerrung des „Gerahmten" durch den Rahmen festlegt (zum Konzept vgl. Volker Stocké, Framing und Rationalität. Die Bedeutung der Informationsdarstellung für das Entscheidungsverhalten, München 2002). Es kann auch einen Rahmen bereitstellen, in dem die jeweils „gerahmte" Information in relevanten Bezügen zur Geltung kommen und Handlungsbereitschaft mobilisiert. So kann religiöses Framing auch ein aufschlussreiches Verständnis des eigenen Involviert-Seins, einer darauf bezogenen Entscheidungs- und einer entsprechend innovativ gestaltenden Handlungs-Bereitschaft hervorrufen. Man mag sich das an Jesu Reich-Gottes-Verkündigung und der „Zuspitzung" in den Seligpreisungen verdeutlichen.

6.3 Menschlich glauben und sprechen. Allzumenschlich?

Hinter die selbst-kritische, dramatisch selbst-relativierende Wahrnehmung, an einem menschlichen, auch allzumenschlich artikulierten Glaubens-Bewusstsein teilzuhaben, wird das Glaubens-Bewusstsein nicht mehr zurückkönnen. Der Glaube ist Gottes-Gabe, menschlich-allzumenschlich angenommen, gelebt, gefeiert, durchdacht, verteidigt, auch in Misskredit gebracht und missbraucht. Wie kann diese Wahrnehmung mit der in den Kirchen gehegten Zuversicht zusammengehalten werden, dass der Glaube in all dem Gottesgabe bleibt? In dem Bewusstsein, dass das dem Glaubensbewusstsein Gegebene unermesslich größer ist als das menschlich-allzumenschliche Empfangen und dass das auch für das in der Kirche von Gottes Geist getragene gemeinschaftliche Empfangen des Glauben-weckenden Gotteswortes gilt.

Die römische Lehramts-Apologetik hat nicht erst seit dem 19. Jahrhundert und den Definitionen des Ersten Vatikanums den Eindruck zu erwecken versucht, das der Kirche und speziell dem hierarchischen Lehramt zugesagte Wirken des Heiligen Geistes garantiere nicht nur ihr Gehaltensein in der Wahrheit, sondern auch eine mehr oder weniger originalgetreue kirchlich-kirchenamtliche Übersetzung der ewigen Wahrheiten über Gott und die Berufung der Menschen zur ewigen Vollendung im Himmel wie die Verpflichtungen, die sie zu erfüllen hätten, um daran teilhaben zu können. Die Entscheidungen und Lehren der Kirche, wiederum speziell des hierarchischen Lehramts, hätten gewissermaßen göttliche Qualität; sie partizipierten an Gottes untrüglicher Wahrheit. So seien sie im Glaubensgehorsam als wahr anzunehmen.

Wie geschichtsvergessen diese Sicht ist, kann einem schon bei den Klarstellungen aufgehen, die Karl Rahner in den Jahren des Zweiten Vatikanums eingefordert hatte. Er warf die Frage auf, „ob die dogmatischen Aussagen nicht auch die Signatur des erbsündigen und schuldigen Menschen an sich tragen können". Sie seien – so Rahner mit Bezugnahme auf ein paulinisches Verständnis des Fleisches der Sünde – nicht „schlechthin dem Bereich des Fleisches der Sünde schon entzogen. Denn in dieses Fleisch der Sünde hinein hat sich in Wirklichkeit doch auch Gottes Wahrheit inkarniert". Das verbindliche kirchliche Lehren sei nicht per se der Versuchung entzogen, „sündig zu reden". Könne nicht auch „eine an sich als wahr zu qualifizierende Aussage voreilig, überheblich sein, kann sie nicht die geschichtliche Perspektivität eines Menschen so verraten, dass diese Perspektivität sich als geschichtlich schuldhafte verrät, kann nicht auch eine Wahrheit gefährlich sein, zweideutig, versucherisch, vorwitzig, kann sie nicht den Menschen in eine Situation der Entscheidung hineinmanövrieren, die ihm unangemessen ist?"[351]

Rahner greift noch über diese Selbstrelativierung eines von der Sünde in Mitleidenschaft gezogenen kirchlichen Lehrens hinaus, wenn er die theologisch-erkenntnistheoretisch geltend zu machende Vorläufigkeit des Redens von Gott und seinem Heilswerk anspricht. Jede theologische Aussage ist – so Rahner – „eine Aussage ins Mysterium hinein." Wenn dieses Sich-Hineinwagen ins Mysterium sich gleichwohl nicht im Richtungs- und Orientierungslosen verliert und seine Verwiesenheit ins Unermesslich-Unbegreifbare „nicht nur leere, scheiternde Transzendenz [...], sondern die Weise ist, in der sich der Mensch wirklich auf die Selbstmitteilung Gottes in sich selbst hinbewegt", so geschieht das „durch das, was wir Gnade nennen, und [es] wird erfasst und angenommen in dem, was wir Glaube heißen."[352]

Das Hineingenommen-Werden in das Geheimnis Gottes durch die Gnade fordert das Sich-Überschreiten der Glaubenslehre wie generell der Glaubens-Sprache und des Glaubens-Bewusstseins heraus. Was in der kirchlichen Glaubenslehre gesagt ist und nachvollzogen wird, mag – nach dem kirchlichen Selbstverständnis – *untrüglich*[353] in Gottes Wahrheit hineinführen. Es führt die Gläubigen nicht in die Irre, aber nicht ans Ziel. Es weist den Weg in die unendlich größere, beglückende, von den Worten des Glaubens, der Theologie und der Glaubenslehre jetzt nicht und niemals einholbare Wahrheit Gottes. Der Dienst der Wegweisung macht es womöglich hilfreich, ja unverzichtbar. Aber es ist dann ein demütiger Dienst für das unendlich Größere, verzichtbar und definitiv überholt, wenn die Glaubenden und Gott-Suchenden sich in Gott einfinden, ihn „sehen" und sich in ihm sehen dürfen.

---

[351] Karl Rahner, Was ist eine dogmatische Aussage?, in: ders., Schriften zur Theologie, Band V, Einsiedeln – Zürich – Köln ²1964, 54–81, hier 58. Rahners theologisch höchst anspruchsvolles Verständnis des Geheimnisses kann hier nicht ausgeleuchtet und adäquat eingebracht werden; vgl. von ihm: Über den Begriff des Geheimnisses in der katholischen Theologie, in: ders., Schriften zur Theologie, Band IV, Einsiedeln – Zürich – Köln ⁴1964, 51–99.

[352] Karl Rahner, Was ist eine dogmatische Aussage?, a.a.O., 72 f.

[353] Das wäre die genaue Übersetzung von infallibilis, die man doch auch dem Infallibilitäts-Anspruch der vom Papst allein oder von ihm mit dem Bischofskollegium vorgetragenen Ex-cathedra-Lehren unterlegen darf; vgl. DH 3074.

Diese Selbst-Relativierung der Glaubens-Sprache und der Glaubens-Lehre ist so selbstverständlich wie irritierend unabsehbar. Meist hat man sie ins selbstverständlich Vorausgesetzte abgeschoben: Ist ja zugestanden, aber es geht jetzt um Wichtigeres. Das Unabsehbare, das schon die negative Theologie zur Geltung bringen wollte: Das Dogma und das in der Kirche als Glaubens-Wissen Geteilte sind nicht das Letzte, sondern Vorletztes, das in dieser Welt einen Zugang zur Gottes-Wahrheit bahnen mag, aber von dem zu uns kommenden Gott relativiert, mit sich unendlich überboten wird. Die Wegweiser weisen zurück auf Gottes Hinzukommen im nicht auszuschöpfenden Geheimnis des Menschseins Jesu Christi, der seinen Mitmenschen das Dazukommen Gottes gelebt hat. Sie weisen voraus auf den endzeitlich zu uns Kommenden, ins Geheimnis seiner alles unendlich übertreffenden, unsagbaren Güte und Schönheit. Jetzt haben wir die Wegweiser für unsere Gottes-Hoffnung, für eine zielführende Pilgerschaft ins Gottes-Geheimnis hinein. Wir brauchen sie und sollten sie in ihrer Relativität nicht geringschätzen, sondern gerade um ihrer Relativität willen glaubend annehmen – als die über sich Hinausweisenden. Sie dankbar anzunehmen und um ihre Relativität zu wissen schließt sich nicht aus. Aber es schließt aus, das kirchliche Wahrheitsbewusstsein absolut zu setzen und nicht damit zu rechnen, dass heilsame religiöse Wahrheit auch anderswo gelebt und artikuliert wird.

Es ist für viele Glaubende ein Zeichen ihrer Glaubens-Zeit, dass sie in ökumenischer Weite, auch in der größeren Ökumene etwa der „abrahamitischen" Religionen, miteinander und nicht gegeneinander glauben dürfen. *Miteinander:* gemeinsam herausgefordert von einem säkularen Mainstream; mit unterschiedlichen Glaubensüberzeugungen, die sich gegenseitig achten können und verstehen wollen. *Nicht gegeneinander:* nicht mit dem Anspruch, die anderen Konfessionen oder Religionen pauschal als irreführend oder ins Unheil führen beurteilen zu können; in der Zuversicht, dass sie sich zuletzt miteinander bei Gott einfinden.

6.4 Gottes Wahrheit teilen wie das Brot

Die Sprache des Glaubens wird übergriffig, wo sie ihr semantisches Ungenügen aus dem Blick verliert. Kirchlicher Glaubenslehre gilt zwar die Verheißung, sie werde im Ganzen davor bewahrt, die Gläubigen in die Irre zu führen. Das meint aber nicht, dass sie begriffen, gar „eingeholt" hätte, wovon sie sprechen darf. Sie hat es vor sich. Es ist ihr so weit voraus, dass sie kaum hinterherkommt und beklagenswert weit hinter dem zurückbleibt, was die Kirchen in Wort und Tat bezeugen sollen. Ihr Zeugnis wird dem zu Bezeugenden nicht im Entferntesten gerecht. So wird auch der Anspruch des hierarchischen Lehramts, souverän beurteilen zu können, inwieweit die Anderen auf ihren Glaubens-Wegen in der Gottes Wahrheit sind oder von ihr abirren, selbst von der Kern-Klientel der Gemeinde-Mitglieder mit Skepsis quittiert.

Dass „uns" alles offenbart ist und wir zuverlässig wissen, was im Glauben als wahr anzunehmen ist und weshalb nichts von dem, was Andere anders sehen, für „uns" Glaubens-bedeutsam sein kann, das ist über Jahrhunderte das Glaubens-Selbstbewusstsein der Christen gewesen. Wir haben in Fülle und irrtumsfrei, was den Anderen fehlt: So haben die Konquistadoren in der neuen Welt und ihre theologischen Begleiter die Maja-Codices bis auf wenige, zufällig übriggebliebene Exemplare mit gutem, Glaubens-selbstbewusstem Gewissen zerstört. Die fatale „Begründung": Der Irrtum hat kein Überlebensrecht. Was in den Zeugnissen der Maja vielleicht doch an Wahrheit enthalten ist, haben wir besser und umfassender. Die vorgefundenen Zeugnisse dieser Kultur und Religion sind es bei all den in ihnen vorherrschenden Irrtümern nicht wert, aufbewahrt zu werden. Dieses Glaubens-Selbstbewusstsein hat sich zersetzt. Die den Christen gewährte Teilhabe an der erlösenden Gottes-Wahrheit schließt es in den Augen vieler Kirchenmitglieder nicht aus, dass in anderen religiösen Gemeinschaften Heilsames geschieht und Gottes die Menschen auf guten Wegen führende Wahrheit gelebt wird.[354]

Diese Konsequenz hat sich im kirchlichen Glaubensbewusstsein nur schwer und nicht überall durchsetzen können. Man wehrte sich dagegen, dass es gleichgültig erscheinen konnte, welchen Heilsweg man ging, wenn doch – möglicherweise – schließlich alle zum gleichen Ziel führten und vom gleichen Gott geöffnet sein sollten. Sind sie tatsächlich oder möglicherweise alle *gleich* gültig? Die seit den Neunzigerjahren des 20. Jahrhunderts im Anschluss an John Hick

---

[354] Dieser Einsicht hat sich auch das Zweite Vatikanum vorsichtig geöffnet; vgl. die Erklärung über das Verhältnis der Kirche zu den nichtchristlichen Religionen *Nostra aetate* 2: „Die katholische Kirche lehnt nichts von alledem ab, was in diesen Religionen wahr und heilig ist. Mit aufrichtigem Ernst betrachtet sie jene Handlungs- und Lebensweisen, jene Vorschriften und Lehren, die zwar in manchem von dem abweichen, was sie selber für wahr hält und lehrt, doch nicht selten einen Strahl jener Wahrheit erkennen lassen, die alle Menschen erleuchtet."

auch – etwa vom Perry Schmidt-Leukel – im deutschen Sprachraum propagierte Pluralistische Theologie der Religionen konnte so verstanden werden.[355]

Man wird gegen die Pluralistische Theologie einwenden, dass so viel Selbst-Relativierung kaum mit der existentiellen Verbindlichkeit einer Glaubens-Überzeugung vereinbar ist. Wer sich berufen weiß, den Weg mit Gott zu gehen, der ihm in der je eigenen Glaubens-Überlieferung geschenkt wurde, der wird zu diesem Weg keine Alternativen kennen, die er für sich „genauso gut" wählen könnte. Er weiß sich auf *diesen* Weg gerufen und hat, wenn er danach sucht, auch gute Argumente dafür, *diesen* Weg zu gehen und keinen anderen. Aber er muss sich kein Urteil darüber anmaßen, ob andere Menschen auf anderen, *ihnen* geöffneten Wegen in die Irre gehen oder aber gut daran tun, diesen Wegen in der Gemeinschaft ihrer religiösen Weggefährten zu folgen. Er wird sich kritisch zu Wort melden, wenn religiöse Wege in Unrecht und Gewalt hineinführen. Aber er kann sich vom Austausch mit authentisch anders Glaubenden auch gestärkt und zur gemeinsamen Anstrengung herausgefordert erfahren, Möglichkeiten und Schwierigkeiten, im Heute mit Gott zu leben, gemeinsam wahrzunehmen, zu bedenken und womöglich auch zu einer gemeinsamen Praxis zum Wohl der Menschen zu kommen.

Die Erfahrungen des ökumenischen und des interreligiösen Gesprächs sprechen m. E. auch noch dafür, dass in den krisenhaften Zuspitzungen, in denen gegenwärtig Gottes Schöpfung und die Menschenwürde dramatisch zukunftsfeindlich missachtet werden, ein gemeinsames Zeugnis etwa der abrahamitischen Religion möglich wird und gefordert wäre. Es könnte ein Zeugnis für Gottes menschenfreundlichen guten Willen und dafür sein, dass die Menschen berufen sind, ihm zu dienen; dass sie auf Gott und auf die Zukunft hoffen dürfen, für die er alle Menschen guten Willens in Dienst nimmt und in der er sie vollenden wird.

Das Zeugnis dieser Gottes-Hoffnung könnte die Instanz sein, die gegen Resignation und Zynismus steht und es nicht mit der „Weisheit" des *Nach uns die Sintflut* sein Bewenden haben lässt. Es kann aber auch die Herausforderung für eine Weitung des Blicks zur Sprache bringen, der sich mehr zeigen kann als das, was in der Menschen-

---

[355] Vgl. John Hick, Gott und seine vielen Namen, dt. Frankfurt a. M. 2001; Perry Schmidt-Leukel, Gott ohne Grenzen. Eine christliche und pluralistische Theologie der Religionen, Gütersloh 2013. Vgl. meine Kritik: Theologie der Religionen und kirchliches Selbstverständnis, in: Zeitschrift für Theologie und Kirche 103 (2006), 77–94.

Geschichte absehbar ist. Glaubende verschiedener Religionen könnten sich zu einer Hoffnungs-Gemeinschaft zusammenfinden und
gegenseitig dabei stärken, in die Größe und Weite dieser Gottes-
Hoffnung hineinzufinden. Die Christen bringen den Blick auf den
Gekreuzigten und die Jünger(innen)-Erfahrung des Auferstandenen
ein: den „Aufruf, anspruchsvoll zu bleiben, lieber mit großen Hoffnungen zu hungern und zu dürsten, als [s]ich mit Banalitäten zu-
frieden zu geben"[356] – Größeres zu hoffen als das, was in den Enttäuschungen zerrieben wird, für diese Welt und über sie hinaus.

6.5 Glauben als Hoffen

Wichtige Impulse in der theologischen „Landschaft" der zweiten
Hälfte des 20. Jahrhunderts haben daran mitgewirkt, die Hoffnungs-
Dimension des Glaubens in den Vordergrund zu holen. Jürgen
Moltmanns *Theologie der Hoffnung* hat dazu Entscheidendes gesagt[357]
und den Nerv vor allem jüngerer Christen getroffen, die sich dem
68er-Aufbruchs verbunden wussten. Von Ernst Bloch durfte man sich
darauf hinweisen lassen: „[W]o Hoffnung ist, ist Religion". Vielfach
nahm man seine Anregung auf, hier „das Wesen der Religion" endlich hervortreten zu sehen: „Nämlich *nicht statischer, darin apologeti-
scher Mythos, sondern human-eschatologischer, darin sprengend gesetzter
Messianismus* [...] Hoffnung in Totalität [...] und zwar sprengende."[358] Auch die Synode der Bistümer der Bundesrepublik Deutsch-
lands stellte den christlichen Glauben in den 70er-Jahren unter das
Vorzeichen *Unsere Hoffnung.*[359] Hat man es da mit einer spätmodernen, Zeitgeist-verhafteten Schwundstufe des christlichen Glaubens
zu tun, auf der man menschlich-allzumenschliche Hoffnungs-Ge-
halte über die Gottes-Wirklichkeit und Gottes-Gewissheit des Evangeliums stellt? Gar um eine Ideologie-blinde Annäherung an die um
1970 aktuellen spät- oder neomarxistischen Diskurse? Oder um eine
Neuakzentuierung des Glaubens-Bewusstseins, die biblisch zentrale

---

[356] Klaus Hagedorn, Karfreitag. Der Cantus firmus von Gottesleidenschaft, in: Misereor
(Hg.), Fastenkalender 2024, zum 29. April.
[357] Jürgen Moltmann, Theologie der Hoffnung. Untersuchungen zur Begründung und
zu den Konsequenzen einer christlichen Eschatologie, München 1964.
[358] Ernst Bloch, Das Prinzip Hoffnung, 1404.
[359] In der Schule von Johann Baptist Metz, der das Synodenbekenntnis entworfen hat,
legte Ferdinand Kerstiens schon Jahre zuvor eine einschlägige Studie vor: Die
Hoffnungsstruktur des Glaubens, Mainz 1969.

Erfahrungen unter den Bedingungen eines nach neuer Orientierung verlangenden Aufbruchs herausfordernd sprachfähig machen konnte?

Die Hoffnung ist freilich auch nicht mehr das, was sie einmal war. Sie ist in die Bredouille geraten. Wie schnell macht man sich falsche Hoffnungen, die den Blick auf die grausamen Fakten nur aufhübschen! Wie leichtfüßig retten sich da manche aus der Verzweiflung, mit der sie es nicht aushalten. Gefragt sind in dieser Zeit die hartgesottenen Helden des Realismus, nicht die unverdrossenen Weichzeichner(innen) und Hoffnungsmacher(innen) in Welt und Kirche; Nietzsche ist ihr Säulenheiliger. Den verweichlicht Hoffenden sagt er ins Gesicht: Die Hoffnung „ist in Wahrheit das übelste der Uebel, weil sie die Qual der Menschen verlängert."[360] Wer sich der Tatsache stellt, dass nichts mehr zu machen ist, lässt sich von den regelmäßig scheiternden Versuchen, noch etwas zu machen, nicht ein ums andere Mal zur Verzweiflung bringen. Er weiß, dass er vom hohen Ross des menschlichen Selbstbewusstseins heruntermuss und sich in die unabsehbare Geschichte des Lebens einzuordnen hat, in der das Menschenleben vermutlich als Irrläufer der Evolution ein schon absehbares Ende finden wird.

Enttäuschung-Fähigkeit wäre höchste Menschen-Tugend, Demut in der Katastrophe des Anthropozän, die es allenfalls noch verdiente, Tugend genannt zu werden, da sie den Menschen in den Lebensprozess zurücknimmt. Alle Hoffnung fahren zu lassen führt hier nicht in ein Jenseits-Inferno, sondern ins kosmische Inferno einer alles hervorbringenden und vermutlich alles zerstörenden Evolution, die dem menschlichen Forscher-Blick keine Sinn- und Hoffnung-stiftende Antwort auf die Warum-Frage gewährt, nicht einmal die Frage zulässt. Dieser Blick könne dazu anleiten, sich dem Nächsten zu widmen, dem hier und jetzt zu Gestaltenden und zu Erlebenden. „Wir müssen wieder *gute Nachbarn der nächsten Dinge* werden und nicht so verächtlich wie bisher über sie hinweg nach Wolken und Nachtunholden hinblicken", mahnt Nietzsche.[361] Martin Walser fasst

---

[360] Menschliches, Allzumenschliches I, Aphorismus 71, KSA 2, 82. Nietzsche interpretiert hier den Mythos von der Büchse der Pandora in dem Sinn, dass auch die Hoffnung, die letzte der Gaben, die diese Büchse nach dem Willen des Zeus enthielt, wie die anderen, die sich zuvor aus der frevelhaft geöffneten Büchse in die Welt hinaus ergossen, kein Schatz ist, sondern das schlimmste Übel, obwohl die Menschen sie für „das grösste Glücksgut" halten.

[361] Menschliches, Allzumenschliches II, 2, Der Wanderer und sein Schatten, Aphorismus 16, KSA 2, 551.

es so auf: „Hiesig bleiben [...] Statt Glaubensleistungen nach oben, Genussfähigkeit unter uns"[362]; immun werden gegen die „Vertröstung auf ‚unaussprechliche Herrlichkeiten'", mit denen man sich beschenken lassen will.[363]

Lasst alle große Hoffnung fahren und genießt jetzt: Wäre das zuletzt die einzig menschenwürdige, Menschen-gemäße Maxime? Es ist vielleicht nur die alte religionskritische Leier, dass die große Hoffnung zu Lasten der nächsten Dinge gehe. Die sie unverdrossen spielen, müssen sich fragen lassen, wo sich ihr „beinharter Realismus" von feierlich-selbstzufriedener Resignation unterscheidet – wie er dem „rechten" Zeitgeist der rücksichtslosen Selbstbehauptung Paroli bieten will. Hoffen heißt Nicht-fertig-Sein mit der Welt und mit dem eigenen Dasein in ihr; heißt: vom Kommenden – christlich: vom souverän Dazukommenden – etwas erwarten, Entscheidendes erwarten. Die Akten sind nicht geschlossen, die Perspektiven nicht ausgemessen, die Fakten nicht definitiv fertig. Es wird noch herauskommen, was sie bedeuten. Es ist nicht definitiv entschieden, was unmöglich ist und was – über die zu kleinen, zu mutlose Hoffnungen hinaus, die man sich „macht" – möglich wird. Hier weiß sich der zeitgenössische Glaube in besonderer Weise herausgefordert: Die Bindung an seine Wurzeln bleibt ihm wichtig. Aber was ihm von ihnen her zuströmt, soll ihm zur Nahrung für den Mut zur größeren Hoffnung werden, zur Quelle für das Hinausleben-Können über die Resignation, die sich vom tragisch So-Gewordenen hat fertigmachen lassen und sich ihm in selbst gewählter Hilflosigkeit unterwirft.

6.6 Espoir, Espérance

Die französische Philosophin Corine Pelluchon hat die Unterscheidung von *espoir* und *espérance* ins Spiel gebracht. Sie ist schwer ins Deutsche zu übersetzen, lässt sich aber phänomenologisch deutlich markieren. Von espoir ist die Rede, wo Menschen sich darauf Hoffnung „machen", etwas erreichen zu können. Die deutsche Übersetzung umschreibt sie als „positive, persönliche Erwartungshaltung".[364] Ich „hoffe", dass die Dinge so oder besser noch kommen

---

[362] Martin Walser, Ich vertraue. Querfeldein, 19.

[363] Vgl. Friedrich Nietzsche, Morgenröthe, Aphorismus 546, KSA 5, 317.

[364] Vgl. Corine Pelluchon, Die Durchquerung des Unmöglichen. Hoffnung in Zeiten der Klimakatastrophe, dt. München 2023, 17 f. bzw. die Anmerkung der Übersetzerin Grit Fröhlich S. 153.

werden, wie ich sie erwarte, wenn ich sie richtig angehe, „optimistisch" auf die Dinge zugehe. Ich hoffe darauf, dass meine Erwartungen erfüllt bzw. in dem Sinne übertroffen werden, in dem ich auf ihre Erfüllung hoffe.[365] Espoir bedeutet in diesem Sinne: Wir wünschen uns, „dass etwas geschieht, so als könnte uns ein Erfolg oder eine Liebe Erfüllung bringen, indem sie uns ein glückliches Leben garantiert und uns die Gewissheit [gibt], dass wir einen Wert haben."[366] *Espérance* stellt sich nicht als Verlängerung dieser Erwartungen an ein gutes Leben ein, sondern als die Kraft, die es den Hoffenden ermöglicht, im Zerbrechen der eigenen Erwartungen nicht selbst zu zerbrechen. Sie kann die am Scheitern ihrer Erwartungen Zerbrechenden und Verzweifelnden ergreifen, wenn sie „alle persönlichen Erwartungen und allem Hochmut verloren sowie die Grenzen des eigenen Willens erfahren haben. Man muss erlebt haben, wie die eigene Intelligenz durch das Leid gedemütigt wurde, und verstehen, dass die Rettung darin besteht, sich selbst aufzugeben, ein lediges Gemüt zu werden, das nichts mehr für sich selbst verlangt und sich einfach nur für das Leben entscheidet. Man identifiziert sich also mit jener Energie, die bleibt, wenn nichts mehr bleibt. Sie genügt, um wiedergeboren zu werden."[367] Pelluchon greift erkennbar auf Meister Eckeharts Sprechen von der „Ledigkeit" zurück, in der sich der „ledig" Gewordene Gott ausliefert und seiner Wandlungs-Macht anvertraut.[368] Sie spricht vom Leben statt von Gott, nicht um die religiöse Dimension der espérance zu bestreiten, sondern um ihr ein säkulares Verstehen vorzubereiten. Espérance „öffnet [...] uns für das Unendliche" in Loslösung und Sich-Einlassen.[369] Sie vertraut in die Zukunft, ohne den Weg ins Gut-Werden hinein absehen und schon entsprechend planen zu können. Sie „setzt voraus, dass wir die Ungewissheit akzeptieren", weil sie dem Unabsehbaren und Unver-

---

[365] Die Maxx Royal Resorts bewerben ihr Haus in Bodrum mit dem Slogan „Steigern Sie Ihre Erwartungen durch unvergleichlichen Luxus in Bodrum" (Süddeutsche Zeitung Magazin Nummer 10 vom 8. März 2024, S.4f.)

[366] Corine Pelluchon, Die Durchquerung des Unmöglichen, 18.

[367] Corine Pelluchon, Die Durchquerung des Unmöglichen, 18f.

[368] Vgl. etwa Predigt 1 *Intravit Jesus in templum et coepit eicere vendentes et ementes*, Meister Eckeharts, Deutsche Predigten und Traktate, hg. und übersetzt von J. Quint, München ⁵1963, 153–158, hier 155: „[...] der Mensch, der weder sich noch irgend etwas außer Gott allein und Gottes Ehre im Auge hat, der ist wahrhaft frei und ledig aller Kaufmannschaft [allen durch Handeln Etwas-erreichen-Wollens] in allen seinen Werken und sucht das Seine nicht, so wie Gott ledig und frei ist in allen seinen Werken und das Seine nicht sucht."

[369] Vgl. Corine Pelluchon, Die Durchquerung des Unmöglichen, 20f.

fügbaren Raum gibt, so die Fähigkeit stimuliert, umzudenken.[370] Getragen von einer Energie, die nicht aus ihr kommt, durchquert sie das Unmögliche, um sich für ein Wirklich-Werden zu öffnen, dem sie sich hingeben kann. Sie lebt angesichts des Unmöglichen einer ins Scheitern hineingerissenen Welt und Existenz aus der unverfügbaren Energie, der Resignation zu widerstehen und die Vorzeichen des Möglichen im Unmöglichen zu sehen. Die lässt sich nicht herstellen oder als Ressource verfügbar machen. Sich ihr anzuvertrauen ist ein letztlich unbegründbares „Wagnis oder etwas, das sich wie die Gnade ereignet, von der die Christen sprechen."

Das Hinaus-Müssen und Hinaus-Können über die espoir kraft einer Energie, die christlich Gnade heißt, durchquert die Hoffnungslosigkeit im Ringen mit dem Unmöglichen, dass es den Horizont nicht verschließe, in dem sich unendlich mehr abzeichnet als das jetzt für erreichbar Angesehene. Pelluchon plädiert nicht für eine defätistische große Hoffnung, die den Kampf mit der Hoffnungs-Zerstörung hier und jetzt aufgegeben hätte. Aber sie bezeugt und bedenkt aus der eigenen Erfahrung tiefer depressiver Episoden, wie die Hoffnung – espérance – als das Sich-Anvertrauen ans unverfügbar Kommende geschieht.

Espérance verdankt sich – christlich gesprochen – der Gnade der Selbst-Überschreitung, des Hinaus-Lebens über mein Erreichen- und Sichern-Wollen, mit dem man den eigenen Lebens-Bestand verteidigen und so die Zustimmungsfähigkeit des Daseins selbst einholen will. Diese Gnade wirkt im Menschen, „das, was ihm gegeben ist, anzunehmen [...], um es ein zweites Mal zu empfangen"[371]; um es – wiederum in christlicher Les- und Lebensart – von Gott neu zu empfangen. Espérance setzt die Hoffnung nicht auf Ausweitung der Möglichkeiten, die Dinge zu kontrollieren, sondern auf das unverfügbar auf mich Zukommende, das jedes Hoffen übertrifft und jedes Sich-Anvertrauen rechtfertigt.[372] Das kommt hier als die äußerste Lebens-Alternative in Sicht: ein Leben, das seine Energien und

---

[370] Interview mit Corine Pelluchon: https.//www.nzz.ch/feuilleton/philosophin-corine-pelluchon-ueber-hoffnung-in-zeiten-der-klimakrise-id1778913.

[371] Corine Pelluchon, Die Durchquerung des Unmöglichen, 37.

[372] Die Selbst-Überschreitung der Hoffnung, in der espérance espoir aufgibt und hinter sich lässt, wird im Kleinen oder auch im Größeren schon bei jeder wirklichen Lebens-Erfüllung erlebt: Sie lässt die Erwartung weit hinter sich, die zu ihr unterwegs gewesen sein mochte. In diesem Sinne ist sie das Unverhoffte – und als solches eben doch das, von dem sich meine Erwartungen gern, mitunter geradezu begeistert überholen lassen.

Möglichkeiten Sicherheits-orientiert „investiert" oder sie dem Wagnis des herausfordernd auf mich zukommenden Anderen widmet. Pelluchons Hoffnungs-Mystik reflektiert die Grenz-Erfahrung, das Leben in der Selbst-Hingabe, ja Selbst-Aufgabe neu zu empfangen. Das ist eine religiöse Ur-Erfahrung, missbrauchbar und missbraucht, um über Menschen Macht zu gewinnen und ihre Selbst-Hingabe auszubeuten; heute womöglich gerade darin missbraucht, dass man Menschen davon abzubringen versucht, berechtigte Interessen und Ansprüche durchzusetzen. Darum geht es Pelluchon sicher nicht. Die eminente Missbrauchs-Gefahr dürfte aber nicht dazu führen, die in ihr sich erschließende Wahrheit zurückzuweisen: dass Selbst-Hingabe als Selbst-Hineingabe ins Leben – christlich: in Gott – erhofft werden darf. Diese Hoffnung wird von glaubenden Menschen gelebt, wenn sie die darin liegende Herausforderung sehen und anzunehmen versuchen: sich in Gottes Liebe hineinzugeben, auf die zu hoffen bedeutet, sie mitzuleben. Die Selbst-Überschreitung der Hoffnung provoziert zur Selbstüberschreitung der Liebe, die es nicht hinnehmen kann, dass missbraucht und geschändet wird, was Gott liebt und unserer Liebe anvertraut.

Das *Über-sich-hinaus*-Hoffen, *Über-sich-hinaus*-Lieben, *Über-sich-hinaus*-Leben hat Zukunft, bereitet der Zukunft den Weg. Und es macht zugleich unendlich ausbeutbar. Das Zugleich markiert eine abgründige Ambivalenz, die aus dem Mensch-Sein menschlich nicht zu tilgen ist; die deshalb den Mut herausfordert, es mit ihr in der großen Hoffnung, der espérance, aufzunehmen, damit den Hoffnungs-, Liebes- und Lebens-Ausbeutern widerstanden werden kann; damit ihnen noch widerstanden werden kann, wo sie das letzte Wort für sich beanspruchen. Es ist christlich die Hoffnung auf den, in dem das Wagnis des *Über-sich-Hinaus* ankommen und bewahrt sein wird, unendlich fruchtbar wird – auf dieser Erde und im „Himmel" der nur von ihm und in ihm erfüllbaren Hoffnung.

Die Hoffnung auf ein Jenseits des Erhofften, die Liebe, die noch über das konkret Geliebte hinausliebt, können sich aufrichten an der Weizenkorn-Weisheit, aus der das Johannes-Evangelium die Passion Jesu verstehen will: „Wenn das Weizenkorn nicht in die Erde fällt und stirbt, bleibt es allein; wenn es aber stirbt, bringt es reiche Frucht. Wer sein Leben [allein] liebt, verliert es, wer aber sein Leben in dieser Welt gering [nicht als alles ansieht], wird es bewahren bis ins ewige Leben" (Joh 12,24–25). Das Wort ist so missverständlich wie wahr. Auch der hier gemachte Versuch, die Missverständlichkeit durch Klammer-Zusätze in Grenzen zu halten, wird wenig daran ändern. Und es ist doch intuitiv von einer Tragweite, der Liebe und Hoffnung sich anvertrauen dürfen. Der, in dessen Namen es überliefert wird, hat es bis in seinen Tod gelebt und beglaubigt. Er ist die Weizenkorn-Berufung auf einem Weg vorausgegangen, der ihm seine Hoffnung aufbrechen musste, damit sie in Gott, seinem Vater, zur Erfüllung kommen konnte.

Ob die Weizenkorn-Wahrheit die kleinmütigen Jesus-Gefolgsleute tragen wird, hindurchträgt durch die Welt-Plausibilität eines Lebens-Drangs zur Sicherung des Eigenen und zum Selbst-Genuss? Ob es zum Zeugnis für die Verlässlichkeit des Sich-Verlassens in Glaube, Liebe und Hoffnung kommt? Das steht dahin. Dies aber mag über jeden Zweifel erhaben sein: dass die „Welt" wie auch mein eigenes Leben, Lieben und Hoffen auf dieses Zeugnis unendlich angewiesen sind. Die Gestalt des Glaubens wandelt sich mit der je konkreten Ausprägung des Angewiesen-Seins auf ihn; sie wandelt sich mit der Erfahrung seiner Notwendigkeit. Heute mag der Glaube sich darin als notwendig erweisen, dass er zur Weizenkorn-Wahrheit des Über-sich-hinaus-Hoffens, Über-sich-hinaus-Liebens, Über-sich-hinaus-Lebens ermutigt und mit der Sehnsucht nach einer Erfüllung verbündet, die sich mit dem von populistischen oder auch von revolutionären Messiassen Versprochenen nicht abspeisen lässt. So kommt der Glaube kaum noch als selbstgewisses Für-wahr-Halten eines nur „uns" mitgeteilten und privilegierenden Gottes-Wissens daher. Er geschieht, wenn er geschieht, im Bund mit der Liebe, die über sich hinausliebt, und der Hoffnung, die über sich hinaushofft, die beide vom Geliebten und Erhofften unendlich übertroffen werden wollen. So bergen Glaube, Liebe und Hoffnung in sich das negativ Theologische einer unendlichen Überbietungs-Bereitschaft, sich in dem, was sie glauben, erhoffen und lieben, unendlich überholen zu lassen. Überbietungs-bereit ist ihre Sprache und das Leben, dem sie die Wege bereiten; die Wege ins Unabsehbare, die mit Gott in Achtsamkeit gegangen werden dürfen und gewagt werden müssen.

Dieses *Müssen* ist nicht Unfreiheit, bedeutet nicht das Zurückgeworfen-Werden hinter die Selbstbestimmung, sondern den unabdingbaren, unabsehbaren Schritt über sie hinaus[373]; christlich: die Herausforderung des Osterglaubens am Karfreitag und am Karsamstag. Dass wir – auch in der Theologie – mit dem Tod Jesu wie mit

---

[373] Der Philosoph Peter Strasser sagt es lapidar: „Es gibt eine Notwendigkeit, die nicht zwingt, sondern befreit" (Journal der letzten Dinge, 64). Wie wahr, wie theologisch wahr!

jedem Tod von uns aus nichts anfangen können, dass wir ihn nicht mit unseren Deutungen vereinnahmen dürfen, ist das Kreuz jeder Soteriologie und Eschatologie. Wir müssen es dabei belassen: Gott kommt hinzu, wie er hinzukommen will und wie allein er hinzukommen kann. Im Abgebrochenen und nach Menschen-Ermessen Gescheiterten fängt er *das Seine* an. Es geschieht – unendlich jenseits unserer Deutungshoheit – Auferweckung, das glaubend hinzunehmende und von der Theologie zu bedenkende schlechthinnige *Aposteriori*. Das ist der Horizont einer Hoffnung, die den eigenen Erwartungs-Horizont hingegeben hat an den, der ihn durch sein Hinzukommen aufbricht. Jesus ist *umsonst* gestorben?[374] Unser Leben ist *umsonst?* Umsonst hieße hier nicht sinnlos, sondern: Leben und Sterben entziehen sich – nicht erst zuletzt – den Kategorien des Nützlichen und Nutzbaren. Sie geschehen umsonst und können so der Über-Schritt ins *In-sich-*, will hier heißen: zum *In-Gott*-unabsehbar-Gültigen sein, lebenslange und im Sterben besiegelte Überschreitung *unserer* Erwartung in die von Ihm gerechtfertigte espérance.

Wieviel Selbst-Relativierung der christliche Glaube doch zumutet! Mit welcher Unverschämtheit er sie als Verheißung erhofft und glaubt! Schämen müsste man sich dafür, wenn das nur ein feiges Zurückweichen vor den Anforderungen eines unabsehbar krisenhaften und zuletzt sinnlosen Daseins wäre; wenn es nur für die Naivität spräche, an den eigenen Phantasien eines geretteten Daseins festhalten zu dürfen. Dagegen und darüber hinaus steht das Zeugnis für eine Auferweckung, die ganz Neues anfängt mit dem, was in diesem Leben gewachsen ist und Verheißung blieb. Und der Glaube, sein *Amen:* So sollte es sein – und so wird es sein; ein Glaube, der sich in diese Hoffnung hineinwagt, sich in ihr findet und überschreitet.[375]

Das Amen des Glaubens gilt nicht dem, was immer und unveränderlich *ist*, zum Glaubens-Inventar gehört oder zur Grundausstattung menschlichen (Voraus-)Wissens gehört, sondern dem, was erlösend *geschieht*, geschehen will, geschehen wird. Es bekennt sich zu einer *Wahrheit*, die der Glaube nicht ein für alle Mal festgestellt hat,

---

[374] Ich darf an das Buch des unvergessenen Gonsalv Mainberger erinnern: Jesus starb umsonst. Sätze, die wir noch glauben können, Freiburg i. Br. 1970.

[375] Vgl. das Zeugnis von Tomáš Halik; ders., Nicht ohne Hoffnung. Glaube im postoptimistischen Zeitalter, Freiburg i. Br. 2014, 10 f.: „Ich bin mir dessen bewusst, dass ich zu einer Reihe von Sätzen des christlichen Glaubensbekenntnisses ein aufrichtiges ‚Amen' nur deshalb sagen kann, weil dieses ‚Amen' ‚ich hoffe darauf' bedeutet". Den Hinweis verdanke ich Martin Rohner.

die ihm vielmehr in allen Relevanz-Verlusten immer wieder neu aufersteht, sich *bewährt*, ihm bedeutungsvoll und zustimmungs-würdig wird; christlich: dem Gottes-Logos, der Fleisch geworden ist und in denen, die aus dem Gottesgeist „geboren" werden (vgl. Joh 1,12–13), Fleisch werden will (Kinder „zeugt"), auferstehen will. Der Logos wurde und wird Fleisch; er geschieht konkret, immer wieder neu, schöpferisch im „Fleisch" – im leibhaft-geschichtlichen Jetzt. Er lässt sich in die Situationen seines Fleisch-Werdens involvieren. Was er geschichtlich konkret gesagt und gelebt hat, will immer wieder neu Bedeutung gewinnen, bezeugt und mit Leidenschaft erhofft werden; in der Glaubens-Leidenschaft, die Gott, der die Liebe ist, Raum gibt, sich an uns zu verwirklichen.

Der Logos – Gottes Sich-Mitteilen – geschah, es geschieht im Geist auf menschliche Weise, geschichtlich, in der Sprache von Menschen mit ihren kulturell zugewachsenen, geschichtlich begrenzten und sich verändernden Möglichkeiten; in Sprach- und Vorstellungs-Mustern, in Anschauungen, die nicht *tale quale* übergeschichtlich gültig sind. Wo sie sich wahrnehmbar verändern, kann das überlie-ferte „Glaubens-Gut" einem Veränderungsdruck ausgesetzt sein, der die kirchlichen Verständigungsprozesse über den Glauben an Gren-zen bringt. So streitet man in der römisch-katholischen Kirche derzeit heftig um die Frage: Sind die Bestimmungen des Weiblichen und des Männlichen, wie sie in der Bibel weithin selbstverständlich vorherr-schen, Schöpfungs-normativ; müssen sie deshalb etwa unabdingbar in die Theologie des Weihe-Sakraments eingebracht werden mit der Konsequenz, dass die Frauen die das Wort empfangende Kirche re-präsentieren, nur Männer aber den repräsentieren könnten, der der Kirche dieses Wort sagt?[376] Oder sind sie als Kultur-relativ anzusehen, sodass wir sie heute als androzentrisch kritisieren, relativieren und revidieren dürfen?

Gott relativiert sich selbst, da er sich auf die Menschen-Geschichte einlässt. Sein Logos und sein Geist relativieren Gott, da sie ge-schichtlich geschehen, so geschehen, dass sie den Menschen Gottes absolute Wirklichkeit als die Wirklichkeit mitteilen, zu der sie sich zu je ihrer Zeit in ihrer tiefsten, ungezähmten Hoffnung hingezogen fühlen und der sie auf den Wegen entgegengehen dürfen, die sich ihnen in der Nachfolge Christi *jetzt* öffnen. Diese Nachfolge-Wege führen durchs Sterben, auch durch geschichtliches Scheitern hin-

---

[376] So Karl-Heinz Menke, Sakramentalität. Wesen und Wunde des Katholizismus, Re-gensburg 2012, 74–98.

durch ins Geist-verdankte Neu-Erstehen. So wird sich Ernst Langes Zeugnis für die Gemeinschaft der Glaubenden und ihren Glauben wie für jede(n) Einzelne(n) und seinen (ihren) Glaubensweg bewahrheiten: „Der Tod ist kein Argument gegen das Leben, kein Argument gegen die Liebe, kein Argument gegen die Hoffnung auf die Vollendung der Welt. Ganz schlicht: Kein Argument gegen Gott. Man stirbt nicht weg von Gott. Man stirbt in Gott hinein."[377]

---

[377] Rundfunkbeitrag des Norddeutschen Rundfunks zum Totensonntag 1971, zitiert nach: Georg Friedrich Pfäfflin, Ernst Lange. Ein ökumenischer Visionär, wieder veröffentlich auf dem *Münsteraner Forum für Theologie und Kirche* zum 3. Juli 2024.

7. Kirche: Prophetisch? Diakonisch?

7.1 An die Kirche glauben?

Zwiespältig mag es immer schon gewesen sein, *an* die Kirche zu glauben. Die Glaubensbekenntnisse der Alten Kirche bringen hier eine wichtige Differenzierung ein. Das *Symbolum apostolicum* bekennt: „Credo [...] sanctam Ecclesiam catholicam". Die Gläubigen glauben nicht *an* die Kirche, wie sie *in* Deum Patrem, *in* Iesum Christum, in Spiritum Sanctum glauben.[378] Sie glauben an Gott, der sie im Heiligen Geist als menschlich-allzumenschliche zum Instrument seines Heilswirkens an den Menschen annehmen und ihr sakramentales Wirken wie ihre Verkündigung des Evangeliums, bei all dem Unheil, das durch sie auch geschieht, den Menschen heilsam werden läßt. Gott würdigt sie, Instrument zu sein, das dem Geschehen seines Heilswillens in der Welt dient. Die Gläubigen setzen darauf, dass Gott diese Würdigung nicht widerruft. Sie relativieren die Kirche in diese Würdigung hinein: Sie ist nicht für sich da, sondern für ihren Dienst. Nur in diesem Sinne ist sie selbst sakramentale Wirklichkeit, Grund-Sakrament.

Viele ernsthaft Suchende und Glaubende werden der Kirche nicht mehr zubilligen, dass sie ihren Dienst auf bestmögliche oder auch nur hilfreiche Weise leistet. Sie werden sich über das viele Gute und Heilsame freuen, das Gottes Geist in allen Kirchen hervorbringt. Und sie werden darüber erschrecken, was die aus ihrem Auftrag machen. Die Missbrauchs-Katastrophe hat das Ihre dazu getan, einen ekklesiologischen Narzissmus zusammenbrechen zu lassen, der die römische Kirche über die letzten Jahrhunderte hinweg in den Glaubens-Mittelpunkt setzte. Man sah sie durch ihre übernatürliche Erwählung über alle anderen Welt-Wirklichkeiten erhoben, dazu berufen, Gottes Anliegen in der Welt mit unangreifbarer Autorität zur Geltung zu bringen. Sich selbst sahen die Gläubigen zu gehorsamer Einordnung in die von der Hierarchie regierte kirchliche Organisation gehalten. Dass diese – wie nicht erst in unseren Tagen offenkundig geworden – als kirchliche Institution ein untaugliches Instrument Gottes sein konnte, hat sich dem Glaubens-Vorstellungsvermögen lange entzo-

---

[378] Das Glaubensbekenntnis der Konzilien von Nizäa und Konstantinopel unterscheidet entsprechend das Credere in und das transitive, auf die Kirche bezogene Credere (Et unam, sanctam, catholicam et apostolicam Ecclesiam).

gen. Nun lässt es sich nicht mehr leugnen. Das setzt den Kirchen-Glauben unter einen dramatischen Veränderungsdruck.

Der Erwähltheits-Glaube ist religionsgeschichtlich hoch ambivalent: Wen die Gottheit ihrer besonderen Nähe würdigt, der scheint zu einer unvergleichlichen Würde über die anderen erhöht. Die Gottheit verbindet sich mit dem „Gottes-Volk", verleiht ihm eine eigene Autorität. Dass diese besondere Gottesnähe nicht Privileg, sondern Berufung zum Zeugnis sein soll, wird alttestamentlich von den Propheten eingeklagt. Jeremia droht die Zurücknahme der Erwählung an, da das erwählte Volk JHWH nicht in seiner Mitte wohnen lässt – nicht wirklich mit ihm leben will, die Feier seiner Gegenwart im Tempel nur Fassade ist (vgl. Jer 7).

Erwählung zum Zeugnis: Die Erwählten sollen so leben, dass man erkennen kann, woraus und mit wem sie leben, wer der Gott ist, der sich ihnen verbunden hat und dem sie sich verbunden wissen.[379] Neutestamentlich geschieht diese Erwählung als Berufung zur Christus-Gefährtenschaft, zu einer Gemeinschaft, in der Jesus Christus „wohnt" und sein Leben austeilt, in der die zu ihm Gehörenden seinen Geist teilen, an ihm Anteil gewinnen dürfen, aus ihm aber auch wirklich leben wollen. Sie dürfen mitwirken an seinem Dienst, die Menschen aus der Gefangenschaft in falschen Absolut-Setzungen zu „erlösen" und für ein in der Liebe erfülltes Leben mit Gott zu gewinnen. Zu diesem Zeugnis-Dienst ist die Gemeinschaft der Glaubenden erwählt. Sie soll die ihr gegebenen Überlieferungen lebendig erhalten, damit sie selbst immer wieder in das Leben mit Gott hineinfindet und es anderen zur Verheißung machen kann.

Die Amtsträger der Kirche wussten sich in besonderer Weise berufen, diese Überlieferungen zu sichern und das Leben mit Gott den „einfachen Gläubigen" sakramental zugänglich zu machen. Aus diesem kirchlichen Dienst leiteten sie ihre Autorität ab. So bildete sich eine Glaubens-Institution, in der die Geweihten die Gottes- bzw. Christus-Stellvertretung den Gläubigen gegenüber beanspruchten und deren Gehorsam in Fragen der Glaubenswahrheit wie des „richtigen" kirchlichen Lebens mit Gott einforderten. Sie sahen ihren

---

[379] Was es in diesem Sinne für unsere Zeit bedeutet, Zeugin und Zeuge zu sein, hat der frühere Pariser Erzbischof Kardinal Suhard in seinem Hirtenbnrief *Le prêtre dans la cité* von 1949 eindrucksvoll markiert: „Zeuge sein heißt nicht Propaganda treiben, ja nicht einmal verblüffen, sondern ein Mysterium bilden. Es heißt so leben, dass das Leben unverständlich wäre, wenn es keinen Gott gäbe" (zitiert nach: Christian Bauer, Priester im Blaumann? Das französische Experiment der Arbeiterpriester [Teil 2], feinschwarz vom 2. März 2024).

Auftrag unmittelbar in Gottes (bzw. Christi) Auftrag begründet, wussten sich allein ihm verantwortlich und wollten die Kirche vor den Versuchungen der modernen Demokratien schützen, in denen sich die Regierenden gegenüber den Regierten zu rechtfertigen haben und so auch die Wahrheit wechselnden Mehrheiten ausgeliefert sei. Die hierarchische Verfassung der Kirche gewährleiste ihr Aus-Gott- und In-der-Wahrheit-Sein.

Diese Konstruktion ist mit den Erfahrungen einer unheilvollen Verstrickung der Kirchen in Welt und Sünde fragwürdig geworden. Auch von Katholiken wird Kirche weithin nicht mehr als ein exterritoral-übergeschichtlicher Gottes-Bereich geglaubt, in dem – anders, als im säkularen Umfeld – eher feudale Umgangsformen gelten. Die Behauptung, Gottes eigene, den Hierarchen mitgeteilte Vollmacht stelle die Kirche unmittelbar und unfehlbar in Gottes Heilsdienst, entziehe sie damit den Versuchungen wie den Legitimations-Ansprüchen der politisch-gesellschaftlichen Sphäre, hat sich als ideologische Selbst-Privilegierung herausgestellt. Von ihr bleibt für viele Glaubende bis in den Kernbereich der Gemeinden hinein gerade noch die angefochtene Verheißung, der Dienst der Kirche sei unverzichtbar für das Glauben- und Hoffen-Können der Menschen in der Spur Jesu Christi, für ihr Liebes- und Hoffnungs-Zeugnis gegen den Zynismus eines Zeitgeistes mit der Message: „Nach uns die Sintflut". Man ist immer weniger bereit, die Machtverhältnisse in der Kirche *tale quale* als gottgegeben hinzunehmen, schreibt sich vielmehr das Recht zu, Tun und Lassen der Amtsträger an ihrem Auftrag zu messen. Da die Kirche sich als tief hineingezogen in die Gründe und Abgründe des Menschlich-Allzumenschlichen erwies, hat sie die Legitimations-Figur aus der Hand gegeben, alles in ihr Bedeutsame müsse um ihrer Sendung willen von den in ihr mit göttlicher Vollmacht Ausgestatten entschieden werden und entziehe sich der für demokratische Machtkontrolle unerlässlichen Rückfrage nach seiner Legitimation, nach der Zeugnis-Bedeutung des so Entschiedenen.[380] Vielen Gläubigen erscheint Kirche eher als ein notwendiges Übel denn als mit göttlicher Aura ausgestatteter Heils-Raum, in dem Hierarchen be-

---

[380] Der *Synodale Weg* der deutschen katholischen Kirche hat diesen Zusammenhang in den Blick gerückt. Das machte wohl das Ärgernis aus, das er in Rom und in manchen Ortskirchen ausgelöst hat. Die Verfehlungen auch der hierarchischen Vollmachts-Träger ziehen gewissermaßen unausweichlich die Legitimationsfrage nach sich. Dass das Abschlussdokument der Weltsynode 2021–2024 die Verantwortlichkeit der Bischöfe vor dem ganzen Volk Gottes in den Blick genommen hat, gehört zu den hoffnungsvollen Aspekten dieses Dokuments.

anspruchen könnten, Gott und ihren Herrn Jesus Christus voll-
mächtig zu repräsentieren. Der Einsatz der Kirche wird anerkannt,
wenn – und nur wenn – er als konkret hilfreich erfahren wird. Ihre
Ansprüche werden an der Herausforderung gemessen, die sie als ihre
menschenfreundliche Gottes-Botschaft und ihren göttlichen Auftrag
kommuniziert. Ihre Entscheidungen und Vorgaben hinterfragt man
auf die menschlich-allzumenschlichen Interessen, die darin greifbar
sind. Das kirchliche Reden vom Dienen und vom Dienst-Amt der
Geweihten ist in den Schlagschatten eines Ideologie-Verdachts geraten, der sich vom Machtmissbrauch in den Kirchen immer wieder
bestätigt sieht.

7.2 Dienende Kirche?

„Eine Kirche, die nicht dient, dient zu nichts"; dieses Diktum eines
Bischofs[381] bringt ein hie und da keimendes, demütiges Kirchen-Be-
wusstsein zum Ausdruck, das sich dabei behaften lässt, ob die Kirche
„zu etwas" dient. Gesellschaftlich wird sie wie selbstverständlich als
mit anderen Anbietern konkurrierende Akteurin in einer Dienstleis-
tungs-Gesellschaft angesehen, die sich mit ihrem Anspruch auf öf-
fentliche Förderung und die Zuwendungen der Kirchensteuerzahler
mit einer Leistung zu rechtfertigen hat, die ihrem Anspruch irgendwie entspricht. Die Anspruchs-Haltung hat sich gedreht. An die Stelle
des kirchlichen Anspruchs darauf, mit dem eigenen Urteil gehört zu
werden und Zustimmung zu finden, ist der gesellschaftliche Anspruch getreten, die Kirchen hätten eine Bringschuld für das Wohlergehen der Menschen.

Diese Wendung der Kirchen-Wahrnehmung bis in die Kern-Klientel der Kirchen hinein ist lange unterwegs, eine Außen-Perspektive,
die seit der Mitte des 20. Jahrhunderts auch die Selbstwahrnehmung
bestimmt: Was kann die Kirche in Gesellschaft einbringen, was bringt
sie für die individuelle Lebensgestaltung? Kirche ist legitimations-
bedürftig geworden, versteht sich als Leistungs-Erbringerin. Das
unterminiert ein Anspruchs-Denken, in dem es die Kirchen, vor allem
die römische, als ihren Auftrag ansahen, ihre Mitglieder auf ethisch-
religiösen Vorgaben zu verpflichten, die nach ihrer Auslegung mit
der Christusnachfolge verbunden waren.

---

[381] Vgl. Jacques Gaillot, Eine Kirche, die nicht dient, dient zu nichts. Erfahrungen eines
Bischofs, Freiburg i. Br. 1992.

Vielleicht darf man die Überlegungen zum Thema *Wandel des Kirchen-Glaubens* überhaupt so fokussieren: Der Glaubens-Wandel geschieht konkret in der Einstellung zur „kirchlichen Obrigkeit" wie zur Präsenz der Kirche vor Ort. Der Glaube fühlt sich anders an, weil er kirchlich anders gelebt wird: eher Bewegungs-förmig, als Projekt-begrenztes Engagement für das Sichtbarwerden als wertvoll ange-sehener Glaubens- und Lebens-Überzeugungen im konkreten Le-bens-Umfeld, weniger als gehorsame Einordnung in eine hoheitlich organisierte Kirchen-Organisation. „Ich engagiere mich" in der Kir-chengemeinde vor Ort oder in anderen kirchlichen Zusammenhän-gen – könnte mich in ähnlicher Weise in andere gesellschaftliche In-itiativen einbringen. Mein Engagement geschieht im Feld unter-schiedlicher, mit ihrem „Lebens-Bereicherungs-Angebot" um mein Engagement werbender Anbieter. Von vielen Gemeinde-Mitgliedern mag noch die höhere Verbindlichkeit und ein tiefer gehender An-spruch des kirchlichen Angebots empfunden werden. Sie werden eine Ahnung davon haben, dass es hier im Unterschied zu anderen Freizeit-Aktivitäten um die mich „unbedingt angehende" Wirklich-keit geht. Aber sie werden auch von dem spätmodernen Bewusstsein bestimmt sein, dass es um *meine* Aufmerksamkeits-Verteilung und um *mein* Zeit-Budget geht, dass ich es bin, der seine Entscheidungen trifft. Es ist *mein* Glaube, *mein* Engagement, *meine* Initiative, mich hier zu engagieren, mir das Lebendig-Werden des kirchlichen Glaubens wichtig werden zu lassen. Und ich erwarte, dass die Kirche als In-stitution mir ein attraktives, inspirierendes Angebot macht.

Damit ist nicht nur die Subjektivierung und Individualisierung des Glaubens-Bewusstseins im Blick auf seine „Inhalte" angespro-chen, sondern auch ein Macht-Verhältnis: Die Kirche der Hierarchen büßt ihre Möglichkeiten ein, eine Entscheidungs-Situation hoheitlich zu dominieren, indem sie mich unter Druck setzt, etwas zu *müssen*. Ich bin es, der sich dafür entscheidet, das Lebensvertiefungs-Angebot des kirchlichen Glaubens als für mich wichtig, möglicherweise Le-bens-erfüllend anzusehen und anzunehmen. Ich bin mehr und mehr in der Lage, die Entscheidungs-Situation zu dominieren und mich von den Bindungen des schlechten Gewissens oder sozialer Kon-ventionen zu lösen, durch die sich frühere Generationen Glaubender gehalten wussten, sich kirchlichen Verpflichtungen nicht zu entzie-hen. Damit wird der Kirche als Institution der Glaubens-Verwaltung auch – ob man das bewusst oder unausgesprochen vollzieht – das Recht entzogen, mich *pauschal* zu verpflichten: auf eine von ihr fixierte Tradition, auf einen in ihr fertig und in heilsverbindlicher Vollständigkeit überlieferten Glauben, auf ein Glaubens-verbindliches, weil von Gott angeblich so festgelegtes Menschenbild. Ich bin es, der sich zu dem ins Verhältnis setzt, was die Kirche mir vorlegt, nein: *vorschlägt*.[382] Die Zeiten sind vorüber, in denen sie sich dazu ermächtigt sehen konnte, den Menschen den „richtigen", lehramtlich als solchen garantierten Glauben abzufordern.[383]

In meiner Entscheidung für Kirchen-Zugehörigkeit bzw. kirchliches Engagement realisiere ich indes eine Verbindlichkeit, die meine Selbst-Bestimmung *relativiert*. Sie bindet mich in befreiender Weise und gibt meiner Entscheidung einen Inhalt, den ich nicht selbst hervorbringen und in seiner Gültigkeit gewährleisten kann; sie wird so zu einer Entscheidung darüber, wovon ich mich *binden lasse*.[384] Die befreiende Bindung erschließt mir eine Lebens-Perspektive, in der ich die Erfahrung einer alternativlos-erfüllenden Ergriffenheit von einem Absoluten machen kann, auf das ich zuinnerst bezogen sein will. Ich bin es, der entscheidet. Aber meine Entscheidung folgt und öffnet sich einer Leben-erschließenden Sinn-Erfahrung, die sich mir mitgeteilt hat und von sich her zu dieser verbindlichen Entscheidung herausfordert.

Die Kirche der Hierarchen hat diese Verbindlichkeit auf ihre Ansprüche an die Kirchenmitglieder überleiten wollen. Darin folgen ihr viele nicht mehr. Aber sie wissen noch mehr oder weniger ausdrücklich darum, dass sie sich in ihrer Glaubens-Praxis auf eine verbindliche Lebens-Herausforderung einlassen, zu der sie nicht *genauso gut* eine Alternative hätten wählen können. Sie mögen der Kirche zugestehen, dass sie ihnen helfen kann, sich in diese verbindliche Lebens-Herausforderung einzuleben, werden aber eher

---

[382] Die Geste des *Vorlegens* war hoheitlich konnotiert. Die französische Bischofskonferenz hat sich von ihr demonstrativ verabschiedet, als sie davon sprach, es gehe in der Glaubensverkündigung um das „proposer la foi"; vgl. Les évêques de France, Proposer la foi dans la société actuelle, Paris 1996.

[383] Dass das Glaubens-Angebot sich an die freie Stellungnahme der Angesprochenen richtet, macht seine Neuzeit-Fähigkeit wesentlich aus. Die Frage wird sein, wie man das Verhältnis von Glaube und Freiheit (Autonomie?) genauer zu bestimmen hat. Vgl. den missglückten Streit zwischen Karl-Heinz Menke und Magnus Striet (Karl-Heinz Menke, Macht die Wahrheit frei oder die Freiheit wahr? Eine Streitschrift, Regensburg 2017; Magnus Striet, Ernstfall Freiheit. Arbeit an der Schleifung der Bastionen, Freiburg i. Br. 2018).

[384] Das Ineinander von Selbstbestimmung und Bestimmt-Werden ist in einer kritischen Relecture des Autonomie-Konzepts freiheitstheoretisch zur klären. Vgl. die Beiträge des Bandes: G. Essen – M. Lerch – S. Rosenhauer (Hg.), Das Andere der Freiheit. Christoph Menkes Philosophie der Freiheit im Diskurs, Regensburg 2024, 179–194 sowie meine Überlegungen in: Theologie anthropologisch gedacht, 46–98.

nicht mehr bereit sein, sich von der Kirche Vorschriften dafür machen zu lassen, wie mit ihr konkret umzugehen ist.

7.3 Machtverlust

Institutioneller Zugriff wird schnell als Übergriff empfunden. Übergriffig-Werden ruiniert Glaubwürdigkeit. Die Ressource Glaubwürdigkeit ist auch deshalb rar geworden, weil Verteidigung und Durchsetzung eigener Interessen irgendwie das Selbstverständlichste von der Welt sind und die Menschen gelernt haben, sich von Interessen-Vertretern nicht vereinnahmen zu lassen. Man hält sie auf Abstand. Wer weiß, was sie mit einem machen würden! Man muss darauf sehen, wie man sich behauptet: Vertuschungs-Strategien, Macht- und Einfluss-Erhaltungs-Strategien, finanziellen Interessen beherrschen das Feld. Eine gewisse „Beimischung" eigener Interessen nimmt man hin. Aber was zu viel ist, ist zu viel.

Bei den Kirchen als Großinstitution wird es vielen zu viel. In der persönlichen Begegnung nimmt man den Kirchen-Vertretern oft Einfühlsamkeit und eine gewisse Selbstvergessenheit ab. Sie sind für mich da. Man lässt sie ein ins eigene Leben, erfährt ihre Präsenz und ihr Wirken als hilfreich. Dann beschleicht einem doch der Verdacht: Brauchen sie es nicht für sich selbst, als wohltuend wahrgenommen und geschätzt zu werden? Es gehört zu einem reifen Realismus, mit gemischten Motiven irgendwie zurechtzukommen und auf die Interesse-Bedingtheit von Überzeugungen und Handlungen nicht sofort mit Abwehr zu reagieren, sondern mit Abwägen: Was lasse ich zu? Wo geht es mir zu weit? Wo muss ich mich gegen Vereinnahmung und den Zugriff von Interessen schützen, mit denen ich mich nicht identifizieren will?

Kirche lebt gesellschaftlich immer noch davon, dass sie einen – allerdings schwindenden – Vorschuss an Vertrauen genießt. Dieses Vorschusses erfreut sie sich eher, wenn man ihr selbstvergessene Dienstbereitschaft anspürt. Mit Worten allein ist da wenig zu machen; es ist eine Sache der Atmosphäre, des ernsthaften Miteinanders, die so viel Anvertrauens-Würdigkeit entstehen und die Bereitschaft wachsen lässt, mich involvieren zu lassen. Der Vertrauens-Vorschuss ist schnell aufgebraucht. Mit der Selbstlosigkeit wird Schindluder getrieben. Aber es ist nun einmal nicht zu ändern: Kirchen-Menschen – ob Amtsträger oder Laien – können ihren Mitmenschen nur nahekommen und nahe sein, wenn das als ihr Haupt-Interesse wahrgenommen wird: Ich erlebe, dass es gut ist, mit dem Zutrauen und der Hoffnung unterwegs zu sein, die ich mit Jesus Christus verbinde und die in der Kirche gepflegt und gefeiert werden. So biete ich dir an, wahrzunehmen, was gut für mich ist. Es könnte auch gut für dich sein! Vielleicht sollte es aber mit der „selbstvergesseneren" Frage anfangen: Was können, sollen wir dir anbieten, hier und jetzt? Was brauchst du – von uns? Es ist die Frage, die Freiheit erfahrbar macht. Wenn sie meint, was sie sagt. Selbstvergessenheit macht frei. Wahrscheinlich ist die Botschaft *Es geht mir wirklich zuerst um dich!* zu plakativ selbstlos, als dass sie überzeugen könnte. Eher so: Es geht mir *um uns,* darum, dass nicht Mutlosigkeit und Zynismus das Feld beherrschen; darum, das Lebensdienliche, Befreiende des Glaubens zu erfahren, diese Erfahrung zu teilen, daran mitzuwirken, dass sie einigermaßen überzeugend bezeugt werden kann. Es geht mir um das Mitarbeiten in der Vertrauens-Arbeit: dass Menschen, dass wir selbst um Gottes Willen Zutrauen fassen können zu einem alternativen Leben, in dem unser Herz weniger an den Götzen dieser Zeit hängt, weil es, mit vielen Wenn und Abers, oft wenig entschieden und mit wenig Konsequenz, an Gott hängt, an der Hoffnung auf ihn, in der gläubigen Ungewissheit freilich auch, wie sich diese Hoffnung erfüllen wird. Kirchen, Kirchenmenschen, Kirchen-Beziehungen, Kirchen-Räume werden von den Menschen als hilfreich erfahren, wenn sie dazu helfen, sich in diese Lebens-Alternative einzuleben; wenn in ihnen die Solidarität von Menschen erlebt wird, die das nicht schon erreicht haben, sondern sich mittendrin wissen im Ausprobieren der Alternative mit Gott, im Unterwegs-Sein mit Glaubens-Hoffnungs-Ressourcen, auch nur Hoffnungs-Partikeln, im Miteinander von Menschen, die die Hoffnung nicht verloren geben, dass die Liebe zu etwas Gutem führt, weil Gott sie vollendet – und sich bereit machen, davon überrascht zu werden, wie das geschieht.

Das klingt so vorläufig, als wären Kirchen und Gemeinden Laboratorien, in denen noch herauskommen muss, was der Glaube eigentlich ist und bewirkt – worauf er hofft. Aber genauso ist es: dass Menschen unterwegs sind, um das miteinander herauszubekommen. Als Unterwegs-Gefährtinnen und -Gefährten können sie einander einfühlsam und solidarisch nahekommen. Und die Kirchen – gewiss nicht sie allein – gäben ihnen den Rückhalt, gäben ihnen geistliche Nahrung und Erfahrungen mit, damit sie gut unterwegs sein können und ihnen die Quellen ihrer Hoffnung nicht versiegen; ließen sie einkehren in ihre guten Räume, in Räume der Erinnerung und des Vertrauens, des Verstehens und Feierns, des Ausruhens, des Freiwerdens, der Heilung und des Sterbens in Hoffnung. Das wären diakonische Kirchen, Kirchenmenschen. Mit ihrem Dienst am Glauben und an der Hoffnung auf die Liebe sollten sie der Welt nicht fehlen.

7.4 Zuviel Selbst-Zurücknahme? Zu wenig Autorität?

So viel Kirchen-Schwächung: Würden sich die kleiner werdenden Kirchen da nicht kleiner machen, als es mit ihrem Auftrag vereinbar wäre? Würden sie nicht „postmodern" ihre Autorität drangeben, mit der sie die Menschen mit der tiefen Fragwürdigkeit ihrer Selbst- und Gesellschafts-Illusionen, ihrer Menschenbilder, ihrer Allzu-Selbstverständlichkeiten zu konfrontieren haben? Würden sie sich nicht zu klein machen mit der Herausforderung des Evangeliums zu einem alternativen Leben? Selbstvergessenheit, ja vielleicht. Aber bestimmt nicht Gott- und Christus- und Menschen-Vergessenheit; bestimmt nicht Reich-Gottes-Vergessenheit. Aus der prophetischen Autorität, der Selbst-Täuschung die aufdeckende und zugleich frohmachende Wahrheit des Evangeliums entgegenzusetzen, dürfen sich die Kirchen nicht feige abmelden.

Mit der amtlich-formalen Inanspruchnahme von Autorität und der entsprechenden Einforderung des Gehorsams der „Untertanen" ist es aber nicht getan. Sie muss sich als *Auctoritas* erweisen: als die geistig-geistliche Kraft, Menschheits-Erfahrungen treffend zu artikulieren, Menschheits-Bedrohungen deutlich zu machen, zu guten Unterscheidungen und Entscheidungen hinzuführen, Quellen der Hoffnung und des Zutrauens zugänglich zu halten, aus denen Menschen die Kraft zur Bejahung ihres Daseins und zur Verteidigung eines menschlichen Miteinanders zufließen können. Auctoritas hat die Kraft zur Stärkung eines menschlich-demütigen Selbstbewusstseins, in dem man sich berufen wissen darf, unverlierbar gut zu sein, da man füreinander und miteinander die Güte bezeugt, die das Leben zum Versprechen macht.

So verstandene Auctoritas und bloß formale Autorität lassen sich nur idealtypisch unterscheiden. In der gesellschaftlichen, auch kirchlichen Wirklichkeit begegnen sie in Mischungs-Verhältnissen, zumal Auctoritas nur wahrgenommen wird, wenn sie sich öffentlich Geltung verschafft und so auch „mit Macht" auftritt. Merkmal der Moderne ist die Schwächung der formalen Autorität zugunsten der Auctoritas. Die Spätmoderne hat diese Schwächung weitergetrieben und das Zwiespältig-Werden auch der Auctoritas angestoßen: Die Netz-Kommunikation bietet fast unbegrenzte Möglichkeiten, eine Autorität zu zelebrieren, die sich massenhafter Zustimmung durch eine unvorstellbar große Zahl von Followern erfreut – und dabei doch in die eigene Tasche wirtschaftet. Umso kostbarer sind Erfahrungen mit einer prophetischen Auctoritas, der es erkennbar um Lebens-Entscheidendes geht und die imstande ist, den Angesprochenen überzeugend nahezubringen, was dabei auf dem Spiel steht. Ob die Kirchen sich hier einordnen dürfen und wiederfinden können? Oder ob man sie eher als um Einfluss konkurrierende Interessenvertreter wahrnimmt? Sie werden sich eingestehen müssen, dass ihre formale Lehr-Autorität mehr und mehr zerfällt. Wo sie nicht durch Expertise und Einfühlsamkeit überzeugt, wendet man sich ab. Ein Lehren-Wollen, dem man die Lern-Unfähigkeit ansieht, wird man als Alters-Starrsinn entschuldigen, aber kaum als maßgebend akzeptieren. So hat sich etwa die römische Lehre zum weiten Bereich der Geschlechterbilder und der menschlichen Sexualität tiefreichend diskreditiert. Hier ist es zu kognitiven und moralischen Dissonanzen gekommen, die sich kaum noch produktiv bearbeiten lassen. Sie haben den gelebten Glauben der katholischen Christen einem Transformations-Druck ausgesetzt, den viele Kirchenmitglieder zur Abkehr von dem ihnen lehramtlich Eingeschärften geführt haben. Sie erblicken auch in neuesten lehramtlichen Stellungnahmen etwa zum christlich normativen Verständnis des Frauseins, nach dem es ausgeschlossen sei, Frauen zur Weihe zuzulassen, eine aus der Zeit gefallene Fixierung auf androzentrische Stereotypen und weigern sich, diese Stereotypen als weiterhin Glaubens-relevant anzunehmen. Immer mehr Mitglieder der katholischen Kirche begehren auf, wenn kirchliche Würdenträger sich dem reaktionär-populistischen Zeitgeist anbiedern, weil man hier überkommene Frauenbilder schütze, gegen den „Genderwahnsinn" kämpfe und sich gegen die Abtreibung positioniert. Sie nehmen es nicht mehr hin, dass man Christinnen und Christen mit diesen Positionierungen in einem Kulturkampf politisch vereinnahmen will und es billigend hinnimmt, dass die Vertreter dieses reaktionären Zeitgeistes Christinnen und Christen nur als nützliche Idioten bei sich willkommen heißen, deren „sonstige" Überzeugungen einem herzlich egal sein können.

7.5 Ermutigen, kritisch begleiten, nicht Vormund sein

Es geht um das Bild des Menschen und um Tiefendimensionen des Menschseins, die von kirchlichen Amtsträgern vielfach als bedroht angesehen werden, sie zu fatalen Bündnissen verleitet und in der Sache eher inkompetent verteidigt werden. Kirchen werden dann gesellschaftlich vor allem als Verbreiter eines traditionellen Menschenbildes und daraus folgender ethischer Normen wahrgenommen – als sei das gewissermaßen das Entscheidende am Christsein. Auch wenn man diese Tendenz zur Selbst-Moralisierung des Christlichen als problematisch ansieht, wird man freilich einräumen, dass der Glaube sich deutlicher als in der Vergangenheit in Optionen zum Verständnis des Menschseins ausprägt und hier auf dem Spiel steht.

Umso ärgerlicher, wenn kirchliche Lehrinstanzen sich anthropologisch als lernunwillig darstellen und so aus den gesellschaftlichen Reflexionsprozessen ausschließen, in denen man zu einer heute tragfähigen Verständigung über unabdingbar zu Schützendes und Gestaltungs-Spielräume des Menschseins zu kommen versucht. Noch immer hat die offizielle katholische Sexuallehre – von rühmenswerten Ausnahmen abgesehen[385] – kein Verhältnis zum lustvollen Erleben der Sexualität in seinen unterschiedlichen Ausprägungen gefunden. Was die Kirche hier lehrt, spielt in unseren Breiten auch bei gläubigen Kirchenmitgliedern kaum noch eine Rolle. Man nimmt etwa achselzuckend oder genervt zur Kenntnis, wie lehramtliche Instanzen und ihre journalistischen Unterstützer in den Kulturkampf gegen die „Gender-Ideologie" ziehen.[386] Die hier notwendigen Differenzierungen sind ein nicht allzu komplexes Lern-Pensum, das auch lehramtlichen Instanzen zuzumuten wäre. Man muss nicht von der Annahme einer biologischen Zweigeschlechtlichkeit abrücken, um anzuerkennen, dass in der Natur, auch der menschlichen, zwischen den Polen weiblich und männlich Misch- oder Übergangs-Formen vorkommen, die eine eindeutige Zuordnung zur Geschlechter-Dualität nicht zulassen. Und man sollte, wenn man von der Menschenwürde spricht, Menschen, die sich – auch

---

[385] Zu ihnen zählt das Nachsynodale Schreiben *Amoris laetitia* von Papst Franziskus vom 19. März 2016.

[386] Leider ein einschlägiges Beispiel: die Erklärung des Dikasteriums für die Glaubenslehre *Dignitas infinita* vom 8. April 2024, etwa Ziffer 25. Zur moraltheologischen Einordnung vgl. jetzt Gerhard Marschütz, Gender?! Eine katholische Kritik, Würzburg 2023.

aufgrund ihrer körperlichen Gegebenheiten – nicht als männlich oder weiblich identifizieren können, nicht als unnormal abqualifizieren oder ihnen pauschal nachsagen, sie wollten ihre Geschlechts-Identität willkürlich – soll dann heißen: bloß nach eigenem Empfinden – definieren. Man sollte auch nicht von vornherein dagegen polemisieren, dass Menschen das ihnen zugeordnete Geschlecht nicht meinen leben zu können und nach Möglichkeiten suchen, ihr Leben so zu leben, dass sie sich in dem Geschlecht verwirklichen, in dem sie leiblich und psychisch „zuhause" sein können. Man wird schließlich einräumen dürfen, dass sich die Bestimmung der Geschlechts-Identität sowohl auf körperliche Gegebenheiten (sex) wie auf gesellschaftliche Zuschreibungen (gender) bezieht und auch biographisch-psychische Prägungen eine mehr oder weniger große Rolle dabei spielen können, welche Geschlechts-Identität für einen Menschen lebbar ist und wo er sich nicht mehr mit ihr identifizieren kann. Geschlechts-Identität ist nicht bloße Konsequenz eines biologischen Sachverhalts, sondern gesellschaftlich mit-definiert, auch in der Auseinandersetzung oder der Identifikation mit gesellschaftlichen Verhaltenserwartungen und Rollenzuweisungen ausgehandelt. Sie ist nicht einfach gegeben, sondern zu gestalten. So kann es vorkommen, dass Menschen sich auch ohne entsprechende biologische Gegebenheiten genötigt sehen, die Erfüllung ihres Lebens im Wechsel ihrer Geschlechtszugehörigkeit zu suchen.

Es besteht m. E. theologisch keine Möglichkeit und schon gar keine Notwendigkeit, diese Befunde generell in Zweifel zu ziehen. Man dürfte jedenfalls nicht davon ausgehen, dass gleichgeschlechtlich orientierte Menschen, aber auch Trans-Personen oder Menschen, die sich dem Dualismus männlich-weiblich nicht zuordnen können, eine sexuelle Identität suchen oder leben, die „weniger wert" ist als die dual als männlich aber weiblich bestimmte. Insbesondere darf man diese sexuellen Identitäten nicht als evolutionäre „Webfehler" in der Schöpfung und von Gott eigentlich nicht intendiert[387], in diesem Sinne als „unnormal", missglückt oder gar als krank ansehen. Die Frage kann nicht sein, ob es „das alles" legitimerweise gibt und schöpfungstheologisch zu würdigen ist, sondern wie man menschlich damit umgeht. Hier spielen sich gesellschaftlich-politische Auseinandersetzungen ab, zu denen ein kirchliches Lehramt keinen Zugang findet, wenn es sich auf die Sachverhalte nicht einlässt, die da verhandelt werden.

---

[387] Vgl. Karl-Heinz Menke, Macht die Wahrheit frei oder die Freiheit wahr?, 58.

Die Frage, die hier immer wieder aufgeworfen wird und um die es wohl zuletzt geht, ist die nach der Anerkennung und nach den Grenzen menschlicher Selbstbestimmung. Ist menschliche Selbstbestimmung letzte Instanz, die die Entscheidungen im Blick auf sexuelle Identität und auf die Lebenswirklichkeiten *autonom* zu treffen hat, die mit der Ausübung der menschlichen Sexualität zu tun haben bzw. aus ihr folgen? Der Deutsche Bundestag hat am 12. April 2024 eine Neufassung des Personenstand-Rechts verabschiedet und die Möglichkeiten vereinfacht, den Geschlechts-Eintrag in Identitätsdokumenten verändern zu lassen. Dieses Gesetz trägt den missverständlichen Namen *Selbstbestimmungs-Gesetz*. Will es – wie dieser Name nahelegt – die Geschlechtszugehörigkeit zu einer Sache der jeweiligen autonomen Selbstbestimmung machen, in die niemand, auch die eigenen Eltern nicht, hineinzureden haben? Oder soll mit diesem Namen nur gesagt sein, dass die betroffenen Menschen besser darin geschützt werden sollen, ihre Geschlechts-Identität herauszufinden und dann auch gut zu leben?

Diese Unklarheit scheint – weit über die Problematik dieses Gesetzes hinaus – auf eine bedeutsame Leerstelle der gesellschaftlichen Selbstverständigung hinzudeuten, die kirchliche Wortmeldungen herausfordern sollte. Es müsste dabei um die Bedeutung des für die aufgeklärte Neuzeit emblematischen Begriffs *Selbstbestimmung* gehen. Der Begriff assoziiert: in den eigenen Entscheidungen frei zu sein vom Bestimmt-Werden durch wen auch immer, frei von Vormundschaften, die sich anmaßen, für mich zu sprechen.[388] Selbstbestimmung bedeutet dann: gegenüber allen Festlegungen in letzter Instanz selbst zu bestimmen, wer und was man sein will. Man sollte die *freie Wahl* haben. Auch was die eigene Geschlechts-Identität angeht?

Man wird einwenden: Ich-Identität ist nie eine Sache der freien Wahl, sondern des Bewusstseins, mehr oder weniger der (die) zu sein und der (die) sein zu können, der (die) man ist. Ich-Identität geschieht als das Zurückkommen auf und als das Sich-ins-Verhältnis-Setzen zu meinem Dasein, das in vielfacher Hinsicht nicht auf meine freie Wahl zurückgeht, mir mitgegeben und aufgegeben ist und mich herausfordert, zu ihm in ein von mir als gut angesehenes Verhältnis zu

---

[388] In diesem Sinne wird allgemein Kants berühmte Aufklärungs-Definition in Anspruch genommen: „Aufklärung ist der Ausgang des Menschen aus seiner selbst verschuldeten Unmündigkeit" (Beantwortung der Frage: Was ist Aufklärung?, in: Kants Werke. Akademie Textausgabe, Bd. VIII, Berlin 1968, 33–42, 35).

kommen. Das ist eine Binsenweisheit, die es freilich in sich hat: Ich bestimme oder vollziehe mich als ein Selbst, indem ich mein Dasein „aneigne", es so lebe, dass ich das als für mich und die Welt, in der ich lebe, als gut ansehen kann. Ein Selbst zu sein heißt also nicht, die eigene, kontingente Bestimmtheit aufzuheben oder selbst zu setzen, sondern mit ihr und in ihr *gut zu leben* bzw. möglichst so mit ihr zu leben, wie man mit ihr leben will.

So kann sexuelle Selbstbestimmung auch nicht heißen, die eigene sexuelle Identität frei zu wählen, sondern zu ihr zu finden und sich in ihr mitmenschlich verwirklichen zu können. Sollte es dafür erforderlich sein, sich von der bisher zugewiesenen und mehr oder weniger bereitwillig übernommenen Geschlechts-Identität zu lösen und in eine andere hineinzufinden, muss – so der weitgehende gesellschaftliche Konsens, dem das genannte Gesetz entsprechen will – Menschen die Möglichkeit gegeben werden, diesen Weg auf bestmögliche Weise zu gehen und dafür die Hilfen zu erhalten, die Medizin und Psychologie, aber auch eine solidarische gesellschaftliche Akzeptanz bieten können. Menschen, die ihre Geschlechts-Identität nicht binär zuordnen, dürfen nicht gesellschaftlich in eine falsche Geschlechts-Identität hineingezwungen werden. Es sollte ihnen vielmehr bestmöglich geholfen werden, ihre sexuelle Identität zu finden und zu leben. Der Begriff der Selbstbestimmung kann hier den Eindruck erwecken, es liege in der Zuständigkeit eines Menschen, sich die sexuelle Identität zu *wählen*, zu der er – warum und in welcher biographischen Situation auch immer – neigt bzw. zu der er sich jetzt hingezogen fühlt. Das ist ein offenkundiges Missverständnis. Darauf hinzuweisen, sich so mit guten Argumenten in eine heiß laufende Diskussion einzumischen und Übersehenes zu erinnern, wäre ein Dienst, den man von den Kirchen erwarten darf. Sie werden ihn nicht hilfreich tun, wenn sie sich aufs Verurteilen festlegen, auf ein Urteil zudem, dem man die Kenntnisnahme des Sachverhalts nicht ansieht; auf ein Lehren, das sich nicht aufs Lernen einließ.

7.6 Zeitgeist-Ansprüche. Prophetischer Glaubens-Einspruch?

Wer sich auf die Auseinandersetzung mit dem Zeitgeist auf der Rechten wie auf der Linken einlassen will, muss ihm kritisch auf den Grund gehen. Mit dem schillernden Begriff der Selbstbestimmung ist er beziehungsreich zur Sprache gebracht. So spielt er auch eine zentrale Rolle in den Diskussionen über die Neufassung der in

Deutschland gültigen, rechtlichen Regelungen zum Schwangerschaftsabbruch. Vielfach wird hier die Auffassung vertreten, es sei der „generativen Selbstbestimmung" der Schwangeren zu überlassen, ob sie einen Embryo austragen oder ihn abzutreiben will. Ich habe oben darauf hingewiesen, dass menschliche Selbstbestimmung in Fragen der Geschlechts-Identität nicht über diese selbst bestimmen, sondern nur darüber entscheiden kann, wie man mit den ins Leben mitgegebenen Veranlagungen leben will und gut leben kann. Im Fall der Abtreibung geht es nicht um mitgegebene, sondern um selbst geschaffene Lebens-Gegebenheiten und daraus erwachsende Verbindlichkeiten. Es kann nicht nur Sache der freien Entscheidung sein, wie man sich zu solchen Verbindlichkeiten verhält, ob man sich von ihnen verantwortlich binden oder sie nicht gelten lässt. Die Rechte des zu einem selbstständigen menschlichen Wesen heranwachsenden Lebens bedürfen der moralischen und rechtlichen Würdigung. Sie dürfen nicht ohne weitere Begründungen hinter dem Recht der Erzeuger zurückstehen, darüber zu entscheiden, was *ihr* Leben in Zukunft mitbestimmen und ausmachen soll. Generative Selbstbestimmung findet ihre Grenze an den Rechten auch des ungeborenen Lebens. Wie weit sie reichen, kann nicht Sache einer souveränen Entscheidung derer sein, die es hervorgerufen haben. Sie sind nicht bindungslos frei, zu entscheiden, ob ein menschliches Dasein sein oder nicht sein darf. Ein bedingungsloses Recht auf Abtreibung in der ersten Phase der embryonalen Entwicklung würde dem Selbstbestimmungsrecht der Erzeuger den unbedingten Vorrang vor dem Lebensrecht des Nasciturus einräumen. Es ist weder rechtlich noch moralisch nachvollziehbar zu begründen.

Den rechtlichen Rahmen für die Würdigung des ungeborenen Lebens zu bestimmen, obliegt dem Gesetzgeber. Entscheidungen für oder gegen die Fortsetzung der Schwangerschaft innerhalb dieses gesetzlichen Rahmens fallen in die Verantwortung der an der Entstehung des Lebens Beteiligten, insbesondere der Schwangeren. Die Selbstbestimmungs-Vorstellung bleibt hier defizitär, wenn sie nicht die Bereitschaft einschließt, der Würde des entstehenden Lebens auch gegen *selbst bestimmte* Prioritäten der eigenen Lebens-Entfaltung Gewicht zu geben. Das von der Aufklärung eingeforderte Recht auf Selbstbestimmung darf nicht auf den Anspruch reduziert werden, meinen eigenen Willen „haben" zu dürfen. Es steht nur für eine über sich aufgeklärte Lebensweise. Die verwirklicht sich in einem selbst verantworteten, wohlbegründeten Priorisieren von Gütern, die nicht beliebig gewählt und zueinander ins Verhältnis gesetzt werden können.[389] Auch die spätmoderne Rechtsordnung wie das sie begründende moralische Bewusstsein zählen die Würde des menschlichen Leben und so auch – mehr oder weniger weit greifend – die des ungeborenen Lebens zu den Gütern, die nicht beliebig zur Disposition gestellt werden dürfen. Worin liegt nun die Würde des ungeborenen Lebens?

Unbestreitbar darin, dass mit seiner Entstehung der Anfang eines Weges zu individuellem menschlichem Leben gesetzt wurde, das berufen ist, sich zu einem unvergleichlich-bedeutsamen Leben zu bestimmen und den Mitmenschen das Geschenk zu machen, das es sein kann.[390] Es ist ein Übergriff auf dieses Dasein-Können, wenn man es dazu nicht kommen lässt. Kann man abschätzen, wann keimendes menschliches Leben dahin gelangt ist, eine individuelle Existenz zu sein? Oder muss man auf „Nummer sicher" gehen, wenn man diesen Anfang nicht sicher bestimmen kann? Müsste man nicht überhaupt das keimende Leben von Anfang an als ein menschliches würdigen, das unterwegs ist, ein individuelles Dasein zu werden? Aber würde dann denen, die es hervorbrachten, das Recht, die eigene Lebensausrichtung und die darin geltenden Prioritäten zu bestimmen, nicht von vornherein und pauschal bestritten?

Die römisch-katholische Position ist bisher eindeutig: Das Lebensrecht des entstehenden menschlichen Lebens hat von seinem Anfang an – mit seiner Zeugung – den unbedingten Vorrang vor den Selbstbestimmungs- und Selbstentfaltungs-Rechten derer, die es ins Leben gerufen haben. Die naturrechtliche Begründung für diese Position wird weithin nicht mehr nachvollzogen und ist ökumenisch umstritten. Die römisch-katholische Kirche wird lernen müssen, nicht länger mit oft fragwürdigen Bündnispartnern ihre prinzipiengeleitete Sicht mit allen ihr noch zur Verfügung stehenden Mitteln durchsetzen zu wollen, sondern in der gesellschaftlichen Abwägung Sichtweisen stark zu machen, die sie ihrem Blick auf die Berufung des Menschen verdankt und ins Abseits zu geraten drohen. Sie ist genötigt, sich mit ihrer Lehre verständlich zu machen. Das wird ihr nur

---

[389] Diese Orientierung der Selbstbestimmung am allgemein Verbindlichen, die etwa für Kant selbstverständlich war, scheint sich in spätmodernen Gesellschaften auf die Modellierung der eigenen Singularität hin zu verschieben. Moralische Fragen werden mehr und mehr als Fragen des individuellen Lebensstils aufgefasst; vgl. Andreas Reckwitz, Die Gesellschaft der Singularitäten. Zum Strukturwandel der Moderne, Berlin 2017.

[390] Diese Dimension der Menschenwürde stellt Hans Joas eindrucksvoll heraus; vgl. von ihm: Die Sakralität der Person. Eine neue Genealogie der Menschenrechte, Berlin 2011, 249.

möglich sein, wenn man es lernt, die Anliegen der Anderen ernst zu nehmen, um sich punktgenau als Korrektiv einzubringen. Lehrende wird sie auch hier nur als Lernende sein können: indem sie nicht immer schon mit ihrem fertigen Prinzipien-Wissen über Konflikt-Erfahrungen urteilt, sondern die Aporien mitträgt und ertragen hilft, die sich darin auftun.

Konflikte und Ambivalenzen als solche anerkennen und Menschen helfen, sie zu bestehen; ihnen zu *dienen*, damit sie ihre Verantwortung erkennen und wahrnehmen, nicht aber immer schon im Vorhinein zu wissen, was sie zu tun hätten: Das muss die römisch-katholische Kirche *lernen*. Lange hat sie dieses Lernpensum nicht gesehen. So hat sie sich aus dem Gespräch genommen, um das Sagen zu haben. Sie hat es nicht als ihre Chance angesehen, Horizonte zu öffnen und Erfahrungen „einzuspielen", die vom tagesaktuell Selbstverständlichen ins Abseits gedrängt werden.

So, wie die Diskurse gegenwärtig laufen, gerät eine elementare Erfahrung in den Aufmerksamkeits-Schatten: Die Würde eines jeden Menschen liegt biblisch-christlich gesehen darin, dass er Geschenk ist: sich mit dem Leben beschenkt erfährt und erfahren können soll, dass er seinen Mitmenschen ein Geschenk ist. Diese großen Worte dürfen nicht kleiner ausfallen; sonst tritt der Skandal nicht vor Augen, dass das beklagenswert oft nicht so erfahren wird. Das tangiert die Menschenwürde. Was bedeutet es dann, dass Menschen darüber entscheiden, ob ein Mensch da sein und Geschenk sein darf?

Es führt an die Grenzen des Vorstellbaren, sich zu vergegenwärtigen, was eine solche Entscheidung bedeutet, was sie entscheidet. Was macht es schon aus, wenn dieses Dasein – womöglich noch ohne Individualitäts-Wahrnehmung – nicht sein darf, da unendlich viele andere statt seiner sein werden oder auch wie es nicht sein werden? Macht es denn einen Unterschied, ob dieses Dasein sein wird, Geschenk sein wird? Das Kinderlied, mit dem man dem Geburtstagskind zusingt: Wie schön, dass du geboren bist. Wir hätten dich sonst [wenn es dich nicht gäbe] sehr vermisst! führt die fast paradoxe Unvorstellbarkeit der Konstellation vor Augen. Da liegt es nahe, sich das „Problem" pragmatisch vom Hals zu schaffen: Es ist ja der pure Zufall, ob es zu diesem Dasein kommt oder zu jenem. Warum sollte es Menschen verboten sein, Zufall zu spielen und zu entscheiden: hier ja, dort nein. Niemand kann wissen, was man verhindert oder möglich werden lässt. Aber man kann abschätzen, was es einem selbst zumuten, ersparen oder auch vorenthalten wird, wenn man ja oder nein sagt. Reicht diese Einschätzung nicht als Kriterium der Entscheidung? Man entscheidet pragmatisch, wo einem die metaphysisch-anthropologische Dimension der Frage schwindlig macht.

Wenn man auf dem Recht dieser Frage besteht, wird man nicht behaupten müssen, dass es unter keinen Umständen legitim ist, im konkreten Fall zu entscheiden, dass ein Leben nicht dahin kommen wird, ein menschliches Dasein zu sein. Dafür Mitsorge zu tragen, dass die Dramatik des Daseins-Rechts eines Lebens, das zum individuellen menschlichen Dasein unterwegs ist oder schon als solches anzusprechen ist, nicht verdeckt wird, darum müsste es aber christlich gehen. Über das Dasein-Dürfen darf *nicht nur* Lebens-pragmatisch entschieden werden. Sonst kann es dahin kommen, dass nicht nur für den Anfang des menschlichen Lebens, sondern auch für sein Ende die Nützlichkeits-Erwägung über die Menschlichkeit siegt.

7.7 Prophetisch reden – und handeln

Die römische Amtskirche war es gewohnt, im Namen Gottes zu gebieten und den Gehorsam der Gläubigen einzufordern. Sie hat ihre – nach dem eigenen Selbstverständnis von Gott verliehene – Autorität eingesetzt, um auch die staatliche Gesetzgebung an ihrer Auslegung des verbindlichen Gotteswillens zu messen und staatlich gesetztes Recht als Unrecht zu qualifizieren, wenn es mit den Normen der überlieferten kirchlichen Lehre nicht übereinstimmte. Was bedeutet es, wenn das Christentum in einer Gesellschaft in die Minderheit geraten ist und die lehramtlichen katholischen Moral-Überzeugungen zudem von den anderen christlichen Konfessionen keineswegs in allem mitgetragen werden? Es bedeutet zunächst, dass das kirchliche Lehramt in der Gesellschaft keine formale Autorität mehr in Anspruch nehmen kann, dass es *Auctoritas* erfahrbar machen müsste, um Zustimmung zu finden. Die prophetische Auctoritas, allzuselbstverständlich gewordenen Mentalitäten und Werturteilen zu *widersprechen*, wird ihm nur zuerkannt, wenn es sich vor heute auszutragenden ethischen Dilemma-Situationen nicht verschließt und so als lernfähig erweist.

Als prophetisch werden Kirchen und Kirchenmenschen wahrgenommen, wo sie an gesellschaftlich Verschwiegenes rühren und einfordern, dass offensichtliches Unrecht nicht um des Vorteils der Vielen willen fortdauert und dass die Würde eines jeden Menschen, als unbedingt wertvoll angesehen zu werden, Geltung erlangt. Der Einspruch gegen selbstverständlich Hingenommenes, das Geltend-

Machen des menschlich „Selbstverständlicheren" und Unabdingbaren, oft als unrealistisch Abgetanen; der Einsatz gegen das Vergessen des Skandalösen und der Opfer zum Himmel schreiender Menschen-Missachtung: das wird den Kirchen noch als ureigenes Anliegen zugebilligt. Sie müssen das schlechte Gewissen gegen das Vergessen des Nicht-Hinnehmbaren mobilisieren, auch wenn sie keine pragmatisch umsetzbaren Alternativen vorweisen können. Sie müssen den Raum bieten, Opfer-, Scheiterns- und Verlust-Erfahrungen zu artikulieren und zu Bewusstsein zu bringen, die im gesellschaftlichen Aufmerksamkeits-Feld marginalisiert werden. Sie müssen an Mentalitäten arbeiten, in denen man sich angesichts der Menschheits-Skandale beruhigt und ein gutes Gewissen zu verschaffen sucht, wie etwa der einer Leistungsgerechtigkeit, die die Erfolgreichen privilegiert und die nach diesem Maßstab Gescheiterten deklassiert. Das führt sie an die Seite von Umwelt- und Friedens-Aktivist(inn)en oder von Freiheits-Bewegungen, an der sie Horizonte öffnen können und Unterscheidungen einfordern, die dieses Engagiert-Sein als biblisch inspiriert kennzeichnen, ohne dass man dabei immer auf das Proprium des Biblisch-Christlichen bedacht sein müsste.

Kirchliche Prophetie in der Christus-Nachfolge wäre darüber hinaus *Evangeliums*-Prophetie: das Vorstellbar-Machen des von Jesus Christus als Gottesherrschaft Angekündigten und zugänglich Gemachten; die Herausforderung, in die Zukunft der Gottesherrschaft hineinzuglauben und hineinzuleben, Hoffnungs- und Handlungs-Horizonte wahrzunehmen, in denen diese Zukunft Gestalt gewinnt und in gemeinschaftlicher Praxis beglaubigte Erfahrungs-Wirklichkeit wird. Der Kirchenglauben leidet daran, dass die Faszination dieser Herausforderung erkaltet ist und stattdessen die Einforderung eines ethischen „Mindest-Bestands" von Christlichkeit in den Vordergrund tritt.[391] Dass davon wenig Motivation ausgeht, sich der Güte des Lebens zu öffnen, zu der die Menschen in der Nachfolge Christi berufen sind, liegt auf der Hand. Geistlich aufrüttelnde Prophetie hat sich ins Vorschreiben zurückgezogen.

---

[391] Die Situation ist vergleichbar mit der Glaubens-Identitäts-Krise des babylonischen Exils, in die hinein Ezechiel den erneuerten Bund ankündigt (Ez 11,19 bzw. 36,18–28). Der Glaube droht auf das Müssen des in der Thora auf Steintafeln Eingegrabenen reduziert zu werden: Von diesem „Herzen" aus Stein geht keine Glaubens-Leidenschaft aus. JHWH wird dem Volk ein Herz aus Fleisch geben, aus dem es seine Berufung neu entdecken und mit Freude leben lässt. Ob die Glaubens-Erschöpften in der wohlvertrauten Fremde der Säkularität auf eine Erneuerung der Bundesleidenschaft durch die Ruach JHWHs und Jesu Christi hoffen können und um sie unablässig bitten?

Das mag man der Geistlosigkeit kirchlicher Verhältnisse anlasten. Aber hier zeigt sich auch eine elementare Verlegenheit kirchlichen Lebens nicht nur in spätmodernen Zeiten: Vom prophetisch(?)-kritischen Dagegen-Sein redet sich leichter als von dem, was mich inspiriert, mein Leben als Geschenk und als unendlich verheißungsvolle Herausforderung anzunehmen. Vom Abgelehnten redet sich leichter als von dem, was uns herausfordert, unser Leben als Gottes Gabe für das Heilwerden-Können des Lebens einzubringen, „uns immer wieder neu einzusetzen und neu zu empfangen".[392] Die prophetische Perspektive des Hinein-Hoffens, Hinein-Glaubens und Hinein-Handelns in den Gotteshorizont bleibt oft unkonkret, sodass man nach Konkretionen greift, wie das Dagegen-Sein sie bietet.

Jesu Verkündigung war aber im Tiefsten davon bestimmt, vorstellbar zu machen, wie Gottes gute Herrschaft ist und wie sie sich in der Welt ausbreitet, wie es sich anfühlt, mit Gott zu leben und die Wege mit ihm zu gehen. Wir sind – nicht erst heute – in die Armut einer Verkündigung hineingestoßen, die sich der großen Worte bedient und kaum nahebringen kann, worum es da geht; in die Armut eines Zeugnisses, dem man wenig ansehen und anspüren kann, was es bezeugt. Wir vermissen die Selbstverständlichkeit, mit der man sich der großen Christen-Vokabeln über Jahrhunderte bediente. Wir sind darauf angewiesen, im Glaubens- und Lebens-Austausch miteinander zu lernen, was sie uns heute aufschließen können. Das Sich-ehrlich-Machen für diese Armut im Glauben zwingt zu einem solidarischen Miteinander, das uns diese Armut eher ertragen lässt und in dem hierarchische Über- und Unterordnungen an Bedeutung verlieren. In dieses Miteinander hineinzukommen, dahin müsste der Weg einer Kirche führen, die die übergroße Spannung empfindet zwischen dem, wozu sie gerufen ist, und der Glaubens-Armut, in der sie ihrer Berufung hinterherhinkt.[393] Die Kirchen hinken und schlingern; Kirchenmenschen – „Laien" wie Amtsträger(innen) – versuchen, über der Zwiespältigkeit und geistlichen Armut des Kirchenalltags den nicht den aus dem Blick zu verlieren, der sie in die Gottesherrschaft hineinführen will, und sich in seiner Spur einzufinden. Sie dürften dankbar sein, wenn sie sich ermutigt erfahren, es mit der Ambivalenz der konkret existierenden Kirche und des konkret ge-

---

[392] So Margarete Susman, Gesammelte Schriften, hg. von A. Gilleir und B. Hahn, Bd. 3, Göttingen 2022, 174.

[393] „Was man nicht erfliegen kann, muss man erhinken", sagt der islamische Dichters Al Hariri in der Nachdichtung von Friedrich Rückert (Die Makamen des Hariri. 2. Die beiden Gulden).

lebten Christentums auszuhalten; wenn sie die Verantwortung spüren, selbst zu entdecken und zu verantworten, wohin der Christus-Impuls sie führen will.

Dass dieser Christus-Impuls sich in die sakramentale Struktur und Praxis der Kirchen einzeichnete und darin auch gegen die wirkungsgeschichtlich fatale Ent-Sinnlichung des Christentums lebendig erhielt, mag heute, da die Sakramente eher als Relikte aus den Hoch-Zeiten einer sich selbst feiernden Heilsvermittlungs-Institution wahrgenommen werden, nicht sofort einleuchten. Aber warum sollten sie – biblischer, Evangeliums-gemäßer verstanden – nicht aus dem Gefängnis immer wieder neuer Streitigkeiten und dogmatischer Klarstellungen befreit werden können? Die sakramententheologischen Diskussionen mögen zu hilfreichen Präzisierungen geführt haben. Sie scheinen sich erschöpft zu haben und das kirchlich-geistliche Leben kaum noch zu inspirieren. Man muss sie nicht theologisch und pastoral ins Unrecht setzen, wenn man in den kirchlich gefeierten Sakramenten prophetische Reich-Gottes-Praktiken erkennt, die jetzt schon begehen und leben, wozu Gott die Menschen in Jesu Evangelium berufen hat und wofür er sie durch seinen Geist stärken will. Die leibhaft-polyvalenten, von einer symbolisch vermittelten Pragmatik gesteuerten sakramentalen Handlungen aktualisieren eine Vielfalt von Bedeutungen, die in den kirchlichen Handlungs-Zusammenhängen nie umfassend realisiert werden. So treten – glaubensgeschichtlich bedingt – mal eher diese, mal eher jene Bedeutungen in den Vordergrund. Die Geschichte der Sakramententheologie und Sakramentenpraxis öffnet geradezu exemplarisch den Blick auf die Vielfalt und die Variabilität des mit sakramentalen Handlungen jeweils Verbundenen und so auch auf die Wandlungen des in den Sakramenten sich realisierenden Glaubensbewusstseins. Aber auch umgekehrt: Veränderungen in der Theologie und ihren ontologischen Implikationen stießen Veränderungen der sakramentalen Praxis an, die mitunter bis an die Grenze einer tiefgreifenden Neuformatierung des sakramental-szenischen Bewusstseins ging. So dürfte es nicht zu sehr verwundern oder von vornherein als illegitim angesehen werden, wenn sich hier neue, gleichwohl tief in der Überlieferung verwurzelte sakramentale Handlungssinn-Zusammenhänge erschließen.

Es sind aber über die Jahrhunderte hinweg die großen Geheimnisse der christlichen Existenz, die in den Sakramenten als Ereignisse der Realpräsenz Gottes begangen werden: als vom Heiligen Geist gewirktes Wirklich-Werden seiner Heils-Gegenwart in der Christus-

Wirklichkeit seiner Kirche. Gott ist in seinem Christus *real präsent*, wenn die Kirche eucharistisch-danksagend feiert, dass er *sein* göttliches Leben mit den Menschen teilt und sie herausfordert, das Geheimnis ihres Lebens im mitmenschlichen Teilen des ihnen Geschenkten zu ergreifen. Sie dürfen am göttlichen Leben teilnehmen, es miteinander und füreinander mitleben, sich von ihm – in ihm – zur Teilhabe an Gottes gutem Willen verwandeln lassen.

Das Geheimnis des Teilnehmens, Sich-Mitteilens und Sich-Austeilens Gottes, das in der Sendung Jesu Christi zum Heil der Menschen geschah, ist durch ihn als Evangelium der Rettung zugänglich geworden: Der Messias Jesus beglaubigte die eschatologische Wahrheit *Gott rettet* mit seiner ganzen Existenz. Die Sakramente der Taufe, der Versöhnung, des Geleits für Kranke und Sterbende begehen die Realpräsenz des rettenden Gottes in konkreten Lebenssituationen auf Rettung angewiesener Menschen: in der Feier der großen Verheißung eines bedrohten und ambivalenten, aber in Gottes Erwählung gehaltenen Lebens; in der „Revision" vom Scheitern heimgesuchter Lebensentwürfe; in der Stärkung der durch schwere Krankheit und den andrängenden Tod Angefochtenen.

Gottes Realpräsenz in der Liebe wird christlich als das Evangelium schlechthin angesehen. Das Sakrament der liebenden Partnerschaft feiert Gottes realpräsentes Darin-Sein in der Liebe mit all ihren Dimensionen. Es strahlt aus in die Liebesgeschichten der Menschen, in denen Gottes Darin-Sein immer wieder konkrete lebens- und liebesgeschichtliche Wirklichkeit wird.

Die *Sakramente der Berufung* – der Berufung zur Übernahme einer freien Glaubens-Verantwortung in der „Firmung", der Berufung zum kirchlichen Amt in seinen unterschiedlichen Formen – begehen Gottes gnadenvermittelnde Realpräsenz in der kirchlichen Indienstnahme von Menschen, die für das Wirklich-Werden der Gottesherrschaft unter den Menschen Verantwortung übernehmen. Wo Menschen sich der Berufung stellen, den Mitmenschen Gottes rettendes Dasein in ihrer Lebenswelt zu bezeugen und in diese Berufung ihre Begabungen und ihre Lebenskraft einbringen wollen, ist es Gott selbst, der ihre Bereitschaft annimmt und fruchtbar werden lässt.

Das prophetische Handeln der Kirchen nimmt das sakramentalgeheimnisvolle Darin-Sein Gottes in den zentralen Herausforderungen und Verheißungen des Menschseins in Anspruch, da ihm in Jesus Christus die solidarisch-rettende Teilnahme Gottes am Leben der Menschen bezeugt ist. Er ist das Ur-Sakrament der Teilnahme Gottes am Menschsein, das den Menschen die Teilhabe am göttlichen Leben eröffnet. Diese Teilhabe darf in den Sakramenten lebensgeschichtlich konkret begangen und weit darüber hinaus auch überall da als Evangelium bezeugt werden, wo es um das Menschsein-Können der Menschen und die Fülle menschlichen Lebens geht. Vielleicht können die Kirchen sich in ihrem Dienst an den in Jesus Christus gegebenen und aus seinem Geist *jetzt* gehandelten Liebeszeichen Gottes neu finden und aufrichten. An ihnen darf ihnen selbst und den Menschen, die sich von ihnen ansprechen lassen, Glaubens-deutlich werden, was ihre Hoffnung beseelt und sich in ihrer Liebe bezeugt.

Als prophetische Vorzeichen der Gottesherrschaft dürften sie freilich nur gefeiert werden, wenn sich die Kirchen als Instrumente der Lebens-Erneuerung verstünden, die in Gottes Herrschaft zum Ziel kommen soll. Es dürfte für sie keine nachgeordnete Aufgabe sein, dem Leben-Können der Menschen in Freiheit, Hoffnung und Liebe zu dienen. Die Kirchen werden in unseren Tagen mit zunehmender Ungeduld auf diese Herausforderung verpflichtet gesehen. Das heißt nicht, dass ihre Sendung den sozialrevolutionären Einsatz zum Ziel hat. Es heißt vielmehr, dass sie sich dem Einsatz für das Leben-Können der Menschen im offenen Horizont der kommenden Gottesherrschaft zu widmen haben und dass er darin zum Zeugnis für Gottes solidarische Menschenliebe wird, die keinen Menschen verloren gibt.

8. Rückblick und Ausblick: Ambivalenz ertragen

8.1 Das kaum Erträgliche

Kirche: vom Hoffnungs- und Menschen-Missbrauch, der Kleinmut an Haupt und Gliedern verdorben – und doch Gottes Wohnort, Ort des mit ihm geteilten guten Lebens. Mehr Ambivalenz geht nicht. Wer wird es Menschen verdenken, wenn sie das nicht mehr tolerieren. Die Bitte um Nachsicht für das Menschlich-Allzumenschliche, dem auch die Kirche anheimfällt, verfängt nicht mehr. Zu stark ist der Verdacht, man versuche, sich damit der Verantwortung zu entwinden. Herbert Marcuse hat den Begriff der *repressiven Toleranz* geprägt[394]: Die optiert fürs Ertragen, für die Erträglichkeit des Unerträglichen. Wer sähe nicht das Unerträgliche, das Kirchen und Kirchenmenschen Vielen angetan haben!

Null Toleranz mit diesen Intoleranten, die die Hoffnung und Gutwilligkeit der Menschen so sehr enttäuschten! – Müsste man aber nicht auch erschrecken über die Selbstgerechtigkeit der „intolerant Toleranten"? Über ihre Schwarz-weiß-Entschiedenheit, ihr Selbst-Bewusstsein, auf der richtigen Seite zu stehen, ihre Verachtung für das, was sie pauschal verurteilen? Über ihre Weigerung, es vorurteilsloser wahrzunehmen? Die Religiösen bitten ums Differenzieren: Man möge die Binsenweisheit *Der Missbrauch macht den guten Gebrauch nicht unmöglich* (abusus non tollit usum) in Betracht ziehen. Darf man um *Ambivalenz-Toleranz* bitten, um Geduld für eine Institution, bei der das Gute, für das sie ja auch steht, mit so viel Bösem und Üblem verquickt ist?[395] Mit solchen Fragen betritt man ein Feld, in dem jeder Millimeter vermint ist und an jedem Punkt die Empörung hochgehen kann.

---

[394] Vgl. Robert Paul Wolff – Barrington Moore – Herbert Marcuse, Kritik der reinen Toleranz, dt. Frankfurt a. M. 1965.

[395] Die Formulierung erinnert an die von Thomas Bauer im Blick auf die Geschichte des Islams stark gemacht Rede von der Ambiguitäts-Toleranz (vgl. von ihm: Die Kultur der Ambiguität. Eine andere Geschichte des Islams, Berlin 2011). Es geht hier aber nicht nur um das Ertragen von Vieldeutigkeit, sondern um das Ausgeliefert-Sein an Zweideutigkeit, an das Miteinander und Ineinander von Abgelehntem und Hochgeschätztem, an die Schwer-Erträglichkeit dieses Ineinanders und das ratlose Eingeständnis, dass man es nicht auflösen kann. Vgl. Michael Klessmann, Ambivalenz und Unentschiedenheit, in: Magazin Bildungskirche 03/2024, 7–9; ders., Ambivalenz und Glauben. Warum sich in der Gegenwart Glaubensgewissheit zu Glaubensambivalenz wandeln muss, Stuttgart 2018.

Ambivalenz-Toleranz – und Differenzierungs-Geduld mit dem Christentum und den Kirchen: Das ist viel verlangt. Es gehört zum Proseminar-Selbstbewusstsein der Religionskritiker(innen), dass Religionen die Angst und das Minderwertigkeits-Bewusstsein der Menschen ausbeuten und ihnen eine ewig-absolute Bedeutung vorspiegeln, um sie mit der Armseligkeit ihres Erden-Daseins auszusöhnen. So sind nicht nur die Kirchen ihrer Verbrechen überführt. Auch ihre Botschaft ist entlarvt. Wer sich darauf zurückzieht, man habe die abgründige Ambivalenz der Kirchen wegen ihres so wertvollen Evangeliums hinzunehmen, sieht sich mit der Gegenrede konfrontiert, gerade das Evangelium bediene die zweifelhaftesten Tiefen-Bedürfnisse der Menschen.[396] Darf man auch hier auf Ambivalenz plädieren, auf die Unvermeidlichkeit des Allzumenschlichen in menschlich gelebter Religion? Darf man darauf hinweisen, dass die Spätmoderne flächendeckend mit der Kehrseite des Guten konfrontiert und so die Ambivalenz-Toleranz in allen Lebensbereichen strapaziert?

8.2 Hermeneutik des Verdachts

Zunächst ist zu sagen: An der Botschaft des Christlichen gibt es nichts zu entlarven. Sie spricht Klartext, will vom unbedingt Bejahenswerten sprechen, an das zuletzt keine Skepsis heranreicht. Ihr in Jesus Christi Menschenleben Fleisch gewordener Logos verschweigt nicht, dass es um das *Ja und Amen* der Menschen geht (vgl. 2 Kor 1,20–22): Im Christus ist offenbart – nicht entlarvt – worden, dass es einen Grund und den Adressaten für dieses vorbehaltlose Ja gibt. Darauf geht die tiefste Menschen-Sehnsucht: dass es diesen Grund gibt, Ja und Amen zu sagen – *es ist im Tiefsten gut so.* „Im Tiefsten" klafft nicht der Abgrund der Verlorenheit auf, sondern öffnet sich die Tiefe einer Verbundenheit, in der ich mich verlieren darf. In diese Sehnsucht stimmen Glaubende mit ganzem Herzen ein; sie stimmen ihr nicht nur halb- oder viertelherzig, zu. Es ist ja Gott selbst, der sie in ihnen „erweckt".[397] Nietzsche hat dem Christentum in seiner Lehre vom

---

[396] Vgl. Friedrich Nietzsche, Menschliches, Allzumenschliches 1, Aphorismus 27, KSA 2, 48 und Der Antichrist, Aphorismus 37, KSA 6, 209: „Das Schicksal des Christenthums liegt in der Nothwendigkeit, dass sein Glaube selbst so krank, so niedrig und vulgär werden musste, als die Bedürfnisse krank, niedrig und vulgär waren, die mit ihm befriedigt werden sollten."

[397] Vgl. Tomáš Halik, Der Nachmittag des Christentums, 49.

Übermenschen das „ganzherzige" Ja[398] entwinden wollen. Damit hat er sich übernommen. Für die Absolutheit des Ja scheint es keinen anderen Adressaten zu geben als den in seiner unüberwindlichen Zuwendung Absoluten. Müsste man seine Nicht-Existenz unterstellen, wäre das mit ganzem Herzen gesprochene Ja als Übertreibung zurückzunehmen. So steht eben dies zur Frage: Ob es einen Grund und einen Adressaten für das ganzherzige Ja gibt – und was es bedeutet, nein zu sagen oder auf Ermäßigung der Sehnsucht nach dem uneingeschränkt Guten und Zustimmungsfähigen zu plädieren.

Dass man sich mit dem religionskritischen Plädoyer so selbstverständlich in der überlegenen Position und in der Lage sieht, die Religiösen als naiv ans Ja glaubende Wirklichkeits-Verweigerer zu überführen, ist Aufklärungs-, um nicht zu sagen Entlarvungs-bedürftig. Warum sollte es das Selbstverständigungs-Niveau aufgeklärter Menschen unterschreiten, auf die Stimme des Bedürfnisses nach dem unbedingten Ja zum Unbedingten zu hören? Warum sollte es menschlicher sein, dieser Sehnsuchts-Stimme mit der Aufforderung zu widersprechen, weniger kindlich-anspruchsvoll zu sein und auf die Zustimmungs-Möglichkeiten zu setzen, die sich menschlicher Emanzipations-Praxis auftun?

Aber auch dies liegt noch auf der Hand: Dem Christentum geht es um die Erlösung von der Lebens- und Todesangst. Es geht ihm darum, frei zu werden von der Angst vor dem Unglück, vor der Angst um mich selbst, von der Angst bedeutungslos zu sein und verlorenzugehen. Es sagt mir zu, dass ich nicht identisch sein muss mit meinem Unglücks-Schicksal, sondern zuletzt und im Entscheidenden von ihm unterschieden sein darf. Erlöst-Sein: ein Dasein, das der Angst nicht rettungslos ausgeliefert ist, da die Herrschaft des Ängstigenden und seiner Nutznießer gebrochen ist. Den Kritischen wird auf der Zunge liegen: Wie durchsichtig das religiöse Angebot doch ist; passgenau und attraktiv für ich-schwache, ihren Ängsten ausgelieferte Menschen.

Nur für sie? Warum sollte es menschlich-bewusster, vernünftiger, ichstärker sein, als Projektion zu durchschauen und aufzugeben, was meine tiefsten Ängste im Glauben an den mir solidarisch verbundenen, mir unverlierbar zugewandten Gott einhegen kann; was mir den Mut geben kann, den Angstmachern und Katastrophen dieser Welt

---

[398] Dieser im Deutschen ungewöhnliche Gegenbegriff zur Halbherzigkeit ist Harry Frankfurts Freiheits-Theorie entliehen. Er spricht hier von *wholeheartedness*; vgl. von ihm: Necessity, Volition, and Love, Cambridge 1999, 100 f.

meinen Glauben entgegenzusetzen, dass ich ihrem Zugriff auf mein Leben nicht rettungslos ausgeliefert bin? Sich von diesem Rückhalt tragen zu lassen ist nicht per se weniger rational als die religionskritische Aufkündigung eines jeden „naiven", Angst-abwehrenden Erlösungsglaubens. Die Kritik durchschaut, was der Glaube bewusst vollzieht und bejaht: dass ihm geschenkt ist, Gott das bedingungslose Ja und Amen sagen und ihm die Rettung vor dem Menschen-zerstörenden Unheil verdanken zu dürfen. Die Kritik muss ihn darüber nicht aufklären. Sie lehnt ab, wozu er ja sagt, und mag ihre Gründe dafür haben. Die aber setzen einen Glauben nicht von vornherein ins Unrecht, der darum weiß, welches Wagnis es ist, sich *seinen* Gründen anzuvertrauen.

8.3 Gewinner- und Verlierer-Geschichten

Man müsste genau hinschauen, um zu solchen Differenzierungen und zu einem fruchtbaren Dialog über die Ambivalenz des Christlichen zu kommen, freilich auch über die Ambivalenz des Aufklärungs-Selbstbewusstseins und eines Fortschritts-Bewusstseins, das es mehr oder weniger eingestanden im Gepäck hat. Die Aufklärung wollte den Aufbruch aus den unerträglichen Abhängigkeits-Verhältnissen der Vormoderne forcieren. Die Vernunft allein sollte den Ausschlag dafür geben, was erreicht werden sollte oder hingenommen werden durfte. Rationalität sollte die „Dunkelheiten" der Vergangenheit definitiv aufhellen und überwinden. Ihre eigene tiefe Zwiespältigkeit zwischen Beherrschung, Effektivität und Menschen-Freundlichkeit, Schöpfungs-Freundlichkeit, hat das Reden von einer *Dialektik der Aufklärung* dann im 20. Jahrhundert zum Markenzeichen selbstreflexiver Aufklärung werden lassen.[399] Man wird darauf aufmerksam, wie schnell „aufgeklärtes" Wissen sich zum Herrschafts-Wissen zusammenzieht. Auch der Entlarvungs-Anspruch ist unterwegs zum Herrschaftswissen. Wenn er sich nicht selbstkritisch relativiert, wird er totalitär. Man weiß das. Aber beherzigt man es? Weiß man um die andere Dimension des Erkennens: Erkennen nicht um zu beherrschen, sondern um teilzunehmen[400], Erkennen im Verstehen,

---

[399] Stichwort gebend: Theodor W. Adorno – Max Horkheimer, Dialektik der Aufklärung. Philosophische Fragmente, Neuausgabe Frankfurt a. M. 2022.

[400] Vgl. Jürgen Moltmanns emphatisches Bekenntnis: „Wir wollen nicht erkennen, um zu beherrschen; wir wollen erkennen, um teilzunehmen" (ders., Gott in der Schöpfung. Ökologische Schöpfungslehre, München 1985, 47).

das Zugänge öffnet und einem fruchtbareren Miteinander die Wege bereitet; Verstehen wenigstens mit einem Rest von Sympathie und Einfühlsamkeit für die, die man zu verstehen sucht?

Dass selbstreflexiv-selbstkritische Aufklärungs-Überzeugungen immer wieder neu mit Ambivalenz – gerade mit ihrer eigenen – zu tun bekommen, von ihr kaum loskommen, wer wüsste es nicht, wenn er Zeitgenossenschaft ernst nimmt! In durchdigitalisierten Zeiten muss man noch damit rechnen, dass die Segnungen der Informationsgesellschaft zum Demokratie-Fluch werden. Das erschüttert das Zutrauen auf den Geschichts-Trend zu mehr Vernünftigkeit, Gerechtigkeit und Partizipation bis ins Mark. Wieviel Ambivalenz-Toleranz ist da gefordert, wieviel Verlust-Sensibilität. Dann aber auch: wieviel Unduldsamkeit und Ungeduld mit zwiespältigen Entwicklungen, wieviel Konfrontation mit Nicht-Hinnehmbarem? Darf man es achselzuckend hinnehmen, dass gesellschaftliche und politische Einheiten durch Ambivalenz-Verdrängung handlungsfähig werden wollen? Ambivalenz-Verdrängung ist das Geschäftsmodell der Autokraten und Populisten, die die Verlust-Angst ausbeuten und ihre Gefolgschaft mit dem Versprechen ködern, die schlimmsten Probleme im Handumdrehen zu lösen.

Die abgründigen Ambivalenz-Erfahrungen der Spätmoderne untergraben das Bewusstsein, mit dem Aufklärungs- und Rationalisierungs-Projekt der „westlichen Welt" unfehlbar auf dem richtigen Weg zu sein. Und sie mobilisieren die Abwehr: das Festhalten-Wollen an den „Werten", denen „wir" die Perspektive eines im Wesentlichen selbstbestimmten Lebens[401] und einer Gesellschaft von Freien verdanken. Oder aber das „reaktionäre" Festhalten-Wollen am Sich-Entziehenden, vielleicht schon Verlorenen. Die Gewinner-Geschichte der „Aufgeklärten" hat Risse bekommen, in denen die Verluste sichtbar werden. Es gilt sie wahrzunehmen und daran zu arbeiten, dass sie das Projekt nicht sabotieren[402]; dass sie nicht dazu verführen, das Projekt Aufklärung auf ganzer Linie als Irrweg zu denunzieren.

Fast schon spiegelverkehrt dazu wurden die Institutionen des Christentums durch das Projekt Aufklärung in eine Verlierer-Geschichte hineingedrängt, in der ihnen die Rolle des Überholten und zu Überwindenden zugewiesen ist. An ihnen sieht man ja, was „Reli-

---

[401] Dass auch das Ideal der Selbstbestimmung in Ambivalenzen hineinführt, ist oben schon angemerkt worden.
[402] Das ist eines der Anliegen des Buches von Andreas Reckwitz, Verlust. Grundproblem der Moderne, Berlin 2024.

gion" mit den Menschen macht. Noch das scheinbar Wertvollste ist hier eng mit Fragwürdigem und Verhängnisvollem verquickt. Die Glaubens-Zwiespältigkeit reicht ja bis ins Zentrum; sie durchzieht Offenbarung und Tradition flächendeckend.[403] Christenmenschen finden sich, um nur dies zu nennen, in der Ambivalenz von Opfer- und Gebets-Praktiken vor: Was machen Opfer mit dem Gottes-Verhältnis, mit den Opfernden? Sind sie nicht doch der Preis für eine heilvolle Gottes-Beziehung, ob es sich um kultische Opfer oder um die der Lebens-Einschränkung geht, in denen man sich dem Zugriff eines fordernden Gottes auf den Reichtum an Lebens-Optionen fügt? Regrediert das Gott-Bitten nicht auf die Inanspruchnahme Gottes für das selbst zu Bewältigende? Auf eine Allmachts-Intuition, in der man Gott doch den Eingriff in die Welt-Verhältnisse zutraut, der die Dinge regelt? Wird der Gottesglaube zuletzt nicht zum Notausgang aus einem anders nicht zu ertragenden Erden-Dasein? Zur Lizenz für die Berufenen, Gottes Zugriff auf die Menschen in die eigene Regie zu nehmen? Darüber sollte die aufgeklärte Vernunft erhaben sein! So hält sie es kaum aus mit der immer noch gepflegten Religion.

Ambivalenz-Toleranz würde den Blick dafür öffnen, welche Verluste das Siegen mit sich bringt und was im Verlieren gerettet werden muss. Die zu Verlierern Abgestempelten würde sie herausfordern, sich dem Unheil zu stellen, das sie den Menschen mit ihren Praktiken und Überzeugungen gebracht haben und in das die nicht länger verstrickt sein wollen. Nur im Blick auf das verlorene Vertrauen könnten sie – könnten die Christen – noch von dem sprechen, was sie selbst dem Glauben verdanken und als Heils-Perspektive anbieten wollen. Es scheint aber nicht unwahrscheinlich, dass viele von diesen Zwiespältigkeiten Heimgesuchte auf unirritierte Selbst-Gewissheit setzen. Was sich als Glaubens-Sicherheit gewährende Traditionstreue im Wirbel haltloser Neuerungen empfiehlt, findet in unseren Tagen mühelos den Anschluss an einen Selbstbehauptungs-Zeitgeist, der „die Anderen" selbstkritiklos als die Wurzel alles Bösen identifiziert. Ein manichäischer Eindeutigkeit-Fanatismus bringt die Haltlosigkeit der Postmoderne gegen die goldenen, christlichen Zeiten in Miss-

---

[403] Meine eigenen Überlegungen haben es mit dieser Ambivalenz in dem an Paul Ricœur vorgeschlagenen Konzept eines *Konflikts der Interpretationen* aufzunehmen versucht. In diesem hermeneutisch auszutragenden Konflikt arbeiten sich Sinnhermeneutik und Hermeneutik des Verdachts aneinander ab. Vgl. Jürgen Werbick, Fundamentaltheologie: Orientierung im „Konflikt der Interpretationen", in: A. Leinhäupl-Wilke – M. Striet (Hg.), Katholische Theologie studieren: Themenfelder und Disziplinen, Münster 2000, 135–148.

kredit. Schnell reiht man sich unter die Wutbürger ein, deren Geduld mit den Verhältnissen und den Reflexions-Eliten erschöpft ist.[404] Man polarisiert, da man nicht ein Mindestmaß an Geduld für Zwiespältigkeit aufbringt, und liegt vor dem „rechten" Zeitgeist auf den Knien, da man dem postmodern „linken" die Stirn bieten will. Der Angst, das Spiel doch zu verlieren, begegnet man durch das Verächtlich-Machen derer, die nicht „auf unserer Seite" sind, und durch demonstrative Rettung der „alten Gewissheiten", die von ihnen verachtet würden.

8.4 Zwiespältige Ambivalenz-Toleranz

Das Geschäftsmodell der Ambivalenz-Verdränger in Kirche und Gesellschaft funktioniert auch deshalb so beängstigend gut, weil es genau auf die Zwiespältigkeit der Ambivalenz-Toleranz zielt. Wer sie als Intellektuellen-Tugend einfordert, bringt der es noch zu der Entschiedenheit und Klarheit, die jetzt dran wäre? Das unentschieden-halbherzige Einerseits-Andererseits kann entscheidungsschwach und zögerlich machen, zum *Alles verstehen, alles verzeihen* verführen. Dann zieht es die Entschiedenheits-Zersetzung nach sich. Eine „ganzherzige" Entschiedenheit aber müsste den Einsatz für die gute Sache tragen: für die Rettung des so sehr In-Frage-Gestellten und verächtlich Gemachten; und „auf der Linken": für die Sache der Palästinenser, der LSBT*Q-Klientel, der Unterdrückten auf allen Seiten. Entschiedenheits-Produktion rechts und links, die das Mitmachen herausfordert und das intellektuelle Distanz-Getue hinter sich lässt. Identifikation ist gefragt. Sie mag out sein, wenn sie den alten Glaubens-Wahrheiten gilt. Die neuen Glaubens-Wahrheiten vertragen genauso wenig Dissidenz und Verweigerung.

Den alten Glaubens-Überlieferungen ist die Erfahrung zugewachsen, auch aufgezwungen worden, dass Glaubens-Entschiedenheiten blind und menschenfeindlich werden können. Sie kennen die Verführung zum Ambivalenz-verdrängenden Fanatismus, haben sich seiner schuldig gemacht und können sich nicht aus der Verantwortung dafür stehlen, dass der Glaube menschlich gelebt werden will, gewiss auch ins Allzumenschliche abgleiten kann. Die fundamentalistische Fanatismus-Version ist dem Christentum und seinem

---

[404] Vgl. Sonja Angelika Strube, Rechte Versuchung. Bekenntnisfall für das Christentum, Freiburg i. Br. 2024.

Glauben an einen menschenfreundlichen Gott eigentlich immer unmöglich gewesen und mehr denn je unmöglich geworden. Das heißt nicht, dass er nicht darauf zurückfallen kann. Theologie ist in der Pflicht, diesen Rückfall als Zukunfts- und Glaubens-Verweigerung sichtbar zu machen. Man traut dem Glauben hier nicht mehr zu, sich in den tiefreichenden Veränderungen des menschlichen Welt- und Selbstverständnisses neu zu begreifen und zu artikulieren. Man traut ihm nicht zu, das Pensum an Unsicherheit und Ungewissheit und auch die Verluste zu ertragen, die ihm dabei zugemutet werden. Man will es eindeutig und klar haben, Glaubens-Stärke und Entschiedenheit demonstrieren. Damit verträgt sich Ambivalenz-Wahrnehmung nicht.

8.5 Rechtfertigung?

Darf man da nicht die spezifische Ambivalenz-Erfahrung der Christ(inn)en ins Spiel bringen? Sie ist in der Tradition individualisiert und moralisiert worden. Die Rechtfertigung der in Schuld geratenen Sünder war ihr Thema. Die fatale Aussichtslosigkeit der Selbst-Rechtfertigung und Selbst-Fixiertheit auf allen Ebenen – nicht zuletzt der religiös-kirchlichen – sollte es sein. Dass Gott über sie hinausruft, ist für die augustinisch-reformatorische Tradition des Christentums zentraler Impuls des Evangeliums: Gott erträgt die Menschen-Ambivalenz und -Zwiespältigkeit; in der Sendung seines Sohnes geschieht dieses Ertragen bis ins Unerträgliche. Gott lebt mit der Ambivalenz des Menschseins, damit die Menschen es mit ihr aufnehmen können, sich nicht daran verschwenden, sie zu verleugnen und ins Unerträgliche zu potenzieren. Gott rechtfertigt, damit die Menschen vom Rechtfertigungs-Wahn lassen und wahrnehmen können, wie sie sich ihrer Zerrissenheit stellen können: wie sie aus der Gnade leben können, da sie Gott auf ihrer Seite wissen – an der Seite der Sünder, der Halbherzigen, derer, die es mit ihrer Nicht-Vorzeigbarkeit kaum aushalten und versucht sind, andere, noch Schlechtere zu verachten.

Ob der Zeitgeist, wo immer er anzutreffen ist, wer immer ihn repräsentiert oder von ihm „besessen" sein mag, sich an dieser Version des Rechtfertigungs-Glaubens in seiner eigenen Ambivalenz erkennt? Der Zeitgeist ist eine Chimäre. Die von ihm Besessenen und von ihm nach „links" oder „rechts" Gedrängten sind es nicht. Sie bestimmen unser Lebensgefühl, prägen unsere Lebenswelt. Wir werden zu ihnen gehören. Ihnen soll das Evangelium bezeugt werden, damit sie sich in ihm heilsam gemeint wissen können. Ihnen soll es zu Hilfe kommen, damit sie sich in ihrer Ambivalenz ertragen und im Ganzen menschlich leben können. Das wäre ein Zeitgeist-Glaube, der Gottes Geist atmet, auf den Wegen, die die Menschen mit ihrem Gott achtsam und hoffnungsvoll gehen dürfen.

Gottes guter, liebevoller Geist wirkt konkret. Sein Wirken darf erkannt werden in den Zeichen unserer Glaubens-Zeit. Hart am Rand der Verzweiflung suchen viele Menschen nach einer Geborgenheit, der sie sich überlassen dürften, ohne darin verloren zu gehen. Resignation und Verzweiflung greifen nach ihnen, wenn sie sich ausgestoßen und ausgeschlossen fühlen. Hilflose Wut überkommt sie gegen alle, die sie dafür verantwortlich machen. Sie werden zur leichten Beute des bösen Zeitgeistes, der sich zum Anwalt dieser Wut macht – und sie doch nur auf seine Mühlen leitet. Wo sind die Zeuginnen und Anwälte einer Geborgenheit – oder der Sehnsucht nach ihr –, in der zugleich die Herausforderung wohnt, dem Wirken des guten Gottesgeistes Raum zu geben und ihm zu dienen, ihn zu teilen; die Herausforderung, ihn gegen jedweden Missbrauch zu schützen, in den Kirchen, in den grausamen Machtspielen dieser Welt, im Missbrauch der „Seelen" und Körper?

Die „Geister" ringen um die Herrschaft über unser Fühlen. Es braucht die Anwältinnen und Anwälte, die es schützen, es für den guten Geist empfänglich halten und ihm anvertrauen können. Auf sie wird es entscheidend ankommen in den entfesselten Leidenschaften unserer Zeit. Darauf, dass der gute Geist den Raum findet, den Menschen nahezukommen und sie zur vernunftgemäßen Unterscheidung der Geister zu inspirieren. Wollen die Kirchen diesen Raum sein? *Können* sie zu ihm werden? Allenfalls dann, wenn sie sich in ihrem Treiben und Unterlassen selbst der Unterscheidung der Geister, der Zeitgeister, unterwerfen.

Literaturverzeichnis

Theodor W. Adorno – Max Horkheimer, Dialektik der Aufklärung. Philosophische Fragmente, Neuausgabe Frankfurt a. M. 2022.

Christoph J. Amor, Vorsehung – eine kleine Orientierungshilfe, in: Freiburger Zeitschrift für Philosophie und Theologie 70 (2023), 515–532.

Arnold Angenendt, Die Revolution des geistigen Opfers. Blut – Sündenbock – Eucharistie, Freiburg i. Br. 2011.

Hannah Arendt, Vita activa oder Vom tätigen Leben, dt. Neuausgabe München 2020.

Christoph Auffarth, Opfer. Eine europäische Religionsgeschichte, Göttingen 2023.

Florian Baab, Wie die Dampfmaschine das Fegefeuer löschte. Eine Reise in die katholische Welt von gestern, Freiburg i. Br. 2024.

Thomas Bauer, Die Kultur der Ambiguität. Eine andere Geschichte des Islams, Berlin 2011.

Zygmunt Bauman, Flüchtige Moderne, dt. Berlin 2000.

Karl Barth, Kirchliche Dogmatik III,2, Zollikon [2]1959.

Walter Benjamin, Erzählen. Schriften zur Theorie der Narration und zur literarischen Prosa. Ausgewählt und mit einem Nachwort von A. Honold, Frankfurt a. M. 2007.

Peter L. Berger, Der Zwang zur Häresie. Religion in der pluralistischen Gesellschaft, Neuausgabe Freiburg 1992.

José Mario Bergoglio / Papst Franziskus, Die wahre Macht ist der Dienst, dt. Freiburg i. Br. 2014.

Reinhold Bernhardt, Monotheismus und Trinität. Gotteslehre im Kontext der Religionstheologie, Zürich 2023.

Ders., Jesus Christus – Repräsentant Gottes. Christologie im Kontext der Religionstheologie, Zürich 2021.

Ders., Was heißt „Handeln Gottes". Eine Rekonstruktion der Lehre von der Vorsehung, Gütersloh 1999.

Richard Bevin Braithwaite, An Empiricist's View of the Nature of Religious Belief, Cambridge 1955.

Asher D. Biemann, Ewigkeiten. Ein jüdischer Beitrag, feinschwarz vom 28. Juli 2024.

Ernst Bloch, Prinzip Hoffnung, Frankfurt a. M. 1959.

Dietrich Bonhoeffer, Widerstand und Ergebung, Dietrich Bonhoeffer Werke, Bd. 8, hg. von Chr. Gremmels, E. Bethge, R. Bethge, in Zusammenarbeit mit I. Tödt, Gütersloh 1998.

Ders., Ethik, Dietrich Bonhoeffer Werke, Bd. 7, hg. von I. Tödt, H. E. Tödt, E. Feil, C. Green, München 1992.

Robert Brandom, Vollendung der Aufklärung, Vorwort zu: Richard Rorty, Pragmatismus als Antiautoritarismus, hg. von E. Mendieta, dt. Berlin 2023, 7–41.

Martin Breul, Gottes Geschichte. Eine theologische Hermeneutik der Rede vom Handeln Gottes, Regensburg 2022.

Daniel Bugiel, Diktatur des Relativismus? Fundamentaltheologische Auseinandersetzung mit einem kulturpessimistischen Deutungsschema, Berlin 2021.

Rudolf Bultmann, Jesus Christus und die Mythologie. Das Problem der Entmythologisierung der neutestamentlichen Verkündigung (1941), München [3]1988.

Ders., Glauben und Verstehen, Bd. 1, Tübingen [6]1966, Bd. 2, Tübingen [4]1965.

Ders., Neues Testament und Mythologie. Das Problem der Entmythologisierung der neutestamentlichen Verkündigung, in: H.-W. Bartsch (Hg.), Kerygma und Mythos. Ein theologisches Gespräch, Hamburg–Volksdorf [3]1954, 15–48.

Rudolf Bultmann, Zum Problem der Entmythologisierung, in: H.-W. Bartsch (Hg.), Kerygma und Mythos II, Hamburg-Volksdorf 1952, 179–208.

K. Busch – I. Därmann – A. Kapust (Hg.), Phänomenologie der Responsivität, München 2007.

A. Calaprice (Hg.), Einstein sagt: Zitate, Einfälle, Gedanken, München 2005.

John D. Caputo, Die Torheit Gottes. Eine radikale Theologie des Unbedingten, dt. Ostfildern 2022.

Don Cupitt, Taking Leave of God, London 1980.

I. U. Dalferth – S. Peng-Keller (Hg.), Gottvertrauen. Die ökumenische Diskussion um die fiducia, Freiburg i. Br. 2012.

Jean Delumeau, Angst im Abendland. Die Geschichte kollektiver Ängste im Europa des 14. bis 18. Jahrhunderts, dt. Reinbek 1985.

Jacques Derrida, Wie nicht sprechen. Verneinungen, dt. Wien [3]2014.

Walter Dietrich – Christian Link, Die dunklen Seiten Gottes, Bd.1: Willkür und Gewalt, Göttingen [6]2015, Bd. 2: Allmacht und Ohnmacht, Göttingen [4]2015.

Julia Enxing, Gott im Werden. Die Prozesstheologie Charles Hartshornes, Regensburg 2013.

J. Enxing – K. Müller (Hg.), Perfect Changes. Die Religionsphilosophie Charles Hartshornes, Regensburg 2012.

Erik H. Erikson, Identität und Lebenszyklus. Drei Aufsätze, dt. Frankfurt a. M. 1966.

G. Essen – M. Lerch – S. Rosenhauer (Hg.), Das Andere der Freiheit. Christoph Menkes Philosophie der Freiheit im Diskurs, Regensburg 2024.

Roland Faber, Gott als Poet der Welt. Anliegen und Perspektiven der Prozesstheologie, Darmstadt 2003.

Reinhard Feiter, Antwortendes Handeln. Praktische Theologie als kontextuelle Theologie – ein Vorschlag zu ihrer Bestimmung in Anknüpfung an Bernhard Waldenfels' Theorie der Responsivität, Münster 2002.

Gunther Fleischer, Opfer. Biblische Beziehungsgeschichten, in: E. Ballhorn – G. Steins – R. Wildgruber – U. Zwingenberger (Hg.), 42 große Wörter. Schlüssel zur Botschaft der Bibel, Gütersloh 2024, 276–284.

Harry Frankfurt, Necessity, Volition, and Love, Cambridge 1999.

Viktor E. Frankl, …trotzdem Ja zum Leben sagen. Ein Psychologe erlebt das Konzentrationslager, München 2010.

Jörg Frey, Joh 1,14, die Fleischwerdung des Logos und die Einwohnung Gottes in Jesus Christus. Zur Bedeutung der „Schechina-Theologie" für die johanneische Christologie, in: B. Janowski – E. E. Popkes, Das Geheimnis der Gegenwart Gottes. Zur Schechina-Vorstellung in Judentum und Christentum, Tübingen 2014, 231–256.

Werner Fuchs, Todesbilder in der modernen Gesellschaft, Frankfurt a.M. 1969.

Jacques Gaillot, Eine Kirche, die nicht dient, dient zu nichts. Erfahrungen eines Bischofs, Freiburg i. Br. 1992.

Hartmut Gese, Die Weisheit, der Menschensohn und die Ursprünge der Christologie als konsequente Entfaltung der biblischen Theologie, in: ders., Alttestamentliche Studien, Tübingen 1991, 218–248.

René Girard, Le sacrifice, Paris 2003,

Ders., Der Sündenbock, dt. Zürich 1988.

Bernhard Groethuysen, Die Entstehung der bürgerlichen Welt- und Lebensanschauung in Frankreich, 2 Bde., Neuausgabe Frankfurt a.M. 1978.

Marianne Gronemeyer, Das Leben als letzte Gelegenheit. Sicherheitsbedürfnisse und Zeitknappheit, Darmstadt [5]2014.

Hubertus Halbfas, Kurskorrektur. Wie das Christentum sich ändern muss, damit es bleibt. Eine Streitschrift, Ostfildern 2018.

Ders., Glaubensverlust. Warum sich das Christentum neu erfinden muss, Ostfildern [3]2011.

Tomáš Halik, Der Nachmittag des Christentums. Eine Zeitansage, Freiburg i. Br. 2022.

Ders., Nicht ohne Hoffnung. Glaube im postoptimistischen Zeitalter, Freiburg i. Br. 2014.

Michael Hampe, Die Lehren der Philosophie. Eine Kritik, Berlin 2014.

Klaus Heinrich, Versuch über die Schwierigkeit nein zu sagen, Frankfurt a.M. 1964.

Dieter Henrich, Selbstsein und Denken. Vorlesungen über Subjektivität, Frankfurt a. M. 2007.

John Hick, Religion. Die menschlichen Antworten auf die Frage nach Leben und Tod, dt. München 1996.

Ders., Gott und seine vielen Namen, dt. Frankfurt a. M. 2001.

Etty Hillesum, Ich will die Chronistin dieser Zeit werden. Sämtliche Tagebücher und Briefe 1941–1943, hg. von K. A. D. Smelik, dt. Ausgabe hg. von P. Bühler, München 2023.

Veronika Hoffmann, Glaubensverunsicherungen. Beobachtungen zum religiösen Zweifel, Ostfildern 2024.

Dies., Skizzen zu einer Theologie der Gabe. Rechtfertigung – Opfer – Eucharistie – Gottes- und Nächstenliebe, Freiburg i. Br. 2013.

V. Hoffmann – U. Link-Wieczorek – Chr. Mandry (Hg.), Die Gabe. Zum Stand der interdisziplinären Diskussion, Freiburg – München 2016.

Max Horkheimer, Psalm 91, in: Gesammelte Schriften, Bd. 7, Frankfurt a. M. 1989, 209–212.

Bernd Janowski, Anthropologie des Alten Testaments. Grundfragen – Kontexte – Themenfelder, Tübingen 2019.

Ders., Die Einwohnung Gottes in Israel. Eine religions- und theologiegeschichtliche Skizze zur biblischen Schekina-Theologie, in: Ders. – E. E. Popkes, Das Geheimnis der Gegenwart Gottes. Zur Schekina-Vorstellung in Judentum und Christentum, Tübingen 2014, 3–40.

Ders., „Ich will in eurer Mitte wohnen". Struktur und Genese der exilischen Schekina-Theologie, in: Jahrbuch für Biblische Theologie 2 (1987), 165–193.

Hans Jonas, Der Gottesbegriff nach Auschwitz. Eine jüdische Stimme, in: ders., Philosophische Untersuchungen und metaphysische Vermutungen, Frankfurt a. M. 1994, 190–208,.

Hans Joas, Die Sakralität der Person. Eine neue Genealogie der Menschenrechte, Berlin 2011.

Der., Kirche als Moralagentur?, München 2016.

Eberhard Jüngel, Entsprechungen: Gott – Wahrheit – Mensch. Theologische Erörterungen, München 1980.

Daekyung Jung, God's Action in the World. A Critical Examination an Evaluation of Arthur Peacocke's Divine Action Model, in: Theology and Science 19 (2021), 261–272.

Franz-Xaver Kaufmann, Religion und Modernität. Sozialwissenschaftliche Perspektiven, Tübingen 1989.

Michael Klessmann, Ambivalenz und Unentschiedenheit, in: Magazin Bildungskirche 03/2024, 7–9.

Ders., Ambivalenz und Glauben. Warum sich in der Gegenwart Glaubensgewissheit zu Glaubensambivalenz wandeln muss, Stuttgart 2018.

Ferdinand Kerstiens, Die Hoffnungsstruktur des Glaubens, Mainz 1969.

Christian Kummer, Evolution und Schöpfung. Zur Auseinandersetzung mit der neokreatianischen Kritik an Darwins Theorie, in: Stimmen der Zeit 224 (2006), 31–42.

Ernst Lange, Nicht an den Tod glauben, hg. von R. Schloz, Bielefeld 1975.

Aaron Langenfeld, Frei im Geist. Studien zum Begriff direkter Proportionalität in pneumatologischer Absicht, Innsbruck – Wien 2021.

Magnus Lerch, Kontinuität und Ambivalenz. Die Frage nach dem „Wesen des Christentums" im Kontext der Diskurse über Historismus und Moderne, Regensburg 2023.

Jan Loffeld, Gott ist uninteressant. Religiöse Gleichgültigkeiten sollten der Kirche nicht gleichgültig sein, in: Herder Korrespondenz 78 (2/2024), 29–31.

Ulrich Lüke, Das Säugetier von Gottes Gnaden. Evolution, Bewusstsein, Freiheit, Freiburg i. Br. [3]2016.

Milan Machovec, Vom Sinn des menschlichen Lebens, dt. Freiburg i. Br. 1971.

Gonsalv Mainberger, Jesus starb umsonst. Sätze, die wir noch glauben können, Freiburg i. Br. 1970.

Odo Marquard, Abschied vom Prinzipiellen. Philosophische Studien, Stuttgart 1987.

Ders., Schwierigkeiten mit der Geschichtsphilosophie. Aufsätze, Frankfurt a. M. 1973.

Gerhard Marschütz, Gender?! Eine katholische Kritik, Würzburg 2023.

Kurt Marti, Heilige Vergänglichkeit. Spätsätze, Stuttgart [2]2011.

Ders., Leichenreden, Taschenbuchausgabe München 2004.

Alfred Marx, Opferlogik im alten Israel, in: B. Janowski – M. Welker (Hg.), Opfer, Theologische und kulturelle Kontexte, Frankfurt a. M. 2000, 129–149.

Marcel Mauss., Die Gabe. Form und Funktion des Austauschs in archaischen Gesellschaften (1925), dt. Frankfurt a. M. 1990.

Karl-Heinz Menke, Macht die Wahrheit frei oder die Freiheit wahr? Eine Streitschrift, Regensburg 2017.

Ders., Sakramentalität. Wesen und Wunde des Katholizismus, Regensburg 2012.

Johann Baptist Metz, Glaube in Geschichte und Gesellschaft. Studien zu einer praktischen Fundamentaltheologie, Mainz 1977.

Jürgen Moltmann, Gott in der Schöpfung. Ökologische Schöpfungslehre, München 1985.

Ders., Theologie der Hoffnung. Untersuchungen zur Begründung und zu den Konsequenzen einer christlichen Eschatologie, München 1964.

Jacques Monod, Zufall und Notwendigkeit, dt. München [2]1971.

Klaus Müller, Gott jenseits von Gott. Plädoyer für einen kritischen Panentheismus, hg. von F. Schiefen, Münster 2021.

Hans-Dieter Mutschler, Intelligent Design. Spricht die Evolution von Gott?, in: Herder Korrespondenz 69 (10/2005), 497–500.

Thomas Nagel, Geist und Kosmos. Warum die materialistische neodarwinistische Konzeption der Natur so gut wie sicher falsch ist, dt. Berlin 2016.

Hilde Naurath, Weltwertestudie: Werden Religionen obsolet?, in: Herder Korrespondenz 77 (4/2023), 11–12.

Joachim Negel, Feuerbach weiterdenken. Studien zum religionskritischen Projektionsargument, Münster 2014.

Rudolf Otto, Das Heilige (1917), München 1963

Stefan Peitzmann, ...damit es nicht nur Schicksal ist. Hermeneutiken des Unverfügbaren im Spiegel theologischen Denkens, Münster 2012.

Corine Pelluchon, Die Durchquerung des Unmöglichen. Hoffnung in Zeiten der Klimakatastrophe, dt. München 2023.

Tiemo Rainer Peters, Tod soll nicht mehr sein, Zürich – Einsiedeln – Köln 1978.

Karl Rahner, Gotteserfahrung heute, in: ders., Schriften zur Theologie, Bd. IX, Einsiedeln – Zürich – Köln 1970, 161–176.

Ders., Was ist eine dogmatische Aussage?, in: ders., Schriften zur Theologie, Bd. V, Einsiedeln – Zürich – Köln [2]1964, 54–81.

Ders., Christologie innerhalb einer evolutiven Weltanschauung, ebd., 183–221.

Ders., Immanente und transzendente Vollendung der Welt, in: ders., Schriften zur Theologie, Bd. VIII, Einsiedeln – Zürich – Köln 1967, 593–609.

Ders., Über den Begriff des Geheimnisses in der katholischen Theologie, in: ders., Schriften zur Theologie, Band IV, Einsiedeln – Zürich – Köln [4]1964, 51–99.

Joseph Ratzinger/Papst Benedikt XVI., Jesus von Nazareth. Erster Teil: Von der Taufe im Jordan bis zur Verklärung, Freiburg i. Br. [2]2007.

Ders., Europa – verpflichtendes Erbe für die Christen, in: F. König – K. Rahner (Hg.), Europa – Horizonte der Hoffnung, Graz – Wien – Köln 1983, 61–74.

Andreas Reckwitz, Verlust. Grundproblem der Moderne, Berlin 2024.

Ders., Die Gesellschaft der Singularitäten. Zum Strukturwandel der Moderne, Berlin 2017.

Paul Ricœur, An den Grenzen der Hermeneutik. Philosophische Reflexionen über die Religion, hg., übersetzt und mit einem Nachwort versehen von Veronika Hoffmann, Freiburg i. Br. – München 2008.

Ders., Das Selbst als ein Anderer, dt. München 1996.

Ders., Ricœur, Hermeneutik und Psychoanalyse. Der Konflikt der Interpretationen II, dt. München 1974.

Ders., Hermeneutik und Strukturalismus. Der Konflikt der Interpretationen I, dt. München 1973.

Martin Riesebrodt, Die Rückkehr der Religionen. Fundamentalismus und der „Kampf der Kulturen", München 2000.

Joachim Ringleben, „Interior intimo meo". Die Nähe Gottes nach den Konfessionen Augustins, Zürich 1988.

Hartmut Rosa, Was ist soziale Energie? Jeder kennt das: Eben noch total erschöpft, wird man plötzlich im Miteinander gestärkt, in: Die Zeit Nr. 3 vom 11. Januar 2024, S. 47.

Ders., Unverfügbarkeit, Wien – Salzburg 2018.

Ders., Resonanz. Eine Soziologie der Weltbeziehung, Berlin 2016.

Jean Paul Sartre, L' Etre et le nèant, Paris 1943.

Thomas Schaufelberger, Verrückt nach Meer Geschichten, in: Bildungskirche 03/2023, 8–10.

Perry Schmidt-Leukel, Gott ohne Grenzen. Eine christliche und pluralistische Theologie der Religionen, Gütersloh 2013.

Max Seckler, Der Begriff der Offenbarung, in: W. Kern – H. J. Pottmeyer – M. Seckler (Hg.), Handbuch der Fundamentaltheologie, Bd. 2: Traktat Offenbarung, Tübingen – Basel ²2000, 41–61.

Michael Seewald, Dogma im Wandel. Wie Glaubenslehren sich entwickeln, Freiburg i. Br. 2018.

Heinz Schürmann, Das Gebet des Herrn als Schlüssel zum Verstehen Jesu, Leipzig ⁷1990.

Helm Stierlin, Das Tun des Einen ist das Tun des Anderen. Eine Dynamik menschlicher Beziehungen, Frankfurt a. M. 1971.

Volker Stocké, Framing und Rationalität. Die Bedeutung der Informationsdarstellung für das Entscheidungsverhalten, München 2002.

Philipp Stoellger, ‚Handeln Gottes' als Metapher und Folgerungen für die Lebensweltnähe der Theologie, in: M. Beintker – A. Philipps (Hg.), Das Handeln Gottes in der Erfahrung des Glaubens. Ein Votum des Theologischen Ausschusses der Union Evangelischer Kirchen in der EKD (UEK) und Vorträge aus dem Theologischen Ausschuss zur Frage nach dem Handeln Gottes, Göttingen 2021, 205–223.

Klaus von Stosch, Gott – Macht – Handeln. Versuch einer theodizeesensiblen Rede vom Handeln Gottes, Freiburg i. Br. 2006.

Peter Strasser, Der Gott aller Menschen. Eine philosophische Grenzüberschreitung, Graz – Wien – Köln 2002.

Ders., Journal der letzten Dinge, Frankfurt a. M. 1998.

Magnus Striet, Ernstfall Freiheit. Arbeit an der Schleifung der Bastionen, Freiburg i. Br. 2018.

Sonja Angelika Strube, Rechte Versuchung. Bekenntnisfall für das Christentum, Freiburg i. Br. 2024.

Margarete Susmann, Gesammelte Schriften, hg. von A. Gilleir und B. Hahn, Bd. 3, Göttingen 2022.

Bernhard H. F. Taureck, Nietzsches Alternativen zum Nihilismus, Hamburg 1991.

Charles Taylor, Ein säkulares Zeitalter, dt. Frankfurt a. M. 2009.

Ders., Quellen des Selbst. Die Entstehung der neuzeitlichen Identität, dt. Frankfurt a. M. 1994.

Pierre Teilhard de Chardin, Der göttliche Bereich. Ein Entwurf des inneren Lebens, dt. Olten – Freiburg i. Br. 1962.

Ders., Der Mensch im Kosmos, dt. München 1959.

Paul Tillich, Der Mut zum Sein, dt. Gesammelte Werke, Bd. XI, Stuttgart 1969, 13–139.

Ders., Wesen und Wandel des Glaubens, dt. Berlin 1961.

Christoph Türcke, Jesu Traum. Psychoanalyse des Neuen Testaments, Springe 2009.

Gianni Vattimo, Glauben – Philosophieren, dt. Stuttgart 1997.

Ders., Das Ende der Moderne, dt. Stuttgart 1990.

Rudolf Voderholzer, „Die apostolische Überlieferung kennt in der Kirche unter dem Beistand des Heiligen Geistes einen Fortschritt" (DV 8). Zur Frage der Lehrentwicklung in der katholischen Kirche auf der Basis des II. Vatikanums, in: Chr. Ohly – J. Zöhrer (Hg.), „…was ich euch überliefert habe". Verbindliche Wahrheit und Weiterentwicklung der Lehre der Kirche, Regensburg 2023.

Bernhard Waldenfels, Antwortregister, Frankfurt a. M. 1994.

Martin Walser, Ich vertraue. Querfeldein. Reden und Aufsätze, Frankfurt a. M. 2000.

Max Weber, Die protestantische Ethik, Neuausgabe hg. von J. Winckelmann, Bd. 1, Hamburg 1965.

Simone Weil, Zeugnis für das Gute. Traktate, Briefe, Aufzeichnungen, dt. Olten 1976.

Saskia Wendel – Martin Breul, Vernünftig glauben – begründet hoffen. Praktische Metaphysik als Denkform rationaler Theologie, Freiburg i. Br. 2020.

Dies., Der ‚beständige Wunsch, ein würdiges Glied im Reiche Gottes zu sein' (I. Kant). Das Bittgebet auf dem Prüfstand der Vernunft, in: M. Striet (Hg.), Hilft beten? Schwierigkeiten mit dem Bittgebet, Freiburg i. Br. 2010, 11–30.

Jürgen Werbick, Etwas als etwas erfahren. Theologisch-hermeneutische Reflexionen zur Formel „Erfahrung mit der Erfahrung", in: M. Lerch – Chr. Stoll (Hg.), Religiöse Erfahrung. Bestandsaufnahme und Perspektiven zu einer strittigen Kategorie, Freiburg i. Br. 2023 (Quaestiones disputatae 333), 161–185.

Ders., Christentum – kann das weg? Glauben in Zeiten der Kirchen-Erschöpfung, Ostfildern 2023.

Ders., Theologie anthropologisch gedacht, Freiburg i. Br. 2022.

Ders., Die Angst durchkreuzen. Ermutigung aus dem Glauben, Freiburg i. Br. 2017.

Ders., Glaubensgewissheit: von der Anfechtung heimgesucht. Oder doch vom Zweifel?, in: V. Hoffmann (Hg.), Nachdenken über den Zweifel. Theologische Perspektiven, Ostfildern 2017, 109–126.

Ders., Um seiner selbst willen. Die mystische Dimension einer theologischen Intuition, in: Th. Pröpper – M. Raske – J. Werbick (Hg.), Mystik – Herausforderung und Inspiration. Gotthard Fuchs zum 70. Geburtstag, Ostfildern 2008, 196–208.

Ders., Gott verbindlich. Eine theologische Gotteslehre, Freiburg i. Br. 2007.

Ders., Theologie der Religionen und kirchliches Selbstverständnis, in: Zeitschrift für Theologie und Kirche 103 (2006), 77–94.

Ders., Gebetsglaube und Gotteszweifel, erweiterte 2. Auflage, Münster 2005.

Ders., Fundamentaltheologie: Orientierung im „Konflikt der Interpretationen", in: A. Leinhäupl-Wilke – M. Striet (Hg.), Katholische Theologie studieren: Themenfelder und Disziplinen, Münster 2000, 135–148.

Ders., Vom entscheidend und unterscheidend Christlichen, Düsseldorf 1992.

Ders., Soteriologie, Düsseldorf 1990.

Reinhard Werth, Die Natur des Bewusstseins. Wie Wahrnehmung und freier Wille im Gehirn entstehen, München 2010.

Ulrich Wilckens, Auferstehung. Das biblische Auferstehungszeugnis historisch untersucht und erklärt, Stuttgart – Berlin 1970.

Hermann Wohlgschaft, Dich gibt es nicht, wenn doch, dann komm! Gott in der deutschsprachigen Gegenwartsliteratur, Würzburg 2024.

Robert Paul Wolff – Barrington Moore – Herbert Marcuse, Kritik der reinen Toleranz, dt. Frankfurt a. M. 1965.

Paul M. Zulehner., Religion nach Wahl. Grundlegung einer Auswahlchristenpastoral, Wien 1974.

Personenverzeichnis